개화기에서 일제강점기까지

# 한국 근대 의식주와 일상의 제도

개화기에서 일제강점기까지
**한국 근대 의식주와 일상의 제도**

펴낸이 _ 장 호 성
엮은곳 _ 동양학연구소
펴낸곳 _ 단국대학교출판부
등 록 _ 1968.2.27 : No. 제03-00095호
주 소 _ 경기도 용인시 수지구 죽전동 126번지
전 화 _ 031-8005-2405 팩 스 _ 031-8005-2406

2010년 5월 20일 초판 인쇄
2010년 5월 25일 초판 발행

인 쇄 _ 지댄피

[값 20,000원]

Published by Dankook University Press

Printed in Korea

ISBN 978-89-7092-445-8 94810
ISBN 978-89-7092-374-1 (세 트)

이 저서는 2008년 정부(교육과학기술부)의 재원으로 한국학술진흥재단의 지원을 받아 수행한 연구임. (KRF-2008-005-J02201·J02202)

동양학 학술총서 4

개화기에서 일제강점기까지

# 한국 근대 의식주와 일상의 제도

단국대학교 동양학연구소 편

단국대학교출판부

# 발 간 사

‘문화전통’이란 전래된 과거 문화유산의 정체성을 밝히는데 초점을 둔 ‘전통문화’와는 의미를 달리한다. 문화전통은 전통문화를 지속적으로 향유하면서도 새로 유입된 외국문화를 주체적으로 수용하여 자기화하는 과정 속에서 형성되는 것이다.

특히 한국의 문화전통은 개화기에서 일제강점기를 거치면서 다양한 변모를 보이며 보다 구체적인 모습이 드러나기 시작한다. 이는 이 시기가 일제의 강점으로 인해 전통문화의 단절과 왜곡이 강요되는 시기인 동시에 자기 문화전통에 대한 자각이 싹튼 시기이기 때문이다.

따라서 오늘 우리의 문화전통을 제대로 이해하기 위해서는 전통문화와 외래문화의 대립과 갈등 및 새로운 문화 유입에 따른 다양한 지속과 변용의 양상을 보이는 이 시기의 문화현상에 대한 연구가 무엇보다도 필요하다.

이러한 연구를 위해 본 연구소에서는 2005년 12월부터 한국연구재단의 지원을 받아 <‘개화기에서 일제강점기까지’ 한국 문화전통의 지속과 변용>을 중점연구소 과제로 수행해 오고 있다.

본 연구과제에서는 이 시기를 보다 심층적으로 이해하기 위해서 1단계 연구에서는 제1세부과제 <민속문화 전통의 지속과

변용 : 구비문학과 민간신앙>, 제2세부과제 <일상생활과 문화적 표상 : 일상생활과 매체>라는 측면으로 나누어 다양한 연구를 진행하였다. 어찌 보면 어울리지 않을 것 같은 이 두 주제는 문화의 기층적 모습인 민속과 근대적 경험의 층위인 일상생활을 함께 다루기에 오히려 복잡한 과정을 통해 형성된 한국 근대 문화의 정체성을 밝히는 한편, 새로운 연구방법론을 개발함으로써 이후 한국문화 연구를 위한 바탕이 될 것으로 생각된다.

즉, 민속과 근대 일상을 함께 검토하여 당시의 문화전통의 지속과 변용 모습을 살피는 것은 한국의 문화전통을 재발견하는 작업인 동시에 한편으로는 학제 간 연구의 접점을 마련함으로써 한국 문화 연구의 새로운 방법론을 제시할 수 있으리라는 기대가 있기 때문이다.

1단계 3년간의 연구에서 이미 『구비문학 관련 자료집』(민속원, 4권), 『민간신앙 관련 자료집』(민속원, 3권), 『일상생활과 근대영상매체』(민속원, 2권), 『일상생활과 근대음성매체』(민속원, 1권), 『일상생활과 근대인쇄매체』(민속원, 3권) 등 13권의 자료집과 『한국문화 전통의 자료와 해석』(단국대학교출판부, 1권)을 비롯한 7권의 연구 논문집을 간행하여 큰 성과를 거둔 바 있다.

현재 본 연구소에서는 1단계 3년간 이룩한 연구 성과를 바탕으로 다음과 같은 상호 연계적 구도 하에 2단계 연구를 진행하고 있다. 먼저 제1세부과제의 <'개화기에서 일제강점기까지' 한국 민속문화 전통의 지속과 변용 : 민속놀이와 의식주>와 제2세부과제의 <'개화기에서 일제강점기까지' 일상생활과 문화적 표상: 일상생활과 제도>는 이 시기 한국인의 생활문화상을 새롭게 밝히고자 하였다.

제1세부과제에서 다루고자 하는 의식주의 문제는 물질경제생활의 중요한 부분임과 동시에 일상생활의 근간을 이루는 요소이다. 이는 가족적 서열, 남녀 구별, 일상과 의례의 구별 등 제도적 장치나 일상 전반에 걸쳐있는 모습이다. 그런 의미에서 이 시기의 의식주에 대한 검토는 한국인의 '생활문화', '일상문화'를 탐구하는 작업의 한 꼭지라 할 것이다.

이러한 문제는 개화기에서 일제강점기까지 일상생활과 문화적 표상을 다루고자 하는 제2세부과제에서도 그대로 드러난다. 그 연구대상은 '일상생활과 제도'이다. 그렇지만 기본적으로 다루고자 하는 내용은 제도의 본질적인 성격에 대한 탐색보다는 그것과 더불어 재편된 일상생활의 관습, 의식, 감각, 감정, 윤리, 가치 등의 문제를 해석하고 의미화하는 것이다. 이는 제도 자체의 문제보다는 이를 통해 전통적 습성과 일상의 감각이 변이되고 근대적 문화 표상이 구성되는 과정을 분석하는 데 역점을 두기 때문이다. 결국 이러한 문제의식은 우리의 근대성과 문화 정체성에 대한 새로운 담론을 생산해 내고자 하는 양 팀의 공통적 인식에서 출발하는 것이다.

이러한 심층적 문제의식을 갖고 2009년 8월 27일(목)과 28일(금) 이틀에 걸친 학술세미나를 통해 다양한 논의가 이루어졌다. 이번에 동양학학술총서 제4집으로 간행하게 된 2단계 연구의 첫 결실인 『개화기에서 일제강점기까지 한국 근대 의식주와 일상의 제도』는 여기에서 발표된 논문들을 중심으로 근대 의식주와 일상에 관련된 최신의 연구 업적을 수록하였다.

제1부 <개화기에서 일제강점기까지 한국 의식주 문화전통의 지속과 변용>은 '개화기에서 일제강점기까지 의식주 문화'가 어

떻게 지속되고 변용되어 나아갔으며, 그 속에서 삶을 영위하던 한국인들의 일상은 어떠한 변화 가운데 새로운 문화전통을 창출해 나갔는지를 밝혀내기 위한 논문들로 구성되어 있다.

제2부 <개화기에서 일제강점기까지 근대 제도의 도입과 일상생활의 재편>은 '개화기에서 일제강점기까지 일상생활(Everyday-life)의 변모 양상'을 제도의 도입과 변화라는 주제 속에서 고찰하였으며, 이를 통해 우리 사회의 근대적 성격을 구체적이고 경험적인 층위에서 검토한 연구 논문들로 이루어져 있다.

본 연구서 발간에 즈음하여 <'개화기에서 일제강점기까지' 문화전통의 지속과 변용>의 연구책임을 맡아 주신 강재철, 신종한 교수님과 공동연구원으로 과제를 이끌어주신 최인학, 송재용, 서문석 교수님 및 본 과제의 연구수행을 위해 열성을 다해준 연구교수와 연구보조원 선생들에게 연구소를 대표하여 깊은 감사의 말씀을 드린다.

동양학연구소에서는 2단계 연구 3년의 기간 동안 '근대 의식주와 민속놀이', '근대 일상과 제도'를 대상으로 자료집과 학술총서 등을 지속적으로 발간할 예정이다. 이후 지속적으로 이어질 개화기에서 일제강점기 문화전통의 지속과 변용 양상을 다각도로 조명하는 연구를 통해 관련 학문분야에 구체적인 기여를 할 수 있기를 기대하면서 지원을 아끼지 않은 한국연구재단 관계자와 자료집과 학술총서가 지속적으로 나올 수 있도록 함께 해준 단국대학교출판부와 민속원출판사 관계자 여러분께도 감사의 마음을 전한다.

2010년 5월

단국대학교 동양학연구소장 서 영 수

개화기에서 일제강점기까지

# 한국 근대 의식주와 일상의 제도



## 第1部　개화기에서 일제강점기까지<br>한국 의식주 문화전통의 지속과 변용

## 第2部　개화기에서 일제강점기까지 근대 제도의 도입과 일상생활의 재편

〔제 1 부〕

# 개화기에서 일제강점기까지 한국 의식주 문화전통의 지속과 변용

# "개화기에서 일제강점기까지 한국 의식주 문화전통의 지속과 변용" 연구의 의의와 방향

강 재 철*

본서 『개화기에서 일제강점기까지 한국 근대 의식주와 일상의 제도』의 제1부 "개화기에서 일제강점기까지 한국 의식주 문화전통의 지속과 변용"은 민중의 일상과 생활문화를 연구하는 민속문화, 그 중에서도 "개화기에서 일제강점기까지 의식주 문화"가 어떻게 지속되고 변용되어 나아갔으며 그 속에서 삶을 영위하던 한국인들의 일상은 어떠한 변화 가운데 새로운 문화전통을 창출해 나갔는지를 밝혀내기 위한 것이다.

의식주 문화전통은 모든 문화 층위 가운데에서 인간 생명과도 직결되는, 삶의 가장 근간을 이루는 문화 층위이며, 나아가

---

* 단국대학교 국어국문학과 교수.

한 민족과 국가의 고유성을 가장 직접적으로 드러내는 것이기도 하다. 또한, '개화기에서 일제강점기'에 이르는 근대 시기는 우리 역사상 외세의 충격에 의한 문화전통의 굴절과 변용이 가장 심했던 시기이며, 우리 민족 내부의 자발적 변용 역시 치열하게 이루어지던 시기였다. 본 연구서가 "개화기에서 일제강점기까지 한국 의식주 문화전통의 지속과 변용"에 주목하는 이유가 여기에 있다 하겠다.

근대화·서구화의 기치 아래 서양 문물과 제도가 급속하게 유입되고, 일제의 식민지 동화정책에 의해 면면히 계승되어 오던 한민족의 문화전통은 근대시기에 이르러 급격하고도 전면적인 변용 양상을 보인다. 우리의 "의식주 문화전통" 역시 예외는 아니었다.

예컨대, 1884년 반포된 <갑신의제개혁>은 기존의 의관제도를 간소화시키는 계기가 되었으며 뒤이어 1894년에 공포된 <갑오의제개혁>에 의해서는 양반과 서민이 모두 두루마기를 입게 되는 등 복식의 신분 상징성이 사라지기 시작한다. 일제강점과 함께 시작된 20세기에는 흔히 양복이라 불리는 서양식 복식이 대중화되고 한복의 개량 현상이 일어난다. 학생복의 등장은 일반 복식문화의 변화를 주도하였고, 특히 일제강점기말 강제로 입혀진 '몸빼'는 여성 의생활에 커다란 변화를 초래하였다.

한편, 1870년대 이후 서구 각국과 통상조약이 체결되고 그로 인한 왕래가 활발해지면서 각국의 다양한 식품과 식습관이 전해진다. 특히 이 시기 국내에 거주하던 선교사들에 의해 서양의 식문화가 도입되고 일제강점기 일본인 거주자가 급증하면서 일본 음식이 우리의 식문화에 급속도로 파고들었다.

또한 개화기에서 일제강점기에 촉발된 근대적 변모는 당연히 주택 공간과 그 안에서 이루어지는 일상생활에도 큰 변화를 초래했다. 전통 양식의 주택이 도시형 한옥으로 변모되고 서구식과 일본식의 단독주택이 생겨났다. 또한 도시 인구 증가와 그에 따른 주택난을 해결하기 위한 서민형 주거단지가 출현하였다. 한편, 조선총독부에 의해 공포된 각종 주택 관련 법률, 예를 들어 1914년 <도로규칙> 공포, 1934년 <조선시가지계획령> 제정, 1936년 주택정책 공포와 택지조성사업, 1941년 <조선주택영단> 설립 등 일련의 법률과 제도들은 이 시기 주택문화의 변모를 촉발하였다.

이렇게 개화기에서 일제강점기에 이르는 동안 한국의 의식주 문화전통은 미증유의 전면적인 변용 양상을 보인다. 그럼에도 불구하고 이 시기 의식주와 관련한 연구 성과는 매우 영성하다. 이는 1차 사료에 대한 정보의 부족과 접근의 제한이라는 측면에 기인하는 바 크다 하겠다.

한편, 종래의 한국 민속학은 시기적으로는 전근대 시기, 지역적으로는 농촌과 어촌, 즉 지방이라는 공간에 집중되었고 이른바 '우리 민속문화의 원형질'을 찾는 데에만 주력한 감이 없지 않다. 그러나 본서에서 연구 대상으로 삼고 있는 '개화기에서 일제강점기'에 이르는 시기는 근대화와 자본주의화의 물결 속에서 도시화가 급속도로 이루어지던 시기이다. 따라서 이 시기 '의식주 문화' 연구 역시 이러한 사회변혁, 그에 따른 민중 사회의 해체 변용과정을 주시하면서 이 시기의 노동자, 농민, 도시민 속에서 새롭게 싹트기 시작한 풍속과 생활문화 연구에 시선을 돌려야 할 것이다.

물론 그렇다고 하더라도 전근대시기로부터 오늘에까지 전승되는 민속문화의 원형에 대한 탐구와 농어촌의 민속문화를 관심 외로 두는 것 역시 바람직하지 않을 것이다. 도시와 농촌의 경계를 뛰어 넘어 이 시기 민속문화가 어떻게 유지되고 소멸해 가는지, 혹은 새로운 민속문화는 어떠한 형태로 창조되어 가는지, 이러한 민속의 변모과정을 검증하고 동시에 그 행방을 쫒아야 할 것이다.

따라서 본 "개화기에서 일제강점기까지 한국 의식주 문화전통의 지속과 변용" 파트에서는 근대 시기 한국 의식주 문화의 실상을 보여주는 자료를 폭넓게 조사, 활용하고 이를 바탕으로 이 시기 한국 의식주 문화전통의 실상, 그리고 전근대에서 근대기로 이행하는 의식주 문화전통의 변용 양상을 고찰하는 데 주력하였다. 이하, 각각의 논문에 대한 간단한 소개를 덧붙이고자 한다.

강재철의 「온돌문화전통의 지속과 변용」은, 문화전통의 지속과 변용양상의 관련성을 살피는 기본적인 큰 틀로서 물질문화와 정신문화 간 역동적 상관성에 주목하고 이 상관성을 개화기에서 일제강점기를 거치는 동안 온돌문화전통의 지속과 변용에서 찾으려 한 것이다. 필자는 우리의 문화전통은 곧 온돌문화에서 나온 "온돌문화전통"이라고 주창한다. 즉, 온돌의 작은 공간은 "동방예의지국의 기초예절 교육"이 이루어지는 장이었으며, 취난과 취사가 동시에 이루어지는 탓에 국 문화·탕 문화의 음식문화전통을 배태하였음을 지적하고, 또한 계대(繼代)의식과 함께, 천천히 더워지고 천천히 식는 온돌의 속성에서 우리 민족의 은근과 끈기의 민족성이 길러졌다고 역설했다. 한편, 일제강점기 내선일체운동에 의해 우리의 온돌문화전통이 어떻게 부정되었으며, 해방 후 미군정과 한국전쟁을 거쳐 현대의 아파트 대량 보급에 이르기까지 온돌문화가 해체되면서 우리의 정신문화 역시 황폐해져 갔음을 지적하면서, 한국 온돌문화전통이 현대사회에 어떻게 재창조되어야 할 것인지에 관한 깊은 고민과 성찰을 촉구하고 있다.

최석영의 「일제하 곤와지로(今和次郎)의 조선 民家論에 나타난 주거양식의 변화」는 특히 해방 후 건축 조사 방법에 많은 영향을 미쳤음에도 불구하고 연구가 활성화 되지 않은 곤와지로의 『朝鮮部落調査特別報告 第1冊 · 民家』를 소개하고 이를 분석함으로써, 그의 조선 민가 조사방법과 인식을 고찰한 것이다. 필자에 따르면, 곤와지로의 조선 민가 조사 방식은 주거문화와 인간 생활양식 사이의 관련성을 찾아내는 데 주력한 고현학적(考現學的) 방법을 사용하고 있으며 특히, 조선 온돌문화의 우수성을 주창하는 등 일제의 식민지 지배이데올로기와 일정의 거리를 둔 아카데미즘에 바탕한 것이었다. 뿐만 아니라, 본 조사 보고서에는 온돌방과 다다미가 혼재된 방의 구조, 식당과 어린이방의 등장, 일본식 욕실, 일본풍의 정원 등을 구비한 가옥의 등장 등 1920년대 조선 전통 가옥이 일본과 서구의 영향으로 어떻게 변용되어 가고 있는지를 알려주는 중요한 자료로 읽힐 수 있음을 강조하였다.

송재용의 「日帝强占期 傳統酒의 위축과 변모」는, 주로 『朝鮮酒造史』를 중심으로 전통주의 위축과 변모 양상을 살펴본 것이다. 필자는 먼저 일제강점기 한국 전통주 관련 자료를 조사, 검토하여 그 의의와 성과를 일별한 뒤, 특히 일제의 술 관련 법령 시행에 의해 전통주가 어떻게 위축되었고 사라져 갔는지를 고찰하였다. 한편 약주, 탁주, 소주 등 우리의 전통주가 일제강점기 이후 현재까지 어떻게 제조되었는지 그 변화 양상을 추적하고, 일부 단절된 전통주가 해방 후 어떻게 복원되었는지를 고찰함으로써 일제강점기 이후 현재에 이르기까지 한국 전통주의 지속과 변화 양상을 총체적으로 다루고 있다.

김호연의 「서양인이 본 한국의 음식문화, 개화기 그리고 21세기의 시선」은 개화기 서양인들에 의해 쓰인 한국 음식에 대한 여러 자료를 분석하고 이를 통해 개화기 한국인들의 식습관이나 음식 문화가 어떠하였는지 고찰한 글이다. 또한 이러한 원형질이 21세기 어떻게 변용되어 전승되고 있는지 현재적 의미에서도 살펴보고 있다. 개화기 한국 음식에 대해 언급한 서양인들의 문헌에는 각 지역 음식이나 민가를 직접 방문하여 한국 문화의 여러 모습을 깊이 있게 소개하는 등 타문화로서의 한국 음식에 대한 객관적인 평가와 이해를 보이는 자료도 있다. 그러나 이 시기 한국 음식에 대한 이미지는 맵고 짜고 독특한 악취에 비위생적이며, 한국인은 식사량이 많고 술을 즐긴다는 등의 오리엔탈리즘적 시각이 대부분이다. 필자는 이와 같이 개화기 한국 음식문화에 대한 서양인들의 인식을 고찰한 뒤, 그로부터 100여 년이 지난 21세기 한국 음식이 식약동원(食藥同源)의 웰빙 음식, 대표적인 슬로우 푸드 음식으로 인식되고 있는 현상을 언급하며 한국 음식이 정체성을 유지하면서 세계 속의 문화 콘텐츠로 성장해 나갈 수 있는 길은 무엇인지에 대한 진지한 물음을 던지고 있다.

김난주의 「무라야마 지준(村山智順)의 『朝鮮의 服裝』과 조선복식개량론」에서는 일본인 연구자 무라야마 지준이 1927년에 저술한 『朝鮮의 服裝』을 분석하여 근대 시기 조선 복식의 특질과 더불어 무라야마 지준의 조선복식관의 실체를 고찰한 것이다. 또한 무라야마 지준의 조선복식관이 당시 조선총독부의 식민지 정책, 특히 일제강점기 내내 거세게 제기되었던 조선복식개량론과 어떠한 연관관계를 지니는지에 대해 논하고 있다. 조선 복식의 가치를 객관적으로 기술하겠다는 그의 선언에도 불구하고 무라야마의 조선복식관은, 조선 옷은 불완전하고, 비능률적이고, 미감이 결여되어 있다고 진단한 뒤, "조선 복식이 복장으로서의 가치를 지니기 위해서는 미술적 경제적으로 발달하고 개량되어야 한다"는 개량론 쪽으로 기울고 있다. 필자는 무라야마 지준의 『조선의 복장』이 당시 거세게 일고 있던 조선복식개량 운동을 학문적으로 뒷받침하고 복식 개량을 통한 민족개량의 의도가 잠재해 있음을 주장하였다.

연구 논문 중 최석영의 「일제하 곤와지로(今和次郎)의 조선民家論에 나타난 주거양식의 변화」, 김호연의 「서양인이 본 한국의 음식문화, 개화기 그리고 21세기의 시선」, 김난주의 「무라야마 지준(村山智順)의 『朝鮮의 服裝』과 조선복식개량론」이 주로 한국 문화전통에 대한 외부인의 시각을 통해 근대시기 한국 의식주 문화를 재조명, 재구성해 본 것인 데 비해, 강재철의 「온돌문화전통의 지속과 변용」과 송재용의 「日帝强占期 傳統酒의 위축과 변모」는 우리 문화 내부의 지속과 변동 양상을 고찰하는 데 주력했다고 할 수 있다. 한편 최석영, 송재용, 김난주의 논문은 일제강점기 조선총독부의 정책 시행 등, 의식주 문화 정책과 법령, 제도 시행에 의해 우리의 전통 가옥과 복식, 전통주가 어떻게 변용되거나 사라져갔는지를 주의 깊게 살핀 논문이라 할 수 있다.

위 다섯 편의 논문들은 근대시기 의식주 문화의 실상을 보여줌과 동시에, 이 시기 새롭게 생겨나거나 변용된 의식주 문화가 근대인들의 삶에 어떠한 영향을 미쳤는지, 또는 근대인들의 의식 변화가 이 시기 의식주 문화에 어떻게 반영되고 있는지에 관한 당대적 의미를 고찰한 작업의 소산물이라 할 수 있다. 또한 이 시기에 일어난 의식주 문화의 변용이 오늘날 우리의 생활문화와 어떻게 맞닿아 있고 어떻게 작용하고 있는지 현재적 의미를 파악하는 데에도 힘을 기울였다. 모두가 "개화기에서 일제강점기까지 한국 의식주 문화전통의 지속과 변용" 연구에 초석이 되는 귀중한 원고들이다. 모쪼록 본서가 근대시기 한국 의식주 문화를 전공하는 연구자들에게 널리 활용되어 관련 학문 분야에 기여할 수 있기를 기대한다.

# 온돌문화전통의 지속과 변용*

강 재 철**

## Ⅰ. 서 론

온돌은 우리가 독창적으로 만들어 낸 세계적인 문화유산의 하나로서 한국문화 전반을 이해하는 중요한 문화적 코드가 될 뿐만 아니라 한국문화전통을 이해하는 단초가 될 수 있다. 따라서 본고는 전래주택의 온돌생활에서 나왔다고 생각되는 우리의 문화전통의 요소를 찾는 데 중점을 두면서 그것이 개화

* 이 논문은 강재철, 「'온돌문화전통'의 지속과 변용에 관한 시론(試論)」(『비교민속학』 41집, 비교민속학회, 2010. 4)의 제목을 수정하여 재수록하는 것임을 밝혀 둔다.

** 단국대학교 국어국문학과 교수.

이후 근·현대사회로 넘어오면서 어떻게 지속 변화되었는가를 간략히 살펴보기 위한 논문이다. 그리고 결론 부분에서 바람직한 주택양상의 현대적 계승이란 어떤 것인지에 대해 언급해보고자 한다. 본고에서 전통문화라는 용어와 구별적으로 사용하는 '문화전통'이란 여러 세대를 이어 전승되는 특정한 문화의 요소나 현상을 말한다.

그런데 우리나라의 주거양식과 관련한 문화전통의 지속과 변용 양상을 살펴보기 위해서는 첫째, 주거양식과 문화전통의 양자를 고려한 시대 구분과 둘째, 개화 내용의 두 축인 물질문화와 정신문화[1]간의 문화변동의 상관성 논의가 필수적이다.

본고는 시대구분을 개화기 이전의 전(全)시대, 개화기에서 일제강점기, 해방 이후부터 1970년대 말, 1980년대 초부터 현재로 구분한다. 전통온돌가옥 형태의 지속에 주안점을 둔 시대 구분으로 시간의 변화에 따른 유의미한 분절성을 고려한 구분이다. 우리나라는 모든 분야가 비슷한 사정이지만 문화전통의 변동 측면에서 볼 때 개화의 기점이 하나의 큰 분수령이 된다. 편의상 범박하게 개화 이전을 전통사회, 개화 이후를 광의의 현대사회로 구분지어 논한다. 우리 문화전통은 전통사회에서 오랜동안 생성 유지된 것이다. 이것이 서구의 충격에 의해 갑작스레 개화를 맞은 우리의 특수한 현대사회는 문화전통의 단절과 해체, 지속과 변용의 대혼란기를 맞는다. 따라서 전통사회

1) cf. "개화라는 말은 주역의 <開物·成化>로 나누어 생각해 볼 수 있다. 물질적으로 개명하면서 정신적으로는 분화하자는 말이라고 해석된다."[丁淳睦, 「유림과 개화교육의식의 각성」, 『전통문화와 서양문화(Ⅰ)-그 충격과 수용의 측면에서』, 성균관대학교 인문과학연구소, 성균관대학교출판부, 1985. 7, 145면.]

와 그 이후의 우리의 사회는 문화전통면에서 판이한 지속과 변용 양상을 띤다. 따라서 이러한 특수성을 고려하여 시대를 일단 크게 양분한 것이다.

그리고 본고는 우리 문화전통의 지속과 변용양상을 살피는 기본적인 큰 틀로서 물질문화와 정신문화간의 문화 변동의 역동적 상관성에 주목하고자 한다. 문화변동상 전통사회와 현대사회는 물질문화와 정신문화의 지속과 변용 양상의 관련성이 일치하지 않는다. 전통사회는 물질문화와 정신문화의 상호 관련성이 깊고 구속력 또한 강한 반면 현대사회는 상호 관련성이 약하고 구속력 또한 약하다. 왜냐하면 일반적으로 물질문화변동과 정신문화변동이 같이 나란히 가는 것이 아니기 때문이다. 그리고 같은 물질문화나 같은 정신문화라 해도 각기의 현상이나 요소에 따라 변동 속도에 완급의 차이가 있다.

한편 전통사회에서 전통가옥의 형태는 정형성을 띠며, 문화전통은 그것과 밀접히 형성된다. 따라서 양자는 동일한 문화양상을 띤다. 그리고 현대사회에서의 전통가옥의 형태도 그렇게 급변하지는 않는다.[2] 그러나 문화전통은 그것보다는 쉽게 변하며 양자는 별개의 문화변동 양상을 띤다.

이상과 같은 논의는 개화 이전의 전통사회의 문화전통과 이후 현대사회의 문화전통을 논의하는데 매우 유용하다. 본고에서 후술할 전통사회의 온돌문화[3]전통의 성립 근거가 되며 개화 이

---

2) cf. "유형민속의 형태는 보통 천천히 변한다."[엘리어트 오링이 엮고 나경수가 옮김, 『민중과 민속의 장르』, 전남대학교출판부, 2004. 2, 260면.]

3) 온돌문화는 온돌로 인하여 현성된 일체의 문화, 즉 일체의 유형의 물질문화와 무형의 정신문화를 통틀어 일컫는 개념이다.

후 현대사회의 주택 양식의 변동과 온돌문화전통의 변동 양상을 대비시켜 논의하는데 중요한 논거가 된다. 전통사회의 온돌문화전통은 전통온돌가옥과 밀착되어 있어 전통온돌가옥을 통한 선인들의 생활이 곧 온돌문화전통을 형성하였지만, 개화 이후 현대사회에서는 전통사회와 달리 온돌문화전통과 전통온돌가옥이 상호 큰 영향을 미치지 못하고 각자의 변화양상을 보인다. 즉 전통사회의 문화전통과 주택양식은 일치하지만 현대사회는 일치하지 않는다. 왜냐하면 새로운 주거문화도 새로운 문화전통도 확고히 정립되어 있지 않았기 때문이다. 주거는 문화전통과 일치해도 살고 일치하지 않아도 살아가는 것이지만 '갓 쓰고 양복 입는 식'의 주거문화는 바람직하지 않다. 바람직한 미래를 위해서는 새로운 문화전통의 확립에 따른 새로운 주거양식의 창조가 요망된다. 우리의 문화 전통을 재발견하고 그에 맞는 주거형태를 창조하여 새로운 전통문화의 새로운 온상을 마련해야 할 것이다.

그러면 필자가 문화사적으로 주장하고자 하는 온돌문화전통이란 무엇인지 그 성립 근거와 요소에 대해 알아보기로 한다.

## Ⅱ. 문화사적 접근을 통해 본 온돌문화전통

### 1. 온돌문화전통 성립의 근거

외국의 환경결정론(conservation)이라는 이론을 제시하기 보다는 선인들이 직접 생활하는 가운데 터득했으리라고 생각 되는 주요 언급을 통해 온돌문화전통론이 성립될 수 있음을 확인해 보이기로 한다. 일찍이 국문학계의 태두 조윤제는 「주택가의 풍경」에서 다음과 같이 언급하고 있다.

> 주택의 문제라는 것은 민족의 생활 내지는 민족의 문화에 지대한 관계가 있다 할 것이니, 헐으로 주택을 가족과 같이 밥 먹고 잠자는 곳으로만 생각하여서는 안 될 것이다. 실로 민족은 이 주택에서 같은 생활양식을 갖게 되었고, 한 골수의 정신을 갖게 되었으며 또 동일한 문화를 창조하여 왔던 것이다.[4)]

한마디로서 조윤제는 주택이 국민 생활과 정신 및 문화에 미치는 영향을 잘 설명해주고 있다. 사람이 기계를 만들고 그것에 영향을 받듯이 사람이 집을 만들고 그것에 영향을 받는 것은 자명한 이치이다. 따라서 우리 민족의 생활사고·민족성·문화전통이 한옥을 만들고, 역으로 한옥이 우리민족의 생활·사고·민족성·문화전통을 만들었다 할 것이다. 환경론자들은 환경이 문화에 중요하게 작용한다고 주장한다. 그러나 클라크 위슬러(Clark Wissler)의 환경결정론처럼 환경과 문화의 관계는 절대적인 인과적 요인이 될 수는 없고 제한적으로 작용 받는다는 것이 옳을 것이다. 어쨌든 민족 고유의 주택이라는 환경이 그 민족의 문화전통 형성에 크게 영향을 미친다는 사실에는 이론의 여지가 없을 것이다.

한편 손진태는 「온돌예찬」에서 온돌이 세계에서 유례가 없는

---

4) 조윤제, 「주택가의 풍경」, 『상아탑의 오후』 하, 삼학사, 1965. 10, 297면.

우리나라의 특수하고 귀중한 산물이라고 예찬하면서, 온돌이 우리 문화와 민족성에 미친 영향이 지대하였음을 다음과 같이 언급하고 있다.

> 우리는 溫突에서 나고 溫突에서 자랐으며 溫突에서 죽을 것이다. 詩人들은 溫突에서 詩想을 하였으며 學者들도 溫突에서 붓을 들었으며 政治家들도 溫突에서 天下의 일을 計劃하였다. 우리의 前述한 朝鮮文化는 溫突을 胎盤으로 하여 誕生하였으며 우리의 民族性은 溫突을 慈母로 하여 訓育되었다. 그러므로 우리의 文化와 民族性은 外國人의 追從치 못하고 가지지 못할 特色을 가진 것이다. 오, 人類의 위에 높이 빛나는 溫突이여![5)]

손진태는 우리 문화는 “온돌을 태반(胎盤)으로 하여 탄생 하였으며 우리의 민족성은 온돌을 자모(慈母)로 하여 훈육(訓育)되었다.”고 하면서 인류 위에 높이 빛나는 온돌이라고 민속학계의 태두답게 극찬하고 있다. 또한 정인섭은 『온돌야화(溫突夜話)』 서문에서 다음과 같이 언급하고 있다.

> 나에게는 온돌은 가장 즐거운 집이며 조선문화의 요람인 것처럼 생각된다. 그 가운데에서 철학이 나오고 문학이 길러졌다. 정치, 경제, 법률, 종교, 과학 및 그 외 모든 아름다운 것의 위대한 것이 그 가운데에서 고민되어 축적된 것이며 온돌의 아름다움을 충분히 이해해 줄 날에는 이와 같은 책자도 필요하지 않게 된다. 그 정도로 온돌은 그 자체 독특한 예술을 감추고 있으며 온돌은

---

5) 손진태, 「온돌예찬」, 『별건곤』 제3권 제2호(통권 제 12·13 합호), 개벽사, 1928. 5, 189면.

> 조선이라고 명명(命名)의 시적 혹은 내적 표현이며 이 책의 명칭도 거기에 기인하고 있는 것이다. (…중략…) 온돌의 서정을 맛보고자 하는 사람은 적어도 거기에 조선의 적나라한 본연의 순박한 모습이 있다고 하는 것을 잊어서는 안 된다. (…중략…) 거기에는 온돌예술의 원천이 솟고 인간 감정의 모든 것이 잠들어 있다.[6]

이상에서 본 바와 같이 손진태는 '온돌을 태반'으로 조선문화가 탄생한다고 하였고 정인섭은 '조선문화의 요람'이라 하였다. 그리고 조윤제도 상기의 글 중에서 '민족문화의 온상'이라 하였다. 이는 모두 우리 문화에 끼친 온돌의 영향이 지대함을 단적으로 지적한 단구적(短句的) 표현들이다. 그리고 정인섭은 온돌을 우리나라를 일컫는 '시적 혹은 내적 표현'이라고 하였는데, 이와 비슷한 언급은 1929년 김윤기(金允基)의 「백의와 온돌(白衣と溫突)」에서도 보이는 바, 백의와 온돌을 조선인을 상징하는 말로 사용하고 있다.[7]

이렇듯 일제강점기에 '한국적인 것'(Korean-ness)을 찾고자 하는 인사들은 우리의 온돌을 우리 문화의 '태반', '요람', '온상' 또는 '민족의 요람', '민족문화의 원천', '정신적 본향' 등등으로 강조하는 한편 우리나라를 지칭하는 개념으로 사용하고 있다. 1920년 오다 칸찌로(小田幹治郎)가 『온돌한화(溫突閑話)』, 1923년 10월 다지마 다카오(田島泰秀)가 『온돌야화(溫突夜話)』(교육보성주식회사), 1927년 3월 정인섭(鄭寅燮)이 『온돌야화(溫突夜

6) 정인섭, 『온돌야화』, 일본서원(동경), 1927. 3, 4~6면.
7) 金允基, 「白衣と溫突」, 『朝鮮と建築』 제8집 제1호, 조선건축학회, 1929. 6.

話)』(일본서원)라고 쓴 것이 그 예가 될 것이다.[8]

이상의 논의나 언급들로 보아 온돌은 우리 고유의 주거문화로서 그것이 우리 문화에 끼친 영향이 대단한 것이었음을 알 수 있게 해준다. 그러나 아직까지 온돌과 연계시켜 우리의 문화전통을 본격적으로 연구한 논문이 전무한 실정이다. 이에 필자는 차제에 '우리문화'를 '온돌문화'라고도 하듯이[9] 차제에 '우리문화전통'을 '온돌문화전통'이라고도 부를 것을 제안하면서 나름대로 비중 있게 천착해보고자 한다. 그러나 본고에서는 온돌에서 생성된 문화전통만을 한정하여 온돌문화전통이라고 일컫는 것이다. 그러나 경우에 따라서는 필자가 제안하였듯이 우리 문화전통 전체를 온돌문화전통이라고 명명하여 사용하는 경우도 있을 것이고 또 이렇게 명명해도 가능하다는 것이 밝혀질 것이다.

8) 그리고 朴達城의 「溫突방夜話」(조선일보 43~27. 중앙일보 1966 李鍾極, 『(鮮和兩引) 모던 朝鮮外來語辭典』, 1937. 8, 162면, '모단(당)'항 참조), 崔仁鶴의 「재치 있고 웃기는 온돌야화」[『한국인』 12권 7호, 사회발전연구소, 1993]가 있다. 한편 김동욱은 '사랑방의 문학'이라 하여 민담, 설화, 전기소설, 패관소설, 시화, 수필류, 만록, 잡록, 야담, 어면순, 골계전 등을 들면서 사랑방의 각종 서사문학 운반자에 주목하여 연구하면 우리 소설사의 새로운 체계를 세울 수 있다고 제창하였는바 여기서 '사랑방'이 온돌방임은 두 말할 나위가 없다. 김동욱은 기존의 「온돌야화」가 담고 있는 장르보다는 더 장르 범위를 넓혀 사용하고 있음을 알 수 있다[cf. 김동욱, 「사랑방의 문학」, 한국문학비건립동호회, 『나손서실통신』, 1991. 4, 229~230면; 김동욱, 『나손서실통신』 제17호, 1980. 1. 10, 5~6면].

9) cf. 최상수, 「온돌」, 『석천수필집－달라져 가는 세상』, 성문각, 1984. 4, 288면.

## 2. 전래의 온돌주거생활에서 나온 온돌문화전통

온돌문화전통은 온돌이라는 불의 독특한 이용방법에서 생성된 문화전통이다. 그런데 '신화적 인식의 불'은 인간의 손에 의해 타락된 불이 아니라 순수한 불이다. 즉 '내 불'과 '네 불'이 따로 있을 수 없는 인류 전체 공유의 불이다. 인류가 원야(原野)에 첫 삽을 내릴 때 이러한 인류 최초의 불이 하나의 불씨가 되어 이곳저곳으로 점화되면서 지역마다의 내 불과 네 불이 있게 되었다. 그러나 우리 민족은 하늘로부터 부여 받은 불에 대해 여전히 '신화적 인식의 불'의 관념을 강하게 지녀 온 민족이다. 즉 내 불과 네 불이 따로 없는 '우리의식'이 강했던 민족이다. 온돌문화전통은 이러한 불의 공유에서부터 출발하여 온돌(방)의 공유, 집의 공유, 집 밖의 공유로 확산되어 나가는 문화다.

불은 집단의 동질화나 연대의식을 강렬하게 심어준다. 황패강은 다음과 같이 언급하고 있다.

> 어떤 특정한 그룹의 사람들이 그의 무리 이외의 사람에게 내주는 것을 기피하는 민속은 '불'에 의한 동질화와 연대를 의식하고 있는 결과로 볼 수 있다. 우리 속담에 '한솥의 밥을 먹는다' 는 말은 동질적 유대감을 말하는데 쓰이고 있는 바, 솥의 밥은 불의 동질화 이미지를 분유(分有)하고 있다.[10]

우리 민족은 불을 중심으로 동질성 내지는 연대의식을 강하

---

10) 황패강, 『조선왕조소설연구』, 단국대학교출판부, 1999. 7(2쇄), 174면.

게 확보하였다. 불을 중심으로 한 동질적 유대감이 유난히 강한 민족이다. 불을 중심으로 한 모여듦은 같은 몫의 온도를 공유하기 위한 것인 바, 같은 몫의 온도를 공유한다는 것 자체가 연대감이나 일체감을 준다. 상고시대 우리 민속의 "밤낮을 쉬지 않고 음주가무한 국중대회"[11]도 같은 몫의 불을 나누어 받음으로서 얻어지는 일체감을 공유했을 것이다.

이것이 확산되어 불의 공유는 온돌의 온기로 전이 되고, 온돌의 온기는 사람의 온정으로 전이될 수밖에 없다. 그래서 우리 민족성은 온후다정(溫厚多情)하다. 우리 민족은 매일 반복되는 일상생활에서 온돌의 열기를 가족과 함께 오랜 동안 공유함으로써 가족간의 일체감·연대감·유대감이 유난히 돈독해 질 수 있었다.

또한 매일같이 장시간 반복되는 불(온돌)의 공유는 개인주의 문화가 아닌 집단주의문화인 '울타리문화'로 확대되어 나타난다. 우리민족은 '우리의식'이 강한 민족이다. 단독소유가 아닌 공동소유, 개체의식 아닌 집체(集體)의식이 강한 민족이다. '나의 나라, 나의 학교, 나의 마누라, 나의 집'이 아닌 '우리나라, 우리학교, 우리마누라, 우리집'이다. 말대로라면 마누라까지도 공동소유다. 우스갯소리로 생각되지만 "즐거운 곳에서는 날 오라 하여도 내 쉴 곳은 작은 집 내 집 뿐이요"라는 노래를 부르다가 "할아버지에게 이놈, 네 집이 어디 있어 건방진 놈"이라고 호통을 맞았다는 사람도 있다.[12] 이러한 우리의 강한 우리

11) cf. "連日飮食歌舞"(『魏志』東夷傳, 「夫餘條」), "晝夜飮酒歌舞"(동, 「濊條」), "群聚歌舞飮酒"(동, 「馬韓條」), "俗熹歌舞飮酒"(동, 「弁辰條」).

12) 李圭泰, 『韓國人의 意識構述－韓國人은 누구인가』 上, 文理社, 1977.

의식은 불(온돌)의 공유의식에서 나왔을 것이다. 그리고 이것의 확산 결과로 '울타리의식'이 왔을 가능성이 높다. 다른 한편으로는 '우리의식'이 '울타리'에서 나왔을 가능성도 없지는 않다. 울타리는 우리의 동질성과 주체성을 강하게 드러내는 문화적 상징물인 바, '울타리'와 우리는 '울'에서 파생된 낱말로 생각되기 때문이다.13)

한편 온돌생활은 절제된 공간 생활이다. 온돌생활은 방안의 열효율을 높이기 위하여 공간을 제한할 필요가 있었기 때문이다. 우리 민족은 아시아 대륙의 동북지방 산이 많고 평야가 적은 넓지 못한 반도에 자리잡아 물산이 풍족하지 못했다. 따라서 적정 공간의 축소화가 이루어져야만 했다. 그리고 작은 집의 밀집생활(密集生活)을 하나의 검덕(儉德)으로 여겼다. 이러한 작은 규모의 온돌생활이 우리 민족의 근검절약 정신을 낳았을 것이다. 절제문화를 가져왔다. 옛날에는 "큰 집은 죽음을 부르게 하고 작은 집은 복을 부른다"고 했다. 사람이 집에 치이기 때문이다. 그리고 "집 작은 것하고 여자 작은 것은 흠이 되지 않는다"고 했다. 작은 집에 살거나 작은 여자와 살아도 문제될 것이 전혀 없다는 뜻이다. 우리 선조들은 "집은 겨우 비를 가리는 것으로 족하고, 옷은 겨우 몸을 가리는 것으로 족하고, 밥은 겨우 창자를 채우는 것을 족하다[堂足以庇雨 衣足以蔽身 食足以充腸]."14) 했다. 그리하여 유네스코 문화유산으로 지정하기 위해 서울 성곽과 한옥마을을 둘러본 한 외국인은 우

2, 238면.

13) 나경수, 「울타리」, 『한국문화 상징사전』 2, 두산동아, 555면.

14) 東皐 李希儉(1516~1579)과 관련된 말이다.

리나라의 집을 '인간적 규모'라고 평가하였다. 인간, 특히 우리에게는 누구나 오두막집 정서가 있다. 이는 협소하여 아늑하고 포근한 모태 회귀적 본능이 작용한 결과이겠지만 원시 시대부터 동물처럼 자신이 살 집을 자신이 직접 짓고 살아왔던, 그래서 애착이 가는 인간의 원초적 행위의 그리움일 것이다. 원시 시대에는 크게 짓고 살 수도 없었고 또 그럴 필요도 없었을 것이다. 종달새는 종달새에 맞는 집이 있고 황새는 황새에 맞는 집이 있기 마련이다. 우리 인간도 옛날처럼 집이란 불필요하게 크게 지을 필요가 없다. 우리나라의 오두막집은 인간 본연의 원초적 삶을 살아가기에 적합했던 공간으로서 절제된 공간의 극치이다. 물론 이러한 축소지향적인 경향은 노장사상이나 유교의 영향 또한 크다. 그러나 이러한 사상이 우리나라에 뿌리 깊게 착근할 수 있었던 것은 우리의 풍토와 온돌 특성 때문이 아닌가 한다.

한편 소집생활(疎集生活)이 아닌 재래의 축소지향적 온돌생활은 타인과의 접촉 빈도가 잦고 접촉 거리가 짧다. 하나의 방은 변환성이 뛰어나서 손님이 와서 방석을 내놓으면 거실이 되고, 밥상을 내놓으면 식당이 되고, 서안(書案)을 놓으면 서재가 되고, 이부자리를 깔면 침실이 된다. 따라서 이러한 다양한 공간사용 문화는 타인과의 다양한 접촉 문화를 낳았고 이러한 다양한 접촉 문화는 다양한 예절을 필요로 한다. 상하의 구별, 남녀의 구별 등이 엄격하게 되었다.

불(온돌)의 공동 분배나 사용에는 원초적인 질서와 예절이 따른다. 따라서 온돌은 교육공간이기도 하다. 따듯한 아랫목은 자연히 연장자의 몫이다. 설령 누가 이야기 하지 않아도 도덕 이

전에 인지상정으로 어른이 앉도록 배려한다. 따라서 이를 중심으로 상석과 하석이 결정된다. 이러한 일상의 생활 습관이 누적 체질화되어 질서문화와 예절문화의 근간이 되었다. 이러한 점에 착안하여 최덕경은 다음과 같이 언급하고 있다.

> 공동의 공간인 온돌방에서 함께 생활하게 되면 자연스럽게 上下존중의 질서와 공동체의 정서를 중시하는 기풍이 생겨났다. 온돌방에서 가족 전체가 기거하면서 더불어 식사하고, 집안의 각종 大小事를 함께 논의할 때, 자연 아랫목은 老人이나 웃어른에게 권하고, 젊은이는 윗목에 자리함으로써 웃어른에 대한 존경심이 자연스럽게 드러나게 되었다. 그리고 어른이 계신 온돌방에 출입할 때는 조심스럽게 행동하는 것을 예의로 지켜왔다. 특히 조선시대에 유교문화가 온돌생활 속으로 배어들면서 가족윤리와 질서가 이 공간 속에서 형성되었으며, 특히 무릎을 꿇고 엎드려 절을 올리는 예절문화도 좌식생활을 하는 온돌문화와 밀접하게 관련된다.[15)]

그리하여 중국에서는 예로부터 우리나라를 '동방예의지국(東方禮義之國)'이라고 불렀다. 그만큼 예의도덕 문화가 발달한 나라였다.[16)] 1928년 잡지 「별건곤」에서 '내가 자랑하고 싶흔 조선

---

15) 최덕경, 「온돌의 구조 및 보급과 생활문화에 끼친 영향」, 『농업사연구』 제7권 2호, 한국농업사학회, 2008.12, 57~58면.

16) cf. 2300여 년전 孔斌이 쓴 「東夷列傳」에 다음과 같은 기록이 있다. "(…중략…) 순(舜)이 중국에 와서 요(堯)임금의 다음 임금이 되어 백성들에게 사람 노릇하는 윤리와 도덕을 처음으로 가르쳤다. 소련(小連)과 대련(大連) 형제가 부모에게 극진히 효도하더니 부모가 돌아가시니까 3년을 슬퍼했는데 이들은 한 민족의 아들 동이족의 후예였다. 그 나라는 비록 크지만 남의 나라를 업신여기지 않았고, 그 나라의 군대는 비록 강했지만 남의 나라를 침범하지 않았다. 풍속이 순후(淳厚)

(朝鮮) 것'[17]이란 제목으로 여러 사람의 글을 실었는데 이 중 두 사람이나 '동방예의지국(東方禮義之國)'을 언급하면서 '덕성(德性)과 재질(才質)'[18] '민족적 도덕성(民族的 道德性)'[19]을 들고 있다. 이들은 모두 우리나라 사람들이 개인이나 국가나 침해하지 않는다는 데에 논지를 귀결시키고 있지만 우리나라의 문화전통을 읽어내는 데는 유감이 없는 글이다.[20] 「민족적 도덕심」

---

해서 길을 가는 이들이 서로 양보하고, 음식을 먹는 이들이 먹는 것을 서로 미루며, 남자와 여자가 따로 거처해 섞이지 않으니, 이 나라야말로 동쪽에 있는 예의 바른 군자의 나라(東方禮義之國)가 아니겠는가? 이런 까닭으로 나의 할아버지 공자(孔子)께서 '그 나라에 가서 살고 싶다.'고 하시면서 '누추하지 않다'고 말씀하셨다."

17) 목차에는 '자랑하고 십흔 것, 늘 자랑하는 것'이라 되어 있다.

18) 朴瓚熙, 「德性과 材質」, 『別乾坤』 통권 제12·13 합호, 개벽사, 1928. 5, 41~42면.

19) 朴熙道, 「民族的道德心」, 『別乾坤』 통권 제12·13 합호, 개벽사, 1928. 5, 44~45면.

20) 「민족적 도덕심」의 일부를 보이면 다음과 같다.

우리 朝鮮을 다른 나라에서 「東方禮義之國」이라고 推崇하는 것도 그 까닭인 것 갓습니다. 近來에 적은 例를 들어 말할지라도 年前에 西洋사람 쫀 博士가 朝鮮에 와서 講演을 하는데 그는 朝鮮 말이 스투름으로「나뵈(蝶)가 꼿 속으로 펄펄 날어든다」는 말을 나귀(驢)가 꼿 속으로 펄펄 날어든다고 하엿는데 數千의 聽衆이 儼然不動하고 그대로 듯고 잇섯더니 그 뒤에 그는 누구에게 자긔의 말이 잘못되엿섯다는 말을 듯고는 크게 感歎하야 갈오대 「世界 어느 民族 치고 朝鮮兄弟처럼 容恕性이 만코 남을 잘 尊重하는 사람은 업다. 만일 日本이나 中國 또 西洋 어느나라에 가서 그와 가튼 서투른 말로 講演을 하얏스면 嘲笑가 막나고 講演場이 笑話場이 되엿슬 것이다. 그러나 朝鮮 양반들은 조곰도 그러한 氣色이 업고 自初至終으로 잘 드러주니 그런 感謝함이 업다」고 하고 그 事實을 엇던 西洋新聞에까지 發表한 일이 잇섯습니다. 例야 들던지 안이 들던지 우리 朝鮮 사람이 德義性이 만흔 것은 事實입니다. 이것은 우리의 자랑거리요 또 將來에도 우리 民族이 世界的으로 發展이 되고 優越한 待遇를 바들 素質이라고 하겟습니다에서는 '동방예의지국'에 대해 그 실례를 들어 설명하고 있다. 외국인이 강연을 하는데 우리말이 서툴러 '나비가 꽃 속으로 펄펄 날어든다'를 '나귀가 꽃 속으로 펄펄 날어든다'라 했다. 그런데도 수천의 청중이 예의를 갖추어 웃지 않았다고 하면서 만일 일본이나 중국인·서양인 같으면 있을 수 없는 일이라면서 이 사실을 서양신문에 소개했다는 내용이다.

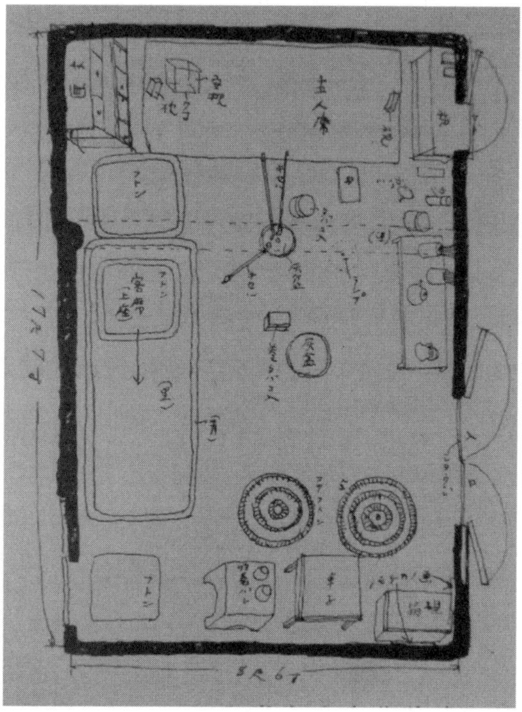

<그림 1> 온돌 사랑방의 예의를 엿볼 수 있는 물질문화의 배치
(今和次郎, 『朝鮮部落調査特別報告』 제1책 民家, 조선총독부, 1924.)[21]

[朴熙道,「民族的 道德心」, 『別乾坤』 통권 제12·13합호, 개벽사, 1928. 5, 44~45면].

그리고 온돌생활에서의 이불을 개는 행위도 예를 몸에 배게 했을 것이다. 평상시 이불을 개는 솜씨나 동작 등의 하나하나에서 인간의 큰 법도와 예가 베게 할 수 있다. 이불은 서양의 침대 생활과 달리 반드시 치워야 식사며 바느질이며 기타 다른 일이 이루어질 수 있기 때문에 매번 반복되는 법도 있는 생활에서 자연히 행례(行禮)가 체질화 된다. 여기서 이불개기와 관련된 일화를 소개하면 다음과 같다.

> 초대(初代) 미국공사인 박정양(朴定陽)이 워싱턴 앰배세더(業斐太) 호텔에서 개관 사무를 볼 때 침대에서 자질 않고 반드시 바닥에서 잤다 한다. 또 초대공사를 예방하겠다는 각국 공사, 각급 고관들의 예고를 받으면 부리나케 하인들을 시켜 침대를 치우도록 호령했다고도 한다.[22]

초대 미국공사로 간 박정양이 침대에서 자지 않았고 손님이 온다는 연락을 받으면 침대를 치우도록 했다는 일화다. 아마도

---

21) 온돌방의 배치를 보면 위 왼쪽부터 문갑 옆으로 주인 좌석 안에 베개와 안침, 그 옆으로 책상이 놓여 있다. 주인 자리 앞으로 왼쪽에 방석이 있고 중앙의 담배 갑과 그 앞의 화롯불에는 담뱃대(3대)들이 꽂혀져 있고 그 옆으로 램프(lamp)가, 그 앞으로 말아 피는 담배 갑이 있다. 중앙 왼쪽에는 손님 자리(상좌)가 있고 검은 색 바탕에 청색 줄로 테두리를 댄 방석이 놓여 있으며 하단에는 테두리를 댄 방석 두 개가 놓여 있다. 그리고 그 앞으로 나란히 왼쪽부터 방석, 장기판, 탁자와 붓 상자가 있다. 이로써 온돌의 온기에 따라서 집안 어른과 손님 자리가 지정되어 있는 것으로 보아 온돌방 안은 예의교육의 공간으로 배치되어 있었음을 알 수 있다.

22) 李圭泰, 『韓國人의 意識構述－韓國人은 누구인가』 上, 文理社, 1977. 2, 220면.

박정양(1841~1904)이 침대를 치운 뜻은 서양 침대를 한국의 이부자리 개념으로 받아드린 것으로서 예의 차원에서 치웠을 것이다. 앞에서도 언급한 바와 같이 우리나라는 예절문화가 유난히 발달한 나라인 바, 이는 유학의 영향이기도 하지만 온돌 때문에 쉽게 받아드려지고 체질화 되었을 것으로 생각된다. 중국의 유학이 인근 나라로 확산되었지만 예절문화가 우리나라처럼 발전되지는 아니 했을 뿐만 아니라 유학의 본 고장인 중국보다도 우리의 예절 문화가 훨씬 고답적이었다.

한편 우리나라는 국문화·탕문화가 발전한 민족이다. 뜨거운 국물음식과 우려먹는 곰탕을 즐겨 먹는다. 그리고 삶거나 쪄 먹는 요리를 즐겨 먹는다. 이에 대해 임재해는 다음과 같이 언급하고 있다.

> 삶거나 쪄서 익히는 요리는 구운 요리와 달리 솥과 물, 시루 등의 한층 본격적인 요리기구가 동원되어야 한다. 우리는 이미 청동기시대부터 시루를 사용하였다. 시루를 이용하여 찌는 요리는 솥을 이용하여 삶는 요리에서 발전된 것이다. 왜냐하면 솥으로 물을 끓이는 것을 전제로 시루가 사용되는 까닭이다. 따라서 삶고 찌는 우리의 요리문화는 고대의 정착생활과 구들의 전통 속에서 형성된 것이라 할 수 있다. 그러므로 구들을 놓고 솥을 걸어 음식을 오랫동안 끓여먹는 곰탕문화는 정착형 주거문화가 낳은 식문화라 할 수 있다.[23)]

국문화·탕문화는 온돌에서 나온 우리의 독특한 식문화이다.

---

23) 임재해,「주거문화 인식의 성찰과 민속학적 이해 지평」,『民俗과 住居』, 비교민속학회, 2005.12. 3~4, 안동대학교, 25면.

온돌방의 취난(取暖)을 위해서 어차피 피우는 불을 이용해 취사(炊事)까지 해결했던 것이다. 김남응(金南應)은 구들의 우수성 9가지를 들고 있는데, 그 중 한 가지로 '난방과 취사 기능의 지혜로운 결합'을 들고 있다.[24] 온돌문화권 이외에서는 취난과 취사가 별개이기 때문에 취사만을 위해 오랫동안 끓이는 데에는 무리가 뒤따랐을 것이다. 우리는 소까지 쇠죽을 끓여주는데, 소에게까지 쇠죽을 끓여주는 민족은 아마 세계에서 유일무이할 것이다. 이는 온돌을 위해 이왕에 때는 불을 이용하기 위한 우리만의 독특한 취사방법이기 때문에 가능했을 것이다. 한편 이규태는 「한민족은 탕민족이다」라는 글에서 다음과 같이 언급하고 있다.

> 국[湯]에다 밥[主食]을 말아먹는 식속(食俗)은 어쩌면 세계에서 우리 한민족(韓民族)뿐일 것이다. 서양에 수우푸가 있고, 일본에 미소시루[된장국]가 있고 중앙아시아에 챠이(茶水)가 있으나 그것에 밥이나 빵을 말아서 먹는다는 법은 없다. 한데 우리 나라의 국은 말아먹을 것을 전제로 한 국이다. 콩나물국, 쑥국, 미역국, 시래기국, 고깃국, 무국, 토장국, 토란국, 근댓국, 호박국…… 어떤 식품도 국거리가 된다. 비단 이 국뿐만 아니라 이미 밥과 국을 혼합해서 형성되는 탕반(湯飯) 종류의 다양성은 이 「국물 민족」의 특성을 단적으로 지적해 주는 것이 된다. 설농탕, 곰탕, 갈비탕, 추

---

24) "「·구들은 난방과 취사 기능을 지혜롭게 결합」
(…생략…) 로마 시대의 하이퍼코스트 방식에서는 취사를 겸할 예는 없었고, 모닥불 형식이나 벽난로 형태에서도 취사가 겸해지기는 하였으나 우리의 구들에서와 같이 두 가지 목적을 모두 동시에 만족시켜 주지는 못했다."[김남응, 『(문헌과 유적으로 본) 구들이야기 온돌이야기』, 단국대학교출판부, 2004. 2.], 500~507면.

어탕, 대구탕, 족탕, 꼬리탕, 도가니탕, 해장국, 개장국, 복국, 가리국, 재치국, 떡국, 만둣국…… 헤아릴 수 없다. 『임원십육지(林園十六志)』 등 고서(古書)에 기록된 탕반류만도 무려 58여 종이나 된다. 한민족은 탕민족(湯民族)이다.[25]

탕을 먹는 문화는 한민족뿐이며, 서유구(徐有榘, 1784~1845)의 『임원십육지』에 기록된 탕의 종류만도 58종이나 된다고 하였다. 그러면서 우리민족이 "왜 탕반에 체질화 되었을까?" 묻고는 4가지 이유[26]를 들고 있는 바, 나름대로의 일리가 있다. 그러나 온돌에 따른 불을 동시에 이용하기 위하여 고안된 우리나라의 온돌 관련 솥 문화의 기원 가능성을 간과하고 있다. 탕문화는 온돌문화의 소산이다.

한편 이규태는 윗글 말미에서 다음과 같이 국물 식품을 통한 집단의 동질성에 대해 언급하고 있는 바, 이에 대하여는 전적으로 공감한다.

---

25) 李圭泰, 『韓國人의 意識構述－韓國人은 누구인가』 上, 文理社, 1977. 2, 94면.

26) 첫째, 한국인은 가난하고 식구가 많다.
둘째, 한민족은 서양이나 중동 같은 정착하지 못한 유목문화권과는 달리 일찍부터 정착하고 살아온 농경문화권에 속한다.
셋째, 한국인은 반도 풍토 때문에 왜구 등 외침 앞에 노출돼 왔고 흉년 등 기근으로 많은 이동을 하며 살아왔다. (…중략…) 피난 및 유랑생활의 식생활, 곧 쫓기면서 먹고 살아야 하는 식생활은 가장 씸플한 형태를 취해야 한다. 밥은 물에 말아서 후루루 마셔 버리는 그런 굶주림을 면한다는 「요기」 형태를 취해야 한다. 탕반의 비극적 발생론이다.
넷째, 신앙적 원인을 들 수 있다. 신농사상에서 형성된 先農湯이 그것이다(위의 책, 94~96면).

> 국물 식품의 고형(固形) 식품에 견준 특성은 혼자만 먹는 것이 아니라 여럿이 나눠 먹는다는 데 있다. 곧 개체(個體)의 선택을 용서하지 않고 집단(集團)의 동질성(同質性)을 똑같이 나눠 누린다는데 그 특성이 있다.[27]

위의 지적처럼 국을 먹는 행위는 동질성을 나누어 먹는 행위로서 이러한 동질성의 공유가 연대의식을 형성시켜 우리의 공동체문화를 견인하는 원동력의 하나가 되었을 것이다. 그리고 국물을 먹을 때 숟가락을 사용하는데 이는 국문화·탕문화에서 요긴한 도구이다. 집단의 동질성 속에 개체의 개별성·차별성을 갖게 하는데 중요한 구실을 한다. 유목 민족인 서양 민족과 달리 우리는 식사도구를 공동화하지 않고 개인화한다. 각자 주인이 있어 엄격히 공유하지 않는다. 이는 공동체문화 속의 개인화문화 존중이며, 개인화문화 속의 공동체문화 존중인 바, 이는 온돌생활의 기본 양식이다.[28]

우리 문화는 농경문화로서 정착문화이다. 온돌은 장기적인 정착을 전제로 한 주거 문화다. 한 곳에서의 장기적인 정착은 유목문화와 달리 뿌리의식이 강하다. 그리고 정착문화권에서도 온돌문화권에서 더욱 강하다. 어려서부터 온돌에 등을 붙이고 살아온 사람들은 늘 유아기 때의 어머님의 따스하고 포근한 가슴을 그리워하듯 그 온돌의 따스함을 회상한다. 더군다나 한 온돌방에서 같이 오랫동안 접촉하며 살아온 일가붙이는 더욱 서로를 회상한다. 그리하여 가족 중심, 가문 중심으로 뭉쳐 유아기

---

27) 위의 책, 96면.

28) 이는 「논어」의 "周而不比 和而不周"의 가르침과 통한다.

때의 온돌을 회상하듯 조상을 회상한다. 대(代)가 만나는 온돌의 자리에 인간의 영속성이 있었다. 그리하여 계대의식(繼代意識)이 강하게 되었다. 우리문화전통 가운데 세계적인 것의 하나로 숭조의식(崇祖意識)을 들 수 있다. 우리는 예로부터 동족(同族)에 대하여 "동성동본(同姓同本)은 백대지친(百代之親)이니 백년전(百年前)에 일실지인(一室之人)이라"하여 친형제처럼 지냈다. 여기서 '일실지인(一室之人)'의 '실(室)'은 같은 부모에게 태어난 사람을 일컫는 말로서 '일실(一室)'을 직역하면 같은 방으로 해석된다. 멀고 오랜 세월 전에 한 방에서 태어나 같은 가족으로서 한 집에 살면서 한 방을 썼던 선대들을 생각하면서 동성동본끼리는 친하게 지냈던 것이다. 같은 부모 밑에서 태어나 한 집에서 한 방을 썼던 사람들, 즉 '일실지인(一室之人)'의 '실(室)'은 이미 예사스러운 실(室)이 아니다. 널리 퍼져나간 형제들을 묶어 주는 응집(凝集)의 실(室)이요 숭조(崇祖)의 실(室)이다. 우리의 숭조문화는 옛부터 우리 조상들이 독창적으로 창조해 낸 정착주거문화의 백미, 그 따듯한 온돌에서 시작해 꽃피운 문화다. 물론 거듭 이야기 하지만 유교의 영향도 크다. 그러나 온돌생활이 예절문화나 숭조문화를 수용하여 정착시키기에 적합한 주거문화였다는 점을 다시 강조하고자 한다. 즉 온돌생활에 맞는 문화였기에 정착할 수 있었고 꽃을 피울 수 있었다. 회수(淮水)를 건너면 탱자가 감귤이 되듯이 말이다. 또한 이러한 숭조의식이 삼대봉사(三代奉祀) · 사대봉사의 제사문화나 세계에 유례없는 족보문화까지 만들어 낼 수 있었다. 그러나 그 출발은 따듯한 한 방의 온돌을 살았던 사람들부터 시작되었다. 그리고 예로부터 우리는 중국보다 더 주거공간인 댁(宅)이나 실

(室)이나 당(堂)이나 문(門)에 의미를 부여했다. 집을 중심으로 인간관계가 밖으로 확대되어 나갔기 때문이다. 즉 친족을 중심으로 뭉쳤는데 집이 중요하게 작용했다. 앞서 본 '일실지인(一室之人)'이나 '당내(堂內)'라는 말을 보면 알 수 있는데, 여기서 당(堂)이란 집을 가리키며 그 집에서 가족처럼 같이 살 수 있다는 의미가 강하다. 당내(堂內)란 동성동본의 유복친(有服親)을 일컫는 말로 8촌 안의 가까운 일가붙이를 이른다. 당내간(堂內間), 당내지친(堂內至親)이라 하여 가깝게 지냈다. 그런데 이 말은 중국에는 없고 우리가 만들어 사용하는 한국 한자어이다. 당내간(堂內間)도 그렇고 갓 장가들고 난 사위를 일컫는 말인 서방(西房)[29]도 순수 우리식 한자어이다. 따스한 '실(室)'과 당(堂)'의 온돌을 중심으로 매일매일 반복되는 희로애락의 삶을 공유했던 친족들은 따뜻한 핏줄의식이 더욱 공고해져 자연 뿌리 깊은 숭조의식을 낳게 되었을 것이다.

또한 온돌은 은근하고 끈기 있는 우리의 문화전통을 만들었다. 일찍이 조윤제는 '국문학의 특질'을 논하는 자리에서 우리의 의식생활(衣食生活)에 은근하고 끈기있는 데가 있다고 하면서 의식생활이 은근하고 끈기 있는 데가 있다면 우리의 생활 전체에 반드시 은근하고 끈기있는 데가 있다고 하였다. 그리고 은근과 끈기가 있는 우리의 민족생활이 국문학에 그대로 표현되어 있어 국문학에 은근과 끈기가 있다고 하였다.[30] 그런데 조윤제는 의식생활에 직접적으로 영향을 미치는 주생활(住生活)의 은

29) 홍기문 저, 김영복·정해영 편역, 『홍기문 조선문화논선집』, 현대실학사, 1997. 1, 80면.

30) 조윤제, 『국문학개설』, 동국문화사, 1959. 3(재판), 470~471면.

근과 끈기에 대하여는 어찌 된 일인지 직접적으로 언급하지 않았다. 우리 주생활의 기반인 온돌이야말로 우리 의식생활에 나타난 은근과 끈기의 태반(胎盤)이 될 것이다. 그는 의식 가운데 백색의 옷과 김치찌개가 은근하고 끈기가 있다고 하였는데[31], 의생활과 식생활을 지탱해주는 주생활의 온돌이야말로 은근하고 끈기가 있는 것이 아닌가! 서서히 더워지고 서서히 식어가는 온돌이야말로 우리나라의 산야에서 한여름과 가을을 두고 계속해서 피고지는 그저 순순한 연분홍 빛깔의 무궁화처럼[32] 은근과 끈기가 있다. 온돌은 우리 민족의 은근과 끈기의 표상이다. 서서히 더워지고 서서히 식어지는 온돌에서의 생활의 오랜 체험은 자연히 은근과 끈기를 매사의 저변에 담지(擔持)토록 하였을 것이다. 이러한 은근과 끈기는 우리 고유의 온돌이 만들어낸 우리 고유 문화전통의 하나다.

이상과 같이 온돌생활에서 기인됐을 우리의 문화전통적 요소를 찾아보았다. 주요한 온돌문화전통은 온돌에서 재래(齎來)된 한국적 '공유문화, 우리문화[연대문화], 절제문화, 예절문화, 숭조문화, 접촉문화, 정주문화' 등으로 요약될 수 있을 것이다. 이러한 추상화된 문화전통은 어느 나라 문화에서나 있을 것이나 강약이나 다소의 차이가 있을 것이다. 그러나 우리나라는 우리만의 특유한 온돌생활로 인하여 이상과 같은 점이 그 어느 민족보다 발달하여 강하게 문화전통적 요소로 나타난다고 하겠다. 그리고 이러한 온돌문화전통이 우리의 전체 문화전통이 될 수도 있을 것이다. 따라서 '온돌문화전통'이 곧 '한국문화전통'이라

---

31) 위의 책, 471면.
32) 위의 책, 468~469면.

는 등식도 성립될 수 있을 것이다.

## Ⅲ. 개화 이후 주택양식의 변동과 온돌문화전통의 지속과 변용

그러면 서론에서 밝힌 바와 같이 본 장에서는 주택양식의 변동 양상과 온돌문화전통의 변동 양상을 일단 통시적으로 간략히 대한 후 양자의 지속과 변용을 논할 때 근간이 되어야 할 점 한 가지씩을 제시한 후 이에 대하여만 언급하고자 한다.

### 1. 주택양식의 변동과 온돌문화전통의 변동

19세기말 서구의 건축양식이 들어오면서 전통온돌가옥인 한옥과 양옥이 공존한다. 그러나 개화기부터 일제강점기까지 양옥은 일반화되지 않았고 공공성이 강한 건물 일부에 국한된 건축형태였다. 그리고 일제시대 개량주택, 문화주택, 영단주택 등이 있었지만 이것은 도시 상층민이나 일본인들의 주거 문화였다. 이외의 계층에는 전통온돌가옥이 해방을 거쳐 70년대 말까지 우리 주거문화의 주류를 이루었다. 이러한 주거문화의 변화 양상을 보면 개화 이후부터 일제강점기까지의 우리나라 가옥은 대부분 전통온돌가옥이 지속되었으며, 일부의 변화만 있었다. 이같은 상황은 해방 이후 혼란기와 6·25를 거칠 때까지 경제사정의 악화로 1970년대 말까지 지속되었다. 그리고 1980년대 이후부터 전통온돌가옥의 서구화와 아파트의 대량 보급으로 점점 재래의 순수 전통온돌가옥은 쇠퇴기를 맞고 있다. 서구문화의 적극적 수용으로 시대에 따라 전통온돌가옥은 소멸·변화하고 이제는 오히려 전통온돌가옥의 재창조에 관심을 갖게 되었다. 그리고 지역적으로 볼 때 전통온돌가옥의 소멸·변화는 도시에서 시작되어 농어촌으로 확산되었고, 또 확산되고 있으며 계층별로 볼 때는 상층에서 하층으로, 젊은층에서 노년층으로 소멸·변화되고 있다.

그러나 온돌문화전통의 양상은 전통온돌가옥의 양상과 달리 개화기 이전에 오랜기간 동안 생성 유지되어 오다가 개화 이후 일제 강점까지에는 위축되긴 했어도 그런대로 잘 유지되었다. 그러나 해방 이후부터 6·25를 거치는 동안 급속히 황폐화되어 오늘날까지 쇠퇴의 길을 걷고 있다. 이제 온돌이란 전통문화의 새로운 인식과 함께 온돌문화전통의 재발견·재창조기를 맞이해야 한다. 온돌문화전통도 서구 문화의 영향으로 소멸·변화하는 가운데 이제는 전통온돌가옥의 재창조처럼 재창조에 관심을 가져야 한다. 그리고 지역적으로 볼 때 온돌문화전통의 소멸·변화는 전통온돌가옥의 경우처럼 도시에서 시작되어 농어촌으로 확산되었으며, 계층별로 볼 때도 전통온돌가옥의 경우처럼 상층에서 하층으로, 젊은층에서 노년층으로 소멸·변화되었다. 한편 온돌문화전통의 각 요소에 따라 소멸·변화의 운동도 다르다. 위의 운동 양상의 예는 주로 도덕을 기준으로 한 것으로 숭조문화 등은 비교적 최근까지 지속되고 있다고 하겠다.

이상은 이미 서론에서 밝힌 바 있는 시간의 분절성과 함께 공간의 지역성, 사회의 계층성 세 가지를 고려하여 개략해 본 것이다. 어떠한 문화변동의 양상을 파악하는 데는 이 세 가지가 필수적으로 고려되어야 할 것이기 때문이다. 여기서 공간의 지역성이란 도시와 농촌, 어촌과 산촌, 반촌(班村)과 민촌(民村) 등을 말하며, 사회의 계층성이란 상층민과 하층민(위정자와 국민, 사대부와 상민, 식자와 무식자 등), 청소년과 노장층, 남성층과 여성층, 종교인과 비종교인 등을 말한다.

## 2. 온돌의 지속화 및 해방 이후 도덕의 황폐화

### 1) 온돌의 지속화

일제는 식민지 지배를 영구화하기 위해 의식개조·동화주의·내선일체를 다각도에서 꾀하였다. 우리 주거문화의 핵인 온돌에 대한 정책도 마찬가지 사정이었을 것으로 추측되나 일제강점기 1기(1910~1919)·2기(1919~1931)에 해당하는 결정적인 자료를 아직 확보하지 못한 채 3기(1931~1945. 8)에 해당하는 1939년 무렵의 자료만 학계에 알려져 있다. “1939년에는 경성부에 주택대책위원회를 설치하는데 그 취지를 보면, 특히 주거양식이 국민정신에 끼치는 영향이 지대하므로 실생활에서의 내선일체의 구체화를 꾀하는 최유효한 방법으로 재래 조선식 주택양식의 개량방책을 장려하기 위한 것으로[33]” 되어 있다. ‘특히 주거양식이 국민정신에 끼치는 영향이 지대하므로 실생활에서의 내선일체의 구체화를 꾀하는 최유효한 방법’으로 ‘재래

33) 김선재, 「한국 근대도시 주택의 변천에 관한 연구－일제시대 서울지역의 새로운 도시주택 유형을 중심으로－」, 서울대학교 대학원 석사학위논문, 1987. 1, 78면에서 재인용.

조선식 주택양식의 개량방책을 장려하기 위한 것'으로 그 취지를 명확히 밝히고 있어 식민통치 1·2기도 이와 같이 내선일체를 위한 주택정책을 폈고, 일부 긍정적인 내용의 글[34]을 제외하고는 그에 부응하는 연구가 진행되었을 것으로 추측된다.

위의 주택대책위원회의 취지를 보면 1·2기에 일본인이 내세운 온돌부정론의 이유로 온돌의 비위생성, 비경제성, 국민정신의 퇴영성 등은 한낮 표면적 이유에 불과한 것일 가능성이 높다. 민족 말살을 위한 방법은 유형의 말살과 무형의 말살이 있을 수 있는데 온돌이라는 유형의 말살을 통해 무형의 온돌문화전통의 말살을 획책·유도하였을 것이다. 1940년은 황기(皇紀) 2600년으로 이때 일본은 내선일체와 관련한 대대적인 기념사업

---

34) 와세다대학 교수 곤와지로(今和次郎, 1888~1973)는 1922년 9월부터 10월까지 처음으로 조선부락조사의 일환으로서 민가(民家)를 조사하면서 조선의 온돌을 논급하였다. 조선총독부가 온돌을 개량 또는 폐지하려는 움직임에 대해 조선 사람과 온돌생활과는 떨어질 수 없는 역사성을 가지고 있다고 주장하며 땔감 문제를 들어 폐지하려고 한다면 침구를 두껍게 하면 될 것이라는 해결방법을 제시하기도 하였다. 곤와지로는 "온돌이 세계사적으로 보면 발달된 문화양식"이라고 하여 반대의 입장에 있었다[(최석영, 「일제 하 곤와지로(今和次郎)의 조선 민가(民家) 조사방법과 인식-『朝鮮部落調査特別報告 제1책·民家』의 분석을 중심으로」, 『史林』 제35호(首善史學會, 2010. 2) 참조]. 다카하시(高橋喜七郎)도 당시 삼림황폐의 원인을 온돌의 연료 소비에서 찾고 있는 '망국론' 현상에 대해 다른 시각을 제시하였다. 삼림황폐는 이미 주인이 없는 공산(空山)으로 토지의 개인 점유를 인정하지 않는 대신에 입산을 허락하였기 때문에 그렇게 된 것이라고 주장하였다. 그는 아무리 밖이 추워도 바람이 그렇게 불어도 온돌방 안은 그야말로 따뜻하여 "유희에 탐할 수"도 있고 "온돌의 친숙하고 그리워지는 것"일 뿐만 아니라 보온시간이 길며 방 안 공기를 오염시키지 않으며 연료가 경제적이고 방의 면적을 줄이게 하지 않는다는 장점을 들었다[高橋喜七郎, 「溫突の話」, 『文教の朝鮮』, 조선교육회, 1926. 2.].

을 펼친 해인 바, 위 취지문은 김선재의 논문[35]에 의하면 1940년 3월 1일 동아일보에 공개되었다. 이로써 보면 내선일체를 위해 온돌의 말살정책은 대단히 중요한 정책이 되겠는데 합방 후 30여 년 간 큰 성과를 보지 못했기 때문에 1939년대 말 경성부에 주택대책위원회를 설치해 그들의 야욕을 은폐한 채 그들의 뜻대로 온돌정책을 유도한 것이 아닌가 한다. 물론 이 정책은 전국적인 확산을 꾀할 수 있는 정책은 못되었겠지만 일부 식민정책에 반기를 들 수 있는 도시의 의식 있는 일부 계층을 겨냥한 정책으로서 어느 정도의 효과는 있었을 것으로 판단된다. 그러나 일제의 이러한 정책에도 불구하고 1920~30년간 우리의 온돌생활은 크게 변화하지 않았다.

> 조선인들이 사는 살림집의 현상을 볼 때 생활과 주거가 부족화한 상태에 있다는 것은 확실한 사실이다. 이 1920~30년간 조선인의 생활문화는 다른 문화의 자극을 받고서 급속도로 변화하고 있었음에도 불구하고 그 생활 용기인 주(住)의 양식은 크게 변한 게 없다.[36]

그리고 이러한 전통온돌가옥 고수현상은 1970년대 말까지 지속되었다.[37] 그 이후 아파트의 대량 공급에도 불구하고 온돌의 기본 원리는 그대로 전승되어 내려오고 있다. 이는 온돌이 우리의 풍토에 맞을 뿐만 아니라 오랜 동안의 전통적인 주생활 습

35) 김선재, 앞의 논문, 78면.
36) 박길용, 「조선주택잡람」, 『조선과 건축』, 1941. 4. [성균관대학교 인문과학연구소 편, 『전통문화와 서양문화』 I, 1985. 7, 316면에서 재인용].
37) 지금도 농어촌에는 개량만 되었을 뿐 대체로 유지되고 있다.

관에 기인된 지속현상일 것이다. 요즈음 온돌문화는 찜질방으로도 변용되어 왕성히 전승되고 있다.

### 2) 해방 이후 도덕의 황폐화

1945년 8월 해방 이후 우리나라의 도덕이 피폐화의 길을 걷게 되었다. 영문학자며 소설가인 조용만(趙容萬, 1909. 3~1995. 2)의 글[38]에 의하면, 우리나라의 도덕은 해방 이후 갑자기 나빠지기 시작한 후 6·25동란을 거치면서 더욱 나빠지기 시작했음을 알 수 있다.[39]

그에게는 대학교 선생님 한 분 가운데 마텔[40]이라는 불어교수가 있었다. 마텔은 처음 대한제국의 궁내부 고문관으로 왔다고 한다. 그는 한일합방이 된 뒤에도 계속 우리나라에 남아 있다가 1941년 태평양전쟁이 일어날 때까지 거의 40년간을 우리나라에서 살다간 분이었다. 그런데 태평양 전쟁이 불리해지자

---

38) 조용만, 「왜 이렇게 변했을까」, 『세월의 너울을 벗고』, 교문사, 1986. 3, 301~302면.

39) 민속학자 최상수(1918.12~1995. 6)는 "내가 알기에는 세계 제2차대전 전에는 한국사람의 공중 도덕과 교통도덕은 비교적 잘 지켜 왔다고 생각된다. (…중략…) 그런데 어찌된 일인지 2차대전 이후 이른바 민주주의가 들어오고, 6·25동란을 겪은 이후부터는 우리의 미덕인 예의 범절과 장유 질서는 찾아보기 힘들게 되었고, 공중도덕은 엉망진창이 되고 말았다."라고 언급하고 있다[최상수, 「공중 도덕과 교통질서」, 『(석천 수필집) 달라져 가는 세상』, 성문각, 1984. 4, 186면]. 2차대전은 1939년에 발발하여 1945년에 종료되었다. 일제 강점기의 우리나라의 공중 도덕은 아마도 그런대로 잘 지켜졌으리라고 생각된다.

40) 한말 한국에서 법어학교(法語學校) 교사로 활동한 에밀 마텔을 가리킨다.

조선총독이었던 미나미 지로우(南次郞)가 우리나라 사람에게 창씨를 강요하자 마텔이 이것을 비난하였는데 이 때문에 우리나라에서 쫓겨난 인물이었다.

마텔은 해방 후 4, 5년이 지난 다음에 서울을 찾아와서 얼마 동안 우리나라 사람들과 접촉하고 나서 "한국사람의 성질이 아주 나쁘게 변했어. 그 전에는 착하디 착하고 유순했었는데, 이번에 와보니까 아주 거칠고 못돼졌어-"라고 하더라는 것이었다. 이에 조용만이 "모두 먹구 살기가 힘들어져서 그렇게 된걸 겝니다." 했더니, 마텔은 고개를 절래절래 가로 저으면서, "그 전에는 무어 잘 살았소? 그런게 아닐께요. 어쨌든 나로서는 몹시 서글픈 심정이오. 장래 일이 딱하단 말이오."하고 입맛을 쩍쩍 다셨다는 이야기이다.

그러던 터에 미국에서 10여 년 동안 살다가 1960년경에 귀국한 친구가 우리나라 귀국 후 당한 일을 이야기 하면서 사람들이 너무 변했다고 하면서 불과 10여 년 사이에 이렇게 사람들이 변할 수가 있느냐고 하면서 펄펄 뛰더라는 것이다.

해방과 6·25가 우리나라 도덕심의 황폐화에 크나 큰 변곡점(變曲點)이 되었다.

우리나라는 36년간의 폐쇄적인 생활과 동족상잔의 6·25 탓으로 오랫동안 정상적인 외국 문물에 고립되어 있었다. 그리하여 해방 이후 물질문명의 극이라고 볼 수 있는 미국의 문화가 병사를 통해 들어오자 이것이 문화[41]의 극치인양 받아들여 기존 문화와 크게 갈등을 일으켜 갈팡질팡하다가 급기야 와해되

41) 경멸의 뜻으로 'Yankee문화' 라고 한다.

기 시작했다.[42] 그리하여 "군신유의(君臣有義)는 민주절(民主絶)이오 부자유친(父子有親)은 삼팔절(三八絶이며 부부유별(夫婦有別)은 해방절(解放絶)이고 장유유서(長幼有序)는 동모절(同侔絶)이며 붕우유신(朋友有信)은 사상절(思想絶)이라"라는 말이 나올 정도가 되었다. 여기서 '민주(民主)'는 '민주주의', '삼팔(三八)'은 6·25 이후 '3.8선', '해방(解放)'은 1948년 8월의 '해방', '同侔'는 '동무', '사상(思想)'은 공산주의니 민주주의니 하는 사상을 말할 것이다. 이처럼 당시 우리나라 인륜의 타락상을 잘 지적한 말도 없을 것이다. 이 말을 기록으로 남긴[43] 당시 서울의대 학장을 역임한 바 있는 김성진(金晟鎭, 1905~1991) 교수는 "동방예의지국이라고 자타가 인정하던 우리나라가 근년에 와서 더욱이나 해방이후로 비도덕 몰예의가 자유민족의 특권인 양으로 방종문란해져서 「동방무례지국(東方無禮之國)」이 되어

42) 물론 해방 전부터 전래의 정신문화와 물질문화의 와해가 시작되었음은 두말할 나위가 없다. 그러나 도덕성만은 일제 강점 하에서도 비교적 잘 지켜지고 있었다고 생각된다. 합방 직전 『대한매일신보』(1910. 1.14) 기사에 토대해 보면 우리나라의 도덕이 개화기에 들어서면서 그 이전에 비하여 많이 부패했을 지라도 비교적 잘 지켜지고 있었음을 알 수 있고 일제 강점 하에서도 그런대로 유지되었다고 생각된다. 『대한매일신보』의 해당 기사를 제시해 보면 다음과 같다. "슬프다. 저 일본이 근일에 한국보다 승(勝)하다는 것은 다만 구라파의 문명을 수입하는 데 한국보다 먼저 한 것뿐이다. 그러나 그 취한 것은 정책뿐이며 기술뿐이오, 도덕상에는 일호도 진보된 것이 없는지라. 이러므로 여자는 매음하는 것으로 성경을 삼으며 영업하는 자는 속이기로 장기를 삼고, 여름이면 벌거벗고 남녀가 혼잡하여 지내니 한국인이야 아무리 도덕이 부패하였을지라도 오히려 저희보다 얼마쯤 장처(長處)가 있지 아니할까"(김기승, 「제국의 황혼 '100년전 우리는'」(108), 『조선일보』 2010년 1월 28일자에서 재인용).

43) 김성진, 「변절한 오륜」, 『서재여적』, 경문사, 1958. 6, 55면.

가고 있다."[44]고 하면서 "우리나라 미덕이던 오륜은 마침내 변절하고 말았음을 애석하게 생각한다. 그리고 윤리교육을 철저히 하고 도의심을 앙양하여 무너져가는 오륜을 다시 일으켜 세우자"[45]라고 주장하였다.

지난날의 우리는 비교적 온돌난방법은 잘 지켜내었으나 온돌문화전통은 제대로 지켜내지 못하였다.

## Ⅳ. 결 론

건축에서 전통의 계승이란 단순히 과거 형태의 반복적인 재현만을 의미해서는 곤란하다.[46] 전통의 진정한 계승이란 민족

---

44) 상 동. 이외에도 대한일보 사설에는 국가를 내부적으로 파괴시키는 무도의상태(1961년 2월 1일자), 인간존중의식의 박약(1963년 3월 14일자), 인륜기강의 붕괴(1964년 11월 14일자), 근대화에 따른 인간성 상실(1966년 11월 9일자) 등이 크게 지적되고 있었다.

45) 앞의 책, 57면.

46) "전통성 반영의 문제는 단순히 과거 건축을 형태적으로 모방하는 것이 아니라 형태와 공간을 구성하는 원리와 함께 사상적 바탕과 의도를 파악하여 이를 현대적으로 재해석 하는 것이 바람직한 방향이라 할 것이다"[신경화·이해경·손세관, 「1990년대 이후 우리나라 주택작품에 나타난 전통성의 현대적 구현에 관한 연구－작가, 비평가의 글을 중심으로, 『대한건축학회 학술발표논문집』 제23권 제1호, 2003년 4월 26일, 239면).

그리고 이동우·이명호는 전통수용에 관한 연구를 하면서 1960년대 초반의 전통론을 정리 하였는 바, 1. 한국이라는 지역적 특성을 살려야 한다는 전제, 2. 한국건축의 전통요소를 어떠한 방법으로라도 현대건축에 표현하려는 외형추구의 입장, 3. 전통계승에는 학술적인 면

고유의 고대정신을 계승하여야 한다.

세계화·국제화 과정에서 우리는 결코 외래 양식의 수용에 폐쇄적이거나 배타적일 필요는 없다. 얼마든지 수용하되 전통적으로 내려오는 우리의 고대정신에 충실해야 한다. 즉 진정한 전통계승의 건축양식은 그 민족의 고유한 고대정신을 담아 낼 수 있는 용기(容器)가 되어야 한다.

그런데 건축과 관련하여 고대정신이란 그 집 속에서 살아가는 그 민족의 문화전통적 생활로도 구현된다. 따라서 지켜야 할 만한 우리 고유의 문화전통적 생활을 지키는 일이 외형적인 형태를 지키는 일보다 중요하다. 그런 다음 이러한 가치 있는 문화전통적 생활 양식에 맞아떨어지는 건축 양식이 창조되어야만 할 것이다. 그래야 온전히 우리만의 고유한 문화전통을 조화롭게 잘 지켜낼 수 있겠기 때문이다.

한편 주택양식은 끊임없이 진화해왔다. 원시 단계의 동굴에서 오늘날의 초고층 빌딩에까지 이르렀다. 문화사적으로 동굴은 모태적(母胎的) 안식의 이미지를 지니는 바[47], 현재 우리가 살아

---

의 연구가 수반되어야 한다는 입장, 4. 전통계승에서 외형추구는 그리 중요하지 않다는 입장으로 요약하고 있다. 오늘날의 전통론 논의도 이와 비슷한 입장을 견지하고 있다고 생각된다[이동우·이명호, 「한국현대건축의 전통수용에 관한 연구－전통수용 방법론에 대한 기술적 비평을 위한 시론」, 『대한건축학회 학술발표논문집』 제7권 제1호, 1987년 4월 25일].

47) cf. "표면상의 형태나 일상적인 사고의 차원을 넘어서 고찰할 때 동굴, 골짜기, 밀실, 상자, 단지, 소라껍질, 관, 무덤, 복강(腹腔), 알[卵], 씨[種子]…… 등은 그 자체의 외면적 특성에도 불구하고, 「완전한 구멍」이란 무의식의 이미지를 지닌다. 「완전한 구멍」은 가장 안전하고, 안락한 보금자리로서 인류가 경험한 가장 이상적인 요람－낙원인 모태이다"[황패강, 『조선왕조소설연구』, 단국대학교출판부, 1999. 7.15(2쇄),

가고 있는 집도 고층빌딩도 각기 그 규모와 형태는 다르나 동굴의 진화된 형태로서 모태적 안식의 이미지를 지닌다. '초가·와가·빌딩'이거나 '한식·일식·양식 주택'이거나 모두 모태적 안식의 이미지를 지닌다. 인류는 모태에서 분리되는 순간부터 운명적으로 모태회귀의 본능을 꿈꾸게 되었다. 집은 모태회귀본능의 체현장(體現場)으로서 전통가옥의 온돌은 우리가 고안한 세계에 자랑할 만한 이상적인 체현장의 기반이다. 결국 각종 주택양식이란 모태적 안식의 이미지를 그들의 고대정신에 맞게 얼마나 잘 체현하였는가의 문제다. 우리의 고대정신은 온돌문화 전통이며 전통온돌가옥은 그것을 담아내는 용기였다. 온돌문화 전통의 현대적 계승과 그에 상응하는 전통온돌가옥의 현대적 변용이 이루어져야 한다. 전통온돌가옥의 현대적 변용과정에서는 실용성·편리성·안락성만을 추구한 나머지 전통온돌가옥의 문화사적 기능을 도외시해서는 안 된다. 다시 말하면 온돌문화 전통의 절제성·규범성을 외면해서는 안 된다는 말이다. 주택양식이 개인과 국민생활에 알게 모르게 끼치는 영향은 지대하다. 공자는 "성상근 습상원(性相近 習相遠)"[48]이라 했다. 사람의 성

---

172면].

"우주가 '집 우(宇)', '집 주(宙)'로 읽히는 것은 우리의 집이 우주의 작은 모상(模像)이라는 관념과 관련이 있다. 그런가 하면, 모태를 아기집이라고 부르고 여근을 보당(堂) 지당(堂)이라 하여 '집당(堂)'으로 호칭한다. 이런 점은 집에 대한 관념과 상징성이 다양함의 증좌이다. 그 기원을 살펴보면 상고시대까지 소급된다. 선사 시대의 혈거 주거지는 우주의 모상이며, 일부 동굴 주거지는 아기집과 그 원형성을 같이하고 있다"[김열규, 「집」, 『韓國文化상징사전』, 동아출판사, 1992.12, 556면].

48) 『論語』, 「陽貨」篇(子曰 性相近也 習相遠也).

(性)이란 본래 서로 가까운 것이지만 습관으로 인하여 끝내는 전혀 다른 사람이 되고 만다는 뜻이다. 주거생활이 그 나라의 습속과 국민성을 좌우한다는 점에서 주택양식은 매우 중요하다. 디오게네스는 통속에서 살았기에 유명한 철학자가 되었으며 링컨은 오두막집에서 살았기에 유명한 대통령이 되지 않았을까 한다. 로마는 목욕을 즐기며 화려한 집에서 살았기에 망했고 일본은 축소지향적인 집에서 살고 있기에 부를 누리고 있다고도 볼 수 있다. 현대 과학이 쌓아올린 크고 편리한 주거문화에는 득(得)만 있는 것이 아니다. 우리가 미쳐 깨닫지 못하고 있는 실(失)이 더 클지도 모른다. 집이 사람을 만들고 나라의 주거양식이 국가를 만든다 할 것이니 주거 양식의 문제는 예삿일이 아니다.

## <참 고 문 헌>

『魏志』東夷傳

高橋喜七郎,「溫突の話」,『文教の朝鮮』, 조선교육회, 1926. 2.

정인섭,「서문」,『온돌야화』, 일본서원(동경), 1927. 3.

손진태,「온돌예찬」,『별건곤』 제3권 제2호(통권 제 12・13 합호), 개벽사, 1928. 5.

朴熙道,「民族的 道德心」,『別乾坤』 통권 제12・13 합호, 개벽사, 1928. 5.

金允基,「白衣と溫突」,『朝鮮と建築』 제8집 제1호, 조선건축학회, 1929. 6.

김성진,「변절한 오륜」,『서재여적』-대학교수 수필집』, 경문사, 1958. 6.

조윤제,「주택가의 풍경」,『상아탑의 오후』 하, 삼학사, 1965.10.

李圭泰,『韓國人의 意識構述-韓國人은 누구인가』 上, 文理社, 1977.2.

김동욱,『나손서실통신』 제17호, 1980.

최상수,「온돌」,『석천수필집-달라져 가는 세상』, 성문각, 1984. 4.

최상수,「공중 도덕과 교통 질서」,『(석천 수필집) 달라져 가는 세상』, 성문각, 1984. 4.

박길용,「조선주택잡람」,『조선과 건축』, 1941. 4, 성균관대학교 인문과학연구소 편,『전통문화와 서양문화 (Ⅰ)』, 1985. 7 所收.

丁淳睦,「유림과 개화교육의식의 각성」,『전통문화와 서양문화 (Ⅰ) -그 충격과 수용의 측면에서』, 성균관대학교 인문과학연구소, 성균관대학교출판부, 1985. 7.

조용만, 「왜 이렇게 변했을까」, 『세월의 너울을 벗고』, 교문사, 1986. 3.
김선재, 「한국 근대도시 주택의 변천에 관한 연구－일제시대 서울 지역의 새로운 도시주택 유형을 중심으로－」, 서울대학교 대학원 석사학위논문, 1987. 1.
이동우 · 이명호, 「한국현대건축의 전통수용에 관한 연구－전통수용 방법론에 대한 기술적 비평을 위한 시론」, 『대한건축학회 학술발표논문집』 제7권 제1호, 1987. 4.
김동욱, 「사랑방의 문학」, 한국문학비건립동호회, 『나손서실통신』, 1991. 4.
崔仁鶴, 「재치 있고 웃기는 온돌야화」, 『한국인』 12권 7호, 사회발전연구소, 1993.
홍기문 저 김영복 · 정해영 편역, 『홍기문 조선문화논선집』, 현대실학사, 1997. 1.
황패강, 『조선왕조소설연구』, 단국대학교출판부, 1999. 7(2쇄).
김남응, 『문헌과 유적으로 본 구들이야기 온돌이야기』, 단국대학교 출판부, 2004. 2.
엘리어트 오링 편, 나경수 역, 『민중과 민속의 장르』, 전남대학교출판부, 2004. 2.
임재해, 「주거문화 인식의 성찰과 민속학적 이해 지평」, 비교민속학회, 2005. 12. 3～4, 안동대학교 발표논문.
최덕경, 「온돌의 구조 및 보급과 생활문화에 끼친 영향」, 『농업사연구』 제7권 2호, 한국농업사학회, 2008.12.
최석영, 「일제 하 곤와지로(今和次郎)의 조선 민가(民家) 조사방법과 인식-『朝鮮部落調査特別報告 제1책 · 民家』의 분석을 중심으로」, 『史林』 제35호, 首善史學會, 2010. 2.

# 일제하 곤와지로(今和次郎)의 조선 民家論에 나타난 주거양식의 변화*

최 석 영**

## Ⅰ. 서 론

### 1. 곤와지로의 조선민가[1] 조사의 구관(舊慣) 조사 상 위치

1912년에 동경미술학교(현, 동경예술대학 전신) 도안과(디자인 전공)를 졸업한 후 1915년에는 와세다(早稻田)대학 건축학과 조교수, 1920년에는 동(同)대학 교수가 된 곤와지로(今和次郎, 1888~1973)는 조선총독부로부터 의뢰를 받고 1922년 9월부터

* 이 논문은 최석영, 「일제하 곤와지로(今和次郎)의 조선의 민가(民家) 조사방법과 인식-『朝鮮部落調査特別報告第1冊』·民家」(『史林』 제35호, 수선사학회, 2010. 2)의 제목을 수정하여 재수록한 것임을 밝혀둔다.

** 단국대학교 동양학연구소 연구교수.

10월까지 1개월 동안 조선의 경성, 평양과 그 부근, 함흥 및 그 부근, 전주와 김천, 대구와 경주에서 민가를 조사한 후 『朝鮮部落調査特別報告 第1冊(民家)』(1924년)[2]라는 조사보고서를 조선총독부에 제출하였다. 따라서 곤와지로의 조사보고서는 적어도 1922년 9월과 10월 시점에서 조선의 주요 역사적 지역의 민가에 대한 존재양상을 전달하고 있다는 점에서 한국 근대 민가의 변화에 관한 자료로서 활용할 수 있는 여지가 있다.

일제의 강점에 의하여 1910년 8월 대한제국이 그들의 외지(外地)[3]가 된 상황 하에서 조선민가조사는 일제에 의한 조선의 구관(舊慣) 조사 배경 및 목적과 무관하지 않았다. 따라서 곤와지로에게 조선민가 조사의 목적이 무엇이었고 그 목적을 달성하기 위한 조사방법은 무엇이었으며 그의 조선민가에 대한 관점 및 인식은 무엇이었는가를 고찰하기 위해서는 우선 조선총독부의 구관조사사업의 시작과 전개과정을 살펴 볼 필요가 있다.

일제는 1910년 9월에 취조국(取調局)을 설치하여[4] 통감부 시

---

1) 곤와지로에게 있어서 민가는 초가집, 기와집 등 여러 재료의 가옥뿐만 아니라 계층적으로도 하류층뿐만 아니라 중·상류층의 주택까지도 포함하는 개념이었다. 이 점에서 곤와지로의 조선민가보고서는 부분적인 조사였지만 1920년대 초기 한국의 주거문화를 고찰하는 데 참고할 만한 자료가 된다.

2) 이 조사보고서는 본문 78면과 도판 41로 구성되어 있다. 필자는 이 보고서에 대한 번역서를 가까운 시일에 출간할 예정이다.

3) 내지(內地)는 일본 본도(本島)의 별칭으로서 외지에 대응하는 단어로서 사용되었고 외지라는 단어는 일본 혹은 '일본인'으로 편입된 지역을 가리키는 용어로 널리 사용되었다. 여기에서 한 가지 외지는 내지와의 통합이라는 뉘앙스와 함께 차별을 이미지화한 호칭이었다는 점에 주의할 필요가 있다. 즉 외지, 외지사람, 외지출신 등은 차별어(差別語)였다.

4) 「朝鮮總督府取調局官制」(칙령 제356호, 1910년 9월 30일), 『朝鮮總督

대의 부동산법조사회(不動産法調査會, 1906년 설치)에 이은 법전조사국(法典調査局, 1907년 12월 설치)에 의한 구관(舊慣)조사사업을 계승하여 이전과는 다른 목적 하에서 조선 문화와 역사에 대한 조사사업에 착수하였다. 통감부는 일제의 대한제국 지배를 전제로 구관조사항목도 일본 국내법의 적용을 고려하여 일본 국내법에 비추어서 작성하였다.[5] 그러나 일제에 의한 대한제국 강점 직전인 1910년 6월 3일 일본 각의(閣議)에 의한 "병합 후 한국에 대한 시정(施政)방침 결정의 건"(총 13항)에서 "당분간 제국헌법을 실시하지 않고 대권(大權)에 의하여 통치한다"(제1항)는 방침으로 선회하였다.[6]

그러한 방침 하에서 일본 군부세력에 의한 긴급칙령 제324호 등 12건이 일본 제국의회의 사전 승낙도 받지 않고 발포됨으로써 대한제국은 그들의 외지(外地)가 되었다. 이와 같은 사전 긴급칙령 발포는 이전에 군부세력들이 대만 통치를 둘러싸고 겪은 역사적 경험에서 나온 것이었다. 1885년 12월 일본 내각제도[7]가 창립된 이후 정당세력 안에서도 대만통치 상 총독지위를

---

府官報』 제28호.

5) 통감부 시대 부동산법조사회와 법전조사국의 구관조사사업을 주도한 사람은 동경제국대학 법학과 교수 우메 켄지로(梅謙次郞)였다. 그가 1908년 6월에 기안한 민상법(民商法) 총 206조의 조사항목에 따라서 1910년 9월까지 조사가 이루어졌다. 1910년 9월 그의 사망에 의하여 그 간의 조사 성과를 정리하여 1913년에 『慣習調査報告書』가 간행되었다. 최석영, 『일제의 동화이데올로기의 창출』(서울, 서경문화사, 1997) 및 최근 우메 켄지로의 연구 성과로서 李英美, 『韓國司法制度と梅謙次郞』(일본, 法政大學出版局, 2005) 참조.

6) 山本有造, 「日本における植民地統治思想の展開」, 『アジア經濟』 32-1 (일본, アジア經濟硏究所, 1991.) 참조.

7) 일본 내각제도에서 총리대신의 권한은 그렇게 강하지 않았고 다만 국

차지하여 식민지에 정치적 영향력을 발휘하여 국내외적으로 정치기반을 강고하게 하려는 의도가 있었다. 따라서 대만 통치방식뿐만 아니라 총독을 문인으로서 정당세력에서 임명할 것인가 무인으로서 군부세력에서 임명할 것인가를 둘러싸고 정당세력과 군부세력 간에 갈등이 있었다. 정당세력은 대만통치에 대한 통치 법률에 유효기간[8]을 설정하는 선에서 군부세력에게 일단 양보하여 군부세력에 의한 대만통치가 실현되었다. 대만에 대한 통치권을 장악한 군부세력으로서는 이러한 전철을 밟지 않고 대한제국에 대한 통치권을 확보하기 위해서는 제324호 「朝鮮ニ施行スヘキ法令ニ關スル件」(조선에 시행해야 하는 법령에 관한 건) 등 12건의 긴급칙령을 제국의회로부터 승인도 얻지 않은 채 사전에 발포하지 않을 수 없었다.

이 긴급칙령들에 대한 사후승낙 건이 제27회 제국의회(회기: 1910년 12월 20일부터 1911년 1월 24일까지)에 상정되었으나 그것은 군부세력이 제국의회를 유린한 것이라 하여 일본 국내 정당세력의 반발을 크게 불러일으켰다. 군부세력에 의한 대한제

---

무대신(國務大臣)의 개별 책임을 강하게 강조하는 방향으로 결정되었다. 명치헌법(1889년 공포) 제55조에 "국무 각 대신은 천황을 보필하고 그 책임을 진다"라는 규정만 되어 있을 뿐 총리대신과 각 국무대신과의 관계 등이 명시되어 있지 않는 등 내각에 대해 애매하게 규정되어 있었고 이것이 후에 내각과 군부 간 여러 가지 문제를 불러일으킨 구조이기도 하였다. 八木秀次, 『明治憲法の思想』(일본, PHP신서, 2002), 64~66면.

8) 1896년 4월 1일부터 시행된 법률 제63호는 3년간의 유효기간이 설정되었다. 그 후 법률의 연장여부를 놓고 정당세력과 군부세력 간에 논쟁이 거듭되었으나 법률 연장은 지속되어 일본 군부세력에 의한 대만통치에는 변함이 없었다. 이에 관해서는 최석영, 앞의 책(1997) 참조.

국에 대한 통치구조는 대만의 경우와 같았다. 다만 유효기간[9]을 설정한 법률안을 다시 작성하여 상정해 보는 등 등 사후 승낙을 시도해 보았으나 제국의회 회기 동안에는 통과되지 못하였다. 우여곡절 끝에 특별위원회로 넘어가 사후승낙을 얻어냈다. 이렇게 됨으로써 조선에 일본 국내법의 적용이 아니라 조선총독에게 부여된 제령권(制令權)의 행사(行使)에 의하여 외지법(外地法)의 제정이 요구되었다. 이 외지법을 제정하기 위해서는 물론 조선의 문화와 역사에 대한 통감부 전후의 구관조사와 민간 차원에서의 조사와 연구 성과[10]도 있었지만 우선 조선의 기존 관습과 제도에 대한 전반적인 조사가 불가결하였다. 이에 따라 조선총독 직속의 구관조사기구로서 설치된 취조국(取調局)은 통감부 시대의 구관조사사업[11]을 계승하고 식민지 행정자료를 제공하기 위하여 18개 조사항목[12]을 설정하여 조사에 착수

---

9) 명치천황의 사망에 의하여 역사상 도래할 수 없었던 명치 48년(1915년) 12월 31일까지를 유효기간으로 한 새로운 법률안이 만들어지기도 하였다.

10) 통감부 이전의 예를 들면 1890년경에는 시데하라 와타루(幣原坦), 마에마 쿄사쿠(前間恭作), 가나자와 쇼자부로(金澤壓三郞) 등이 조선회를, 1902년에는 아유가이 후사노신(鮎貝房之進), 오오에 타쿠(大江卓), 마에마 쿄사쿠 등이 한국연구회를 조직하여 조선의 문화를 주로 조사 연구하였다. 특히 후자의 경우에는 기관지로서 『한국연구회담화록(韓國硏究會談話錄)』을 발간하였다. 그러나 이 기관지는 제4호까지만 발간되었다. 최석영, 앞의 책(1997)과 『일제 하 무속론과 식민지권력』(서울, 서경문화사, 1999) 및 최혜주, 「시데하라의 고문활동과 한국사연구」, 『국사관논총』79, 국사편찬위원회, 1998 참조.

11) 앞의 주 5) 참조.

12) 조선총독부중추원에서 1938년에 발행한 『朝鮮舊慣制度調査事業』에 의하면 토지, 친족, 면(面)과 동(洞), 종교 및 사원, 서방(書房) 및 향교, 양반에 관한 제도, 사색(四色)의 기원연혁 및 정치상 사회상의 세

하였다. 그러나 이 사업은 1912년 4월에 단행된 조선총독부관제의 개정에 따라서 총독관방참사관실(總督官房參事官室)로 계승되었다.[13] 48개 조사지역을 선정하여 조사에 착수하였으나 지나치게 넓은 조사범위와 복잡한 조사항목의 설정으로 조사 성과가 여의치 않자 시급을 이유로 우선 민사(民事)에 관한 관습 조사에 착수하였다. 그러나 총독관방참사관실의 조사사업은 1915년 4월에 조선총독부중추원관제(官制)의 개정에 따라서 중추원(中樞院)이 맡게 되었다.[14]

1919년 3월 조선에서 일어난 독립만세운동은 조선총독부는 물론이고 일본 정부에 큰 충격을 던져 주었다. 이러한 역사적 상황에서 1885년 대만영유(領有) 이후 대만통치방식을 논의하기 위하여 일본 내각에 설치된 대만사무국(臺灣事務局)에서 위원으로 활동하면서 대만통치에 일본 국내법을 적용해야 한다는, 이른 바 내지연장주의(內地延長主義)를 주장해 오던 하라 다카시(原敬, 1856~1921)가 1918년 수상으로 있었다. 일본정부로서는 조선통치 전반을 검토하지 않을 수 없었다. 하라 다카시는 대만과 조선통치에 대한 내지연장주의라는 입장에는 변함이 없었다. 여전히 일본 군부세력에 의한 통치헤게모니는 바꾸지 못하였지만 하라 다카시는 조선총독으로 취임하는 사이또 마코토

---

력관계, 사례(四禮)제도, 상민의 생활상태, 구빈(救貧)제도, 중요 구(舊)법전의 번역, 농가경제, 조선통치에 참고될 만한 구미 각국의 식민지연구, 구(舊)법전조사국의 조사사항정리, 지방제도, 관개(灌漑)에 관한 구관 및 제도, 압록강 및 두만강에 관한 조사, 조선어편찬(이상 18개 항목)에 대한 조사사업을 설정하였다.

13) 칙령 제22호에 의거. 1912년 3월 27일.

14) 칙령 제62호에 의거. 1915년 4월 30일.

(齊藤 實, 1858~1936)에게 「朝鮮統治私見」[15]을 전달하면서 일본의 문화와 제도 등에 토대하여 이전보다도 동화정책을 강화하는 방향의 조선통치를 주문하였다.

1920년대에는 두 차례에 걸친 조선총독부관제의 개정에 따라 기존과는 달리 보다 체계적인 구관조사 시스템이 구축되었다. 1919년 8월과 1921년 10월의 관제개정에 의하여 기존에 내무부에 속해 있던 학무국을 총독에게 직속시킴으로써 학무국 내 종교과가 조선총독 직속기구가 되었을 뿐만 아니라, 학무국 안에 기존의 종교과 외에 새롭게 고적조사과가 설치되었다. 또 1921년 4월 30일에는 「구관 및 제도조사위원회규정(舊慣及制度調査委員會規程)」[16]이 제정되었다. 이로써 조선총독부 중추원 외에 종교과와 고적조사과로 구성된 구관조사 체계가 갖추어졌다.

곤와지로가 조선민가 조사에 착수하게 된 것은 이와 같이 조선총독부의 구관조사체계가 구비된 다음 해였다. 중추원은 1920년 이전에는 민사, 상사에 관한 구관을 문헌을 중심으로 조사하였으나 1920년 이후에는 이를 벗어나 "부락의 연혁 및 변천", "주민의 경제상태 및 사회상태"[17]를 실질 조사하여 식민지행정에 참고자료를 생산하는 방향으로 전환하게 되었다. 이에 따라서 중추원은 조선의 사회사정 및 부락조사에 착수하였는데 1921년 3월 와세다대학 오다우찌 미찌또시(小田内通敏, 1875~1954)[18]

---

15) 이에 대한 고찰로서는 최석영, 앞의 책(1997) 및 최덕수, 「原敬の"同化政策論"研究」, 宮嶋博史・金容德 編, 『近代交流史と相互認識』II(일본, 慶應義塾大學出版會, 2005)이 있다.

16) 조선총독부훈령 제25호에 의거. 1921년 4월 30일.

17) 조선총독부중추원, 『朝鮮舊慣制度調査事業概要』(경성, 1938). 박현수, 위의 글, 2000, 460면에서 재인용.

에게 의뢰하여 우선 각도 1개 촌락을 선정한 예비조사가 실시되었다. 이 때 오다우찌는 일본 국내에서 조사활동을 같이 하였을 뿐만 아니라 같은 학교의 교수로 있던 곤와지로에게 부락조사 중 민가조사를 의뢰하게 됨으로써 한국 근대 최초로 민가조사 성과가 나오게 되었다.

## 2. 곤와지로에 대한 한국학계의 연구 성과

곤와지로에 대해 일본학계에서는 그의 전집이 발행되었을 뿐만 아니라 최근에는 곤와지로에 대한 박사학위논문이 단행본으로 발간될 정도로 연구가 진전되었다.[19] 그에 비하면 한국학계

---

18) 조선총독부 중추원으로부터 1921년 3월에 조선의 부락조사를 의뢰받은 오다우찌는 동경고등사범학교에서 지리역사를 전공한 후 와세다중학교에서 지리교사로 근무하던 중 지리역사학회를 조직하고 『지리와 역사』라는 기관지를 창간하여 지리학을 역사학과 대등한 학문으로서 자리 매김하였다. 이는 1899년에 창립된 일본역사지리학연구회가 지리학을 역사학의 보조학문으로 인식하는 경향에 대한 반발이기도 하였다(岡田俊裕, 『日本地理學史論』, 古今書院, 2000 참조). 17년 동안 중학교 교사로 근무한 후 1916년에 오쿠라연구소(大倉研究所)에 입소하여 동경 근처의 농촌을 연구하였다. 이와 같은 연구과정에서 오다우찌와 곤와지로는 서로 인연을 맺게 된 것으로 보인다. 1918년 『帝都와 近郊』라는 성과를 준비하는 과정에서 곤와지로는 스케치를 담당하였다. 1918년부터 1920년까지 동경부사적명승천연기념물보존사무를 맡았고 1920년부터 1925년까지는 조선총독부 촉탁으로 임명되어 조선 전역에 걸친 부락조사를 수행하였다. 또한 1925년과 1927년에는 각각 사할린청(樺太廳)과 남만주철도주식회사의 촉탁이 되어 만주와 사할린에서 촌락과 도시에 대한 현지조사를 수행하였다. 이와 같이 그는 장기간 일본이 확보한 식민지에서 조사 활동한 이력의 소유자였다.

19) 최근에는 그에 관한 박사학위논문이 단행본으로 발간되었다. 黑石い

에서 그에 관한 연구는 저조한 상황이다. 그에 대한 가장 큰 이유는 그가 한국 건축학계에 끼친 영향에도 불구하고 한국학계에서 일본인들의 조사활동에 대한 관심의 상대적인 저조에 있다. 한국학계에서는 그에 관한 연구가 있긴 하지만 대부분 부분적 언급에 머물러 있다.[20] 그 가운데에서도 한국 건축학계에서

---

ずみ(구로이시 이즈미)의 『「建築外」の思考 – 今和次郎論』(일본, ドメス出版, 2000.)이 그것이다.

20) 한국학계에서 곤와지로에 관한 연구는 고현학(考現學)에 집중되어 있으며 건축학계에서는 곤와지로에 대한 간략한 소개에 그치고 있으며 민속・인류학계에서는 일제 하 부락조사에 관한 논문에서 오다우찌(小田內通敏)와 함께 부분적으로 언급된 것 정도이다.

① 김려실 역, 「고현학이란 무엇인가」, 『현대문학의 연구』 vol.15, 국학자료원, 2000.

② 류수연, 「고현학과 관찰자의 시선」, 『민족문학사연구』 제23호, 민족문학사학회, 2003.

③ 富井正憲, 「곤와지로(今和次郎)의 한반도 여행」(지훈상 역), 『建築』 Vol.51 No.7, 대한건축학회, 2007.

④ 박현수, 「조선총독부중추원의 사회문화조사활동」, 『한국문화인류학』 12, 한국문화인류학회, 1980.

⑤ 박현수, 「道也味 마을과 경주: 일제의 촌락조사에 나타난 '內地延長主義'와 '文裝的武備'」, 『한국 문화인류학의 이론과 실천』, 다산 한상복교수 정년기념논총간행위원회, 2000.

앞의 ①, ②는 한국근대문학사에서 고현학이 끼친 영향을 고찰하려는 경향을 보인다. 고현학은 일본에서 관동대지진을 계기로 붕괴된 도시와 새롭게 건설되는 도시공간 안에서 문화의 변화를 사람들의 행동, 주거와 의복 등에 대한 면밀한 관찰을 통해 탐색하고자 하는 도시의 풍속문화 연구방법의 하나이다. 곤와지로는 1925년 도쿄의 긴자 풍속을 그 거리를 오가는 사람들의 복장이라든가 몸가짐을 상세하게 기록하여 조사 수집된 자료들을 통계처리하고 그 분포와 특성을 고찰하였다(이노우에 슌 엮음/최샛별 역, 『현대문화론: 문화사회학자가 본 일본의 현대사회』, 이화여자대학교출판부, 2004 ; 40~41면 참조). 한국근대문학사에서 고현학적 방법과 시선이 문학에 나타난 예로서 박태원이 거론되고 있다. ③은 원래 2000년 6월호 일본 『시니카』라는

그에 대한 관심이 비교적 큰 편이었다. 한국의 민가 연구사에서 곤와지로에 대한 평가는 대체로 다음과 같다.

1971년부터 일본 히로시마대학에 유학하면서 민가에 관심을 가지고 연구를 하게 되었다는 장보웅(張保雄)은 해방 전 일본인들이 한국의 민가를 연구한 주요 목적이 조선총독부의 식민지 통치를 위한 시정자료를 제공하는 데 있었다고 보았다. 건축학자도 아니고 민속학자도 아닌 곤와지로가 조선의 민가를 조사한 목적은 일본 민가의 유래를 구명하는 데 있었다고 파악하였다.[21] 장보웅의 곤와지로에 대한 이와 같은 평가는 적어도 곤와지로의 『朝鮮部落調査特別報告 第1冊(民家)』를 분석한 결과에서 나온 것임은 물론이다.

김홍식(金鴻植)도 곤와지로가 조선민가를 연구한 목적이 식민지통치를 위한 자료조사에 있었다고 파악하였다. 일본인들의 민가 연구는 "대부분 관광 또는 다른 목적으로 여행을 하면서 덤으로 자료를 수집"한 것이었고 "외국인 특유의 호기심이 앞선 나머지 평범한 자료보다는 기이한 것에 관심을 쏟았기 때문에 민가의 보편성을 발견하기가 어려웠다"[22] 것이 아닌가라고 보았다. 곤와지로의 경우에도 이러한 측면은 발견되는 것이 사실이기 때문에 김홍식의 평가는 정당하다.

---

잡지에 실린 것을 가필한 것으로 곤와지로의 생애 동안 네 번에 걸친 한반도 조사여행을 소개한 것이다. 이는 그의 조선민가 연구의 연혁을 알 수 있는 것이다. ④, ⑤는 조선총독부의 구관조사사업의 일환으로서 1920년대 이후 부락조사에서 오다우찌와 곤와지로의 부락조사를 언급하였는데 주로 오다우찌에 대한 고찰이다.

21) 장보웅, 『韓國의 民家硏究』, 보진재출판사, 1981, 27~28면.

22) 김홍식, 『韓國의 民家』(제1권), 한길사, 1992, 81면.

우동선(禹東善)은 곤와지로는 그의 저서 『日本の民家』에서와 마찬가지로 조선의 민가에 대해 구조와 방의 구획에 대해 관심을 보였고 일본문화와의 교류라는 시각에서 조선의 민가를 접근하고 있으며 조선의 민가를 북선형(北鮮型)과 서선형(西鮮型), 중선형(中鮮型), 남선형(南鮮型), 경성형(京城型) 5가지로 분류한 것으로 파악하였다. 또한 그는 그러한 분류방식이 한국건축학계에서 1970년대까지 지속된 것으로 보았다.[23)]

이상의 한국민가 연구사에서 곤와지로에 대한 평가는 곤와지로에 대한 간략한 소개와 비평에 그치고 있다. 그러나 곤와지로의 조사보고서를 참고하였지만 곤와지로를 본격적으로 논하는 것이 목적이 아니었을 것이기 때문에 곤와지로의 보고서가 어떠한 배경에서 작성・보고되었으며 그 조사보고서가 한국 건축학계에 미친 영향은 무엇인가 등에 대한 고찰까지는 나아가지 않았다.

최근 일제 하에서 생산된 각종 조사보고서 및 단행본에 대한 영인본이 해제와 함께 새롭게 출간되고 있으며 연구 또한 진행되고 있다.[24)] 본고의 목적도 1920년대 조선에서 처음으로 민가조사를 수행한 곤와지로(今和次郎)의 『朝鮮部落調査特別報告第1冊(民家)』(1924년)를 분석하여 그의 조선민가 조사방법과 그에 대한 인식을 고찰하여 그 조사보고서에 대한 역사적 평가와

---

23) 禹東善, 「植民地時代の韓國における民家や住宅硏究の流れと韓國人建築家の住宅改良論」(第2回アジアの建築交流國際シンポジウム論文集、1998년 9월 8일~10일, 일본 神戶). 그러나 곤와지로는 조선의 민가를 5가지 유형이 아니라 일반형[南鮮型]과 북방형으로 구분하였다.

24) 대표적으로 민속원에서 출간하고 있는 한국근대 민속·인류학 자료대계 시리즈를 들 수 있다. 필자는 이 자료대계 시리즈에 대해 해제작업을 하고 있다.

함께 1920년대 초기 한국 근대 주거문화의 변화양상을 살펴보는 데에 있다.

## Ⅱ. 곤와지로의 학문적 배경과 조선민가 조사의 계기

일본 건축사에서 '고현학(考現學)'을 제창한 곤와지로의 학문적 배경을 고찰할 때 동경미술학교에서 일본 예술교육의 지평을 새롭게 연 오카구라 덴신(岡倉天心, 1862~1913)[25]과 일본 근대 민속학의 개척자로 평가받고 있는 야나기타 구니오(柳田國男, 1875~1962)[26]의 영향은 간과할 수 없다.

25) 1862년 요코하마에서 태어난 오카구라 덴신은 동경개성학교에 입학한 후 이어서 1877년에 신설된 동경대학에 진학하여 정치학과 이재학(理財學)을 배우고 고용 미국인 교사 페놀로사로부터 철학을 배우고 1880년에 대학을 졸업한 후 문부성에 취업하였다. 페놀로사의 일본미술연구에 협력하고 그와 함께 일본 미술화(美術畵)의 수립을 위해 노력하였다. 1886년에는 문부성의 미술취조(取調)위원으로서 페놀로사와 함께 미국과 유럽을 돌고 와서 동경미술학교 간사로서 학교 창설에 노력하였고 개교 후 1890년부터 1898년까지 학교장으로 재직하였다. 그 후 일본미술원을 창설하여 새롭게 미술운동을 전개하였다. 1904년에는 보스톤미술관에 관여하였고 1905년에는 보스톤미술관의 동양부장이 되었다. 1911년에는 하버드대학으로부터 예술석사학위를 받았다. 영문저서로 『동양의 사상』(1903), 『일본의 각성』(1904), 『차의 책』(1906) 등을 남겼다.

26) 야나기타 쿠니오는 1875년 7월에 현재 효고켄(兵庫縣) 신동군(神東郡)에서 태어나 제일고등학교를 거쳐 1896년에 동경제국대학 법과대학 정치과에 입학하여 1900년 대학 졸업과 함께 농상무성 농무국 농정과에서 근무하면서 와세다대학에서 농정학(農政學)을 강의하였다. 법제국 참사관(1902년), 겸임 궁내서기관(1908년), 귀족원서기관장

1888년 일본 아오모리켄(青森縣)의 히로사키시(弘前市)에서 대대로 전의(典醫)였던 가문에서 태어난 곤와지로는 1907년부터 1912년까지 동경미술학교(현재 동경예술대학의 전신) 도안과에서 디자인을 전공하였다. 당시 동경미술학교에 재직하고 있던 오카구라는 도안과를 가장 중시하였고 회화, 조각, 건축, 장식도(裝飾圖), 공예, 예술사와 미학, 역사와 고고학 등으로 구성된 종합적 학과를 지향하였을 뿐만 아니라 예술의 산업화도 지향하였다.[27] 곤와지로는 이와 같은 동경미술학교의 교과과정으로부터 적지 않은 영향을 받았음에 분명하다. 그는 디자인 재능을 인정받아 대학 재학 시절 동안 의사였던 숙부 유우(裕)의 제자가 근무하고 있던 자혜의대(慈惠醫大)의 병리해부실에서 해부 스케치 아르바이트를 하기도 하였다.[28]

곤와지로의 이러한 예술학 전공과 재능이 민가 조사와 연구에 적용되기 시작한 것은 곤와지로가 스스로 언급한 대로 1917년부터였다. 곤와지로가 조선에서 민가를 조사하기 전 일본에서 그의 학문적 기초는 그의 전공인 예술학 외에 민속학이었다. 그는 일본에서 일찍이 민가라는 분야를 개척한 사람으로 평가를 받고 있다.[29] 그가 민가를 건축물로서만이 아니라 생활기능이

---

(1914년), 상설위임통치위원회 위원(1921년), 아사히신문사 편집국 고문논설(1924년부터 1930년 사임까지)을 끝으로 공식적인 활동을 한 후에는 향토생활연구, 일본민속학 등에 관한 연구회와 강연을 중심으로 활동하였다. 일본 전후(戰後)에는 국립국어연구소 평의원과 학사원회원(1949년)을 지내기도 하였다. 中尾文隆 편저, 『柳田國男の民俗學がわかる本』(일본, 수화 시스템) 참조.

27) 黑石いずみ, 앞의 책(2000) 참조.

28) 川添 登, 『今 和次郎 : その考現學』(일본, ちくま學藝文庫, 2004), 68면.

29) 야나기타 쿠니오로부터 영향을 받았으며 일본 민속학사를 정리한 바

라는 관점에서 접근하게 된 것은 민속학으로부터의 영향이었다.[30] 그는 1917년에 동경에서 가까운 사이타마켄(埼玉縣)의 민가를 조사한 데 이어서 1918년 여름에는 향토회(鄕土會)[31]와 백아회(白芽會)[32]가 공동으로 동경에서 멀지 않은 가나가와현(神奈川縣) 츠히사이군(津久井郡)의 향촌(鄕村)을 조사할 때 조사 일원으로 참가한 적이 있었다.[33] 그는 그 조사에 참여하였을 때 당시 향토회에서 활동하고 있던 오다우찌 또시미찌(小田內通敏)와 인연이 되었을 것임은 상상하기 어렵지 않다. 또한 그에게 향토회와 백아회를 이끌고 있던 야나기타 쿠니오(柳田國男)를 따라 농촌생활을 관찰할 수 있는 기회가 있었다. 그는 보다 본격적으로는 1919년 여름부터 농상무성의 농촌주택부문의 촉탁이 되어 전국의 농촌주택을 시찰하여 관찰할 수 있는 기회를 가졌다. 또한 곤와지로는 오다우찌 등과 함께 인문지리 연구그룹을 만들어 공동 조사에 참가하기도 하였다. 곤와지로의 조사활동 성과로서 1922년에 출간된 『日本の民家』(일본의 민

---

있는 오또 도시히코(大藤時彦)는 일본에서 민가라는 용어가 언제부터 사용되었는지는 분명하지 않지만 민가연구의 선각자로서 곤와지로를 꼽았다. 大藤時彦, 『日本民俗學史話』(일본, 三一書房, 1990) 참조.

30) 大藤時彦, 앞의 책, 159면.

31) 향토연구를 위한 자유로운 조직으로서 향토회가 조직된 것은 1910년 가을이다. 이 향토회를 주도한 인물은 니또베이나죠(新渡戶稻造)였고 대체로 매월 1회씩 정기모임을 가졌고 모임의 형태는 자유롭게 진행된 담화회(談話會) 외에 견학여행을 가는 것이 대세였다. 이 모임에 열정적으로 참여한 사람 가운데 야나기타 쿠니오(柳田國男) 외에 본고에서 다루고 있는 오다우찌 또시미찌(小田內通敏)와 기무라 슈지(木村修三), 고노 다케오(小野武夫) 등이 있었다. 大藤時彦, 앞의 책.

32) 고민가(古民家)의 보존을 목적으로 발족된 조직이다.

33) 川添 登, 앞의 책, 102면.

가)[34]가 "일본에서 농가나 민가에 관한 연구로서 가장 최초의 시도"[35]로 평가받고 있는 것을 보면 그가 참여한 연구조직들이 곤와지로에게 끼친 학문적 영향이 컸다는 것은 쉽게 느낄 수 있다.

이와 같이 곤와지로는 예술 전공에서 민속학으로, 다시 말하면 그의 예술의 기술적 방법을 민속 연구에 크게 활용하여 그의 연구 분야를 새롭게 개척하는 과정에서 오다우찌로부터 많은 협력과 도움을 받았다. 곤와지로가 조선과 인연을 맺게 된 것도 오다우찌가 담당하게 된 조선부락조사[36] 가운데 민가 부분을 분담하게 되면서이다. 오다우찌는 부락조사와 같은 것은 한 두 사람이 할 수 있는 것이 아니고 "분담적 작업"[37]에 의하

34) 1927년에 증정(增訂)되었다가 1943년에 단행본으로서 相模書房에서 발간되었다.

35) 黑石いずみ, 앞의 책(2000) 참조.

36) 곤와지로에게 민가조사를 의뢰한 오다우찌는 1920년 8월과 그 다음 해 10월부터 12월까지 표본지역 16개소에 대해 예찰조사를 실시한 바가 있다. 그의 조사활동이 끝난 12월에는 수집 자료에 대해「朝鮮地方生活硏究資料」라는 제목으로 전시회를 조선총독부 제2회의실에서 열기도 하고 그 다음 해 1922년 4월에는 동경박람회에서「조선의 지방주가(地方住家)」라는 제목으로 민가의 가구도(家構圖)를 전시하기도 하였다. 오다우찌가 조선에서 행한 부락조사의 목적은 일본인들의 조선통치에 참고가 되도록 하기 위해서만이 아니라 "종래 비교적 조선의 사정에 어두운 일본의 정치가, 실업가, 교육가 등에게도 많은 참고자료를 제공"(小田內通敏,「朝鮮部落調査の過程」,『朝鮮』 제86호, 조선총독부, 1922년 5월)하는 데 있었다. 이를 그의 조사는 일정하게 "국익과 직결"되는 조사가 아니었다고 보는 견해(岡田俊裕,『日本地理學史論』, 古今書院, 2000)도 있지만, 단편적인 그의 기술부분을 통해서 그렇게 판단하는 것은 무리다.

37) 小田內通敏,「朝鮮部落調査の過程」,『朝鮮』 제86호, 조선총독부, 1922년 5월. 곤와지로가 오다우찌의 권유에 의하여 조선민가를 조사하게 되

여 완성시킬 수 있는 것으로 생각하였다. 곤와지로의 조선민가 조사는 오다우찌의 부탁을 받아 곤와지로는 1922년 9월부터 10월까지 1개월 동안 공공기관의 도움(통역 포함)을 받으면서 조선 민가를 조사하였다. 이것이 곤와지로에게 최초의 조선 민가 조사였고 조사결과는 『朝鮮部落調査特別報告 第1冊(民家)』로서 1924년에 발행되었다.[38)]

곤와지로는 조선민가에 대한 조사 보고서를 작성하면서 조선 민가에 대한 일본인의 선행연구도 참조하였다. 곤와지로의 조선 민가 보고서 간행과 같은 해에 이와키(岩槻善之)의 조선민가의 가구(家構)에 관한 연구[39)]가 발표되었고 곤와지로는 보고서 여

---

었지만 조사자로서 조선에 대해 어떠한 개념 또는 선입감을 가지고 있었는가에 대해서는 현재로서는 그에 관한 자료가 발견되지 않아 확언할 수 없다. 다만 적어도 제국주의적인 선입감과는 달랐던 것으로 보인다.

38) 곤와지로의 조선의 주거문화에 대한 조사는 모두 네 번에 걸쳐서 이루어졌다. 첫 번째 조사는 오다우찌의 민가 조사 의뢰에 따라 1922년 9월부터 1개월 동안, 두 번째 조선방문은 조선건축회 좌담회에 초빙을 받은 1923년과 세 번째 조선방문은 『조선부락조사특별보고 제1권(민가)』가 발행된 해(1924년)의 9월이다, 마지막 조선방문은 일본 패전 직전 1944년 8월부터 약 1개월 동안이었다. 1922년부터 1924년까지 해마다 조선을 방문하여 조사한 이후 오래 동안 조선조사가 이루어지지 않다가 1944년 8월에 조선의 경성, 청진, 겸이포 등에서 노무자 주택을 조사한 성과물로서 『조선반도의 노무자주택을 보는 여행』을 내놓았다. 富井正憲, 「곤와지로(今和次郎)의 한반도 여행」, 『建築』, 대한건축학회 참조. 오다우찌는 1923년에 『朝鮮部落調査豫察報告 제1책』(조선총독부)을 내놓았다.

39) 岩槻善之, 「朝鮮民家の家構に就いて」, 『朝鮮と建築』 3-2, 1924년. 이와키는 북선형(北鮮型), 서선형, 중선형, 남선형, 경성형으로 구분하였다. 앞서 우동선은 이러한 구분을 곤와지로가 한 것으로 보았다. 그러나 곤와지로는 일반형과 북부형으로 구분하였다.

기저기에 그의 연구를 인용・참조하였다. 곤와지로는 조선민가를 일반형과 북부형으로 구분하였지만 이와키의 연구 성과를 소개하고 그 성과로부터 많은 도움을 받았다.[40]

그의 『朝鮮部落調査特別報告 第1冊(民家)』는 건축학 보고서가 아니라 '건축인류학' 보고서라는 인상을 강하게 받는다. 곤와지로는 "인류학적 건축관(建築觀)의 필요"를 강조하였고 건축학에서 부족한 부분이라고 생각되는 "토속학적(土俗學的) 입장"을 견지하고자 하였다. 이것은 그의 학문적 배경이 되었던 예술학, 민속학, 인문지리학의 관점에서 배태된 것이라고 생각한다. 곤와지로의 연구방법은 건축양식의 변천 등에 주된 관심이 있었던 일본 건축학으로부터 비판을 받았고 일본 패전 후에도 "민속학에 의거해서 진행된 민가연구는 절대연대에 대해서는 언급할 수 없을 뿐만 아니라 방의 배치나 구조의 발달에 대해서도 두리 뭉실한 개괄밖에 되지 않는다"는 비판을 받았다. 그러나 곤와지로는 일본의 건축사학이나 건축이론이 실증적이고 건축중심의 이론에 치우쳐 있고 인간을 중심으로 한 이론이 결여되어 있다는 문제제기를 하였다.[41]

이러한 문제의식이 조선민가 조사에 투영되어 그의 조사보고서는 그 후 조선총독부 부락 조사보고서와는 관점과 서술방식이 달랐다. 물론 곤와지로가 그 후 조선총독부에 의한 조선조사에 관여하지 않았던 이유로 1923년 관동대지진 때문에 중추원의 사회사정 및 부락조사 사업이 중단된 측면도 있었지만[42] 조

40) 『朝鮮部落調査特別報告 第1冊(民家)』 제2장 주3)
41) 黑石いずみ, 앞의 책(2000) 참조.
42) 박현수, 위의 글, 2000, 463면.

선총독부에서 보아 곤와지로의 보고서의 관점이나 서술방식을 달갑게 생각하지 않았을 것이라는 점도 작용하였다고 생각한다.[43] 곤와지로의 조선 민가 조사가 종료된 후 1923년 7월에 조선총독부 촉탁이 되어 조선에 체재하는 동안 가장 많은 조사보고서를 낸 와세다대학 출신의 젠쇼우 에이스케(善生永助)가 오다우찌와 곤와지로의 조사활동을 계승하여 부락 조사 등에 관여하게 되었다.[44] 젠쇼우 에이스케는 조선총독부 촉탁이 되기 전에는 대학에서 정치경제학을 전공하였고 기자로 활동한 경력을 가지고 있었다. 이것이 그의 조선 부락에 대한 접근이 오다우찌나 곤와지로와는 다를 수 있었던 배경이 되었다. 젠쇼우 에이스케의 부락조사에서 곤와지로의 조사보고서가 참조되지 않은 것도 아마도 조선총독부 내에서 곤와지로의 조사방식과 서술을 달갑게 생각하지 않은 데에서 온 것이 아닐까 생각한다.[45]

---

43) 박현수도 이유는 제시하지 않았지만 "--(앞 생략 : 인용자 주) 더 이상의 본격적인 활동을 못하고 총독부로부터 해촉되어 식민지를 떠나 대학으로 돌아갔다"(박현수, 위의 글, 2000, 458면)라고 기술하였다. 1944년 8월에도 곤와지로는 조선에서 주택조사를 하였는데, 그것은 조선민가가 아니라 조선노동자주택이었다. 이 조사는 일본제철주식회사의 토건협력회위원회(土建協力會委員會)에서 조사 의뢰를 받은 것이었다. 川添 登, 앞의 책, 363면.

44) 이 점에 주목한 연구로는 박현수, 「일제의 식민지 조사기구와 조사자」, 『정신문화연구』 제21권 제3호, 한국정신문화연구원, 1998.이 있다. 다만 이 연구에서는 오다우찌와 곤와지로의 조사사업이 젠쇼우 에이스케로 계승된 배경에 대한 언급은 보이지 않는다.

45) 오다우찌나 젠쇼우 에이스케의 보고서에서는 가능하면 개인적인 사견이나 느낌은 자제하고 조사결과를 편집하는 방식을 취하고 있다. 다시 말하면 조사자의 시각은 조사 방법과 조사 성과의 분류방식이나 식민지정책과 관련한 서술에서 나타나고 있는 정도이다.

## Ⅲ. 곤와지로의 조선민가에 대한 시선

곤와지로는 조선 민가 조사의 목적과 방향에 대해 조선총독부로부터 구체적으로 요구받지는 않았던 것으로 보인다. 그는 오다우찌와 함께 일본 민가를 조사하면서 갖게 된 의문점을 조선 민가조사에서 해결하는 데 조사목적이 있었기 때문이다. 물론 그는 일본 민가 또는 일본 가람형식의 기원이 조선의 민가일 수도 있을 것이라는 추측을 하고 있었지만 그 조사목적이 조선총독부에서 그에게 요구한 목적은 아니었을 것이다. 또한 그는 일본 국내에서 민가를 조사하면서 얻은 방법론을 조선 민가 조사에 적용하고 있을 뿐 아니라 조선의 민가를 보는 접근 시각도 다르지 않다. 이것이 다른 여타 조선총독부 조사보고서와 차별성을 갖게 되는 이유가 될 뿐만 아니라 그가 지속적으로 조선총독부 구관조사사업에 참여하지 못하게 된 이유인지 모른다. 그에게는 식민지 지배 측의 조사자로서 제국의식이나 우월의식은 크게 찾아 볼 수 없다. 오히려 조선의 민가에 대한 식민지주의적 시선(더럽다 등)보다는 자연스런 미(美)와 소박함, 청결함을 느끼고 있었다.

『朝鮮部落調査特別報告 第1冊(民家)』는 서언과 결언과 함께 전체 3장으로 구성하였다. 그 3장 전체는 일반구조, 지방적 고찰과 온돌로 구성된 제1장(구조 및 그에 대한 고찰)과 일반형과 북방형, 개성 읍내의 민가와 일본 민가와의 교섭으로 구성된 제

2장(방의 배치와 그에 대한 고찰)과 조선인의 개량민가와 농업 이민자의 주가(住家)로 구성된 제3장(일본인과 교섭을 가지는 민가)으로 구성되었다. 그러나 곤와지로에게 분명한 선정 기준은 없었고 다만 그 지역 사람들로부터 상류층에서 빈민굴에 이르는 주가(住家)를 소개받았다는 언급만이 있을 뿐이다. 이러한 소개는 이 지역이 아니더라도 가능하였을 것이라는 점에서 그가 조사 지역을 어떤 기준 혹은 경위로 선정하였을까하는 점은 여전히 의문으로 남는다. 이하 곤와지로의 방법과 관점을 중심으로 그의 「조선주거론」을 제시해 보고자 한다.

곤와지로는 일본 국내에서 민가조사를 하면서 아마도 그 후 조선 민가조사에서의 경험과 유사한 어려움을 겪었던 것으로 생각된다. 식민지 지배 측 조사자들이 범하기 쉬운 것 가운데 식민지 지배를 정당화하기 위하여 식민지 문화에 대해 편향적인 서술, 선택적인 관찰과 의도적인 차별의식을 보이는 경향이 두드러지게 나타난다는 점이다. 물론 그에게 그러한 경향이 어느 정도 있었는지는 분명치 않지만, 당시 조선 사람들에게는 그의 행동에서 그러한 의도가 있는 것으로 비추어지기도 하였다.

단적으로 그는 조선의 민가를 조사하는 과정에서 다음과 같은 경험을 하게 된다. 이는 당시 조선 사람들이 일본인 조사자들에 대한 시선의 단면을 단적으로 보여주는 대목이기도 하다.

> 나의 여행 중에 받은 인상 가운데 가장 심각하게 느낀 것 하나 부가해 두고자 한다. 그것은 어느 곳에서의 일이었다. 군청의 조선인 통역자의 안내를 받아 걸어가고 있었을 때 나는 사진기를 가지고 도중의 집들을 촬영하며 걷고 있었는데 안내를 해 주던

> 사람은 나의 행위에 반감을 가지고 말았다. 나는 일에 몰두하고 있었기 때문에 그것을 눈치 채지 못하고 있었다. 그는 나를 노려보는 듯 이렇게 말했다. "왜 더러운 집들만 촬영하는가"라고 얼굴이 빨개져 화난 논조로 나를 힐문하였다. 나는 일을 떠난 마음에서 조용히 그를 바라보았다. 그는 젊고 고상한 자태를 하고 있었다. 나는 솔직하게 "나는 빈민사람들이 좋기 때문"이라고 말하는 것을 삼갔다. "연구를 위해서"인데 왜 그러는가 라고 말할 기분이 아니었다. 조용히 나는 반성, 어느 부분을 특히 진실 되게 나의 마음을 각인할 기회를 얻은 채 말을 하지 않았다. 부산에 상륙한 이래 결코 떨칠 수 없는 반성의 그것을 다시 굳힐 수 있었던 것이다. 일본의 어느 부락에서도 나는 이러한 반성을 받을 기회를 가지고 있었다. 그래서 나는 조사할 대상을 제공해 준 많은 조선 사람들에게 크게 감사한다.46)

이와 같은 서술에서 곤와지로는 조선에서 조사를 할 때 일본에서 겪었던 경험과는 다른 경험을 하였다는 것을 알 수 있다. 그리고 그의 조사방법도 조선 사람들에게 반감을 샀을 가능성도 있다. 그가 조선에서 어느 민가를 조사할 것인가는 현지 조선 사람들의 협조로 선정하고 조사한 것임을 알 수 있다. 따라서 그가 민가를 선정하여 조사할 때 현실적으로 많은 어려움이 있었을 것으로 예상할 수 있다. 즉 조선의 민가 외부만을 스케치하고 조사하는 것이 아니라 직접 안으로 들어가 민가 안에 있는 생활용구 하나하나를 스케치・조사하는 행위는 현실적인 반감을 불러 일으켰을 것이기 때문이다. 그러나 예상되는 반감에도 불구하고 그는 가능하면 일본의 민가나 조선의 민가를 학

46) 조선총독부, 『朝鮮部落調査特別報告 第1冊(民家)』, 1924. 「서언」 참조.

술적으로 비교·관찰하고자 노력하였다. 이러한 목적과 태도 때문에 민가 외부만이 아니라 내부의 물질문화에까지 관심을 갖고 조사·스케치하고자 하였던 것으로 생각한다. 이러한 방법과 의식이 그의 조사보고서 서술방식과 내용에도 반영되었다고 말할 수 있다.

당시 조선 문화와 역사를 조사하고 기술한 조선총독부 촉탁이나 일본 지식인들과는 달리 곤와지로는 조선 민가에 대해 호감적인 시선을 가지고 있었다. 이러한 시선은 아마도 그의 학술적인 연구자 태도에서 연유한 것으로 생각된다. 그는 특히 후술하겠지만 온돌에 대한 조선총독부 등의 부정적인 시각에 의문을 제기하였다.

그는 조선의 양반가로부터는 생활의 여유로움과 섬세한 아름다움을, 일반인들의 집으로부터는 일반적으로 알려져 있는 불결함보다는 소박한 생활에서 오는 아름다움과 청결함을 느꼈다. 또한 그는 조선의 빈민굴으로부터 불결한 이미지가 아니라 "유쾌한 구상으로 연결된 풍경미"47)를 느꼈다.

예술전공의 곤와지로에게 조선의 민가는 다음과 같이 회화적으로 다가왔다.

> 초가지붕은 하늘에게 밑으로 늘어진 한 곡선을 그으면 좋고 기둥이나 추 등이 불충분한 느낌이 있으며 벽의 흙이나 (…중략…) 연와나 기와나 돌 등은 매우 멋대로 자유롭게 되어 있고 창문은 작고 (…중략…) 온돌의 굴뚝은 의장(意匠)이 풍부하고 연기로 여기저기에 적당하게 그을려 있고 또 황갈색 흙 위에 그러한 것들

47) 조선총독부, 『朝鮮部落調査特別報告 第1冊(民家)』, 1924.

이 난잡하게 있고 담이나 흙 담의 변화도 즐겁고 또한 그러한 것들 안에는 바람에 흔들리는 버드나무나 포플러가 하늘에 하천 가에 가지나 잎을 움직이게 하고 있는 모양을 인상 전체라고 한다면 좋다.[48]

또한 그는 조선의 주거에서 방의 배치방식을 접하고 특히 조선의 상류 주거 공간 배치에서 "조선민족의 자연에 대한 마음이 솔직하고 고의적인 정돈을 싫어하며 계획되지 않은 우연을 무엇보다도 상미(賞美)"[49]한다는 것을 느꼈다.

이와 같은 시선은 예술학(디자인)을 전공했다는 이유만이 아니라 그의 문화관에서 온 것은 아닐까라고 생각된다. 그는 집의 재료나 양식에 차이가 나는 것에 대해 다음과 같이 생각하였다. 즉 지역적, 민족적으로 나타나는 문화의 차이를 해당 민족들에게 "습관" 또는 "운명 지은 것"으로 간주하는 경향에 대해 그는 그것을 "지리적 필연"에서 온 것으로 생각하였다. 그는 습관이라는 것은 "모든 새로운 고민의 힘을 없애는 경향"[50]이 있다고 생각하였다.

이렇게 보면 그는 문화상대주의적 관점에서 그러한 문화가 형성된 역사지리학적 요인을 고려하여 문화의 성격을 이해하고자 하였음을 알 수 있다. 이는 오다우찌의 문화관과도 크게 다르지 않았다. 오다우찌도 "일본인과 조선인과의 차별관에서 벗어나 인간 평등관에 서서 연구의 제1보를 나아가지 않으면 안

---

48) 조선총독부, 『朝鮮部落調査特別報告 第1冊(民家)』, 1924. 「서언」 참조
49) 조선총독부, 『朝鮮部落調査特別報告 第1冊(民家)』, 1924.
50) 조선총독부, 『朝鮮部落調査特別報告 第1冊(民家)』, 1924. 16~17면.

된다"는 입장에 있었다. 그런데 그에게 조선을 조사하고 연구하는 궁극적인 목적은 조선인과 사회에 대한 이해를 통하여 "진정한 내선융화를 실현"[51]하는 데에 있었다.

곤와지로와 오다우찌의 문화관을 살피면서 오다우찌에게는 내선융화를 위해 평등을 주장하였을 뿐 일제의 식민지 정책 전반을 비판하거나 식민지 지배를 반대하지는 않았고 곤와지로도 일제의 조선 통치에 대한 비판의 입장은 전혀 없었다는 점은 주의할 필요가 있다. 그에게 그러한 인식은 그에게 조선민가 조사목적이 일본 민가와 사찰 양식의 기원을 조선에서 찾으려는 데 있었던 데에서 기인한 것이 아닌가 생각한다. 그리고 당시 일본 인류학계의 조선 문화에 대한 토속학적 접근은 일본 고대문화의 '잔존(survival)'[52]으로서의 조선 문화를 바라보고 있었다는 점도 고려할 필요가 있다. 이 점에서 곤와지로에게는 반드시 일본문화의 '잔존'으로서 조선민가를 조사하겠다는 목적의식만이 아니라 그 저변에는 조선문화 발전의 지체와 관련한 차별

51) 小田内通敏, 「朝鮮部落調査の過程」, 『朝鮮』 제86호, 조선총독부, 1922년 5월.

52) 잔존이라는 용어는 영국의 인류학을 개척한 타일러(E. W. Tylor)가 만들어 사용하기 시작한 것으로 서구를 문명의 정점에 놓고 인류학의 연구 대상이 된 원주민 사회를 비문명사회로 규정하는 데 적용되기도 하였다. 타일러의 잔존개념은 일본 근대사에서는 근대 인류학을 개척한 츠보이 쇼고로우(坪井正五郎)가 타일러의 『인류학개론(Anthropology)』(1871년)을 일본 국내에 소개하면서 일본의 식민지문화 연구에도 적용되었다. 대표적으로 츠보이로부터 영향을 받은 도리이 류조(鳥居龍藏)가 잔존개념에 토대하여 일본민족문화의 기원과 함께 조선과 만주에 있는 문화들을 접근하였다. 보다 구체적인 것에 대해서는 최석영, 『일제의 동화이데올로기의 창출』(서울, 서경문화사, 1997) 및 『일제 하 무속론과 식민지권력』(서울, 서경문화사, 1999) 참조.

적 문화관도 작용하였을 것이라는 점도 간과할 수는 없다.

## Ⅳ. 곤와지로의 조선민가 조사방법

### 1. 고현학적(考現學的) 조사방법

곤와지로는 사진기로 민가를 촬영하기도 하고 그의 전공을 살려 스케치로 일본민가 조사 때와 마찬가지로 조선 민가의 내·외부를 묘사하였다. 그는 사진 촬영만으로는 표현될 수 없는 민가의 생활문화 전체의 위치와 모양을 스케치하여 자세하게 관찰·묘사하였다. 바로 이러한 기법이 그가 새롭게 개척한 민가조사연구 방법 가운데 하나였다. 이 기법은 일본에서뿐만 아니라 해방 후 한국 건축학계에도 영향을 미쳐 오늘날 한국민가 연구자들에게서도 그의 고현학적 조사방법을 엿볼 수 있다.

그는 안방의 경대를 통해서는 조선인들의 청결함에 주목하였다. 여성만이 아니라 남자도 거울을 보고 차림에 신경을 쓸 정도라 하여 경대를 보고 조선인들의 청결한 생활문화를 기술하였다(<스케치 그림 1> 참조).[53]

53) 이것은 온돌방 내부를 묘사한 것이다. 의자 앞에 꽃병과 책꽂이 외에 경대가 있으며 반대쪽 뒤에는 책을 넣어둔 책장과 옷을 넣어둔 상자, 그 위로 우산과 옷들, 그 옆으로 사진 초상, 그리고 노래가사가 적힌 흑판이 걸려 있음을 보여주고 있다. 흑판에는 "날아온다. 펄럭펄럭. 바람에 나뭇잎이 떨어진다"라고 낙서되어 있는 것도 관찰하였다. 곤와지로는 그러한 물질문화들을 통해서 조선 사람들의 생활양식을 고

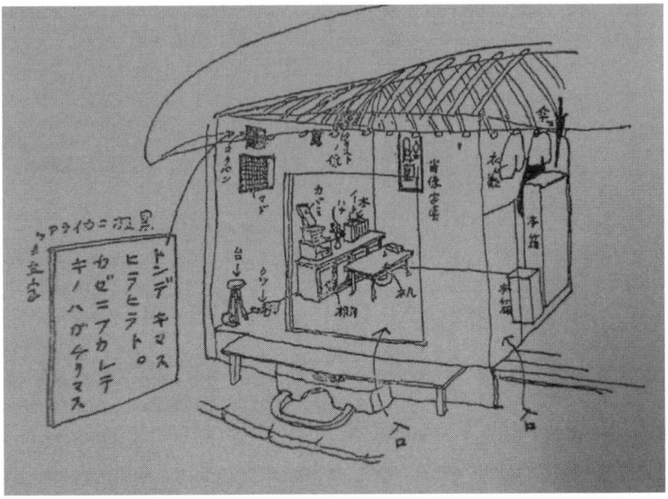


〈스케치 그림 1〉 온돌방안 모습
(출전: 곤와지로, 『朝鮮部落調査特別報告 第1冊(民家)』, 1924.)

또한 곤와지로는 <스케치 그림 2>[54]와 같이 도시 내 빈민굴의 방안 모습에서 "아름다운 것"[55]을 발견하였다. 그는 방 안이 잘 정돈되어 있는 것을 보고 일본이 조선보다 더럽다고 보았다. 그에게 그 이유는 두 가지였다. 하나는 조선은 아직 공업화가

찰하고자 하였다.

54) <스케치 그림 2>는 빈민굴의 평면도(위)와 옆에서 잘라 그린 것(아래)이다. 우선 평면도를 보면 왼쪽부터 창, 방 안의 옷가지, 거적, 깡통이 있고 방으로 들어가는 입구 앞 왼쪽부터 항아리, 간장독, 지주(支柱)가 놓여 있고 그 옆으로 아궁이가 있고 그 뒤로 된장독이 있으며 그 뒤로 측간이 있음을 알 수 있다. 아래 그림은 방안의 모습을 묘사한 것으로 방 위 천장 전부를 신문지로 발랐고 왼쪽에는 옥수수를 말리고 있고 벽에는 옷가지들이 걸려 있고 방 벽은 신문지로 바르고 깡통이 놓여 있고 거적이 깔려져 있으며 어린 아이가 양말을 고쳐 짓고 있는 모습이 묘사되었다.

55) 조선총독부, 『朝鮮部落調査特別報告 第1冊(民家)』, 1924, 4면.

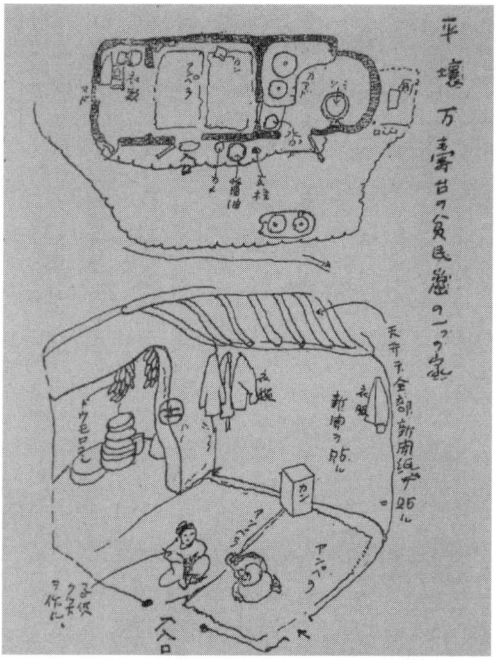


〈스케치 그림 2〉 빈민가의 내부 ; 평양 만수대 부근
(출전: 곤와지로, 『朝鮮部落調査特別報告 第1冊(民家)』, 1924.)

진행되지 않아 여전히 소박하고 또 하나는 경성 대도시는 풍수사상에 의하여 아름다운 산으로 둘러싼 위치에 자리를 잡았기 때문이라고 보았다. 따라서 보통 도시가 근대화되면 공장 지대에 가까운 저습지에 빈민굴이 형성되어 더러운 것이 보통인데 조선의 빈민굴은 그렇지 않고 “모두 별장 부지 가까운 데까지도 지어져 있는 것처럼 좋은 전망을 갖고 있고 이러한 실질적인 건강미와 유쾌한 구상으로 풍경미를 갖고 있기 때문에 (…중략…) 조선의 일반 도시의 빈민굴은 그렇게 불안한 느낌을 일으키지 않는 상태가 되어 있다”[56]고 평하였다.

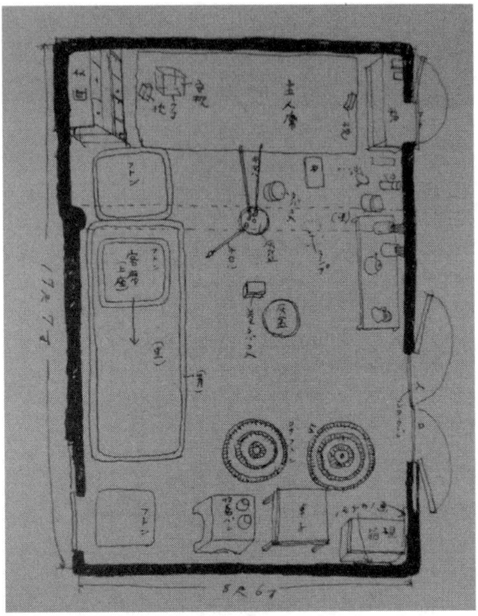

〈스케치 그림 3〉 중류주택의 사랑방 내부; 평양
(출전: 곤와지로, 『朝鮮部落調査特別報告 第1冊(民家)』, 1924.)

<스케치 그림 3>은 중류 주택의 사랑방 내부를 묘사한 것이다. 그는 민가를 조사하면서 오늘날 알려진 민가 외에도 양반 주택, 중류 주택도 조사하였다. 이로 보아 그는 조선 민가를 계층별로 구분하여 계층별 주택 간문화의 차이를 고찰하고자 하였다. 따라서 그의 조사보고서는 엄밀한 의미에서 조선민가를 조사한 것이라기보다는 조선의 주거문화를 조사한 것이었다. 그는 <스케치 그림 3>[57]에서 알 수 있듯이 중류 주택의 사랑방

56) 조선총독부, 『朝鮮部落調査特別報告 第1冊(民家)』, 1924, 6면.
57) <스케치 그림 3> 위 왼쪽부터 문갑 옆으로 주인 좌석 안에 베개와 안침, 그 옆으로 책상이 놓여 있다. 주인 자리 앞으로 왼쪽에는 방석, 중앙에는 담배 갑이 있고 그 앞 화롯불에는 담뱃대(3개)들이 꽂혀져

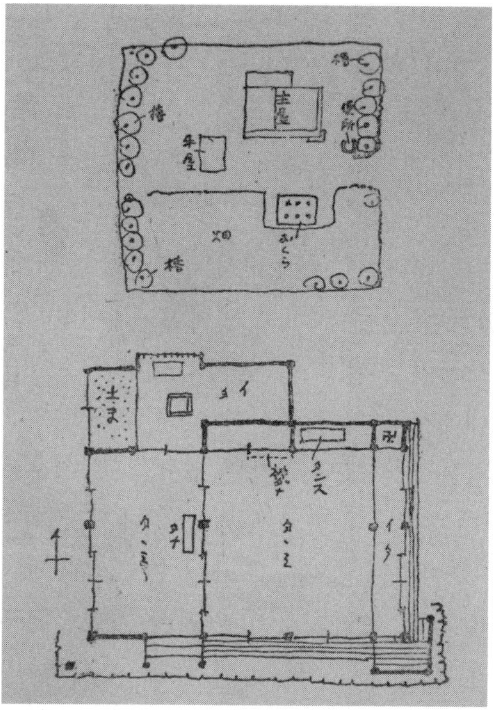

〈스케치 그림 4〉 하찌죠지마(八丈島)의 농가
(출전: 곤와지로, 『日本の民家』, 相模書房, 1943.)[58)]

의 물질문화를 비교적 상세하게 묘사하였다. 사랑방의 크기(가로 17척 7촌*세로 8척 6촌)뿐만 아니라, 주인 자리와 손님 자리

있고 그 옆으로 램프(lamp)가 있고 그 앞으로 말아 피는 담배 갑이 있다. 중앙 왼쪽에는 손님 자리(상좌)가 있고 검은 색 바탕에 청색 줄로 테두리를 댄 방석이 놓여 있다. 하단에는 테두리를 댄 돗자리로 된 방석이 두 개 놓여 있고 그 앞으로 나란히 왼쪽부터 방석, 장기판, 탁자와 붓 상자가 있으며 들어오는 방문이 있다.

58) 제시된 가옥은 동경 남쪽 이즈쇼토(伊豆諸島) 남부에 있는 화산섬의 하찌죠지마에서 조사된 것으로 이 지역은 바람이 자주 강하게 불기 때문에 방풍림도 조성되어 있었다고 한다. 쥐들이 많아서 들어오지

앞에 놓여 있는 각종 물질문화의 모양과 명칭 하나하나를 기록하였다. 그는 민가 방의 생활용구 모두를 상세하게 스케치하여 당시 생활의 모습을 전달하고 있다. 이 점은 곤와지로가 고현학적 기법으로 인간과 건축문화에 대한 건축인류학적 접근을 보여준 부분이다.

그의 일본 민가에 대한 스케치 조사기법이 조선의 민가에도 그대로 적용되었으며 오늘날 한국 민가연구에서도 그 기법이 활용되고 있다. <스케치 그림 4>는 곤와지로가 조선 민가를 조사하기 전에 일본 국내에서 민가를 조사할 때의 고현학적 기법이 반영된 것이며 그 기법을 조선에서 민가를 조사할 때 적용한 것이 <스케치 그림 5>이며 해방 후 한국 민가 조사에서 곤와지로의 기법이 계승되었음을 보여주는 것이 <스케치 그림 6>이다.

다만 이상과 같은 곤와지로의 스케치 기법은 문자 그대로 스케치였고 민가 안팎의 물질문화에 대해 구체적인 크기와 모양이라든가 해당 물질문화의 기능 등에 대해서는 상세히 조사·기록하지 않았다. 그는 민가를 통해서 인간과 문화와의 다양한 상호작용(interaction)에 주목하여 건축 연구에서 새로운 접근의 지평을 연 것은 인정할 수 있다. 그러나 민가 거주인들이 해당 물질문화들을 어떻게 소유하게 되었고 그것들이 민가생활에서 어떠한 기능을 하였고 어떠한 영향을 미쳤는가에 대해서는 고

---

못하도록 높게 지상으로부터 4척 높이에 창고(오쿠라)를 지었다고 한다. 스케치 그림에서도 주인 집 앞에 창고와 소를 먹이는 공간이 있고 그 앞은 밭이고 주인 집 옆으로는 변소가 있다. 아래 그림은 방 안의 모습을 묘사한 것인데 2개의 다다미 방에 옷장[단스]이 있고 선반[다나]이 있고 불단(仏壇)이 있는 곳이 표시되어 있다. 또한 위쪽으로 토방[도마]이 있음을 알 수 있다.

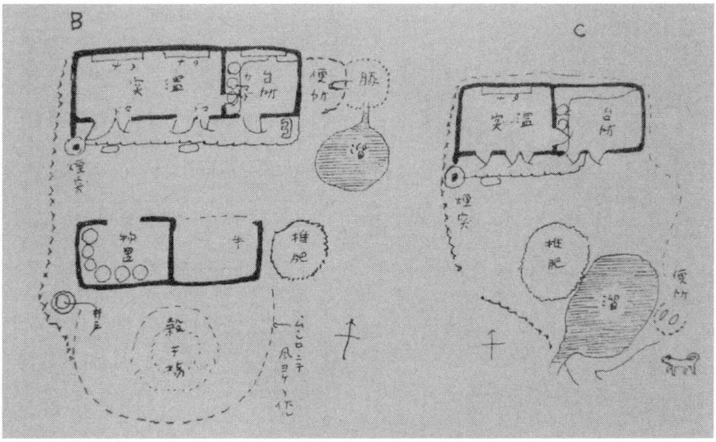


〈스케치 그림 5〉 농가의 평면도
(출전: 곤와지로, 『朝鮮部落調査特別報告 第1冊(民家)』, 1924.)[59]

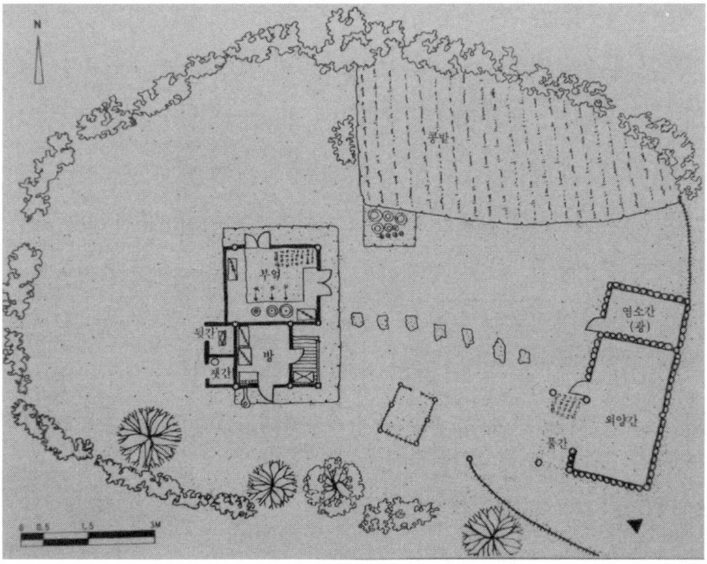


〈스케치 그림 6〉 한국 울주군 삼남면 조일리 보삼마을(조무형씨 집) 평면도
(출전: 김홍식, 『韓國의 民家(제1권)』, 한길사, 1992.)

찰하지 않았다.

곤와지로의 평면도 스케치 기법은 한국민가 조사에 영향을 주는 데 그쳤고 그의 고현학적 기법은 영향을 주지 않았다. 그가 고현학적 방법을 조선민가에 적용은 하였지만 물질문화에 대해서는 상세하게 기술하지 않았다. 다만 민가 내부의 구성양식이 생활문화와 생활양식과의 상호 영향에 주목한 것은 민가에 대한 건축인류학적 또는 문화사적 접근이었다는 점에서 주목할 만하다.

## 2. 일본민가의 기원 추구와 조선민가와의 비교

곤와지로는 일본 민가의 기원을 찾기 위하여 조선 민가와 일본의 민가를 비교하였다. 그는 일본 민가의 기본형이 그가 분류한 일반형과 북부형의 조선 민가 유형 중 북부형의 방 배치와 유사하다는 점에 착목하고 일본 민가의 기원을 조선 민가 중 북부형에서 찾고자 하였다. 그가 오다우찌로부터 조선민가에 대한 조사 부탁을 받아들인 이유도 그가 일본 국내에서 민가조사를 하면서 갖게 된 일본 민가의 기원에 대한 의문을 풀기 위해서였다. <스케치 그림 7>은 그가 일본 민가의 기원적 형태와 조선 민가의 북부형을 비교하여 제시한 것이다.

또한 그는 일본민가의 기원 문제를 조선민가의 일반형과 북

59) 농가의 평면도 중 B 안에는 위쪽부터 온돌방과 굴뚝, 그 오른쪽으로 부엌, 부엌 안에는 아궁이가 있다. 부엌 밖에는 변소와 돼지우리, 물구덩이가 있다. 물건을 넣어 두는 창고 옆에 소우리, 그 밖으로 퇴비, 왼쪽으로 우물이 있다. 곡식을 말리는 공간이 있다. C는 온돌방(굴뚝) 옆에 부엌, 앞마당에 퇴비와 그 옆으로 물구덩이와 변소가 있다.

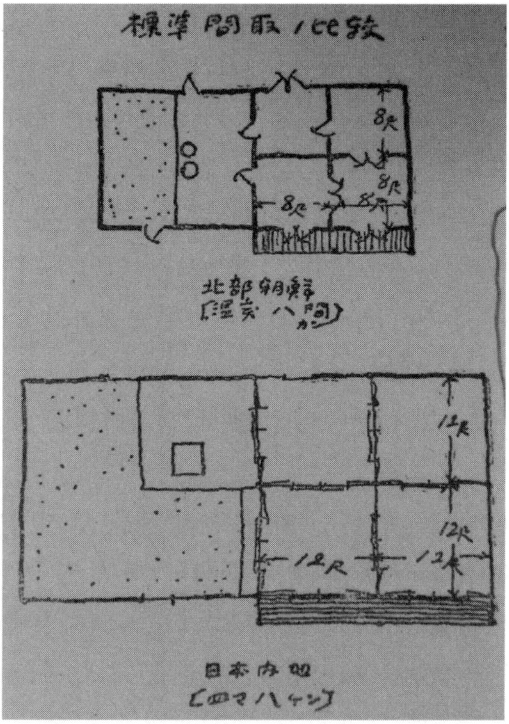


〈스케치 그림 7〉 북부형의 조선민가(위)와 일본 민가 (기본형/아래)와의 비교
(출전: 곤와지로,『朝鮮部落調査特別報告 第1册(民家)』, 1924.)

부형의 온돌구조의 차이에서 접근하고자 하였다. 그는 일본 민가와 밀접한 관련이 있는 북부형의 온돌이 구조상 합리적이고 경제적이라고 생각하였다. 북부형의 온돌구조는 한꺼번에 따뜻하게 되는 구조로 되어 있을 뿐만 아니라 불을 지피는 아궁이가 실내의 지상에 설치되어 있어 밖의 찬 공기가 들어가지 않기 때문에 경제적이라고 파악하였다. 그 반면에 일반형 민가의 온돌구조는 불 지피는 아궁이가 독립적으로 각각 설치되어 있을 뿐만 아니라 대개 안마당에 접해 있어 그 곳으로 들어가는 찬 공기 때문에 방 온도가 낮아지기 쉽다는 이유를 들어 비경제적인 것으로 분석하였다. 그는 이 가운데 북부지방의 온돌문화가 일본 민가와 관련이 있다는 점을 추구하기 위하여 북부지방 사람들의 온돌문화에 대한 내부적 관점, 즉 북부사람들은 온돌문화를 원래 그들의 문화로 인식하고 있었다는 점에 주목하였다. 그는 이 점에 비추어 일본에는 온돌문화가 들어오지 않았지만 그것과 관계없이 조선의 북부 사람들의 조상들은 4개로 구성된 일본 방 배치 구조의 집에서 생활하였을 것으로 추정하였다.

한편 곤와지로는 일본 국내에서 민가를 조사하면서 일본의 세또나이카이(瀨戶內海)에 접한 지방의 대지 안 건물 배치 방식의 유래에 의문을 가지고 있었다. 그는 그 지방에서는 흙벽을 만드는 경우가 많았고 대지의 외벽(外壁)에 덮개를 만들고 중앙에 마당을 만드는데 덮개들은 창고나 변소 등으로 사용하는 점과 집 건물의 배치가 조선의 일반형 민가의 대지 내 구성과 방식과 같다는 점에 착안하였다. 그에 따라서 그는 일본의 세또나이카이에 가까운 지방의 민가에 조선민가의 북부형의 방 배치와 함께 조선의 일반형의 대지 방식이 반영되어 있는 것은 언젠가 세또나이카이에 조선의 같은 계열의 문화가 수입된 근거가 되는 것으로 추정하였다.

또 그에게 조선 상류층의 주택은 일본 헤이안조(平安朝)의 귀족 저택을 연상시켰다. 그는 조선의 상류 주택에서 부인들의 주거공간인 내방과 일반 외부 손님들을 접하는 사랑방이 각각 떨어져 있고 이러한 것들이 회랑 모양의 나가야(長屋)로 둘러싸여 있는 점에 주목하였다. 그리고 그는 일본 헤이안조 귀족의 저택에서 외부 손님을 접하는 침전(寝殿)과 조선의 사랑방을, 침전 앞 중문(中門) 및 곁문과 조선의 대문 등을 비교할 수 있다는 관점을 제시하였다.

이 뿐만 아니라 곤와지로는 조선 일반 민가의 구조 및 방 배치에 대해 일본 사찰의 회랑과 동일한 수법으로 보았을 뿐만 아니라 일본 나라(奈良)의 동대사(東大寺)의 참롱소(參籠所) 등 당우(堂宇)에서 회랑에 벽을 붙인 건립방식을 회랑의 "단편(斷片)"[60]과 같이 생각하였다가 조선민가를 조사하면서 조선에서는 그것이 일반 집에서 흔히 볼 수 있는 건립방식이라는 점에서 그는 한일 건축양식의 '동원(同源)'을 주장한 것이다.

이상과 같이 곤와지로는 일본 민가의 기원과 본질을 밝히기 위하여 조선 민가와 비교하였다는 점에서 한일 민가의 비교학적 시각을 제공하였다. 그러나 추정 또는 개인적인 주관적 해석에 그친 경우가 많았고 양자가 역사적으로 실제 상호 영향을 어떻게 주고받았는가에 대해서도 물론 실증적으로 고찰하지 못하였다. 다만 그는 일본민가의 기원을 조선 민가에서 찾을 수 있다는 가능성만은 분명 확인하였다. 이 때문에 곤와지로는 조선 민가에 대한 지속적인 조사와 연구의 필요성을 느낀 것인지 모른다. 그러나 그의 이러한 '희망'은 실현되지 못하였다.

---

60) 조선총독부, 『朝鮮部落調査特別報告 第1冊(民家)』, 1924, 62면.

# Ⅴ. 곤와지로의 조선민가에 대한 인식

## 1. '온돌론'

곤와지로는 당연 조선의 민가에서 온돌에 주목하였다. 그는 온돌방의 지붕을 받치는 뼈대가 다 보이고 진흙이나 종이로 싸여 있는 천정 모습(<스케치 그림 1> 참조)에서 이상한 감정과 함께 "아름다움"을 느꼈다. 그가 느낀 이상한 기분이라고 하는 것은 다름이 아니라 "공상적인 세계에 있는 것"[61]과 같았기 때문이다. 그는 온돌의 열기 때문에 여름에는 방에서 잘 수 없기 때문에 집 밖에서 자는 습관을 근거로 조선의 주거에는 마루방이 있고 "조선 사람들의 집은 겨울용"[62]이라고 보았다. 그는 조사 기간 동안 조선의 겨울을 실제 경험하지는 않았다.

그는 "어떠한 영향이 생리적 또는 심리적으로 민족에게 영향을 미치는가"[63]를 조사하지 않고서는 온돌생활이 조선 사람들에게 부정적인 영향을 미치고 있다(예를 들면 비굴하다, 활기가 결여되어 있다, 핑계만 대고 일을 하기 싫어한다)고 단언할 수 없다는 입장에 있었다. 그는 온돌이 민족심리의 형성에 미치는 영향에 대해 당시 연구가 진행되고 있지 않다는 이유를 들어 언급을 회피하였지만 그 양자의 관계에는 관심이 있었음을 알

61) 조선총독부, 『朝鮮部落調査特別報告 第1冊(民家)』, 1924.
62) 조선총독부, 『朝鮮部落調査特別報告 第1冊(民家)』, 1924.
63) 조선총독부, 『朝鮮部落調査特別報告 第1冊(民家)』, 1924.

수 있다. 또한 위생적인 측면에서 온돌문화를 바꾸려는 움직임에 대해서도 온돌과 위생과 관련성이 있는지를 실제 알아보기 위하여 경성의학전문학교를 찾아가기도 하였다. 그는 거기에서 온돌의 보온효과가 건강에 좋은 영향을 미친다는 연구 성과를 접하였다.

온돌문화와 민족심리 형성과의 관련성, 온돌문화와 위생과의 관련성 등에 비추어 온돌문화를 개량 또는 폐지하려는 움직임에 대해 전면적인 부정보다는 연구의 결과를 기다릴 필요가 있다는 입장에 있었다. 그는 이보다는 조선인과 온돌생활의 역사성에 주목하여 온돌은 조선사회에서 없어서는 안 되는 것으로 생각했다. 따라서 땔감 경제 때문에 온돌을 개량하려고 하는 이유에 대해 "침구를 약간 충분히"[64] 하면 된다는 해결방법을 제시하여 그 논리를 반박하였다. 그는 조선의 온돌은 문헌상으로 보면 조선시대 숙종대 김자점(金子點)에 의하여 시작되었다고 생각하면서도 실제 일반 민중 사이에서는 이미 그 이전에 온돌문화가 있었을 것으로 추정하였다. 그는 조선사회에서는 어떠한 원시적인 집에 가도 온돌이 있다는 점을 들어 일반인들 사이의 온돌문화가 지배층으로 옮겨졌다고 보았다. 그는 이 점의 타당성을 일본의 다다미와 비교하여 제시하였다. 즉 일본에서는 원시적인 집일수록 난방 취사를 위해 방의 마루바닥을 네모나게 잘라 내고 재를 깔아 불을 피우는 이로리(爐)를 가지고 있다는 것이다.

64) 조선총독부, 『朝鮮部落調査特別報告 第1冊(民家)』, 1924.

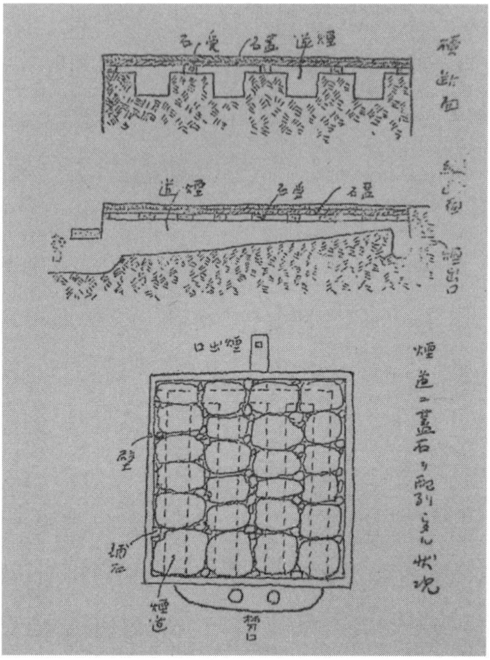

〈스케치 그림 8〉 온돌 구조
(출전: 곤와지로, 『朝鮮部落調査特別報告 第1冊(民家)』, 1924.)65)

곤와지로는 조선의 온돌은 세계사적으로 발달된 문화양식으로서 이동민족의 문화로 보고 이동민족들의 매개로 조선에 전파된 것으로 추정하였다. 그러나 그러한 온돌문화가 일본에 전파되지 않은 이유에 대해서는 향후 연구 과제로 남겨놓았다.

---

65) 곤와지로는 조선의 온돌의 장점을 논하면서 그 구조를 묘사하여 제시하였다. 위 스케치 그림은 온돌의 횡단면(위)과 종단면(아래)을 보여주는 것이고 맨 아래 스케치는 연도(煙道)에 개석(蓋石)을 배열한 상황을 묘사한 것이다. 횡단면은 연도와 개석, 그리고 그것을 떠받드는 수석(受石)이 있으며 종단면은 연기가 나오는 구멍 이외에 연도, 개석과 수석의 상황을 묘사한 것이다. 맨 아래 스케치는 방 벽과 연도 사이사이에 보석(補石)이 있고 아궁이와 연기 나오는 구멍이 제시되어 있다.

## 2. 조선민가 분류론

곤와지로는 방의 배치에 따라서 조선의 민가를 일반형과 북부형으로 구분하였다. 일반형은 대체로 부락과 밀접하고 한정된 택지에 짓지 않으면 안 되는 상황 때문에 나타난 것이고, 북부형은 대지의 개념이 희박한 지방에서 대지라는 개념과는 전혀 관계없이 독립해서 지어진 데에서 나타난 것으로 정의하였다. 그 후 조사자들의 구분방식[66]과 다르게 이러한 구분의 단순함은 조사지역의 협소, 단기간에 걸친 조사에서 나온 것으로 생각된다.

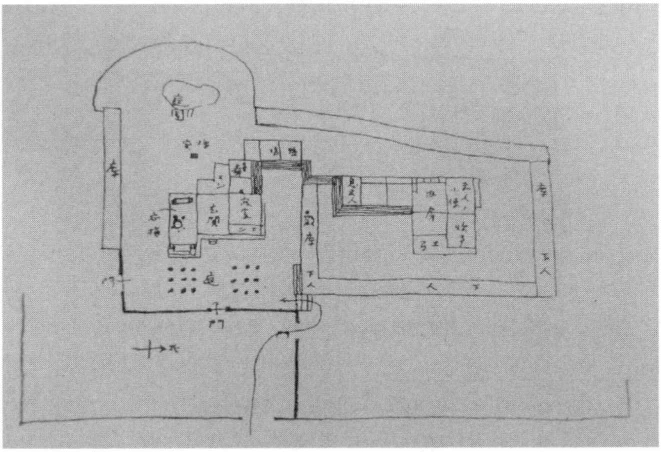

〈스케치 그림 9〉 양반주택: 경성
(출전: 곤와지로, 『朝鮮部落調査特別報告 第1冊(民家)』, 1924.)[67]

66) 그 후 연구자로서는 노무라 다카부미(野村孝文)를 들 수 있는데 그는 북선형, 일반형, 도회형, 제주도형으로 구분하였다. 野村孝文, 「朝鮮住宅の考察」, 『朝鮮と建築』 17-5, 1938 ; 佐佐木史郎, 「朝鮮半島の民家型分類をめぐる諸硏究と課題」, 『「もの」から見た朝鮮民俗文化』(일본, 新幹社, 2003)에서 재인용.

그는 조선의 북방형의 분포는 주로 평안북도, 함경남북도 및 강원도에 걸쳐 있는 것으로 일반형과는 달리 개방적이라는 점과 북부조선에서는 오히려 부인들이 생활력이 강하다는 점을 보여주는 것이라고 보았다.

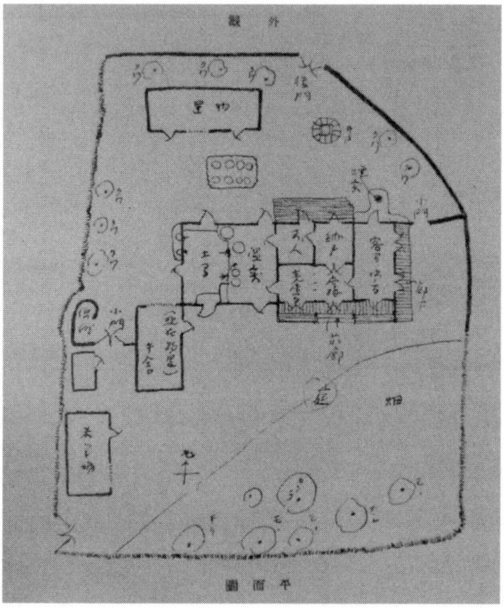

〈스케치 그림 10〉 중류층 주택
(출전: 곤와지로, 『朝鮮部落調査特別報告 第1冊(民家)』, 1924.)68)

67) 오른쪽 주인의 작은 방 옆에 내방(内房)이 있으며 그것을 따라 왼쪽으로 이동하면 침실이 있고 그 옆으로 현관이 있고 손님을 맞이하는 응접실이 있음을 알 수 있다. 응접실과 가까운 곳에 문이 설치되어 있다. 그리고 주인의 작은 방과 내방 주위로 하인들이 거주하고 있는 공간들이 있다.

68) 뜰 안에는 밭이 있고 사과나무, 배나무와 집 주위에 뽕나무들이 심어져 있고 작은 문에 붙어서 소우리(조사 당시는 물건을 넣어두는 공간)와 변소가 있다. 앞 회랑 뒤로 응접실, 그 뒤로 주인방과 헛간이 있고 주인방 옆으로 온돌방과 토방이 붙어 있다. 집 뒤로는 후문, 우물과 창고가 있다.

## 3. 1920년대 조선 민가 변화론

곤와지로는 1920년대 초기 조선의 주택문화가 변화되고 있음에 주목하였다. 그의 보고에 의하면 조선 지식인들 사이에서 자신들의 재래 주택을 개량하려는 움직임이 나타났다. 북부조선에서의 개량 방향은 재래 주택에 새롭게 일본풍의 네 개의 방을 추가하고 거기에 다다미를 까는 방식이었다. 그는 이를 "선화절충식(鮮和折衷式)"이라고 명명하였다. 또 도코노마(일본식 건물의 객실 상좌 바닥을 한 단계 높게 만든 곳), 찌가이다나(두 개의 판자를 좌우로 높이가 다르게 매어 단 장식 선반), 오시이레, 일본풍의 욕실, 일본풍의 연못(손님방 앞)이 나타나고 4개씩 짝지어 맞춘 방 배치의 온돌을 오른쪽 반과 안쪽으로 두 개 나란히 설치한 것 등 보다 일본풍을 많이 함유한 방식이 나타났다. 그는 이를 "절충식"이라고 명명하였다.

또 절충식 가운데에는 방 배치를 크게 접객 부분과 주거 부분으로 나누어 응접실은 서양식으로 하고 거기에 접하는 서생방은 온돌로 하고 순수 일본풍의 화장실도 구비한 방식도 보고하고 있다. 그가 주로 관찰한 지역은 함흥지방이었다. 따라서 그는 이곳을 조선 민가의 북부형과 일반형이 교섭되는 지역으로 보고 이러한 지역에서의 변화와 함께 북부조선의 다른 지역에서의 주택문화의 변화를 관찰하고 싶었으나 그렇게 하지 못하였다.

그는 보수성이 강한 개성의 주택 변화를 관찰하였다. 곤와지로가 개성에서 오다우찌[69]를 중심으로 한 부락조사에 참가하게

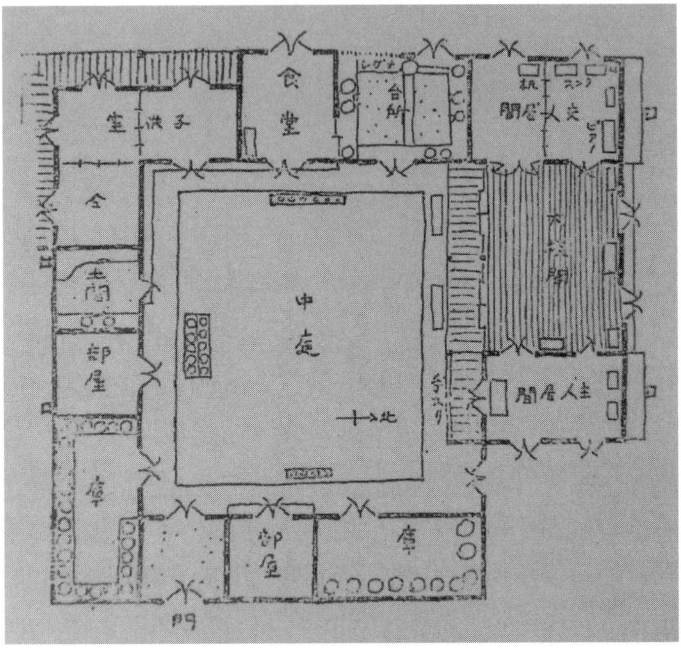

<스케치 그림 11> 개성의 개량주택
(출전 : 곤와지로, 『朝鮮部落調査特別報告 第1冊(民家)』, 1924.)

된 것이 개성읍내의 민가를 조사하게 된 계기가 되었다. 그는 개성의 민가를 조사할 때 그 간의 계급별 조사방법과는 달리 직업별(의사주택, 음식점, 잡화점, 떡집)로 접근하게 된 것도 아마도 오다우찌의 조사방법에 의한 것으로 추정된다. 그는 방법

69) 오다우찌가 경기도 개성군 중서면(中西面) 여능리(麗陵里)를 조사대상으로 선정한 이유는 그 곳이 고려왕조의 자손들이 거주하는 곳이고 "조선에서는 보기 드문, 부인 간 교제가 이루어지는 것도 동족관계 때문이며 개성의 주민과 결혼하지 않는 것은 스스로 왕성(王性)의 후예"(小田内通敏, 「朝鮮部落調査の過程」, 『朝鮮』 제86호, 조선총독부, 1922, 124면)라고 믿고 있는 역사적인 부락의 대표로 파악하였기 때문이다.

을 달리 함으로써 "한층 조선 마을사람들의 생활의 냄새"[70]를 느낄 수 있었다. 그 방법에 의하여 그가 얻은 것은 "여러 직업을 가진 사람들의 집의 방 배치는 대체로 같은 방식으로 되어 있었고 사회조직이 복잡하지 않은 시대의 마을에 나타나는 현상"[71]과 함께 변화상이었다.

<스케치 그림 11>에서 알 수 있듯이 집 가운데 뜰을 만들고 손님 접대용으로서 큰 홀이 의자식으로 되어 있었고 안방도 의자식으로 변하였고 가구들도 조선의 취향을 그대로 살리면서 서양풍으로 변화되고 있었으며 부엌 옆으로 식당을 별도로 두고 있었을 뿐만 아니라 아이들의 방도 별도로 두었다. 그는 특히 별도의 식당을 두는 "이러한 방들의 배치는 재래 전통을 바로 지키면서 정돈하고 개선하는 의미"[72]에서 큰 개량으로서 주목하였다. 그는 토속학적 시각에서 북방 사람들의 재래 주택의 변화는 순진하고 소박하고 진취적인 기질에서 나온 것이고 남방 사람들의 주택변화는 면밀하고 진실성에서 나온 것으로 해석하였다. 이는 문화변화와 기질과의 관련성에 주목한 해석이었다. 그러나 이와 같은 그의 분석은 추정적인 단순화이지만 나름대로 변화의 문화적 이유를 밝히려고 노력하였다는 점에서는 참고는 할 만하다.

또한 그는 개성지역에서뿐만 아니라 함흥에서의 조선 민가 변화를 목격하였다. <스케치 그림 12>는 기존의 조선 민가에

---

70) 조선총독부, 『朝鮮部落調査特別報告 第1冊(民家)』 제2장 제2절, 1924.
71) 조선총독부, 『朝鮮部落調査特別報告 第1冊(民家)』 제2장 제2절, 1924.
72) 이상 인용문 조선총독부, 『朝鮮部落調査特別報告 第1冊(民家)』 제2장 제2절, 1924 참조.

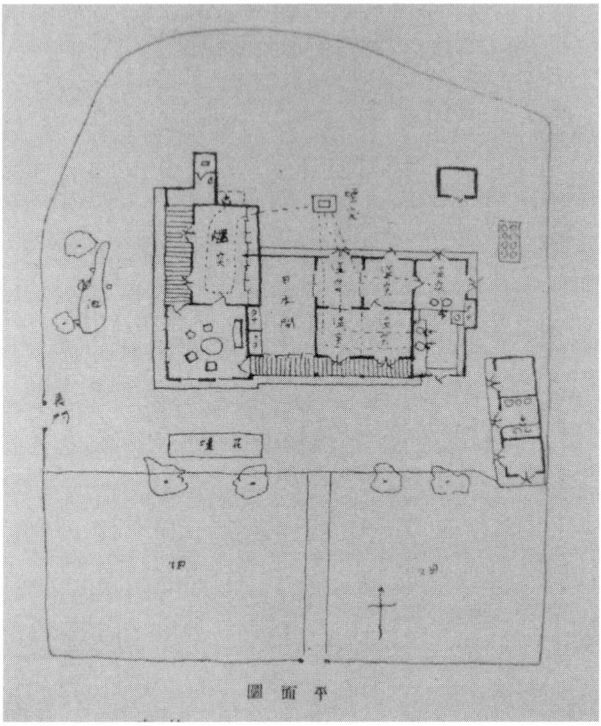


<스케치 그림 12> 새로운 주택; 함흥
(출전: 곤와지로, 『朝鮮部落調査特別報告 第1冊(民家)』, 1924.)

서는 볼 수 없는 평면도로서 주택의 개량을 보여준다. 6개의 온돌방 사이에 일본식 방을 두고 있을 뿐만 아니라 방 밖에 화단과 연못을, 화단 앞으로는 밭을 두고 있다. 또 하나 두드러진 변화는 굴뚝을 온돌방에 붙이어 세운 것이 아니라 떨어져 세웠다는 점이다.

## Ⅵ. 맺는말

종합적 예술학을 지향한 동경미술학교 도안과에서 디자인을 전공한 곤와지로(今和次郎)가 민가에 관심을 가지게 된 계기는 1917년 이후 향토회(鄕土會)와 백아회(白芽會)에 의한 일본 민가조사에 참여하면서부터이다. 이 활동을 통해서 일본의 농촌 및 산촌생활문화 조사에 참여하고 있던 연구자들과 인연을 맺는 기회가 되었고 이로써 그의 전공 영역이 민속・인류학, 건축학까지 확대되기에 이르렀다.

곤와지로가 조선민가를 조사하게 된 것도 향토회에서 같이 조사활동을 하던 같은 와세다대학의 강사로 있던 오다우찌 또시미찌(小田内通敏)가 조선총독부중추원으로부터 조선의 부락조사를 의뢰를 받은 것이 계기가 되었다. 조선총독부중추원에서는 1920년 이후 그 이전과는 달리 조선의 민사 및 상사 등 구관조사를 문헌중심의 조사에서 벗어나 조선 사회에 대한 실태조사의 필요성에서 현지조사에 중점을 두게 되었다. 그것은 조선사회의 실상을 정확하게 파악하여 조선통치에 실질적인 참고자료로 삼기 위함에 있었다. 이와 같은 상황변화 속에서 조선부락조사의 의뢰를 받은 오다우찌는 부락조사 항목 중 민가 영역을 곤와지로에게 부탁하였다.

곤와지로가 1922년 9월부터 10월까지 약 1개월 간 토속학적 관점에서 조선의 주요 도시의 민가를 계층별(개성의 민가조사에 대해서는 직업별 접근)로 나누어 관찰 조사한 성과가 1924년에 『朝鮮部落調査特別報告 第1冊(民家)』로 조선총독부에서 발간되었다. 그는 1923년 관동대지진에 의한 조사여건의 악화와 함께 그의 조사보고서의 서술방식과 시각의 '부적합'에 의하여 조선총독부의 의뢰에 의한 조선조사에는 관여하지 않았다. 조선부락조사는 그 후 같은 와세다대학 출신의 젠쇼우 에이스케(善生永助)로 이어졌다.

본고의 목적은 그 간 학계에서 큰 관심이 없었던 곤와지로의 조선민가 조사보고서를 분석하여 어떠한 목적과 관점에서 조선의 민가를 관찰・기술하였고 조선민가를 인식하였는가, 그리고 그의 조사방법이 식민지 후 한국의 민가연구에 끼친 영향은 무엇인가를 살피는 데에 있었다. 이하에서는 고찰을 통해 얻은 내용을 제시하고 아울러 작은 전망을 해 보고자 한다.

곤와지로의 조사보고서를 분석하는 한에 있어서는 그에게는 제국주의적 태도보다는 조사연구자 의식이 강하게 나타나 있었다. 단적인 예로 조사과정에서 그는 제국주의적인 태도가 아니었지만 그에게 '아름답고', '청결한' 민가가 조선인 통역자에게는 제국주의적인 태도로 비추어져 오해를 사기도 하였다. 그렇다고 하여 그가 일본의 조선통치를 반대했다는 것은 결코 아니다. 적어도 다른 일본 조사자들에게서 보이는 제국주의적인 태도와는 다른 측면이 있었다는 것이다. 그는 타(他)문화가 형성된 역사지리학적 요인을 고려하여 타문화의 성격을 이해하고자 하였다. 1917년부터 일본 국내에서 민가 조사를 하면서 일본민가와 가람양식의 기원에 의문을 갖게 되었고 이를 찾는 데 그의 조선민가 조사의 궁극적 목적이 있었다.

그는 민가에 대해 양식론(樣式論)에 입각한 건축학적 접근이 아니라 인간생활양식과 민가와의 상호 유기적인 관련성에 주목하여 '건축인류학적'으로 접근하였다. 이것이 곤와지로의 건축학이었고 이것은 더 나아가 새로운 분야로서 「고현학(考現學)」을 개척하여 인간의 생활문화적인 건축공간에 대한 시각을 제공하였다.

곤와지로의 민가조사방법은 다음과 같은 것이었다.

민가조사에 동원된 고현학적 조사기법을 들 수 있다. 곤와지로는 민가를 사진 촬영하기도 하였고 스케치로 조선 민가의 내·외부를 묘사하였다. 스케치 기법은 사진 촬영으로는 표현될 수 없는 민가의 생활문화 전반을 묘사하는 데 장점이었다. 이 기법은 일본에서뿐만 아니라 해방 후 한국 건축학계에도 영향을 주었다. 이는 또 인간생활양식과 주거공간과의 유기적 관련성을 살펴보는 데 유익한 방법이었다. 그러나 곤와지로의 스케치 조사기법은 문자 그대로 스케치에 머물렀고 민가 안팎의 물질문화에 대해 구체적인 크기와 모양이라든가 해당 물질문화의 기능 등에 대해서는 상세히 조사·기록하지 않았다.

그 다음으로 비교방법을 들 수 있다. 이것은 곤와지로의 조선 민가 조사의 궁극적 목적과 깊은 관련이 있다. 그에게 조선민가 조사의 목적이 일본 민가나 사찰의 기원을 찾는 데 있었기 때문이다. 그는 일본 민가의 기본형이 그가 분류한 일반형과 북부형의 조선 민가 유형 가운데 북부형의 방 배치와 유사하다고 보고 일본 민가의 기원을 조선 민가 중 북부형에서 찾았다. 따라서 그는 일본에는 온돌문화가 들어오지 않았지만 그것과 관계없이 조선의 북부 혹은 조사 당시의 조선 북부 사람들의 조상들은 4개로 구성된 일본 방 배치 구조의 집을 가지고 있었을 것이라는 추측하였다. 그는 또한 일본의 세또나이카이(瀨戶內海)에 가까운 지방의 민가에 조선 민가의 북부형의 방 배치와 함께 조선민가의 일반형의 대지 방식이 나타나 있는 것은 언젠가 세또나이카이에 조선의 같은 계열의 문화가 수입된 근거가 된다고 보았다. 이 뿐만 아니라 그는 조선의 상류 주택에서 부인들의 주거공간인 내방과 일반 외부 손님들을 접하는 사랑방이 각각 떨어져 있고 이러한 것들이 회랑 모양의 나가야(長屋)로 둘러싸여 있는 점에 주목하여 일본 헤이안조(平安朝) 귀족저택에서 외부 손님을 접하는 침전(寢殿)과 조선의 사랑방을, 그리고 침전 앞 중문(中門) 및 겉문과 조선의 대문 등을 비교하고자 하였다. 조선 일반 민가의 구조 및 방 배치가 일본 사찰의 회랑과 동일한 수법이라고 보고 예를 들어 일본 나라(奈良)의 동대사(東大寺)의 참롱소(參籠所) 등 당우(堂宇)에서 회랑에 벽을 붙인 건립방식에 대해 회랑의 "단편(斷片)"과 같이 생각하였다가 조선민가를 조사하면서 조선에서는 그것이 일반 집에서 볼 수 있는 건립방식이었던 것이다. 이상과 같이 한일 민가비교의 시각을 제공하였다.

이와 같은 조사기법을 토대로 곤와지로는 다음과 같이 조선민가를 인식하게 되었다.

그는 조선총독부의 '온돌폐지론'에 대해 부정적인 입장에 있었다. 그는 조선의 온돌문화에 대해 일본의 민가기원과 관련이 있으며 세계사적으로 보면 발달된 문화양식으로서 조선에서는 어떠한 원시적인 집에서도 온돌을 가지고 있다는 점을 들어 조선 사람들에게 불가결한 것으로 보고 조선총독부의 개량 내지 폐지 움직임에 암묵적으로 반대하였다. 위생이라는 관점에서 온돌문화 비판은 옳지 않다고 주장하면서 온돌의 보온효과가 건강에 좋은 영향을 미친다는 연구 성과를 제시하였다. 그리고 연료문제라는 관점에서 온돌문화를 폐지하려는 시각에 대해서도 그는 "침구를 약간 충분히" 하면 해결되는 방법을 제시하였다. 그는 조선의 온돌문화는 이동민족의 문화로서 그러한 이동민족들의 매개로 조선에 전파된 것으로 추정하였다. 그러나 온돌문화가 일본에 전파되지 않은 이유에 대해서는 향후 연구 과제로 남겨놓았다.

그는 1920년대 초 조선사회의 주거문화 변화에도 주목하였다. 그는 북부조선에서 조선 지식인들 사이에서 자신들의 재래 주택을 새롭게 일본풍의 네 개의 방을 추가하고 거기에 다다미를 까는 방식으로 변화시키고 있음을 보고하였다(이를 그는 "선화절충식(鮮和折衷式)"으로 명명하였다). 그리고 일본풍 가운데 도코노마(일본식 건물의 객실 상좌 바닥을 한 단계 높게 만든 곳), 찌가이다나(두 개의 판자를 좌우로 높이가 다르게 매어 단 장식 선반), 오시이레, 일본풍의 욕실, 일본풍의 손님방 앞 연못이 나타나고 4개씩 짝지어 맞춘 방 배치의 온돌을 오른쪽 반과 안쪽으로 두 개 나란히 설치한 것 등 보다 일본풍을 많이 함유한 절충식이 등장하고 있었고 또 방 배치를 크게 접객 부분과 주거 부분으로 나누어 응접실은 서양식으로 하고 거기에 접하는 서생방은 온돌로 하고 순수 일본풍의 화장실도 구비한 조선식과 일본식과 서양식의 절충형도 나타나고 있음을 보고하였다.

그는 조사 당시 조선사회에서 재래 주택들이 일본풍과 절충하거나 서양풍과 일본풍이 섞여 변화되고 있는 현상을 목격하였고 보수성이 강한 개성에서도 손님 접대 공간으로서 홀이 생기고 의자식 문화가 생겨나는 등의 변화가 일어나고 있음도 보고하고 있다. 그는 개성뿐만 아니라 함흥에서 조선 민가에 변화가 일어나고 있음을 목격하였다. 6개의 온돌방 사이에 일본식 방뿐만 아니라 방 밖에 화단, 연못을 두고 있고, 화단 앞으로는 밭을 두고 있다. 그리고 또 하나 두드러진 변화로 굴뚝을 온돌방에 붙이어 세운 것이 아니라 떨어져 세웠다는 점도 제시하고 있다.

곤와지로의 조선민가 조사는 1920년대 초기 한국민가의 현상과 변화양상을 일부 지역에 불과하였지만 제시하고 있다는 점에서 일정한 학술적 의의를 부여할 수 있다. 그러나 그의 민가조사기법이 그만의 독특한 것인가 아니면 일본 민속학 내에서 '개발'된 것인가, 그리고 그의 조사기법에 대한 일본 민속학계, 건축학계 등에서의 반응은 있었는가 등 곤와지로의 민가연구에 대한 종합적인 접근이 필요하다. 이렇게 접근하지 못한 것은 이번 연구의 한계점이다. 향후 이 문제에 접근하고자 한다.

## <참 고 문 헌>


김려실 역, 「고현학이란 무엇인가」, 『현대문학의 연구』 vol.15, 국학자료원, 2000.

김홍식, 『韓國의 民家』(제1권), 한길사, 1992.

류수연, 「고현학과 관찰자의 시선」, 『민족문학사연구』 제23호, 민족문학사학회, 2003.

박현수, 「조선총독부중추원의 사회문화조사활동」, 『한국문화인류학』 12, 한국문화인류학회, 1980.

박현수, 「道也味 마을과 경주: 일제의 촌락조사에 나타난 '內地延長主義'와 '文裝的武備'」, 『한국 문화인류학의 이론과 실천』, 다산 한상복교수 정년기념논총간행위원회, 2000.

富井正憲, 지훈상 역, 「곤와지로(今和次郎)의 한반도 여행」, 『建築』 Vol.51 No.7, 대한건축학회, 2007.

장보웅, 『韓國의 民家硏究』, 보진재출판사, 1981.

최석영, 『일제의 동화이데올로기의 창출』, 서경문화사, 1997.

최석영, 『일제 하 무속론과 식민지권력』, 서경문화사, 1999.

최혜주, 「시데하라의 고문활동과 한국사연구」, 『국사관논총』 79, 국사편찬위원회, 1998.

岡田俊裕, 『日本地理學史論』, 古今書院, 2000.

大藤時彦, 『日本民俗學史話』, 三一書房, 1990.

山本有造, 「日本における植民地統治思想の展開」, 『アジア經濟』 32-1, アジア經濟硏究所, 1991.

小田內通敏, 「朝鮮部落調査の過程」, 『朝鮮』 第86號, 朝鮮總督府,

1922. 5.
岩槻善之,「朝鮮民家の家構に就いて」,『朝鮮と建築』3-2, 1924.
野村孝文,「朝鮮住宅の考察」,『朝鮮と建築』17-5, 1938.
禹東善, 「植民地時代の韓國における民家や住宅研究の流れと韓國人建築家の住宅改良論」,『第2回アジアの建築交流國際シンポジウム論文集』, 1998.
李英美,『韓國司法制度と梅謙次郎』, 法政大學出版局, 2005.
佐佐木史郎,「朝鮮半島の民家型分類をめぐる諸研究と課題」,『「もの」から見た朝鮮民俗文化』, 新幹社, 2003.
朝鮮總督府,「朝鮮總督府取調局官制」(勅令 第356號),『朝鮮總督府官報』第28號, 1910. 9. 30.
朝鮮總督府,『朝鮮部落調査特別報告 第1冊(民家)』, 1924.
朝鮮總督府,『朝鮮舊慣制度調査事業概要』, 1938.
川添 登,『今 和次郎 : その考現學』, ちくま學藝文庫, 2004.
최덕수,「原敬の"同化政策論"研究」, 宮嶋博史・金容德 編,『近代交流史と相互認識』II, 慶應義塾大學出版會, 2005.
八木秀次,『明治憲法の思想』, PHP신서, 2002.
黑石いずみ,『「建築外」の思考 - 今和次郎論』, ドメス出版, 2000.

# 日帝强占期 傳統酒의 위축과 변모*

송 재 용**

## Ⅰ. 머리말

예로부터 우리나라는 지방, 가문마다 독특한 제조방법과 맛을 지닌 다양한 술들을 만들어왔다. 이는 조선후기 徐有榘(1764~1845)를 비롯한 실학자들의 저술과 士大夫家에서 전해진 調理書 등을 보면, 수많은 술들이 소개되고 있는바[1] 이를 통해 짐작

* 본고는 단국대학교 동양학연구소 중점연구소 연구과제 학술회의('개화기에서 일제강점기까지 한국 문화전통의 지속과 변용Ⅳ', 단국대학교, 2009. 8. 27~28.)에서 발표한 원고를 수정 보완한 것이다. 발표 시 토론자로 질의를 통해 문제점을 지적해주어 본고를 다듬는데 도움을 준 정연학 선생에게 이 자리를 빌려 고마움을 표한다.

** 단국대학교 교양학부 교수.

할 수 있다. 그러나 일본이 우리나라를 강점하고 술 관련 법령(특히 酒稅法, 酒稅令 등) 등을 시행하면서부터 우리의 傳統酒[2]는 점차적으로 사라져버렸다.[3]

그럼에도 불구하고 日帝强占期 傳統酒에 대한 민속학적 시각에서의 본격적인 연구는 필자의 과문인지 몰라도 거의 없다고 해도 과언이 아니다. 그나마 논의된 것도 부분적 또는 단편적인 언급이거나, 일제의 酒造業 정책과 朝鮮의 주조업에 대한 연구가 주류를 이루고 있다.[4] 게다가 관련 문헌자료도 적을 뿐만 아니라

---

1) 徐有榘가 1827년경에 쓴 『林園十六志』(一名, 林園經濟十六志, 林園經濟志)에는 200여 종의 주조법이 소개되어 있고, 실학자 洪萬選(1643~1715)이 1710년경에 쓴 『山林經濟』에는 60여 종의 술이 소개되고 있다. 그리고 李時明의 부인 安東 張氏(1598~1680)가 1670년경에 쓴 『飮食知味方』(일명, 규곤시의방, 음식디미방)에는 이씨 가문의 家釀酒 49종이 소개되고 있으며, 徐有本의 부인 憑虛閣 李氏(1759~1824)가 1809년경에 쓴 『閨閤叢書』에는 수십여 종의 술이 소개되고 있다.

2) 전통주는 우리 고유의 술을 포괄적 개념으로 사용한 것으로, 민속주, 향토주, 가양주, 약주, 탁주, 소주 등등은 모두 전통주에 포함된다.

3) 우리 전통주는 일제에 의해 사라져버렸다는 표현이 더 맞는 것 같다. 그리고 한국 전통주의 역사는 정확하게 추정하기는 어렵다. 다만 우리나라의 문화가 중국의 문화권과 밀접한 관련이 있어왔다는 점에서 술의 유래도 중국에서 연유한 것이라는 견해가 많다. 또 농경을 시작하면서부터 술을 빚어 마셨던 것으로 보인다. 우리나라 문헌 가운데 술이 처음 등장하는 기록은 『帝王韻紀』이다. 우리 고유의 술의 역사가 오랜 세월을 거치면서 발전한 것으로 보이는데, 특히 조선시대에 발전하여 전성기를 이루었던 것으로 보인다.(박진영, 「전통주 복원의 사회문화적 의미」, 전북대 석사학위논문, 2009, 6면.)

4) 李盛雨, 『韓國食經大典』, 향문사, 1981. ; 정태헌, 『일제의 경제정책과 조선사회』, 역사비평사, 1996. ; 박록담, 『한국의 민속 전통주』, 효일문화사, 1996. ; 박록담, 『명가 명주』, 효일문화사, 1999. ; 박록담, 『전통주 비법 이백십일가지』, 코리아 쇼케이스, 2006. ; 정현순 · 오문석, 『한국의 술』, 도서출판 두남, 2002. ; 정동효, 『傳統酒大典』, 홍익재, 2003. ; 정동효, 『우리나라 술의 발달사』, 신광출판사, 2004. ; 朱益鍾, 「日帝下

찾아보기도 쉽지 않다. 그러므로 필자는 여기에 주목하였다.

그런바 본고는 민속학적 시각에서 일제강점기 술 관련 문헌자료의 종합편이라 할 수 있는 『朝鮮酒造史』를 중심으로 전통주의 위축과 변모에 대하여 살펴보겠다. 논의는 자료 소개 및 검토, 일제의 술 관련 법령 시행 등으로 인한 전통주의 위축, 전통주의 변모 순으로 하겠다.

이상의 논의를 통해 일제강점기 때 우리 전통주가 어떻게 위축·변모되고, 한편으로 수많은 전통주가 어떻게 단절되었는지를 파악하는데도 일조를 할 수 있으리라 본다. 그러므로 이러한 논의는 민속학적으로 그 의미가 있다고 하겠다.

## Ⅱ. 日帝强占期 傳統酒의 위축과 변모

술은 예로부터 우리의 食 文化에서 빼놓을 수 없는 한 부분으로, 우리 조상들은 술을 사랑해왔다. 그러므로 각 지방이나 집안에서 빚은 술은 매우 다양했을 뿐만 아니라 다채롭게 전승되어 왔다. 이처럼 술이 발달하게 된 이유는 첫째, 대부분의 술은 쌀을 그 원료로 하고 있다는 점, 둘째, 유교를 기반으로 하는 문

韓國人 酒造業의 發展」, 『經濟學硏究』 40권 1호, 한국경제학회, 1992. ; 이철호·김기명, 「옛 문헌에 의한 한국 술의 종류와 제조 기술」, 『생물산업』 6권 4호, 한국산업미생물학회, 1993. ; 李承姸, 「1905년~1930년대초 일제의 酒造業 정책과 조선 주조업의 전개」, 『韓國史論』 32권, 서울대학교 인문대학 국사학과, 1994. ; 박진영, 「전통주 복원의 사회문화적 의미」, 전북대 석사학위논문, 2009.

화 속에서 관혼상제는 매우 중요한 의례로 행해져 왔고 술은 의례에서 빠질 수 없는 필수적인 음식이라는 점, 셋째, 술은 사회적 공동체를 유지하는데 중요한 매개물이었다는 점[5] 때문에, 특히 조선시대에 다양하게 발전해 왔던 것 같다.

우리 선인들은 술에 대해 '藥食酒同源'이라는 인식을 한 것으로 보인다. 그래서 술은 때로는 병을 치료하는 약주로, 때로는 救荒酒(飢困將死人救活法)로, 때로는 음식으로 여겼다.[6]

그러나 일본이 우리나라를 강점하면서부터 우리의 술과 술문화는 엄청난 타격과 함께 변환기를 맞이하지 않을 수 없게 되었다. 일본이 우리나라를 강점하며 가장 먼저 했던 일은 토지조사와 주류조사였다.[7] 식민지 수탈을 위한 가장 효과적인 방법이었기 때문이다. 이와 함께 일본은 식민지 재정을 확보한다는 명목아래 酒稅法, 酒稅令 등 술 관련 법령을 만들어 시행하였다. 이는 조선인 자본이 조선시장을 배경으로 성장할 수 있는

---

5) 배영동, 「음식디미방에 나타난 술의 다양성과 그 사회적 의미」, 『문화재』 34, 국립문화재연구소, 2001, 112~113면 ; 박진영, 위의 논문, 6~7면. 참고로 「世宗大王 誡酒敎書」를 보면, "대저 들으니 옛적에 술을 만든 것은 그저 마시려고 만이 아니라 神明을 받들고 賓客을 대접하고 늙은 이를 奉養하려는 것이었다. (…후략…)"(『世宗實錄』 15年<1433> 10月條)라고 하였는바 그 의미를 짐작할 수 있다.

6) 박진영은 전통주가 음식이라는 점에 주목하여, "전통주가 음식이라 함은 일상적인 음식의 하나로서 생산·소비되었음을 의미한다. 이는 전통주가 예로부터 음식에 대한 내용을 기록한 조리서에 기록되었다는 점에서 어느 정도 확인할 수 있다. 음식은 신체의 원활한 활동만을 위해서 배를 채워주는 존재라기보다는 우리의 일상생활의 모습을 들여다보게 해주기 때문에, 음식은 사람들의 삶, 즉 문화와 밀접한 관련을 맺고 있다."(앞의 논문, 11면)고 하였다. 나름대로 설득력이 있어 보인다.

7) 정현순·오문석, 앞의 책, 51면.

대표적인 업종이었던 酒造業을 정리 축출하고 대자본으로 흡수 통합하는[8] 한편, 우리 전통주를 말살하려는 일제의 의도에서 비롯된 것이다. 이로 인해 조선 민중에 대한 술을 통한 수탈이 심각해지고, 우리 전통주는 점차로 사라지는 비극을 맞게 된다. 그러면 『朝鮮酒造史』를 중심으로 자료 소개 및 검토, 일제의 술 관련 법령 시행 등으로 인한 전통주의 위축과 변모 등에 대하여 살펴보기로 하자.

## 1. 자료 소개 및 검토

현전하는 일제강점기 때의 술 관련 문헌자료는 적다. 그것도 대부분은 일본인들이 쓴 것이다. 일제강점기 때 술 관련 문헌자료 및 논저는 이성우가 조사하여 소개한바[9] 있다. 이성우가 조사한 바에 의하면, 일제강점기 술 관련 자료 및 논저는 조사보고서 4권, 단행본 20권, 논문 및 기사 108편이다. 이들 자료 및 논저는 대부분 조선총독부 및 일본인이 기록한 것이다.(조사보고서 및 단행본은 조선총독부와 일본인이 쓴 것으로, 한국인이 쓴 것은 없다.) 그런데 이들 문헌자료는 현재 찾아보기도 쉽지 않을 뿐만 아니라 『조선주조사』를 능가하지 못한다. 참고로 이성우의 조사에 누락된 자료 중 1906년에서 1942년까지 잡지에 실린 술 관련 기사는 필자가 조사한 바에 의하면 대략 35편 정도이다. 그러나 이들 기사들은 매우 단편적인 글로 참고가 안 되는바 소개를 생략한다.[10] 그리고 현재 일제강점기 술 관련 연

---

8) 정태헌, 앞의 책, 68면.
9) 이성우, 앞의 책, 380~394면.

구업적들은 대부분 『조선주조사』를 주 자료로 하여 논급한 것으로 보인다.[11] 그러므로 여기서는 일제강점기 당시 대표적 술 관련 문헌자료라 할 수 있는 『朝鮮酒造史』(淸水武紀 編, 朝鮮酒造協會, 昭和 10年<1935>.)에 대해서만 언급하겠다. 『조선주조사』는 편찬책임자 淸水武紀가 쓴 後記를 보면, "小我를 버리고 대동단결하여 통제를 도모할 필요가 있다. … 주조에 대한 일반사회의 인식을 살펴보고자 하는 뜻에서 本書가 이루어졌다. 그리고 본서의 발행은 本年 6월 창졸간에 결정되어 불과 3개월이라는 짧은 기간에 편찬된 것이며…"[12]에서 보듯, 주조업자들의 대동단결과 통제, 주조에 대한 사회인식 차원에서 편찬한 것이라 운운하고 있지만, 실상은 갑자기 결정되어 3개월 만에 27명〔주로 일본인과 일본에 협조적인 조선주조협회[13] 조선인 회원〕의 도움을 받아 편찬하였다. 이 책을 단시일 내에 편찬할 수 있었던 것은 일본인들이 그동안 조사한 보고서 등을 수합 정리

---

10) 잡지에 실린 기사 내용이 <禁酒>(『서울』 2권 1호, 1920.2.15, 108면), <麥酒 이야기>(『別乾坤』 4권 5호, 1929.8.1, 179면), <民族건강과 飮酒>(『新生』 3권 2호, 1930. 2. 6, 46면) 등등의 단편적이고 소략한 글로 참고가 안 되는바, 여기서는 소개를 생략한다. 참고로 개화기 때의 술 관련 자료로는 『술방문』(국립도서관 소장본, 찬자 미상, 필사본, 1861년 추정<?>)이 있는데, 술 만드는 법 7種을 소개하고 있다.(이성우, 위의 책, 378면 재인용.)

11) 그런데 『조선주조사』는 1935년에서 1945년 해방 전까지의 조사 기록이 없다는 점 등에서 문제점을 노출시키고 있다. 그리고 우리 술 문화의 역사에 대하여 일본인들은 편견과 편향된 시각을 가지고 있다.

12) 배상면 편역(2007년 개정판), 『조선주조사』, 우곡출판사, 1997, 576~577면.

13) 조선주조협회 회칙 9조를 보면, 조선총독부 재무국장(일본인)이 회장을 하는 것으로 되어 있다.

하였기 때문에 가능했던 것으로 보인다. 이는 중일전쟁을 앞두고 일본이 전쟁수행을 위해 물자, 특히 양곡절약정책 등을 펴기 위해 편찬을 서두른 것 같다. 결국 이 책은 식민통치와 수탈 차원에서 편찬된 것으로 판단된다.

그런바 일제강점기의 전통주의 위축과 변모를 살펴보기 위해서는 『조선주조사』를 중심으로 논의할 필요가 있다. 본고가 『조선주조사』를 Text로 삼은 이유도 여기에 있다.

『조선주조사』는 11章으로 구성되어 있다. [배상면이 편역한 『조선주조사』는 10장으로 되어 있다.14)] 주요사항을 중심으로 간단히 살펴보겠다.15)

『조선주조사』 제1장 <연혁>을 보면, 제1절은 <朝鮮酒의 남상>으로, 2항 <조선주의 남상>에서 주목할 것은 조선주의 종류로 탁주, 약주, 소주 3종류를 들면서, 이 가운데 제조방법으로 보아 탁주가 가장 오랜 역사를 가진 것으로 본 점이다. 제2절은 <시대에 따른 변천>인데, 1. 통감부시대(1905~1909) 2. 합방이후 주세법 시행시대(1910~1915) 3. 주세령 발포 이후 大正시대(1916~1925) 4. 昭和시대(1926~)로 4分하고 있다.

이러한 시대구분은 나름대로 설득력이 있어 보인다. 그러나 이 책은 1935년 발간 이후부터 1945년 해방 전까지의 조사 기록이 없는바 한계를 노출시키고 있다.

그러면 항별로 살펴보기로 하자. 1항 <통감부시대(1905년~1909년)>를 보면, 당시의 주류로는 藥酒, 濁酒, 燒酒 등을 들 수

---

14) 배상면 편역, 앞의 책, 21~573면.

15) 여기서는 배상면 편역본(우곡출판사, 2007년 개정판)을 참고(33~573면)로 하였다.

있는데, 그 중에서도 약주가 주종을 이루고 있고, 서울 부근의 중산층 이상이 소비하였으며, 自家用酒는 비밀리에 전해내려 왔다고 한다. 그리고 탁주는 주로 서울 이남에서 제조하였으며, 하층계급의 음료로써 식량으로 삼을 정도였는데, 당시 매우 많이 소비되었다고 한다. 또 소주는 주로 서울 이북에서 소비하였으며, 남부에서는 여름철에만 마셨다고 한다. 한편, 일본주는 1876년경 부산에서 荒木某氏가 탁주를 제조한 것을 효시로, 1884년 西峰三郞, 福田增兵衛 등이 부산에서 청주업을 시작하여 1897년경부터 점차 마산, 인천, 서울 등 다른 곳에서 창업하는 사람이 생겨났다고 한다. 그리고 1897년 8월 한일협약에 따라 目賀田種太郎(메카다 슈타로)이 한국 재정고문에 취임하면서 주조방면의 조사가 실시되었고, 1909년 2월 처음으로 한국에 酒稅法이 시행되어 주류를 釀成酒, 蒸溜酒, 混成酒 3종으로 구분하고, 각 종별로 제조 수량을 수 계급별로 나누어 과세하였다. 주세법의 발포(1909년 주세가 총 세액의 13%를 차지하였다.)와 아울러 종래의 혼잡한 조선 주조업계를 근본적으로 개선하고, 장래의 진전을 꾀하기 위해 경성부 외곽에 양조시험소를 설립하여 주류의 시험 연구를 실시함으로써 정치적, 산업적으로 업계에 새로운 전기를 마련하였다고 언급하였다.

일본인들의 주류업 진출, 특히 강점 이전인 1876년에 부산에서 탁주를 제조한 것이라든지, 1897년에 주조방면 조사를 한 것이라든지, 주세법을 시행한 것은 일본의 의도가 어디에 있었는지 분명히 알 수 있다. 이는 우리의 전통주를 없애려는 의도에서 비롯된 것이다. 그럼에도 불구하고 식민지 시각에서 발전 운운하며 기술하고 자찬한 것은 납득하기 어렵다.

2항 <합병 이후 주세법 시행시대(1910~1915)>를 보면, 1911년 10월 1일 서울에 조선총독부가 설치되면서 세정의 갱신과 상업 발전에 힘쓴다는 명목으로 주세법을 개정 정비하기 시작하였다. 그리고 이 당시 주류 제조업자의 수는 전조선 총호수의 약 1/7에 해당되었다고 한다.

일제는 이 시기가 조선 주조업이 일신하는 계기가 되었으며, 조선 주조업의 요람시대라고 언급하고 있는데, 오히려 우리에게는 수난의 시기였다고 할 수 있다.

3항 <주세령 이후 大正시대(1916년~1925년)>를 보면, 1916년 7월 주세령이 발포되고, 같은 해 9월부터 시행되었는데, 이전 주세법의 양성주, 증류주, 혼성주의 구분을 양조주, 증류주, 재제주로 개정하였으며, 특히 재래방법에 의해 제조되는 조선주를 탁주, 약주, 소주와 기타 주류로 구분하였다. 일제는 주세령 시행과 함께 총독부 및 경기도 외 6도에 주조 기술관을 배치하여 그들로 하여금 주조의 개선 지도에 종사토록 하였다. 그런데 일제는 제조자 대부분이 무교육자여서 소수의 인원을 가지고는 도저히 지도 개선의 성과를 올릴 수 없다고 보고, 군소 제조장을 합동 집약하여 제조장의 설비를 갖추고 자력이 있으며 교양도 있는 인물에게 주조 경영을 맡도록 지도하려는 취지에서 1919년~1920년경부터 점차 각지 제조장들이 연합하도록 유도하였다.

이는 일제의 自家用酒 폐지를 위한 술책일 뿐만 아니라, 주세를 조선 민중에게 전가시키려는 의도로, 결국 대다수 조선 민중에 대한 술을 통한 수탈이 얼마나 막대한 것인가를 보여주는 것이기도 하다.[16)]

일제는 이 시기를 조선 주조업의 정리시대라고 명명했으며, 주조업이 조선 사업계의 총아로 부각되었다고 하였다. 그러면서 주류별로 그 狀勢를 다음과 같이 열거하였다. 탁주와 약주는 품질이 점차 개선되기 시작했고, 소주는 점점 진전하여 자리를 잡아갔고, 제조장의 합동 집약(특히 총독부의 서북조선5도소주업 집약방침에 따라)이 성공하여 성과를 올리게 되었으며, 청주는 주세령 발포와 함께 自家用酒가 폐지되면서 전 조선에 제조 업장이 189개가 되었다고 한다. 그리고 주류의 輸移出入에 대해서 輸移入酒는 청주, 맥주, 소주가 주를 이루었는데, 맥주가 증가하였다고 한다. 그러나 輸移出 되는 양은 극히 적은 양에 불과하였다고 한다.

여기서 우리 전통주가 일제에 의해 탄압받고 점차 사라져가고 있음을 감지할 수 있다.

4항 <昭和시대(1926년～)를 보면, 1928년～1929년에 이르러 종래 행하였던 조선주 제조장의 합동 집약은 일단락되었고, 1929년 5,000여 개였던 제조장 수가 1934년 4,112개로 줄어들었다. 한편, 自家用 면허자는 그 수가 점차 줄어들었다.

제조장과 특히 自家用 면허자가 줄어들었다는 것은 일제의 탄압으로 전통주가 점점 사라지고 있다는 반증이기도 하다.

일제는 이 시기에 이르러 약주와 탁주는 품질이 향상되고, 소주는 1927년 黑麴소주의 부흥으로 麯子소주는 점차 그 모습이 사라지고, 주정식 소주의 진전이 이루어져 품질이 향상되었다고 하였다. 그리고 청주는 품질향상이 이루어져 일본 내 銘釀品을

16) 이승연, 앞의 논문, 70면.

능가하는 것을 배출하였으며, 맥주는 그 수요가 증가하여 종래에는 전부 이입에만 의존했으나, 1933년 조선맥주와 기린맥주의 영등포 공장이 설립되어 1934년부터 판매됨으로써 일본에서 이입할 필요가 없게 되었고, 일부를 만주에 수출하였다고 한다.

이로써 짐작컨대 가까스로 살아남은 우리 전통주도 점차 변모된 것으로 보인다. 그런데 일제는 1934년 주세 세액이 1,600만원으로 당시 조세 총액의 30%를 차지하고, 각종 조세 중 제1위에 오르게 되어 이 시대를 조선 주조업의 약진시대라고 일컬었다. 이는 무엇을 의미하는 것인가? 주세 조세 총액의 30%, 각종 조세 중 1위, 여기서 일제가 식민 통치의 재원확보를 위해 주세를 거두었다는 것을 알 수 있다. 일제의 이러한 의도와 목적은 주류가 설령 기술적으로 개선 향상되는 면이 있을는지 몰라도 궁극적으로는 우리 민족에 대한 수탈이요, 전통주 말살 정책의 일환이라 하겠다.

제2장 <술의 종류와 제조법>을 보면, 제1절은 <종류와 품질>로, 1921년부터 주조업자의 집약과 적극적인 당국의 지도에 의해 위생과 경제적인 부문에서의 대대적인 개선을 행함으로써 조선주의 품질 향상이 이뤄졌고, 이는 대중의 수요를 환기시켜 조선주가 대종을 이루게 되었다고 기술하고 있다.

수긍이 되는 점도 있지만, 종당에는 우리의 전통주가 점차 사라지는 결과를 초래하였다.

제3장 <술의 생산과 수급>을 보면, 제1절은 <주류의 생산량>으로, 1항에서는 <주류의 제조수량>을 언급하고 있는데, <주세법 시행시대의 제조수량>과 <주세령 이후의 제조수량>에 대하여 종류별, 지방별로 신고수량 및 조사를 근거로 하여

도표로 상세하게 제시하고 있다. 2항은 <주류의 생산액>에 대한 것으로, 도표로 종류별·연도별로 자세하게 밝히고 있다. 제2절은 <주류의 輸移出入高>로, 1항은 <주류의 수이입고>인데, <주세법 시행시대 주류 수이입량표>와 <주세령 시행 이후 주류 수이입량표>로 나누어 종류별·연도별로 도표화 하여 제시하고 있다. 2항은 <주류의 輸移出量>으로 <주세령 시행 이후 수이출 주류 면세량 및 주세 상당금액 교부 양표>를 종류별·연도별로 도표화 하여 제시하고 있다. 제3절은 <주류의 소비량>에 대한 것으로, <주세법 시행시대 주류 소비량표>와 <주세령 발포 이후의 주류 소비량표>를 종류별·연도별로 아주 상세하게 도표로 제시하고 있다.

종류별·연도별로 제시한 통계 숫자는 귀중한 자료라 하겠다. 이는 이 책의 강점이기도 하다. 그리고 당시 유입된 일본 술과 서양주 등의 소비량을 통해 짐작컨대, 이들 술들(일제가 전통주 말살을 위해 의도적으로 수입, 생산, 판매, 소비시켰지만)도 우리 전통주 단절에 어느 정도 영향을 끼친 것으로 보인다.

제4장 <주류의 거래>를 보면, 제1절은 <주류 판매 거래방법>으로 獻酒家, 壺酒家, 色酒家, 內外 酒家, 飯家, 煎骨家별로 간단히 언급하고 있다. 1항은 <주류별 거래상황>, 2항은 <최근 각 도별 조선주의 거래상황>으로, 간단하게 종류별로 거래상황과 거래방법 등에 대하여 기술하고 있다. 제2절 <주류 판매점 분포현황>에서는, <1916년 이후의 각 주류 제조장수표>는 연도별로 비조선주(양조주, 증류주, 재제주)·조선주(탁주, 약주, 소주)로 나누어 도표로 제시하고 있으며, <1919년 이후의 주류 판매점 분포상황표>는 연도별로 요리점(일본인, 조선인, 외국

인)·음식점(일본인, 조선인, 외국인)으로 나누어 도표로 제시하고 있다.

이 역시 귀중한 자료라 하겠다. 특히 주류 판매 거래방법으로 獻酒家, 壺酒家, 色酒家, 內外 酒家, 飯家, 煎骨家 대한 언급은 민속학적으로 의미가 있다고 하겠다.

제5장 <주조업의 개선에 대한 시설>을 보면, 제1절 <개선에 대한 정부의 시설>에서는 <연구기관>과 <지도기관>에 대하여 비교적 자세하게 언급하고 있다. 그리고 제2절 <주조단체의 결성>에서는 1항 <府郡島 단위의 주조단체>를 보면, '청주 주조조합', '청주 이외의 주조조합', '경성 조선주 양조조합 정관', '판매조합 및 국자조합'에 대하여 자세하게 언급하고 있다. 2항은 <道 단위의 주조단체>에 대한 내용인데, 도별로 주조조합을 간단하게 제시하고 있으며, 3항의 <기타 주조단체>에서는 '조선양조협회', '전조선 주조조합연합회', '전조선 소주업자연합회', '재단법인 조선주조협회'에 대하여 간단히 설명하고 있다. 제3절 <품평회>를 보면, <조선총독부 주최>, <재단법인 조선주조협회 주최>, <각 道府郡島 및 관내 주조단체 주최> 내용을 연도별로 소개하고 있다. 제4절 <강습회>에서는 <재단법인 조선주조협회 주최>와 <각 도부군도 및 관내주조단체 주최> 내용을 연도별로 소개하고 있다.

5장의 내용에서 일제에 협조하는 친일 어용단체의 일면을 감지할 수 있다.

제6장 <주조법의 변천>을 보면, 통감부시대, 주세법 시행시대, 주세령 시행 후 대정시대, 소화시대로 나누어 각 절마다 설명하고 있다. 제1절은 <청주>, 제2절은 <朝鮮酒 제조법-약주,

탁주, 소주, 국자>로, 술 종류별로 매우 상세하게 언급하고 있다.

위의 내용은 귀중한 자료로, 여기서 우리 전통주의 변모의 일면을 엿볼 수 있다.

제7장 <술에 관한 법령>을 보면, 제1절은 <주세법>으로, 1항 <통감부 시대>에서는 '주세법 시행의 취지'와 '주세법'을, 2항 <합병 이후 주세법 시행시대>에서는 '주세법 시행 당시의 주세 과세상황'을 상세하게 가록하고 있다. 제2절은 <주세령 발포>에 대한 내용으로 자세한 설명과 함께 '1916년 주조연도의 주세액'을 연도별로 영업용주, 自家用酒, 수이입주를 제조량과 세액으로 나누어 도표로 제시하고 있다. 제3절은 <주세령의 개정>으로, 1항 <주세령 개정 1912년 이후>에는 3차례의 개정(1919년 3월, 1920년 8월, 1922년 4월)을, 2항 <소화시대>에는 2차례의 개정(1927년 3월, 1934년 6월)을, 3항 <부 주세령>에는 5차례의 제령(2호 1916년 7월, 5호 1919년 3월, 23호 1920년 8월, 6호 1922년 4월, 9호 1927년 3월, 22호 1934년 6월)과 현행 주세령에 대하여 매우 자세하게 기록하고 있다. 제4절은 <조세징수 방법의 변혁>으로, 1항은 <조선주 제조장의 집약>, 2항은 <검사감독의 충실>, 3항은 <조선 소주와 비조선 소주의 구분 철폐>, 4항은 <自家用酒 제조 면허의 정리>, 5항은 <밀조주 단속의 장려>인데 아주 상세하게 언급하고 있다. 제5절은 <세금액수>에 대한 내용인데, 1항 <주조별 연도별 비교>에서는 '주세법 당시의 주류별 세액'과 '주세령 발포 이후 주세별 세액'을, 2항 <다른 조세와의 비교>에서는 '주세의 조세 수입상의 지위' 등을 주로 도표를 이용하여 자세하게 제시하고 있다. 제6절은 <주류의 관세>에 대한 것인데, 1항은 <이입세>를, 2항은 <수입세>를,

3항은 <출항세>를 언급하고 있는데, 주로 세율에 대한 내용이다. 제7절은 <위생단속>으로, 주로 '위생단속 관련 법령'에 대하여 소개하고 있다.

7장은 귀중한 자료이다. 그러나 7장에서 일제의 수탈과 전통주 말살 의도를 간파할 수 있다.

제8장 <재단법인 조선 주조협회>를 보면, 제1절은 <연혁>으로, '창립 당시의 조선 주조협회회칙'과 '役員 및 회원의 이동'을, 제2절은 <기부행위 및 사무처리 세칙>으로, '기부행위 요령', '재단법인 조선 주조협회 기부행위', '사무처리 세칙(1935년 1월 개정)'을, 제3절은 <사업>으로, '기관 잡지의 발행', '품평회 개최', '주조업자 대회', '조선주 披露會', '주조 시찰단', '주조 강습회', '주조 간담회' 등을 기술하고 있다.

8장은 조선총독부와 조선인 주조 자본과의 밀착 내지는 친일파의 경제적 기반과 일제의 통치 기반의 일부를 파악할 수 있는[17] 자료라 하겠다.

제9장 <주조의 장래에 대한 명사의 의견>을 보면, 이 책에 기고했던 일본인과 한국인의 글을 통해 이들의 우리 전통주에 대한 생각을 엿볼 수 있으며, 특히 한국인의 친일적 행태를 간파할 수 있다.

제10장은 <주된 주조장의 개항>으로 일제강점기 당시 주조장의 위치, 제조주 종류 및 제조수량, 판매상황, 경영자의 성명과 약력 등, 그 실상을 파악할 수 있는 자료라 하겠다.

이상에서 보듯, 『조선주조사』는 일제의 식민 통치와 수탈 등

---

17) 이승연, 위의 논문, 132면.

의 목적으로 쓴 것이지만, 조사 기록 등은 비교적 정확한 편이라 할 수 있다.[18] 1935년 발간 이후부터 1945년 해방 전까지의 조사 기록이 없어 한계를 드러내고 있지만, 술과 관련된 내용을 전반적으로 상세하게 다루었는바 자료로서 높이 평가된다. 따라서 『조선주조사』는 일제강점기 술 관련 자료의 종합편이라 할 수 있다. 중요한 것은 이 책을 통해 우리 전통주가 일제에 의해 대부분 사라져버렸다 〔어쩌면 '일제가 없애버린'[19]〕 는 사실을 확인했다는 점이다. 그러나 한편으로는 우리 전통주(약주, 탁주, 소주 등) 일부가 변모된 면도 파악할 수 있었다는 점이다.

## 2. 일제의 술 관련 법령 시행 등으로 인한 전통주의 위축

조선시대에서 개화기까지 우리의 전통주는 그 종류가 매우 많았다. 이성우·이현주의 「한국 고문헌에서 보는 주류 색인」(『한국식문화학회지』 제1권 제1호, 1986.)을 보면, '647항목의 술과 그 제조과정에 대하여 언급'하고 있다. 또 정현순·오문석은 『한국의 술』에서 '조선시대에는 우리 술의 종류가 3백여 종이 넘을 정도로 찬란한 술 문화를 형성했고, 고장과 가문에 따라 술을 다양하게 만들었다'고 했다.[20] 이로써 보건대 1909년 주세

18) 조사 기록이 비교적 정확하다고 하는 것은 '지방별 연도별 주류 제조 수량표,', '연도별 주류 생산액표', '연도별 주류 수이입량표', '연도별 주류 소비량표', '연도별 각 주류 제조장수표', '연도별 주류 판매점 분포상황표', '연도별 각 주류 분석표', '연도별 주류 과세상황표', '연도별 주류 주세액표' 등 주로 통계적 숫자를 말하는 것이다.

19) 정대성 저, 최진선 역, 『재일동포가 찾아낸 우리 술의 역사와 문화 그리고 지혜』(원제: 조선의 술), 이회문화사, 2006, 190면.

법 시행 이전까지 얼마나 많은 종류의 우리 술이 존재했는지 확실하지는 않지만, 어쨌든 수많은 우리의 전통주가 만들어졌고 계승되어 왔던 것으로 보인다. 그러므로 이 시기에는 節氣酒(정월 대보름날 아침에 마시는 이명주, 5월 5일 단오 날에 마시는 창포주, 6월 보름 유두일에 마시는 유두주, 9월 9일 중양절에 마시는 국화주 등등), 鄕土酒(전라도 여산의 호산춘, 서울의 약산춘, 김천의 두견주, 평양의 감홍주 등등), 藥用酒(인삼주, 구기자주, 오가피주, 죽력고 등등) 등 매우 다양한 종류와 독특한 맛을 지닌 전통주가 있었다.[21] 그러나 일본이 우리나라를 강점하고 식민 통치의 재원을 확보하기 위해 수탈 정책의 일환으로 주세법, 주세령 등의 술 관련 법령을 시행함으로써[22] 이후 우리 전통주는 위축을 받고 쇠퇴의 길을 밟게 된다. 어쩌면 사라져버리는 비운을 맞게 된다는 표현이 더 적절할지도 모른다. 그러면 일제의 술 관련 법령 시행 등으로 인한 전통주의 위축, 전통주의 위축과 변모에 대하여 살펴보기로 하자.

일제는 1897년 주조방면 조사를 시작할 때부터 식민 통치의

---

20) 정현순 · 오문석, 앞의 책, 21면.

21) 고려대학교 민족문화연구원, 『한국 민속의 세계 3 <의생활 · 식생활>』, 고려대학교 민족문화연구원, 2001, 441~463면 ; 정현순 · 오문석, 위의 책, 13~19면 ; 정대성 저, 최진선 역, 앞의 책, 48~73면.

22) 1910년 강점 이전, 그러니까 1905년 을사늑약 이후 통감부 시대나 1909년 주세법이 시행되기 훨씬 이전인 1876년 병자수호조약(일명. 강화도수호조약) 때부터 우리나라는 일제의 영향력 하에 있었다고 해도 지나치지 않을 것이다. 특히 1897년 한일협약에 의해 메카다 슈타로가 재정고문으로 취임하면서 주조방면의 조사를 실시한 것을 보면, 이때부터 식민 통치를 어느 정도 받기 시작한 것으로 보인다. 일제의 고도로 계산된 식민 통치와 수탈의 야욕을 감지할 수 있다.

재원확보와 수탈의 야욕을 보였다. 그것은 당시 조선 사회의 전체 술 소비량이 막대한데 비하여 조세가 부과되지 않았기 때문이었다. 이때의 酒造業은 일부 직업적 주조업자가 있었지만, 자가 양조와 부업적인 형태가 일반적이어서 아직 조세행정이 미치지 않고 있었다.[23] 그래서 새로운 稅源을 개발한 것이 酒稅였다. 일제는 주세가 식민 통치의 재정확보와 수탈을 위한 가장 효과적인 방법이라는 사실을 파악했기 때문이다. 마침내 주조방면 조사를[24] 마친 일제는 1909년 酒稅法을 발포 시행하였다. 주세법(1909년<융희 3년>, 2월 3일. 법률 3호)의 조문을 살펴보면,[25] 일제가 1909년에 발포 시행한 주세법은 주조면허제의 시행과 주세 부과, 주류 및 누룩 제조기술의 개선, 주조장의 기업화 방침, 원료 판매의 통제 등 酒造業 전반을 통제하기 위한 방안의 하나였다.[26] 이는 궁극적으로 일제의 식민 통치의 재원확보를 위한 수탈정책의 일환이자, 우리 전통주를 말살하려는 고

23) 이승연, 앞의 논문, 69면. 조선시대에는 금주정책으로 술에 대한 과세나 전매제도가 없었다. 그리고 술의 공업적 양조보다는 집에서 家釀酒를 빚어 마시는 가양주 문화가 그 특징이었다.(정현순 · 오문석, 앞의 책, 51면.) 그러므로 일제의 주세법 시행은 우리나라에서 최초로 시행된 주세법이라 해도 과언이 아니다.

24) 일제는 1906년 통감부 설치로 폐지된 재정고문부 기능을 넘겨받아 신설된 임시 재원조사국이 경성 · 평양 · 원산 등 주요 도시에서 실시한 조사를 토대로 1909년 국세로서 최초의 소비세인 주세법과 연초세법을 제정 시행하였다.(정태헌, 앞의 책, 68면.)

25) 배상면 편역, 앞의 책, 289~291면.

26) 일제는 조선인 자본이 조선 시장을 배경으로 성장할 수 있는 대표적 업종으로 주조업과 연초업이라고 파악하였다. 그러므로 일제는 주조업과 연초업을 정리 축출하고 대자본으로 흡수 통합하기 위해 주세법과 연초세법을 공포 시행하였다. 이는 식민 통치의 재원확보를 하기 위해서였다.(정태헌, 앞의 책, 68면.)

도의 치밀한 계략에서 비롯된 것이라 하겠다. 주세법 시행 이후 주세령 발포 전까지 외래주가 대거 유입 음용되고, 우리 전통주는 일반 서민들 사이에서 겨우 명맥을 유지했다.27)

한편, 일제는 주세법에 만족하지 않고, 1916년 酒稅令을 발포하여 주조업에 대한 본격적인 통제를 시행하였다. 주세령의 식민지성을 여실히 드러내기 시작하였다고 하겠다. 다시 말해 일제의 본격적인 주세 수탈과 전통주 말살이 시작된 것이다. 일제는 주세법 시행을 통해 과세 대상인 39만여 개 제조장의 생산규모(신고 석수) 등 주조업과 주류시장에 대한 전반적인 실태를 치밀하게 파악했다. 그리고 이 자료를 기초로 1916년에 제정된 주세령은 주세법과 구별되는 몇 가지 규정을 신설함으로써 주류의 개량, 생산자의 감소, 제조장의 집약을 통해 주세(주조업)의 본격적 수탈을 가능하게 했다. 주세령의 주요 내용을 간단히 요약 제시하면 다음과 같다. ① 조선주를 조선 재래의 방법에 의하여 제조하는 탁주, 약주, 소주로 규정(1조) ② 종래의 주세법에서 양성주, 증류주, 혼성주의 구분을 釀造酒, 蒸溜酒, 再製酒로 변경(2조) ③ 1석당의 세율을 정하여 造石數에 따라 과세액을 산출하는 방식으로 전환함과 동시에 세율을 인상하고 증류주, 재제주는 그 酒精 함유도수에 따라 그 세율을 구분(3조) ④ 1개 주조장에서는 1 주조년도에 청주 100석 이상, 맥주 500석 이상, 주정과 비조선 탁주는 50석 이상, 조선주인 소주는 2석 이상, 기타 주류는 한가지당 5석 이상을 제조하지 못하는 자는 면허를 주지 않음(6조) ⑤ 기존의 自家用酒 면허소지자에게는 조

27) 정현순 · 오문석, 앞의 책, 52면.

선주에 한하여 제조량을 소량으로 제한(23조) 등이다.[28)]

일제는 주세 수탈과 주조업의 통제를 위해서 자가용 주 제조를 통제 금지시켜 주류의 생산과 소비를 분리시키고 영세 주조업을 정리 축출하고자 하였다. 아울러 각 지방의 전통적인 민속주도 존재시키려고 하지도 않았다.[29)] 이후 주세령은 5차례(1919년, 1920년, 1922년, 1927년, 1934년)에 걸쳐 개정되었다. 이로 인해 일제의 주세에 의한 착취가 지능화되고, 한편으로 自家用酒의 면허가 극히 억제되어, 1932년에는 自家用酒 면허자가 단 1명이었고,[30)] 급기야 1934년에는 자가용 주 면허 제도를 폐지시켜 버렸다.[31)] 이승연은 "이렇게 自家用酒를 폐지하는 과정에서 각 지방에서 특색을 가지고 전해 내려오던 수백 수천여 종의 향토주가 자취를 감추게 되었다. 이들 향토주는 이미 주세령에서 조선주를 조선 재래의 방법에 의하여 제성된 탁주, 약주 및 소주로 규정할 때에 탁주, 약주, 소주의 어느 범주에도 들지 못하여 말살의 운명이 정해졌고, 이는 자가 양조의 폐지과정에서 현실화되었다."[32)]고 하였는바 설득력이 있어 보인다. 1935년 이후 전시체제에 들어간 일제는 전시 재정의 수요를 충족시키는데 한계를 느껴 새로운 소비세를 신설하였는데, 이때 주세는 1938년에 제정된 '朝鮮支那事變特別稅令'(1939년 개정)에 의해 물품세

28) 배상면 편역, 앞의 책, 308~341면.
29) 정태헌, 앞의 책, 76면.
30) 정동효, 『우리나라 술의 발달사』, 앞의 책, 182면.
31) 주익종은 "自家用酒는 1920년대 말에는 사실상 중단되었다."(앞의 논문, 278면)고 주장하였다.
32) 이승연, 앞의 논문, 86면. 이승연은 "1934년경에 이르면 조선 소주업자가 전부 도산하고 조선 소주도 그 자취를 감추게 되었다."(같은 논문, 121면.)고 주장하였다.

로 증징되었고, 1940년 '제3차 세제 정리'에서는 酒種別로 2년 사이에 3.3~5.3배가 증징되었다.[33)]

한편, 일제의 주세법, 주세령 발포 시행으로 전통주가 수난을 당하자, 우리 민중들은 이에 굴하지 않고 저항하였다. 그것은 특히 여자들(며느리나 딸)에게 전통주 제조법을 전수시키거나 (해방 후 이들에 의해 전통주 복원이 가능하였음.) 밀주를 제조하는 것이었다. 사실 일제의 단속을 피해 만든다는 점에서, 우리나라의 누룩은 사용하기도 편리했고 보존도 가능해 술을 만들고 싶을 때는 언제라도 누룩을 이용해 담그는 것이 가능하였다.[34)] 이처럼 밀주가 성행하자 일제는 1916년부터 주류 단속을 강화시켰다. 이때 일제는 '주류 밀조 방지 선전 전단'을 만들어 배포하였는데, 전단의 내용으로 보아 당시 상당히 적극적이고 조직적인 밀주 단속과 밀·기울에 대한 수매 활동이 전개되었음을 짐작케 한다.[35)] 그러나 일제가 주세법과 주세령을 발포 시행하면서 모든 주류를 약주, 소주, 탁주로 획일화 시키고, 1920년을 기점으로 신기술이 도입되어 재래식 누룩을 사용하던 방법에서 흑국, 황국(특히 흑국)의 배양균을 사용하는 입국법이 활용되고, 자가 양조의 금지와 自家用酒 면허 제도를 폐지시킴과

---

33) 정태헌, 앞의 책, 161~163면. 주세법, 주세령 등 술 관련 법령의 시행을 통해 주류의 주세, 제조업, 제조장, 제조수량 등등의 실태를 파악할 수 있는데, 이에 대해서는 정태헌(같은 책, 68~169면), 주익종(앞의 논문, 269~295면), 이승연(위의 논문, 69~132면) 등이 심도 있게 구체적으로 논급하였는바 참고하기 바라며, 상세한 내용은 이들의 연구 성과로 대신한다.

34) 정대성 저, 최진선 역, 앞의 책, 192~193면.

35) 박록담, 『명가 명주』, 앞의 책, 69면.

아울러 신식 술이라는 획일적인 술들이 일제의 통제 하에 제조됨으로써 우리 전통주는 대부분 맥이 끊기게 되었다.[36)]

결과적으로 볼 때 술 관련 법령(특히 주세법과 주세령) 시행 등은 우리 전통주를 위축시키는 계기가 되었다고 하겠다.

## 3. 전통주의 변모

일제의 술 관련 법령 시행(주세법, 주세령) 등으로 인해 우리 전통주는 대부분 사라져버렸다. 그런데 현전하는 문헌자료로는 개화기나 일제강점기 때 우리 전통주의 종류가 몇 종이었는지 제대로 파악하기도 어려울 뿐만 아니라, 일제강점기 때 어떤 종류의 전통주들이 사라졌는지 정확하게 파악하기도 어려운 실정이다. 그러므로 여기서는 우리 전통주 가운데 어떤 전통주가 어떻게 변모되었는지, 그리고 일부 단절된 전통주가 해방 후 어떻게 복원되었는지 사례를 들어 논의하는데 주 초점을 맞추겠다. 그러면 이에 대해 살펴보기로 하자.

먼저 우리의 전통주에 대해 살펴보겠다. 여기서는 구한말 때의 우리 전통주(약주, 탁주, 소주 등. 주로 제조법 중심으로 기술)에 대하여 알아보고, 다음으로 일제강점기 때의 우리 전통주(약주, 탁주, 소주 등. 주로 제조법 중심으로 기술)를 통감부시대, 주세법 시행시대, 주세법 시행 후, 소화시대별로 살펴보겠다.[37)]

---

36) 정동효, 『우리나라 술의 발달사』, 앞의 책, 180면.

37) 일제강점기 때의 우리 전통주에 대한 언급은 현재 체계적으로 정리된 문헌이 없어 『조선주조사』(배상면 편역본<2007년 개정판>) 제6장 제2절<朝鮮酒 제조법>을 참고(197~383면)로 하였다.

그러면 구한말 때의 전통주에 대해 알아보겠다. ① 약주는 황해도 이남 특히 서울 부근에서 널리 음용되고, 북부지방에서는 수요가 매우 적었다. 약주는 갈색을 띤 연노랑색의 투명한 술이지만, 대개는 약간 혼탁된 것으로 일종의 방향을 가지며 일본식 청주보다 감미와 산미가 세고 12~18%의 알코올을 함유한다. 약주 빚기는 독에 물을 붓고 가루누룩을 집어넣어 水麯을 만든다. 여기에 찹쌀가루를 쪄서 떡처럼 만든 것을 넣어서 酒母(酒本)을 만들고 다시 멥쌀·粉麯·물로 빚어 숙성시킨다. 숙성된 술밑에 용수를 박아 넣고 그 속에 괴인 술은 퍼낸다. 이것을 전주라 한다. 이렇게 해서 다 퍼내면 처음 술빚을 때 넣은 물과 동량 또는 배량의 물을 넣어(後水라 함.) 다시 우려내어 용수에 괴인 술 곧 후주를 퍼낸다. 전주와 후주는 따로 저장해 두었다가 마실 때 적당히 섞고 판매용의 약주로도 삼는다. 또 주모에 조국을 사용하는 경우, 술 빚는데 국자를 사용하지 않는 경우, 주모를 쓰고 술밑 빚는데 멥쌀 쓰는 경우, 주모를 쓰지 않고 찹쌀·조국·물로 단번에 빚어 넣어 숙성시키는 경우 등이 있다. 약주 제조의 원리는 일본식 청주와 비슷하나 1~2석의 독에 소량을 빚어 넣고, 또 일반적으로 저어주는 일이 거의 없는 점이 다르고, 또 누룩의 종류도 다르다. 그리고 약주를 빚을 때 여러 가지 약초를 섞어 줌으로써 약용으로 쓰는 약용 약주도 있다. ② 탁주는 조선시대 식품서를 보면, 대부분 純濁酒이다. 그런데 구한말의 탁주는 막 걸러서 쌀알이 뭉개진 뿌연 빛깔의 혼탁액이다. 산의 냄새가 세고 알코올은 6~7% 정도이다. 그 제조법은 여러 가지이지만 대표적인 것은 멥쌀·조국·물로써 술밑을 빚는다. 이밖에 멥쌀 대신 찹쌀을 쓰는 경우, 약주지게미로 만드는 것 등이 있으며, 주모를 미리 만들어두고 이것으로 술밑을 빚는 경우도 있기는 하지만 대부분의 경우 주모를 쓰지 않는다. ③ 소주는 북부지방(평안도, 함경도)에서는 소주를 많이 마시고, 또 연중 만들고 있으나 다른 술의 음용은 매우 적다. 제조방법은 지방에 따라 차이가 있고, 국자는 일반적으로 조국이며, 곡물로서는 남부지방은 주로 멥쌀·찹쌀이며, 북부지방에서는 기장이 주가 되고 조·옥수수·그 밖의 잡곡을 쓴다. 서울에서는 공덕리나 마포 동막 부근에서 많이 제조되었다. 3월경 큰 독에 물 8말쯤 넣고 쌀 9말을 쪄서 넣어 다시 국자 50개를 부수어 넣고 매일 1~2회 휘저어주면 3주간 정도로 숙성하는데, 5월쯤부터 이 술밑을 고리를 써서 증류한다.

다음은 일제강점기 때의 전통주에 대하여 살펴보겠다.[38] 통감부시대의 ① 약주(경성 이희상의 제조법)는 매년 9, 10월경부터 다음해 4, 5월경까지 제조하는 것으로, 중류층 이상에서 음료로 제공되었다. 쌀 9되를 蒸煮하여 펴서 충분히 냉각한 후 5, 6말 용량의 질그릇 1개에 넣고 분곡(소맥껍질이 혼입된 것) 5개 반을 조분(거친 가루)으로 갈아서 혼합한다. 여기에 물독 1동이의 물을 첨가하여 충분히 교반하여 방치해두면 점차 발효하다가 10일쯤 후에 숙성된다. 이것이 주모다. 여기에 찹쌀 3말(증자하여 멍석에 펴서 널어 충분히 냉각시킨 것)을 첨가하여 그 위에 물독 2동이의 물을 붓고 攪拌하여 방치하면 점차 발효하면서 10일쯤 지나면 숙성한다. 숙성되면 표면에 뜬 술지게미를 조심스럽게 건져내고 남은 술덧에 길고 가느다란 용수를 박아 그

38) 제조법은 지방, 가문, 제조장 등에 따라 약간씩 차이가 있는바, 여기서는 하나씩만 예를 들겠다.

속에 고인 약주를 퍼 올린다. 그 다음 3동이의 물을 추가로 넣어 잘 교반한 후에 재차 용수를 삽입하여 약주를 퍼내고 처음 받아둔 것과 혼합하여 판매한다. 芳香이 있고, 甘酸味가 모두 강하며, 酒精分容量은 10% 내외이다. 보존기간은 7일 내지 30일간이나 제조방법의 기술, 기후 및 보존법 여하에 따라 달라진다. ② 탁주(경성지방 제조법)는 쌀 3말을 물에 침지시켜 하룻밤 방치하고 다음날 소쿠리에 쌀을 건져 반쯤 건조시킨 후 굵게 분쇄한다. 이것을 증자한 후 돗자리에 넓게 펴서 냉각시킨다. 이것을 누룩 7개를 거칠게 가루 낸 것(조국)과 혼합하여 5~6말 용량의 독(土甕 : 흙으로 만든 항아리)에 담고, 물을 물독 3동이 정도 넣고 교반하여 방치하면 2~3일 내지 4~5일이면 숙성한다. 숙성되면 체로 여과하고 지게미에 물을 첨가하여 비벼 부순다. 다시 물을 첨가하고 여과하여 마신다. ③ 소주(경성지방 제조법)는 경성의 경우 5월경부터 9~10월경까지 飮用되었고, 대부분의 제조는 성 밖 공덕리 부근에서 이루어졌는데, 그 제조법은 다음과 같다. 3월경부터 414~432ℓ의 큰 독에 물 144ℓ를 길어 넣어둔다. 여기에 쌀 144kg을 쪄서 넣고, 다시 국자 40kg을 굵게 빻아 넣어 교반한다. 이후 매일 1~2회씩 교반하면서 3주 정도 숙성시킨 후, 뚜껑을 덮고 흙으로 발라 밀폐한다. 그 후 5월경부터는 수요에 따라 증류한다. 한 독으로 알코올 37~38도의 소주가 130ℓ 생산된다. 술지게미는 돼지의 사료로 이용한다.

주세법 시행시대의 ① 약주, ② 탁주 제조법은 통감부시대의 약주, 탁주 제조법과 크게 다를 바가 없어 생략한다. ③ 소주(원산시험소 지도법)의 경우 개량된 요점은 다음과 같다. ㉠ 재래의 토기 소주 시루의 사용을 폐지하고, 일본 주조용 시루를 사용함으로써 한 번에 다량을 증자하여 연료를 절약. ㉡ 국자를 잘게 분쇄하여 사용비율을 줄임. ㉢ 주모(쌀 16kg, 국자 9kg, 물 18ℓ)를 사용하고 급수를 늘림. ㉣ 재래 토고리(土古里)의 증류 출구에 냉각 사관(蛇管)을 부착. ㉤ 水槽를 높은 곳에 설치하여 냉각수를 자연적으로 흘러내리게 하여 물 바꿈 하는 인력을 절감. ㉥ 부뚜막에 솥 하나만을 축조하여 장작을 사용해서 증류하므로 인력을 절감하는 것 등이다.

주세령 시행 후의 ① 약주(경성 가회동 후작 이재원의 제조법)는 주모의 경우 담금에 사용하는 멥쌀(정백미)은 충분히 씻은 후 분말로 세분한 뒤 열탕을 부어 익힌다. 독에 넣어서 하룻밤 방 냉한(젖산균의 번식을 유도하는 것) 후, 수세한 국자분과 혼합하여 떡 모양처럼 만들어 온돌 내에서 교반하지 않고 담금 한다. 약 10일 후 前段과 같은 방법으로 제2단을 담금 하여 방치한 후 1주일~10일이 되면 주모로서 숙성된다. 이것은 우리 고유의 독특한 방법이며 고체발효의 원형이다. 한편, 술덧의 경우 찹쌀을 水洗하여 적당히 침지한 후, 증자하여 냉방 후 급수함과 동시에 담금 한다. 담금 후 교반하지 않고 온실 내에 들여놓고 독에 뚜껑을 하여 적당히 보온하여 방치한다. 그리고 발효 중에는 하루 1~2회 뚜껑을 열어 가스를 날려 보내야 한다. 약 3주 후면 술덧이 숙성된다. 숙성 후 술덧의 부유물을 걷어내고 용수(가래나무로 만듦)를 술덧 안에 삽입하여 전주 약 2말을 얻는다. ② 탁주는 위의 이재원의 약주 제조법 과정의 전주를 얻는 것까지는 유사한데, 다시 그 殘渣(술지게미)에 쌀 3되 죽을 쑨 것, 국자분 1되 5홉, 물 1말 5되를 가하여 잘 교반하여 4~5일 뒤 소쿠리에 건져낸다. 이것을 체로 걸러서 탁주로 음용한다.

③ 소주의 겨우 개선된 요점은 대략 다음과 같다. ㉠ 콘크리트 탱크의 설치, 엔진보일러 이용 실행 등의 설비 개선 ㉡ 국자 사용비율의 감소 ㉢ 엔진보일러 등의 이용으로 원료 처리방법의 개선 ㉣ 고리의 사관 냉각기 개선-銅古里 사용으로 다량의 銅分이 용해된 소주가 생산되자, 1924년 조선총독부의 지시로 각 지방은 점차 흡입식 증류기로 전환. ㉤ 배달용기를 서양 화통으로 변경시킨 것 등이다.

소화시대 약주와 탁주의 경우 酒造用水는 거의 전부 생수를 사용하였다. 그리고 담금 하는 일이 없어졌고, 재래의 소 용량 질그릇도 거의 찾아볼 수 없게 되었다. 또 통일된 개량국자가 공급되었으며, 재래주모 외에 속양주모를 육성하였다. 특히 탁주 담금에 주모를 사용하는 곳이 더욱 많아졌다. 한편, 술덧은 급수비율은 증가하고 반대로 국의 비율이 감소하였다. ① 약주는 使用米에 찹쌀 외에 멥쌀을 혼용하였고, 분국을 썼으며, 주모는 충청도의 경우 속양 및 개량주모를 사용하였다. ② 탁주는 사용미를 찹쌀을 혼용, 멥쌀가루를 혼용하였다. 그리고 조국을 그대로 사용하였고, 주모는 충청도의 경우 속양주모를 보통 사용하였다. ③ 소주는 증류기는 거의 증기흡입식을, 냉각기는 정류탑과 輕銀蛇管의 병용이 많아졌으며, 원료의 전처리는 증류기관 또는 석유원동기 분쇄기를 사용하였다. 특히 흑국을 대부분 사용함으로써 흑국소주가 유행하였다. 또 1925년부터 신식소주(대부분 당밀을 원료로 하여 이루게스式, 교무式 등의 정교한 연속식 증류기로 주정 및 소주를 증류. 일반적인 취향은 당밀 소주보다 전분 소주를 선호)가 등장하였다.

이상에서 보는바와 같이, 우리 전통주 특히 약주, 탁주, 소주가 변모되었음을 알 수 있다.

사실 일제강점기 때의 전통주는 대부분 영세업자나 自家 또는 부업의 형태로 만들었기 때문에, 일제가 주세법, 주세령 등의 시행을 통해 주세 부과, 주조장의 집약화, 원료 판매의 통제, 신기술 도입, 自家用酒 제조 금지 및 면허제도 폐지 등등을 함으로써 사라져버렸다(특히 향토주 등)고 해도 지나친 말은 아니다. 비록 타의(일제에 의해)에 의해서였지만, 전통주 가운데 특히 약주, 탁주, 소주 등은 변모되었다고 하겠다.

다음은 일부 단절된 전통주 또는 전승된 전통주가 해방 후 어떻게 복원 또는 변모되었는지 사례를 들어 살펴보겠다.[39] 여기서는 죽력고, 이강주, 백화주 순으로 간단히 알아보겠다.[40]

竹瀝膏는 청죽을 잘게 쪼개 불에 넣고 구워, 양쪽에서 스며 나오는 진액에 소주를 넣고, 꿀과 생강즙을 넣은 다음, 끓는 물에다 중탕하여 제조한 술을 말한다. 조선 중기 이후부터 제조되기 시작한 것으로 추측되며, 대나무가 많은 전라도 지방에서 주로 빚었던 약용주이다. 죽력고 무형문화재 기능보유자인 송명섭(남. 53세)의 '구술자료'를 보면, 죽력고 제조법은 그의 어머니 은계정(1917~1988. 은계정은 한약방을 하던 친정아버지에게 전수받았다고 한다.)에게 배웠다고 한다. 그런데 문헌상의 죽력고 제조법과 송명섭의 제조법은 차이가 있다. 그것은 송명섭이 전래의 제조법의 단점을 보완했기 때문이다.[41]

---

39) 일제의 주세법, 주세령 시행 및 밀주 단속에도 불구하고, 해방 후까지 계속 지속된 전통주(특히 家釀酒 등)들도 있다.

40) 여기서는 박진영, 앞의 논문, 30~105면을 참고하였다.

41) 자세한 내용은 위의 논문, 31~36면을 참고할 것.

梨薑酒는 전통 증류식 소주에 배, 생강, 계피, 鬱金을 넣고 꿀을 가미한 후 장기간 숙성시켜 만드는데, 재료에서 보듯 술에 배와 생강을 넣었다 해서 붙인 이름이다. 조선 중엽부터 전라도와 황해도에서 제조되었으며, 우리나라 3대 명주로 손꼽힌다. 이강주 무형문화재 기능보유자인 조정형(남. 69세)의 '구술자료'를 보면, 이강주 제조법은 그의 어머니(제조법은 조정형의 집안에서 오래전부터 내려왔다고 하는데, 시어머니에게 전수받은 듯함.)가 술을 빚어왔기 때문에, 이강주에 대한 기억과 경험을 바탕으로 대학에서 발효학을 전공하여 1급 양조기술사 자격을 갖고 있던 조정형이 직접 연구하여 터득한 것이다.[42]

百花酒는 쉽게 말해서 백 가지의 꽃을 말려서 만든 술이다. 백화주는 백화주 무형문화재 기능보유자인 김종회(남. 45세)의 13대조부터 시작되어 전해 내려온 술이라고 한다. 김종회의 '구술자료'를 보면, 백화주 제조법은 그의 어머니(제조법은 김종회 집안에서 시어머니가 며느리에게 전수해 내려왔는데, 김종회의 모친이 회갑을 넘기면서부터 술 빚기를 맡기 시작했다고 한다. 그리고 일제강점기 때에도 몰래 술을 빚어 현재까지 계속 이어져 내려왔다고 한다.)에게 전수받았다고 한다.[43]

이상에서 보면, 죽력고와 이강주는 일제강점기 때 단절되었다가, 해방 이후에 복원된 것으로 보인다. 그리고 백화주는 일제강점기 때에도 계속 전수되었고, 오늘날까지 전승되고 있음을 알 수 있다. 그런데 이강주는 일제강점기 때 단절되었다가 본인의 연구에 의해 새롭게 복원시켰다고 하겠다. 이처럼 우리의 전

42) 자세한 내용은 위의 논문, 36~39면을 참고할 것.
43) 자세한 내용은 위의 논문, 39~42면를 참고할 것.

통주는 일제강점기뿐만 아니라 현재까지 계속 전승된 사례가 있었는가 하면, 일제강점기 때 단절되었다가 해방 후 그대로 복원 또는 보완 복원하거나, 새롭게 복원한 사례도 있다.

## Ⅲ. 맺음말

필자는 지금까지 민속학적 시각에서 일제강점기 우리 전통주의 위축과 변모의 실상을 파악하기 위해 자료 소개 및 검토, 일제의 술 관련 법령 시행 등으로 인한 전통주의 위축과 변모 등에 초점을 맞추어 살펴보았다. 앞에서 논의한 사항들을 종합하여 결론으로 삼겠다.

현재 일제강점기 때의 문헌자료가 적을 뿐만 아니라 찾아보기도 쉽지 않은 상황에서 『조선주조사』는 일제의 식민 통치와 수탈 등의 목적으로 쓴 것이지만, 조사 기록 등에서만은 비교적 정확하다고 할 수 있다. 1935년 발간 이후부터 1945년 해방 전까지의 조사 기록이 없어 한계를 노출시키고 있지만, 술과 관련된 내용을 전반적으로 상세하게 다루었는바 자료로서 높이 평가된다.

일제강점기 때 일제의 술 관련 법령(특히 주세법과 주세령) 발포 시행 등은 우리 전통주를 위축시키는 계기가 되었다. 그리고 이 시기 우리 전통주는 대부분 영세업자나 自家 또는 부업의 형태로 만들었기 때문에, 일제가 주세법, 주세령 등의 시행을 통해 주세 부과, 주조장의 집약화, 원료 판매의 통제, 신기술 도입, 自家用酒 제조 금지 및 면허제도 폐지 등등을 함으로써 대부분 사라져버렸다고 해도 지나치지 않다. 그러나 우리 민중들의 저항도 만만치 않았으며, 전통주(특히 가양주 등)를 전수 계승시키고자 노력하였다. 특히 일제의 행정력이 덜 미치는 시골이나 산간 도서지역에서 그러했다.

어쨌든 일제에 의해서였지만 전통주 가운데 특히 약주, 탁주, 소주 등은 변모되었다고 하겠다. 그리고 일부 전통주는 일제강점기뿐만 아니라 현재까지 계속 전승된 사례가 있었는가 하면, 일제강점기 때 단절되었다가 해방 후 그대로 복원 또는 보완 복원하거나, 새롭게 복원한 사례도 있었다. 이상에서 본고는 민속학적으로도 나름대로 의의가 있다고 사료된다.

끝으로 덧붙일 말은, 우리 전통주에 대한 자각과 본격적인 복원은 1980년대부터라고 생각된다. 특히 1986년 아시안 게임과 1988년 올림픽을 준비하면서 우리 전통에 대한 인식이 고조되었는데, 당시 정부나 조직위원회에서는 한국을 대표적으로 상징할 수 있는 가장 한국적인 것이 우리 전통문화에 있다고 판단했던 것 같다. 이 같은 상황에서 우리 전통주가 부각 복원되기 시작한 것으로 보인다.[44] 한편, 2009년 8월 27일자 신문(중앙일보, 한국일보, 한국경제신문 등)을 보면, 농림수산식품부가 '우리 술 육성방안'을 발표하였다. 그 내용을 살펴보면, 2010년부터

44) "현재 우리 술은 농림수산부로부터 '명인'으로 지정받은 전통주와 문화체육부로부터 무형문화재로 지정받은 민속주, 그리고 건설교통부로부터 관광주로 지정받은 민속주 등으로 구분되고 있는데,"(정현순 · 오문석, 앞의 책, 59면) 다소 번잡스럽다. 앞으로 이를 정비하여 체계화할 필요가 있다.

모든 술의 주성분에 원산지를 표시하고, 2012년까지 전통주 가운데 황금주, 이화주, 벽향주, 부의주 등 50여 종을 복원하고, 특히 막걸리의 세계화에 앞장서며, 전통주의 명품화·세계화를 위한다는 등의 다양한 육성책을 제시하였다. 때 늦었지만 그나마 다행으로, 기대되는 바가 크다. 앞으로 일제강점기 때 단절된 전통주를 복원시키는 것이 우리의 과제이다.

## <참 고 문 헌>

清水武紀 編,『朝鮮酒造史』朝鮮酒造協會, 昭和 10年(1935).

배상면 편역,『조선주조사』, 서울, 우곡출판사, 1997, 2007(개정판). 1~587면.

『朝鮮總督府官報』(제360호, 제437호, 제611호, 제665호, 제666호, 제5194호).

『閨閤叢書』.

『山林經濟』.

『世宗實錄』.

『飮食知味方』.

『林園十六志』.

잡지류(1906년~1942년 술 관련 기사 게재 잡지)—『少年韓半島』(1권1호, 1906. 11. 1),『共修學報』(1권 1호, 1907. 1. 25),『畿湖興學會月報』(제4호, 1908. 11. 25),『大韓興學報』(제3호, 1909. 5. 20),『嶠南教育會雜誌』(1권 3호, 1909. 6. 25),『西北學會月報』(제15호, 1909. 8. 1),『普中親睦會會報』(1권 2호, 1910. 12. 31),『서울』(2권 1호, 1920. 2. 15),『鷲山寶林』(1권 3호, 1920. 6. 15),『朝鮮文壇』(3권 4호, 1926. 6. 1),『別乾坤』(2권 5호, 1927. 7. 1 ; 11호, 1928. 2. 1 ; 3권 7호, 1928. 12. 1 ; 4권 5호, 1929. 8. 1 ; 5권 6호, 1930. 7. 1),『新生』(1권 1호, 1928. 10. 1 ; 2권 1호, 1929. 1. 1 ; 3권 2호, 1930. 2. 6 ; 3권 3호, 1930. 3. 6 ; 3권 9호, 1930. 9. 1),『朝鮮語文學會報』(2권 1호, 1932. 2. 7),『新東亞』(3권 5호, 1933. 5. 1),『中央』(2권 1호, 1934. 1. 1),『野談』(4권 3호, 1938. 3. 1 ; 5권 9호, 1939. 9. 5 ; 6권 4호, 1940. 4. 1),『朝鮮文學』(4권

5호, 1939. 6. 1),『新世紀』(1권 7호, 1939 .9. 1), 『新時代』(1권 10호, 1941. 10), 『春秋』(3권 1호, 1942. 1. 1).

『중앙일보』, 『한국일보』, 『한국경제신문』 (2009년 8월 26일자).

고려대학교 민족문화연구원, 『한국 민속의 세계 3 <의생활 · 식생활>』, 서울, 고려대학교 민족문화연구원, 2001, 441~463면.

박록담, 『한국의 민속 전통주』, 서울, 효일문화사, 1996, 1~287면.

______, 『명가 명주』, 서울, 효일문화사, 1999, 1~677면.

______, 『전통주 비법 이백십일가지』, 서울, 코리아 쇼케이스, 2006, 1~585면.

李盛雨, 『韓國食經大典』, 서울, 향문사, 1981, 1~837면.

정대성 저, 최진선 역, 『재일동포가 찾아낸 우리 술의 역사와 문화 그리고 지혜』(원제 : 조선의 술), 서울, 이회문화사, 2006, 1~222면.

정동효, 『傳統酒大典』, 서울, 홍익재, 2003, 1~626면.

______, 『우리나라 술의 발달사』, 서울, 신광출판사, 2004, 1~524면.

정태헌, 『일제의 경제정책과 조선사회』, 서울, 역사비평사, 1996, 1~474면.

정현순 · 오문석, 『한국의 술』, 서울, 도서출판 두남, 2002, 1~189면.

박진영, 「전통주 복원의 사회문화적 의미」, 전북대학교 석사학위논문, 2009, 1~116면.

배영동, 「음식디미방에 나타난 술의 다양성과 그 사회적 의미」, 『문화재』 34, 국립문화재연구소, 2001, 102~123면.

李承姸, 「1905년~1930년대초 일제의 酒造業 정책과 조선 주조업의 전개」, 『韓國史論』 32, 서울대학교 인문대학 국사학과, 1994, 69~132면.

이철호 · 김기명, 「옛 문헌에 의한 한국 술의 종류와 제조 기술」,

『생물산업』 6권 4호, 한국산업미생물학회, 1993, 8~24면.
朱益鍾, 「日帝下 韓國人 酒造業의 發展」, 『經濟學研究』 40권 1호, 한국경제학회, 1992, 269~295면.

# 서양인이 본 한국의 음식문화, 개화기 그리고 21세기의 시선*

김 호 연**

## Ⅰ. 서 언

음식은 단순하게 먹을거리가 아니다. 음식은 배고픔에 대한 보상임과 동시에 넓은 의미로 보아 한 민족의 원형질을 담아내고 있으며 그 문화의 축소판으로 나타난다. 예를 들어 비빔밥은 하나의 먹을거리에 불과하지만 다양한 한국 문화의 원형을 상

---

* 이 논문은 「서양인들이 체험한 한국 음식문화에 대한 시각-개화기 그리고 21세기 변화 양상을 중심으로」(『언어와 문화』 제6권 1호, 한국언어문화교육학회, 2010. 4)의 제목을 수정하여 재수록하는 것임을 밝혀 둔다.

** 단국대학교 동양학연구소 연구교수.

징한다. 비빔밥은 가지런히 나온 음식을 혼란스럽게 뒤섞어 놓지만 그 혼란 속에서 질서를 찾으며 조화로움을 나타내는 한국인의 의식을 잘 보여준다. 또한 비빔밥은 제철음식과 로컬 푸드(local food)를 지향하는 건강식이라는 점에서 한국 음식문화의 바탕이 되는 모습이다.

이렇듯 음식은 그저 생물학적 영역에만 국한되는 것이 아닌 한 문화의 상징 기호(記號)이다. 그런 의미에서 음식 문화는 그 문화의 보편성과 특수성을 함께 내포하고 있다. 그렇다면 한국 음식에 대하여 他者들은 어떻게 느끼고 생각하고 있을까? 특히 '서양인들에 문호가 개방되는 개화기, 그들은 어떠한 시각에서 한국 음식 문화를 바라보고 있을까'라는 의문을 가져보는 것은 당시 한국 사회를 바라봄과 동시에 타자들이 한국의 사회를 어떻게 해석하고 있는가라는 점에서 흥미로운 화두라 할 수 있다.

일제 강점 이전 서양인들은 다양한 경로를 통해 한국에 들어와 많은 것을 경험하게 된다. 그러나 이들은 기본적으로 오리엔탈리즘의 시각을 지니고 한국을 바라보게 된다. 이는 서양 근대 문화의 우월감을 통해 한국 문화는 未開하고 弱者라는 인식이 기본적으로 전제되는 것이다. 그럼에도 불구하고 음식에 대한 평가는 또 다른 의미 생산을 가지고 온다. 의식주는 어찌되었건 그 사람이 존재하는 공간 속에서 적응하고 그것에 순응하며 살아가야하기 때문이다. 게다가 의식주 중에서 食은 衣와 住와 조금 다른 바라봄이 필요한데 음식은 단순하게 먹는 것을 떠나 시각적, 후각적, 촉각적 등 다양한 감각적 작용이 함께 하여 이성/감성이 함께 공존하며 나타나게 된다. 결국 서양인이 바라본 개화기 한국 음식문화라는 측면은 개화기 한국 음식 문화에 대한 이미지의 구현임과 동시에 서양인들의 동아시아를 바라보는 시각을 함께 담아내기에 여러 의미 체계를 지니고 있을 것이다.

그럼에도 불구하고 과문한 탓인지 모르겠지만 그동안 개화기 서양인이 바라본 한국인의 음식문화에 대한 연구는 활발하게 이루어지지 못하였다. 물론 개화기 서양인이 바라본 한국 사회에 대해 분석한 여러 노작들은 다양하게 나타났지만 음식만을 따로 떼어놓고 이루어진 연구는 현재 많은 고민 중에 있는 듯 하다.[1] 본 논문에서는 그런 의미에서 개화기 서양인이 쓴 여러 책에서 음식과 관련된 부분을 개괄적으로 정리 분석하여 한국 음식 문화의 여러 화두를 도출해 보고자 한다.

이를 통해 개화기 한국인들의 식습관이나 음식 문화는 어떠하였는지, 또한 이러한 원형질이 21세기 어떻게 변용되어 전승되고 있는지 함께 살펴보는 것도 본 논문의 목적이다.

본 논문에서는 당시의 상황을 한국/한국인이라는 명칭으로 통일하고자 한다. 당시의 상황은 조선, 대한제국, 일제강점기 등 혼란스럽게 나타나고 있다. 그렇지만 현재적 문제의식과 함께 변용 지속되는 모습을 함께 논의하기 위해 한국이란 표현을 쓰고자 한다.

---

1) 개화기 서양인이 바라본 한국사회상에 대한 연구들은 오인영, 「서양인이 본 한국과 한국인」, 『개화기 한국과 세계의 상호 이해』, 국학자료원, 2003 ; 오인영, 「개화기 주한 서양인들의 생활상」, 『동양학』 35집, 단국대학교 동양학연구소, 2004 ; 김현수, 「19세기말 영국인의 여행기에 나타난 한국의 변화상」, 『동양학』 38집, 단국대학교 동양학연구소 2005 ; 송재용, 「개화기 서양인이 본 한국의 의례문화」, 『동양학』 36집, 단국대학교 동양학연구소 2004 ; 이배용, 「서양인이 본 한국근대사회」, 『이화사학연구』 제28집, 이화여자대학교 역사연구소, 2001 등이 대표적 논문들이다.

# II. 서양인이 바라본 한국 음식 문화의 여러 현상

## 1. 서양인이 바라본 한국인의 식습관

개화기 서양인들이 한국을 기록한 문헌들은 여행이나 장기 거주를 통해 한국의 전반적인 인상이 기록된다. 영국인 이사벨라 버드 비숍처럼 1894년부터 1897년까지 4차례에 걸친 한국 방문의 다양한 경험을 통해 바라본 기록이 있는가 하면 민영익을 치료 해 준 일을 계기로 고종의 시의가 된 미국인 호러스 알렌의 기록 그리고 러일전쟁 취재를 위해 도쿄에 왔다 한반도 취재가 쉽지 않자 무역상으로 잠입 취재한 스웨덴 기자 아손 그렙스트의 기록까지 국적 및 다양한 방한 목적을 통해 여러 여행기가 서술된다.

그렇지만 이러한 흔적들은 대부분 전반적인 한국에 대한 서술이기에 음식만 집중적으로 서술되거나 자세히 표현되지는 못하였다. 게다가 음식에 관한 부분은 직접 경험하고 서술하는 경우도 있지만 그렇지 않은 경우가 다수를 차지하며, 그들이 만난 사람들이 누구냐의 문제에 따라 묘사되는 음식 문화도 확연히 다르게 표현되고 있다. 이는 서술자가 처한 위치나 한국에서 접한 사람들 그리고 성별, 음식의 기호(嗜好)까지 다양한 잣대가 존재하기 때문이다.

그래서인지 한국음식에 대하여 피상적인 면만을 바라보고, 그저 단순하게 서술하는 경우도 없지 않다. '쌀을 둥근 반죽과 같은 형태로 미리 오래 전에 말려 두었다가 식사 때에는 이 반죽을 물에다 녹여 먹는다.'거나[2] 헐버트의 '한국에는 온대지방에 적합한 모든 과일이 재배되지만 사과는 나지 않는다'[3]라는 시각처럼 분명한 오류도 발견되는데 이는 체재 기간의 길고 짧음을 떠나 직접 체험하고 경험하였는가의 문제로 귀결된다.

대부분 개화기 한국에 거주했던 서양인들은 일상 속에서 아주 친숙하게 한국음식을 접하지는 않았다. 이는 다른 나라 음식에 대한 두려움과 함께 한국 음식에 대한 불신에서 비롯된다. 누구나 자신에게 익숙하지 않은 문화권의 음식을 먹는다는 것은 모험일 것이다. 그렇지만 근대 서양인들은 기본적으로 한국음식에 대해 불결하게 바라보았고, 빵과 육류, 유제품 중심의 그들의 식단과 전혀 다른 한국의 음식에 대해서는 큰 관심을 보이지 않았다.

그래서 한국에서 생활하던 서양인들은 밀가루, 설탕, 통조림, 고기, 방부제가 첨가된 햄 등을 런던이나 샌프란시스코에서 주문을 해서 구입을 하거나 일본과 중국의 거류지에서 서양 식재료를 구입하여 식사를 해결하였다.[4] 높은 위치에 있던 사람들은 이렇게 준비된 음식들을 미국 공사관에서 훈련을 받은 조선 요리사를 채용하여 대부분 그들이 평소 먹던 음식 그대로를 즐기고 있었다.

---

2) 끌라르 보티에 · 이뽀리트 프랑뎅, 김상희 · 김성언, 『프랑스 외교관이 본 개화기 조선』, 태학사, 2002, 56면.
3) H.B.헐버트, 신복룡 역, 『대한제국멸망사』, 집문당, 1999, 36면.
4) G.W.길모어, 신복룡 역, 『서울풍물지』, 집문당, 2006, 206면.

또한 여행을 하는 경우도 부산이나 서울, 인천에 있는 일본인, 중국인 거류지 상점에 들러 미리 음식을 준비하였다. 스웨덴 기자 아손은 부산에서 경부선을 타고 서울로 올라가는 길에 일본 잡화점에 들려 큰 빵 한 덩어리, 고기 통조림 두 통, 포크 하나, 검붉은 레몬수 두 병, 작은 소시지 하나를 구입하여 기나긴 여정을 준비한다.[5]

그렇지만 직접 한국의 보통 가정에서 하룻밤을 보내거나 지방의 유지들의 대접을 받는 등 생생하게 한국 음식을 직접 체험하는 경우도 나타난다. 세로셰프스키는 한국의 여러 곳을 다니며 생생하게 민간의 여러 생활을 체험하는데 그는 하룻밤 묵은 주막에서의 한국식 저녁 식사 상황을 상세하게 묘사한다. 그는 식사로 붉은 콩밥, 고추양념을 잔뜩 묻힌 시큼한 무, 느끼하게 요리한 말린 나물들, 소금 뿌린 생선 조각, 그리고 소 내장국의 한 상 차림을 받는다.[6] 이는 일반적인 주막에서 먹을 수 있는 한 끼 식사의 모습이었는데, 그는 소 내장국의 누린 내에 견딜 수 없어 식물성 음식만 먹게 되는데 여기서 한국 음식의 가장 강렬한 맛인 매운 맛을 느끼게 된다. 게다가 고추와 간장이 범벅이 된 매운 맛에다 온돌에서 올라오는 열에 의해 정신을 차릴 수 없었다고 한국의 일상적 삶에 대하여 표현한다. 세로셰프스키가 받은 한 끼 식사는 주막에서 받은 한 상 차림임과 동시에 한국인들이 당시 먹던 혹은 지금까지 먹는 한국 식탁 메

---

5) 아손 그렙스트, 김상열 옮김, 『스웨덴 기자 아손, 100년 전 한국을 걷다』, 책과 함께, 2005, 38면.

6) 바츨라프 세로셰프스키, 김진영, 안상훈, 안지영 역, 『코레야 1903년 가을』, 개마고원, 2006, 112면.

뉴의 전형이다.

밥과 국 그리고 반찬들로 이루어진 이 기본적인 한국인의 식탁에서 가장 중심이 되는 것은 아무래도 밥일 것이다. 쌀이 한국 음식의 기본이라는 점에서는 여행기를 쓴 모든 사람들은 같은 생각이다. 이는 이미 중국이나 일본에서의 경험을 통해 동아시아에서는 밥이 주식이란 것을 알고 있었기에 그다지 놀라운 일은 아니었지만 한국인들의 밥을 먹는 모습을 보면서는 놀라움을 표시한다. 그 원인은 한국인의 대식(大食)과 폭식(暴食) 때문이었다.

엄청난 밥의 양과 많은 반찬 가지 수, 그들이 본 것은 그저 게걸스럽게 먹어치운다는 느낌이었다. 이는 단출한 형태의 식사 공간 구조와 맛에 우선하는 서양 음식 문화의 기준으로 보았을 때 너무나 놀라운 모습으로 다가왔다. 그래서 프랑스 외교관인 끌라르 보티에는 음식에 대한 기호(嗜好)나 미각(味覺)이라는 점에 대해서는 전혀 무지(無知)하거나 아니면 무관심하다고 단순한 평가를 내리기도 한다.[7]

먼저 이러한 많은 양의 식사는 습관에서 비롯된다. 대부분의 어머니들은 아이들을 무릎에 앉히고 배가 다 찰 때까지 계속적으로 집어넣는데 이러한 모습은 맛에 앞서 양에 우선을 두는 한국 음식문화의 가장 기본적인 바탕이 되었다. 이렇게 어릴 적부터 체득한 인생의 목적은 가능한 한 많이 배부르게 먹는 것이어서 매일 1.8킬로그램의 밥을 먹는 것도 위에 아주 큰 부담이 되지 않을 정도의 많은 양의 식사를 한다고 보았다.[8] 이는

---

7) 끌라르 보티에 · 이뽀리트 프랑뎅, 김상희 · 김성언 역, 앞의 책, 2002, 57면.

빈부나 계급의 관계없이 한국인 전반에 나타나는 현상이었다.

그렇지만 한국 사람들의 게걸스러운 식탐과 대식의 주된 이유는 만족할 줄 모르는 식욕이나 대식 때문이라기보다는 예의 때문이라는 숨은 뜻도 발견한다.9) 한국인들은 주인이 손님에게 차린 음식에 부족함이 없어야 하고, 손님은 자신 앞에 놓인 음식을 먹지 않는 것을 결례로 보았다. 이러한 체면치레의 긍정적 모습은 한국인의 집단적 인간관계의 본질과 맞물리는 부분이다.

또한 식사를 많이 하는 것은 자랑스러운 것이며 잔치의 평가는 음식의 질에 있는 것이 아니라 그 양에 있는 것도 그러한 생각에서 비롯된다.10) 잔치에서는 거창하게 차리고 대접하고 그걸 함께 먹는 것이 미덕이라 생각하는 한국인의 심성은 이렇듯 푸짐하게 먹고 마시는 너그러움에서 출발하는 것이다.

이에 반해 많이 먹는 것에 대해 그 매운 맛이 원인이라는 분석도 있다. 의사인 알렌은 반찬의 양념으로 고추가 상당한 양이 들어가며 이는 식탐을 부추긴다고 보았다.11) 이는 한국인들이 소화불량이나 위장병, 대장병, 치질 등의 병이 많은 것도 결국 매운 맛에서 원인을 두고 있는 것이다.

또한 서양인의 입장에서 평가하는 것이 기본이지만 한국, 중국, 일본을 비교 대상으로 삼아 이야기한다는 점도 주목할 점이다. 이는 대부분의 서술자들이 중국, 일본 등 동아시아를 모두

---

8) 이사벨라 비숍, 이인화 역, 『한국과 이웃나라들』, 살림출판사, 1994, 184면.
9) A.H.새비지-랜도우, 신복룡 · 장우영 역, 『고요한 아침의 나라 조선』, 집문당, 2000, 138면.
10) W.E.그리피스, 신복룡 역, 『은자의 나라 한국』, 집문당, 1999, 350면.
11) 이사벨라 비숍, 이인화 역, 앞의 책, 1994, 185면.

경험한 후 한국을 기행하였기 때문이다. 두 나라와 한국이 가장 잘 변별되는 점으로는 식사를 할 때 숟가락과 젓가락을 모두 사용한다는 점을 들었다. 세 나라 모두 젓가락을 사용하지만 한국에서는 수저를 더욱 현란하게 움직이며, 숟가락이 더욱 통용된다고 보았다.

> 조선사람들은 중국인들처럼 식봉을 쓰지 않고 숟가락과 젓가락을 능숙하게 사용하여 식사를 한다. 중국인들처럼 식기를 직접 입에 대고 음식물을 되도록 빨리 식봉으로 끌어넣는 식으로 먹는 것이 아니라 숟가락으로 음식물을 떠서 입으로 가져가기 때문에 식사하는 모습이 중국보다는 훨씬 우아하고 아름답다.[12]

개화기 한국인들은 이른 아침에 가족들이 모두 모여 아주 간소하게 먹고, 점심식사는 국수 등으로 실속 있게, 저녁 만찬에서 엄청난 식성을 잘 드러내며 식사하는 것이 전형적 모습이었다. 특히 소화기관이 감당할 수 없을 정도로 많은 양의 식사를 하면서, 저녁 식사에서 높게 쌓아올린 밥도 경이로운 모습이었지만 부수로 따라오는 다양한 반찬들에 대해서도 새로운 모습으로 다가왔다.

> 조선의 식단에는 많은 종류의 채소들이 폭넓게 오르지만 그 중에서도 무와 배추가 가장 일반적이다. 대개 서양에서 채소를 먹을 때처럼 끓여서 먹지 않고 날로 먹거나 절여 먹는다.[13]

12) E.J.오페르트, 신복룡・장우영 역, 『금단의 나라 조선』, 집문당, 2000, 121면.
13) 제이콥 로버트 무스, 박혜숙 역, 『1900, 조선에 살다』, 도서출판 푸른

> 내가 본 많은 조선 사람들은 밥을 고기와 생선을 섞은 다음 카레와 같은 진한 양념을 얹어서 비벼 먹고 있었다.[14]

> 조선 사람들이 날 생선을 먹는 것은 일본 사람들과 마찬가지이다. 내장까지도 그들 사이에서는 진미로 통한다.[15]

한국 식단에서 가장 기본은 배추와 무, 이를 재료로 한 김치가 중심에 놓인다. 그렇지만 채소를 끓이거나 조리하지 않고, 생으로 먹거나 자극적인 양념에 버무려 먹는 것에 대해서는 대부분 서양인들이 한 번 씩은 강조하며 또 강조하는 부분이다. 특히 콜레라가 만연하는 시기에 오이를 통째로 먹는 모습은 이해하기 힘든 부분으로 서술한다.

두 번째 인용문은 비빔밥에 대한 설명으로 추정된다. 여기서 한국 식습관 중 뒤섞어 먹는 원형적 모습은 여기에서도 발견된다. 비빔밥의 기원에 대한 여러 가설들이 있지만 자연발생 기원설의 흔적도 여기서 나타난다.

서양인들은 한국인들은 생선을 조리하기 보다는 막 잡힌 상태가 가장 먹기 좋다는 생각이 우선이기에 이를 회로 먹는다고 보았다. 그렇지만 회를 먹는다는 것은 서양인에게 있어 비위생적 생각이 우선이었고, 이렇게까지 먹는 것은 맛으로 먹기 보다는 가난 때문에 잡자마자 먹는다는 식의 인식이 이들의 머릿속에 자리 잡고 있었다.[16]

---

역사, 2008, 45면.

14) A.H.새비지-랜도우, 신복룡·장우영 역, 앞의 책, 2000, 137면.

15) W.E.그리피스, 신복룡 역, 앞의 책, 집문당, 1999, 351면.

일상의 식사와 달리 정제된 한국 요리는 서양인의 입맛에 어느 정도 맞았다. 세로셰프스키는 서울의 가장 좋은 한국 식당에 들려 진짜 토종의 한국 음식을 주문하는데 밥과 신 무, 생 순무, 절인 순무 그리고 온갖 채소, 버섯, 새우, 해초 등이 반찬으로 나왔고, 한국의 전통음식인 신선로가 메인 요리로 나왔다.[17] 이는 고급 한정식의 모습일텐데 신선로가 당시 가장 전통적이면서 제대로 된 한국 요리라는 점에 주목을 끈다. 세로셰프스키도 그동안 한국 요리에 대한 실망은 여기서 다 가셔버렸고, 진미를 맛보게 되었다고 칭찬을 늘어놓는다. 그렇지만 뒤에 중국 광동 요리에서 신선로와 비슷한 요리를 맛보며 이러한 생각에 회의를 가지게 되는데 신선로의 발생 배경에 대한 화두가 여기서 제시된다.

## 2. 서양인과 한국인의 기호 음식 그 경계에서

한국 음식 중 가장 많이 알려져 있고 대표하는 음식은 아무래도 김치일 것이다. 개화기에 서양인의 시각에도 김치는 색다른 음식이었지만 그리 뚜렷한 언급이 나타나지는 않는다. 김치에 대해서 대부분 언급을 하고 있지만 단순하게 눈으로 그려낼 뿐이며 그 묘사에 있어서도 구체적이지 않다. '김치는 배추를 무, 새우, 생강, 파, 고추 그리고 소금에 버무린 부식이며 주의깊게 보지 않아도 쉽게 알아볼 수 있는 음식이다'라는 표현처럼 먼발

16) W.E.그리피스, 신복룡 역, 앞의 책, 집문당, 1999, 351면.
17) 바츨라프 세로셰프스키, 김진영, 안상훈, 안지영 역, 앞의 책, 2006, 122면.

치에서 바라본 표현에 그치고 있다.[18] 이는 서양인들이 직접 맛을 보거나 체험해보지 않고, 단편적으로 서술하였기 때문이다.

먼저 김치에 대해서 체험하지 않고 거리를 두게 된 가장 큰 원인은 그 모양과 냄새에서 비롯된다. 음식의 경우 미각적인 측면이 우선되지만 후각, 시각적인 면이 강하게 나타난다. 김치의 경우 처음 접하는 이들에게 그리 친근한 음식은 아닌데 특히 냄새에 있어서 강한 인상을 주기에 충분하다. J.S.게일은 각국의 국민마다 종족의 냄새와 별개로 국민적인 냄새가 존재한다고 하면서 에슨 3세가 겪은 한국의 냄새를 인용하고 있다. 그가 겪은 조선의 양반에게는 가장 강렬하게 나는 두 가지 냄새를 있다며 검은 옻을 칠한 모자에서 나는 냄새와 김치의 냄새를 들고 있다.

> 두 번째 냄새는 마늘・양파・양배추・소금・생선 그리고 다른 성분들의 혼합물에서 나는 냄새이다. 그 혼합물은 한국인이 쌀밥과 함께 대단히 즐기는 절인 김치이다. 이 냄새는 림버거 치즈 냄새처럼 몸에 항상 배어 있어 원주민이 교회나 그 밖의 생활의 어느 다른 분야를 가든 항상 그를 따라다닌다.[19]

김치는 강한 향의 양념과 발효음식이라는 점에서 외국인들에게 혐오감을 주었다. 이는 제중원의 의사 알렌도 경험한 내용이다. 그는 환자가 가지고 온 항아리에서 고약한 김치 냄새가 났

18) E.G.캠프, E.와그너, 신복룡 역, 『조선의 모습/한국의 아동생활』, 집문당, 1999, 29면 ; H.B.헐버트, 신복룡 역, 『대한제국멸망사』, 집문당, 1999, 38면.

19) J.S.게일, 신복룡 역, 『전환기의 조선』, 집문당, 1999, 28면.

고, 노동자의 입에서도 강한 김치 냄새가 나서 도저히 견딜 수 없다고 말한다. 그렇지만 그는 자극적인 마늘을 뺀 김치의 맛을 보고는 이 맛에 사로잡혀 담백한 김치를 직접 만들어 즐겨 먹었는데 김치를 먹는 몇 사람 안 되는 외국인 중의 한사람이라고 말한다.[20] 이는 그만큼 서양인들에게는 가까이 다가가기 힘든 음식이란 역설적 의미도 내포한다.

그렇지만 김치에 대한 이해가 넓어지면 한국인에 있어 가장 유용한 음식임은 인식하게 되고 그 제대로 된 의미를 파악하게 된다.

> 일단 김치 맛을 보게 되면 고추가 들어 있다는 말을 굳이 듣지 않아도 알게 될 것이다. 김치는 양념과 버무려 며칠 혹은 몇 주 동안 기다려서 숙성시켜 먹는다. 처음에는 발효되어 가스를 내고, 그런 연후에는 부-풀-어 오르는데, 이를 말로 적절히 표현할 수는 없지만, 내가 무엇을 말하려는지 알 것이다. 그것은 조선의 주막에는 저녁식사가 준비되었음을 알리는 종이 필요 없다는 점이다. 항상 김치가 그 냄새로 저녁이 준비되었음을 일러주기 때문이다.[21]

또한 세로셰프스키는 한국 음식이 발효음식이라는 점에 주목하면서 김치 냄새의 원인도 여기서 찾고 있다. 특히 신 김치, 무, 순무 그리고 지독한 간장과 토장이 담긴 항아리는 발효와 함께 곰팡이와 부패를 막아주는 아주 훌륭한 방법이라고 평가하며 발효 식품에 대한 짧은 이해를 가지게 된다.[22]

---

20) H.N.알렌, 신복룡 역, 『조선견문기』, 집문당, 1999, 112면.
21) 제이콥 로버트 무스, 박혜숙 역, 앞의 책, 2008, 117~118면.
22) 바츨라프 세로셰프스키, 김진영, 안상훈, 안지영 역, 앞의 책, 2006, 118면.

이렇듯 한국음식에 대한 인식은 수박 겉핥기의 추체험 속에서 바라보느냐 깊게 체험하고 느끼느냐에 따라 그 평가는 달라지는데 김치도 그러하다. 이는 한국 음식에 대해 야만과 문명이라는 오리엔탈리즘적 시각이 아닌 문화상대주의적 시각에서 바라보는 마음의 여유로움에서 출발한다. 이는 동양인들에게 치즈가 그리 유쾌한 냄새가 아니듯 김치의 냄새도 그들에게는 달갑지는 않았을 것이다. 결국 이런 냄새는 교육이나 익숙함에 따른 것이기에 문명과 야만이라는 이분법적 논리에서는 제외되는 요소라 할 것이다.

서양인이 조선인들의 식단에서 가장 의아하게 여기는 것 중 하나는 고기 그리고 우유, 치즈 등 유가공 식품 등을 잘 먹지 않는다는 점이다. 육식 중심 식단인 그들에게 있어 밥과 채소 위주의 식사 형태는 눈에 익숙하지 않은 모습이었을 것이다. 게다가 훌륭한 소들을 사육하고 있음에도 불구하고 그 많은 반찬 사이에 고기가 없다는 점은 더욱 놀라운 일이었다. 그래서 한국인들은 육식을 먹지 않고 쌀밥, 콩과 배추를 즐기는 단조로운 식사이지만 그들이 그것을 먹고 힘을 얻어 말처럼 일하고 대단히 무거운 짐을 운반할 수 있다는 것에 놀라움을 표현한다.[23)]

물론 고기가 반찬으로 전혀 올라오지 않은 것은 아니다. 부유한 집안의 식사나 잔칫상에서는 고기반찬을 흔히 발견할 수 있으며 소비량도 그리 적지는 않았다.

나는 한국 사람들이 한 끼니에 1.4킬로그램 이상의 질긴 고기를

---

23) J.S.게일, 신복룡 역, 앞의 책, 1999, 31면.

먹어 치우는 것을 목격했다. 이들이 많이 먹는 것은 너무 가난해서 한 번도 이렇게 실컷 먹을 기회가 없었던 것으로 생각될 지경이다.[24]

인용문에서도 나타나듯 한국인들이 고기를 선호하지 않은 것은 아니다. 한국인들은 뛰어난 발골 기술과 조리에 의해 다양한 고기 요리법을 대대로 가지고 있었다. 그러나 한국인들은 기본적으로 밥과 채소 중심의 식사였고, 고기는 반찬의 하나였기에 그 중심에 놓일 수는 없었다.

이렇게 조선에서 육식이 생활화되지 않은 것에 대해 헐버트는 한국민족은 원시시대를 거치지 않고 바로 농경시대로 발전했기 때문이라고 본다.[25] 고구려나 부여 등 많은 민족들이 사냥 등을 통해 먹을거리를 구하기도 하였지만 한국은 대대로 농경문화를 바탕으로 성장하였기에 육식을 선호하지 않는 것은 어찌 보면 당연한 결과라 할 것이다.

또한 한국인들에게 있어 고기를 선호하지 않은 배경에는 소가 먹을거리라는 인식 이전에 운송 수단은 인식이 앞섰기 때문이다. 한국에서는 육우로도 뛰어난 소들이 있음에도 불구하고 식용이라기보다는 농사일을 돕는 도구라는 인식이 강하다. 이는 서양에서 산업혁명 이후 다양한 농기구가 발전하였던데 반해 한국에서는 아직까지 농기구에 있어서는 후진성을 벗어나지 못한 결과이다.

그렇지만 유가공 식품에 대한 활용에 대한 우유나 치즈 섭취

24) 이사벨라 비숍, 이인화 역, 앞의 책, 1994, 184면.
25) H.B.헐버트, 신복룡 역, 앞의 책, 1999, 36면.

의 부족은 영양가나 단백질의 부족 현상을 걱정하는 측면에서 이해될 수 있는 부분이다. 그럼에도 불구하고 일본에 비해 고기의 소비량은 많다고 평가한다. 보통 조선 사람들은 고기를 일본인들의 2배 정도 먹으며 쇠고기, 닭고기, 생선 등을 별로 버리는 부분없이 먹는다고 보았다.[26] 이는 일본이 메이지시대를 중심으로 서양을 배우자며 고기의 소비량을 늘리기 전의 모습으로, 이 시기를 중심으로 동아시아에서는 고기 소비와 유가공 식품 등을 통해 단백질 섭취량의 증가를 보여주는 시기인 것이다.

개고기는 식용으로만 키운다고 느낄 정도로 그 수요가 많았기에 타자의 눈에는 색다른 인상으로 남았다. 그럼에도 불구하고 개고기가 혐오스럽다거나 자세한 묘사는 두드러지게 나타나지는 않는다. 의사인 알렌이 민영익을 치료하며 약과 음식물의 강장제로 개머리로 국을 먹는 습관을 보고, 이 국이 해롭지는 않을지 모르지만 기분 나쁜 것이었기 때문에 그것을 먹지 못하게 하였다는 정확한 기록이 눈에 뜨일 뿐이다.[27] 그렇지만 그들에게 있어 개고기를 먹는 한국인을 언급하는 그 자체가 혐오스러움을 담아내는 장치였을 것이다.

## 3. 서양인들이 바라본 그 밖의 먹을거리에 대한 단상

서양인들은 한국의 여러 음식을 통해 지극히 한국적이면서도 타자에게도 주목할 수 있는 음식에 대해서도 많은 언급을 한다. 그 대표적인 예는 인삼인데 조선에서는 인삼에 대해 만병통치

26) W.E.그리피스, 신복룡 역, 앞의 책, 집문당, 1999, 348면.
27) H.N.알렌, 신복룡 역, 앞의 책, 집문당, 1999, 178면.

약처럼 그 효능이 뛰어나다고 일컬어지며 이는 중국인들이 크게 신뢰하며 반기기에 조선의 대표적 수출품이란 측면에서 그 가치를 인정받는다고 기술한다. 그렇지만 개화기 조선을 경험한 서양인들은 그 효능에 대해서 그들 스스로 경험에서 나오기 보다는 문헌이나 연구 결과에서 나오는 것에 의존한다. 단순하게 보이는 이 채소 한 뿌리에 대해서 발한(發汗)에 뛰어난 효능을 가지고 있다는 정도가 의사인 알렌이 이야기하고 있을 뿐이다. 또한 인삼, 홍삼, 산삼은 국책 사업으로 국가 재정에 중요한 위치를 차지하기에 훌륭한 수입원인데 이는 한국만이 지니는 가장 중요한 자산임을 보여주는 것이다.

한국 음식문화 중 중국, 일본과 비교하여 그다지 보편화되지 못한 것으로 차(茶)를 든다. 중국과 일본에서의 경험을 가지고 있는 외국인들의 눈에는 차문화가 발달한 두 나라에 비해 비슷한 문화권의 조선에서 차가 발달하지 못한 점은 의외의 모습으로 받아들인다. 조선인들은 식사 뒤에 차를 대신하여 숭늉을 마시는 모습이 가장 보편적인 형태인데, 비옥한 땅이 있음에도 불구하고 차 재배는 활발하지 않고, 더없이 청정한 샘이 곳곳에 퍼져 있어 차의 필요성을 거의 느끼지 못하였기 때문이다.[28]

외국인들이 공통적으로 느낀 것 중 하나는 조선인들은 술을 무척 좋아한다는 점이다. 이는 이미 他者들이 한민족을 바라본 古代 여러 문헌에서 상징적으로 드러난 모습이다. 『後漢書』, 『三國志』 등의 중국 문헌에서 부여, 고구려, 마한 등의 제천의식 속에서 연일 飮酒歌舞가 이어졌다는 문구가 반복적으로 나

28) E.J.오페르트, 신복룡 · 장우영 역, 『금단의 나라 조선』, 집문당, 2000, 122면.

오는데 이는 韓民族의 가장 인상적인 이미지로 자리매김한다.[29]

이러한 원형질은 면면히 일상 속에서도 녹아 흘렀으며 개화기 서양인의 눈에서도 술을 즐기는 모습이 인상적으로 비추어졌다.

> 집에서 보리, 쌀과 겨를 발효시켜 각기 다른 농도와 맛을 내는 두세 종류의 주류를 양조한다. 쌀을 발효시켜 만든 막걸리는 전혀 불쾌하지 않으며 순한 포도주도 더없이 맛이 좋다.[30]

> 술은 기호에 따라 쌀이나 수수 또는 보리로 담근다. 조선의 주류들은 서양 사람들이 맛을 보면 탁하고 기름이 뜨고 油精이 그대로 남아 있다. 하멜에서부터 최근의 미국인에 이르기까지 이곳을 찾아온 많은 방문객들은 조선 사람들이 맥주에서부터 위스키에 이르기까지 온갖 독주를 모두 좋아한다는 사실이 무엇보다도 인상적으로 보였다.[31]

> 조선의 술은 대개 붉거나 흰색으로 쌀이나 밀 또는 그 밖의 곡물로 빚어내며 발효하기 전 단계에 불붙은 숯을 집어넣음으로써 맑은 빛깔을 낸다.[32]

> 곡식으로 빚어 만들어 중국의 사케와 비슷하며 맛이 없고 탄

---

29) 김호연, 「韓國 古代 演戲에 나타난 空間 構造」, 『東아시아古代學』, 東아시아古代學會, 2006, 494면.

30) A.H.새비지-랜도우, 신복룡·장우영 역, 앞의 책, 2000, 136면.

31) W.E.그리피스, 신복룡 역, 앞의 책, 1999, 347면.

32) 샤를 바라, 샤이에 롱, 성귀수 역, 『조선기행』, 눈빛, 2006, 182면.

냄새를 풍긴다. 독주를 즐기며 식사 때에도 폭음을 한다. 적포도주는 떫은 맛 때문에 좋아하지 않는다.[33]

1907년 酒稅法이 제정되어 집에서 술을 담그는 것을 금지하기 이전의 모습이기에 다양한 가양주의 형태를 발견할 수 있다. 쌀과 누룩을 발효하여 만든 막걸리, 증류하여 만든 소주 등 가양주의 여러 모습의 그대로 드러난다.

그렇지만 다양한 술을 즐기지만 폭식을 하는 것과 마찬가지로 폭음을 하는 모습도 이들에게 있어 강렬한 인상으로 자리한다. 술을 그리 좋아하지 않은 이사벨라 비숍은 한국 사람들은 과음하는 관습이 유난스러워서 주정뱅이들이 보이지 않는 날이 거의 없었다라고 기술한다. 또한 취해 버리는 것은 한국인들의 독특한 특징이라고 단언하며 어떤 사람이 이성을 잃을 정도로 곡주를 마시는데 누구도 그를 짐승으로 여기지 모습을 의아하게 생각한다.[34]

그러나 술을 즐긴 남성들은 한국의 술에 대해 극찬을 한다. 『조선기행』에서는 필자가 '무엇보다도 찬사가 절로 나올 만한 쌀로 빚은 곡주'[35]라고 표현하였고 일본의 사케에 비해 깊은 맛을 느낄 수 있으며 세계에 내어놓아도 손색이 없다는 평가도 받는다.

그런데 한국에서 보이는 술 습관으로는 저녁을 먹을 때 반주를 곁들이는 일상적인 모습인데 이러한 형태는 결국 폭주로 이

33) E.J.오페르트, 신복룡 · 장우영 역, 앞의 책, 집문당, 2000, 121면.
34) 이사벨라 버드 비숍, 이인화 옮김, 앞의 책, 115면.
35) 샤를 바라, 샤이에 롱, 성귀수 역, 앞의 책, 2006, 163면.

어진다고 보았다. 이는 독주를 즐기는 음주 습관과 함께 한국의 전형적인 밤 문화의 모습으로 묘사되었다. 이와 함께 술잔을 돌려 가면서, 빈 잔을 다시 채워 가면서 술을 마시는 이채로운 습관과 죽은 사람을 추모하는 매우 유쾌한 방법으로 제사를 지낸 술을 음복하는 것 등 다분히 한국적인 모습의 발견이라 할 것이다.[36]

또한 서양인들은 한국의 과일에 대하여 각자의 기호에 따라 여러 다양한 이야기를 늘어놓는데 그 중 공통적으로 가장 맛있는 과일로는 감을 든다. 일본에도 감이 유명하지만 한국의 감은 날 것으로만 먹지 않고 곶감으로도 먹는 등 달콤한 그 맛은 '한국의 감은 세계에서 가장 훌륭한 과일'이라는 평가이다.[37] 이는 몇몇 사람에만 국한되는 것이 아니라 대부분의 서양인들이 말하는 바인데 서양에서의 감이 떫은 맛이 강하고 단감의 형태로 먹지 않음에 반해 단맛이 강한 한국 감에 호감을 보인다.

이렇게 한국의 여러 음식에 대해 호의적 반응을 보이지만 전혀 이해할 수 없는 상식 밖 행동에 대해서도 따끔한 지적을 한다. 아손은 고종의 사의인 독일인 의사 리하르트 분쉬(Richard Wunsch)와 만남을 통해 미신적 한국 민간 의술 행위를 듣게 된다. 특히 한국 방방곡곡을 다니며 저술된『의사들을 위한 지침』이란 서적을 통해 '작은 개구리를 산 채로 삼키면 모든 종류의 복통에 즉효가 있다는 처방이나 기운이 없는 애들은 마흔 살 된 여자의 머리카락을 넣고 충분히 끓인 뜨거운 물을 마셔야 된다.'[38] 등 괴이한 방법이 한국인들에게 나타나며 이는 1천

36) A.H.새비지-랜도우, 신복룡・장우영 역, 앞의 책, 2000, 136면.
37) J.S.게일, 신복룡 역,『전환기의 조선』, 집문당, 1999, 20면.

년 전과 전혀 차이가 없는 모습이라 말한다.

이에 반해 이사벨라 비숍은 사찰 음식을 먹고 대접을 받으며 한국 문화에 대한 전반적인 문제를 상징적으로 비판한다.

> 기름기 많은 잣과 꿀을 듬뿍 넣어 만든 떡과 쌀을 튀겨 꿀을 바른 유과, 달콤한 떡, 중국식 사탕과자, 꿀 그리고 꿀차에 잣을 띄어서 내 놓았다. 이 견과류의 기름은 강요된 채식생활을 하는 동안 결핍된 동물성 지방을 보충해 주었다. 그러나 풍부한 식물성 지방과 꿀은 곧 물리게 했다.
>
> 이 산사에서의 문화란 불교에 원천을 두고 있는 것으로 그 자상한 접대나 배려, 행동거지의 온후함은 한국 어디서나 만날 수 있는 그 꼴꼴난 공자의 후예들이 가진 교만함과 거만함, 오만방자함이나 자만심과 아주 좋은 대조를 이루는 것이었다.[39]

개화기 서양인의 시각에는 여러 가지 요소들이 놓이지만 비숍의 시각은 서양 여성이 바라본 한국의 음식문화라는 측면에서도 새롭게 바라보는 요소이다. 이사벨라 비숍은 한국을 중세적이라 칭하며 한국의 제문제를 비판적인 시각에서 바라본다. 그럼에도 불구하고 그는 한국적 현실 속에서 부분적으로 '원주민 따라하기'의 모습도 드러낸다.[40] 이는 남성주의적 오리엔탈과 한국의 권위주의에 대한 동시 비판인 것이다.

---

38) 아손 그렙스트, 김상열 옮김, 앞의 책, 2005, 156면.
39) 이사벨라 비숍, 이인화 역, 앞의 책, 179면.
40) 박지향, 「여행기에 나타난 식민주의 담론의 남성성과 여성성」, 『영국연구』, 영국사학회, 2000, 152면.

## III. 새로운 세기 한국 음식에 대한 他者의 인식

개화기 이후 100여 년이 지난 뒤 한국 음식에 대한 평가는 여러 점에서 새로운 평가를 받게 된다. 냄새나고 서양인의 입맛에 맞지 않는다는 인식은 새로운 세기에 들어오면서 세계인들에게 좀 더 친숙한 맛으로 다가선다. 김치는 그 가장 대표적인 경우다. 김치는 한국의 가장 대표적인 요리지만 냄새나 시각적인 모습에서 他者에게 그리 달가운 음식은 아니었다. 그렇지만 2003년 사스(SARS:급성 호흡기 증후군)가 아시아를 휩쓸 때 한국만이 안전하였는데 그 원인으로 한국인들은 김치를 먹기 때문이라는 분석이 나오면서 김치는 재평가되었다.

게다가 미국 건강 전문 잡지인 『헬스(health)』 인터넷판은 한국의 김치를 세계 5대 건강음식으로 선정하면서 그 가치는 더욱 높아졌다.[41] 김치는 스페인의 올리브유, 그리스의 요거트, 인도의 말린 콩인 렌틸(Lentils), 일본의 발효 콩과 함께 세계 5대 음식으로 뽑았다. 김치는 한국인들이 다양한 음식과 더불어 매년 1인당 평균 40파운드(약 1.8kg)씩 먹는데 비타민 A·B·C 등 핵심 영양분이 풍부하고 유산균이라는 건강에 좋은 박테리아가 많아 소화를 돕는다고 평가했다.

비빔밥도 세계적으로 하나의 건강 음식으로 인식된다. 마이클 잭슨 등 많은 인기인들이 즐기면서 널리 알려지게 된 비빔

41) http://eating.health.com/2008/02/01/worlds-healthiest-foods/

밥은 한국의 가장 전통적이며 대중적인 음식으로 한국의 원형질을 가장 잘 보여주는 음식이라 할 수 있다. 이 비빔밥은 가장 한국적이면서도 보편성을 띠는 음식인데 그 큰 특징은 '슬로푸드'라는 점에 있다. 슬로푸드는 자연과 조화되며 순리에 따르는 먹을거리를 말하는데 이는 패스트푸드의 대칭되는 개념으로 각 나라의 다양성을 장려하며 문화적 상대주의를 고취하는 것을 지향한다.[42] 그런데 자연 그대로의 모습을 지닌 비빔밥은 이런 슬로푸드의 가장 대표적인 전형을 지니고 있다. 채식이 중심인데다가 로컬 푸드와 제철음식이라는 면모를 그대로 지니기에 맛과 함께 몸에도 좋은 음식이란 인식이 자리잡고 있다.

한류의 물결과 함께 한국 음식에 대한 인식은 또 다른 차원으로 타자들에게 인식된다. 특히 <대장금>은 한국 음식이 문화콘텐츠로 나아가는데 큰 역할을 한 드라마이다. <대장금>은 한국 문화 원형의 보편성과 특수성을 가장 잘 드러낸 드라마이다. 이는 권선징악이나 영웅이야기, 진취적인 여성상을 그린다는 점에서 누구나 쉽게 공감을 얻고 있으며 소재의 측면에서 음식을 중심을 두기에 더욱 쉽게 수용자들에게 다가설 수 있었었다. 이에 따라 <대장금>은 하나의 드라마로 그친 것이 아니라 단순한 시청자에서 적극적인 수용자로 생산적 활동을 도우며 한국음식에 대한 호기심을 불러일으키게 만들었다.

또한 <겨울연가> 이후 한국인 스스로 잊고 있던 원형을 일

42) 카를로 페트리니 엮음, 김종덕・이경남 옮김, 『슬로푸드』, 나무심는사람, 2003, 16면.

본인들에 의해 일으켜 세운 것 중 하나가 막걸리일 것이다. 막걸리는 조선시대부터 민중의 술로 자리 잡았고 광복 이후 농민의 술로, 대학가를 상징하는 술로 변용 되어 나타났다. 그렇지만 맥주, 포도주, 양주, 소주 등의 맛과 품질의 개량화에 밀려 그동안 잊힌 술로 존재하였다.

그러던 막걸리는 어찌 보면 일본인들에 의해 다시 일으켜 세워졌다고 볼 수 있다. 한류의 물결과 함께 한국문화 특히 먹을거리에 대해 관심을 갖던 일본인들은 그들의 사케와 다른 맛인 막걸리에 관심을 가지게 되었고, 이를 소비하게 된다. 이에 막걸리 대외 수출액은 630만 달러에 이르렀고, 국내 소비시장에서도 각광을 받게 된다. 곡주라는 점, 발효하여 만든 자연 그대로의 몸에 좋은 술이라는 점과 다른 재료와 어울려 새로운 술로 만들어질 수 있다는 혼성(fusion)의 현대적 요소를 담고 있다는 점 그리고 전통과 현대를 함께 아우를 수 있다는 점에서 막걸리는 재평가를 받아 삼성경제연구소가 선정한 2009년 10대 상품의 그 첫 번째로 선정되게 된 것이다.

이렇듯 한국의 여러 음식은 현대로 올수록 세계 속에서 다양하게 인정받게 된다. 이러한 면면을 살펴보면 맛도 그렇지만 건강식이라는 측면이 더욱 강하게 나타난다. 食藥同源이란 한국음식의 기본적 골격은 예나 지금이나 변함이 없지만 이러한 요소는 패스트푸드가 판을 치는 현대사회에서는 더욱 돋보이는 부분이다.

## Ⅳ. 맺는 말

이상과 같이 개화기 서양인들이 어떠한 시각에서 한국 음식문화에 대해서 바라보는지 또한 他者의 눈을 통해 한국 문화의 원형이 어떻게 도출되는지에 대해 살펴보았다.

개화기 서양인들은 다양한 목적을 통해 한국을 방문하였고, 이러한 경험을 책으로 저술하게 된다. 한국을 드러낸 저술에서 특히 음식문화에 대한 묘사는 오감을 통해 직접 경험한 것을 기록한 것이기에 당시 한민족 문화를 바라보는 잣대라 할 것이다.

서양인들은 한국 음식을 즐기거나 일상 속에서 친근하게 접하지는 않았다. 그럼에도 불구하고 그들은 추체험이나 직접 경험을 통해 한국 음식의 여러 이미지에 대해서 논하는데 그 대표적인 표상은 한국 음식은 맵고 한국인들은 식사량이 많고 술을 즐긴다는 점 등이었다.

그러나 그들의 시각은 오리엔탈리즘적 시각에서 비롯되어 한국을 낮게 평가하는 부분도 없지 않다. 김치에 대해서도 냄새에 대한 묘사나 비위생적으로 조리 등은 그러한 예이다. 이러한 모습은 직접 체험보다는 먼발치에서 그저 한국 음식을 그려내었기 때문이다.

그러나 그러한 시각에서 벗어나 문화상대주의적 관점에서 한국을 순수하게 바라보려는 시각도 나타난다. 세로셰프스키는 각 지역의 음식이나 민가를 직접 방문하여 그들의 삶에 대하여 깊이 있게 경험하여 한국 문화의 여러 모습을 발견하기도 하였다.

한국 음식의 여러 상징적 모습은 100여 년이 지난 21세기에도 그 DNA가 면면히 흐르고 있다. 또한 개화기의 문명/야만의 이분법적 논리가 아닌 well-being의 측면에서 食藥同源이 바탕이 된 한국음식들이 재평가 받고 있다. 김치를 비롯한 여러 발효음식들은 건강 음식으로 자리매김하였고, 한국문화의 상징적 모습인 비빔밥은 슬로푸드로 각광을 받는다. 게다가 한류의 물결 속에서 한국음식은 문화콘텐츠로 다가서고 있다.

음식은 단순한 먹을거리가 아닌 한 민족의 여러 요소를 담아내고 있는 문화콘텐츠이다. 요즘 한식세계화에 대한 목소리가 높다. 그렇지만 섣부른 한식의 퓨전화나 서양인의 눈높이에만 맞춘다면 이것도 저것도 아닌 정체불명의 음식만을 양산할 것이다. 한국 음식이 지니는 정체성을 그대로 살려 본질을 살릴 때 만이 한식은 더욱 높은 평가를 받을 것이다. “가장 한국적인 것이 가장 세계적이다”라는 기본 진리는 음식에도 그대로 대입되는 명제일 것이다.

## <참 고 문 헌>

H.N.알렌, 신복룡 역, 『조선견문기』, 집문당, 1999.
제이콥 로버트 무스, 박혜숙 역, 『1900, 조선에 살다』, 도서출판 푸른역사, 2008.
E.J.오페르트, 신복룡 · 장우영 역, 『금단의 나라 조선』, 집문당, 2000.
E.G.캠프, E.와그너, 신복룡 역, 『조선의 모습/한국의 아동생활』, 집문당, 1999.
A.H.새비지-랜도우, 신복룡 · 장우영 역, 『고요한 아침의 나라 조선』, 집문당, 2000.
샤를 바라, 샤이에 롱, 성귀수 역, 『조선기행』, 눈빛, 2006.
J.S.게일, 신복룡 역, 『전환기의 조선』, 집문당, 1999.
H.B.헐버트, 신복룡 역, 『대한제국멸망사』, 집문당, 1999.
G.W.길모어 신복룡 역, 『서울풍물지』, 집문당, 1999.
W.E.그리피스, 신복룡 역, 『은자의 나라 한국』, 집문당, 1999.
이사벨라 비숍, 이인화 역, 『한국과 이웃나라들』, 살림출판사, 1994.
끌라르 보티에 · 이뽀리트 프랑뎅, 김상희 · 김성언 역, 『프랑스 외교관이 본 개화기 조선』, 태학사, 2002.
아손 그렙스트, 김상열 옮김, 『스웨덴 기자 아손, 100년 전 한국을 걷다』, 책과 함께, 2005.
퍼시벌 로웰, 조경철 옮김, 『내기억 속의 조선, 조선 사람들』, 예담, 2001.
바츨라프 세로셰프스키, 김진영, 안상훈, 안지영 역, 『코레야 1903년 가을』, 개마고원, 2006.
카를로 페트리니 엮음, 김종덕 · 이경남 옮김, 『슬로푸드』, 나무심는 사람, 2003.
에밀 부르다레, 정진국 옮김, 『대한제국 최후의 숨결』, 글항아리, 2009.

# 무라야마지준(村山智順)의 『朝鮮의 服裝』과 조선복식개량론*

김 난 주**

## Ⅰ. 서 론

19세기 산업혁명은 인류 복식사에 커다란 변혁을 초래하였다. 기계가 대량의 옷을 만들어 내면서 다양한 계층의 사회 구성원들이 이전 시대와는 비교할 수 없을 정도로 손쉽게 의상을 구입할 수 있게 된 것이다. 또한 모든 사회계급이 비슷한 종류의

---

* 이 논문은 김난주, 「村山智順의 『朝鮮의 服裝』考」(『한국학논총』 33집, 국민대학교 한국학연구소, 2010. 2)의 제목을 수정하여 재수록하는 것임을 밝혀 둔다.

** 단국대학교 동양학연구소 연구교수.

의상을 착용하게 되면서 계층을 막론하고 공통적으로 유행하는 패션스타일이 생겨났다. 유럽에서 시작된 이러한 패션의 물결은 자본주의의 확산과 함께 전 세계로 퍼져나가게 된다.1)

19세기에서 20세기 초 뒤늦게 근대화를 시작한 조선 역시 세계 패션 문화의 흐름에 편승하게 된다. 그러나 근대 시기 대부분을 일본의 식민지로 지내야 했던 조선은 어쩔 수 없이 일본이라는 매개체를 통해 세계 패션 문화를 수용할 수밖에 없었으며, 이 시기 한국 복식문화의 변화는 일제의 소위 생활개선 정책에 의해 선도 내지 강요된 측면이 강했다.

근대 시기에 일어난 한국 복식 문화의 변화는 크게 두 가지로 요약된다. 첫째, 양복으로 불리는 서구식 의상의 착용과 둘째, 전통 복식의 개량이다. 이러한 변화는 이후 한국 복식문화의 틀을 바꾸고 근간을 다시 세우는 혁신적인 사건이라 할 수 있다. 이렇게 한국 복식사에서 근대 시기가 차지하는 중요성에 주목하여 근래 들어 근대 복식문화의 양상과 변화에 대한 다각도의 접근과 연구가 이루어지고 있다2). 특히 최근에는 이 시기에 발간된 잡지 신문 언론매체의 기사, 사설, 雜報 등을 통해 한국 복식의 서구화, 전통 한복의 개량, 일제의 식민 정책과 복식, 새로운 패션의 유행 등을 보고자 하는 연구가 활발하게 진행되고 있다3). 이러한 연구는 이 시기 각계각층의 의생활 문화와 복식

---

1) 다이애나 크레인 저, 서미석 역, 『패션의 문화와 사회사』, 한길사, 2004 참조.

2) 이 시기 연구사에 대해서는 최근 (최규순·김은정 『개항기에서 일제강점기 의생활 연구의 현황과 전망』, 『전통의생활연구』 제1집 별책, 단국대학교전통문화연구소, 2007.)이 있다.

3) 이와 관련된 대표적인 연구 논문으로는, 김진구·장유경·임정빈 「개화

의 변화상을 생생하게 파악할 수 있다는 점에서 매우 유효한 방법이라 할 수 있으며, 연구 성과도 많은 진척을 본 것으로 사료된다.

그러나 근대 시기 한국 복식의 양상과 한국 복식문화의 특질을 파악하는 데 있어 당대의 일본인 연구자들에 의해 생산된 조사 자료, 연구서, 논문 등을 자료로써 활용하고 면밀하게 분석하는 것 역시 빼놓을 수 없는 과정이라 할 수 있다.

주지하다시피 일제는 식민지 정책 개발을 위한 기초 자료와 이론적 틀을 마련하기 위해 1915년 구관조사 사업을 총독부 中樞院으로 이관하고 조선의 慣習, 制度, 風俗 방면에 걸쳐 대대적인 조사 작업에 착수하였으며 이를 방대한 양의 조사 자료로 생산해 낸다. 한국의 복식문화 역시 그들이 한국 인민의 생활상과 문화적 특질을 파악하는 데 필수불가결한 요소로 주목하였다. 그런데 이 시기 異文化인 한국복식문화에 대한 그들의 관심은 주로 전통적인 것 내지는 한국 복식 문화의 원류를 탐색하는 데 치중되어 있다고 할 수 있다[4].

---

기 한국인의 가정생활 양식에 관한 연구Ⅰ-매일신보를 중심으로-」, 『한국생활과학연구』 10, 한양대학교한국생활과학연구소, 1992 ; 김진구, 「개화기 한국인의 가정생활 양식에 관한 연구Ⅱ-의생활(매일신보를 중심으로)-」, 『한국생활과학연구』 12, 한양대학교한국생활과학연구소, 1994 ; 박기윤, 「일제하 신문으로 본 백의 민족의 위기」, 『부천대학논문집』 19, 1998 ; 고부자, 『우리 생활 100년, 옷』, 현암사, 2001 ; 공제욱, 「일제하 의복 통제와 '국민' 만들기,」 『사회와 역사』 67, 한국사회사학회, 2005 ; 조희진, 『근대적 복식 유행의 출현과 사회적 수용-식민지 시기 언론 매체를 중심으로』, 고려대학교 박사학위논문, 2009 등이 있다.

4) 필자가 일본 현지 조사와 『考古學雜誌』 『ドルメン』 『旅と伝說』 『朝鮮及滿州』 『朝鮮』(日韓書房) 『朝鮮』(朝鮮總督府), 『文教の朝鮮』 『朝鮮公論』등의 일본어 잡지 열람을 통해 파악, 확보한 한국복식 관련 일본어

그러한 가운데 근대 시기 한국 복식 문화의 양상과 한국 복식 문화의 특질을 종합적으로 다룬 최초의 자료로 주목할 수 있는 것으로는 단연 무라야마 지준의 『조선의 복장朝鮮の服裝』을 꼽을 수 있다. 이 책은 한국 최초의 본격적 복식 연구서로 평가되는 이여성의 『조선복식고』(1947년)보다 무려 20년이나 앞선 자료인데다, 『조선복식고』가 상고시대 복식 연구에 국한된 데 비해 『조선의 복장』은 근대 서민들의 복식문화 사정을 자세하게 기술하고 있다는 점에서도 연구자들 사이에서는 널리 알려져 있는 자료라 할 수 있다. 그런데 일본어 자료에 대한 접근성의 제약 때문인지 이를 자세하게 소개하고 분석한 연구 논문은 물론이고 자료로써 깊이 있게 활용된 예를 찾기 힘들다.

따라서 본고에서는 『조선의 복장』을 분석하여 근대 시기 조선 복식 문화의 양상을 살펴봄과 동시에, 그의 조선 服飾觀의 실체를 파악하여 이것이 한국 복식사상 대전환기에 있었던 근

---

연구 자료는 다음과 같다. 第八師壇軍醫部, 『朝鮮人ノ衣食住及其ノ他ノ衛生』, 1915 ; 今村鞆, 「朝鮮人の白色服と美感」, 『歷史民俗朝鮮漫錄』, 1928 ; 鳥山喜一, 「鮮民白衣考」, 『滿鮮文化史觀』, 刀江書院, 1935 ; 上村六郎, 『東方染色文化の硏究』第一書房, 1933 ; 村山智順, 『朝鮮の服裝』, 朝鮮總督府, 1927 ; 村上唯吉, 『朝鮮人の衣食住』, 大和商會印刷所(경성), 圖書出版部, 1916 ; 加藤灌覺, 「朝鮮に於ける白衣の禁について」, 『ドルメン』, 1933. 4 ; 高橋勇, 「朝鮮服裝展觀」, 『考古學雜誌』 28의 2, 1938 ; 宮本馨太郎, 「朝鮮に於ける冕服の傳來に就いて」, 『史苑』 11의 3, 4, 1938 ; 松田甲, 「朝鮮人の白衣に就いて」, 『朝鮮』 123, 1925. 8 ; 田口久子, 「衣服改善問題の現代的性格に就いて-特に婦人を中心としての考察-」, 『朝鮮』 通卷341-342, 1943. 10, 11 ; 今村鞆, 「朝鮮と扇1·2」, 『朝鮮』 191·192, 1931. 4·5 ; 三木廣, 「朝鮮婦人服の変遷」, 『朝鮮』 285, 1939. 2 ; 中村経太郎, 「朝鮮人と意匠」, 『朝鮮』 44, 1911. 11 ; 今村鞆, 「朝鮮の扇風俗」, 『朝鮮』 268, 1937. 9 ; 北川左人, 「朝鮮の砧」, 『朝鮮』 1937. 8 ; 秋葉隆　他 「朝鮮カラーを語る座談會」, 『朝鮮』 267, 1937. 8 등이 있다.

대 시기 한국 복식문화사, 특히 일제강점기 내내 거세게 제기되었던 조선복식개량론과 어떠한 연관관계를 지니는지에 대해 규명해 보고자 한다.

## Ⅱ. 조선 민속학과 무라야마 지준

『조선의 복장』에 대해 본격적으로 논하기 이전에 본 장에서는 무라야마 지준의 생애와 연구 업적에 대해 간단히 살펴보기로 한다.

무라야마 지준(1891~1968)은 일제강점기 조선총독부 촉탁으로 재직하며 조선의 민속과 생활 방면에 다수의 조사 보고서를 작성한 인물이다. 1891년에 태어난 무라야마는 어려서 모친을 잃고 日蓮宗 妙廣寺에 들어가 그곳의 주지 무라야마 지젠村山智全의 보호 아래 성장한다. 이후 동경제국대학 철학과에 입학하여 사회학 전공으로 졸업을 하게 되고, 1919년 그해 조선총독부 촉탁 연구원의 신분으로 조선에 건너오게 된다. 무라야마가 조선에 건너오게 된 경위 및 배경에 대해서는 아직까지 학계에 정확한 정보가 없는 듯하다.

그런데, 1919년 조선총독부는 <朝鮮社會事情調査>를 시작한다. 이 조사사업은 朝鮮舊慣調査 사업이 총독부 中樞院으로 이관된(1915년) 후, 조선의 慣習과 制度, 風俗 방면에 걸쳐 대대적인 조사 작업이 개시될 무렵 중추원 풍속조사 사업의 부속사업으로 추진된 것이다. 조사 활동의 주체는 총독부 官房이, 시기는 1919년부터 1923년까지의 5년간이었다. 그런데, 1938년 중추원에서 간행한 『朝鮮舊慣制度調査事業槪要』를 보면 이 <조선사회사정조사> 사업에 “사회학 전공의 문학박사 무라야마 지준을 촉탁으로 위임해 연구를 맡겼다”는 내용이 나와 있다[5]. 이를 보면 바로 이 조사사업에 투입되기 위해 1919년 동경제국대를 갓 졸업한 무라야마 지준이 총독부의 부름을 받고 조선에 건너오게 된 것으로 보인다.

조선에 건너온 무라야마는 먼저 조선의 사회사정 및 사상에 관한 조사에 주로 관여하며 『朝鮮의 獨立思想 및 運動』(資料調査第10輯, 1924년), 『內鮮問題에 대한 朝鮮人의 聲』(調査資料12輯, 1925) 『朝鮮의 群衆』(調査資料 16輯, 1926) 등의 조사보고서를 작성한다. “1919년 졸업 당시 그의 졸업논문 제목은 「日本國民性의 發達」이었다[6]”고 한다. 무라야마가 이렇게 조선 사정과 조선 민족성을 규명하는 데 주력하게 된 데에는 사회학 전공이라는 그의 학문적 배경이 크게 작용했음을 짐작할 수 있다. 이후 조선의 의식주를 포함한 풍속, 민간신앙, 전통놀이 등의 조사에 관여하며 연이어 보고서를 내게 되는데, 주요 업적을 살펴

5) 조선총독부 중추원 편, 『朝鮮舊慣制度調査事業槪要』, 1938.2, 132~133면. <조선사회사정조사>의 조사 항목은, 1. 기초조사(토지, 인물, 인종, 外關) 2. 사회생활(협동생활, 경제 생활, 사상생활, 일상생활, 위생, 治罪), 3. 사회문제였다. 이 조사 사업은 交通·備荒제도 및 생활상태 조사 일부가 탈고되고 그 밖의 조사는 아직 진행중인 상태였으나 행정 정리와 직원 감축 등의 이유로 1923년 중지되었다고 한다.

6) 주영하, 「조선의 제사와 사회 교화론-무라야마 지준의 『석전, 기우, 안택』 연구」, 『제국일본이 그린 조선 민속』, 한국학중앙연구원, 2006, 163면.

보면 다음과 같다. 『朝鮮의 服裝』(朝鮮總督府, 1927), 『朝鮮人의 思想과 性格』(朝鮮總督府 調査資料第20輯, 1927년), 『朝鮮의 習俗』(朝鮮總督府, 1928년), 『朝鮮의 鬼神』(朝鮮總督府 調査資料第25輯, 1929년), 『朝鮮의 風水』(調査資料第31輯, 1931년), 『朝鮮의 巫覡』(調査資料第36輯, 1932년), 『朝鮮의 占卜과 預言』(調査資料第37輯, 1933년), 『朝鮮의 類似宗教』(調査資料第42輯 1935년), 『部落祭』(調査資料第44輯, 1937년), 『釋尊, 祈雨, 安宅』(調査資料第45輯, 1938년), 『朝鮮의 鄕土娛樂』(調査資料第47輯, 1941년), 『朝鮮市場研究』(미간. 1999년 國書刊行會에서 『朝鮮市場의 研究』로 간행). 또한 그는 1937년 8월호에서 1938년 10월호까지 총독부 기관지 『朝鮮』의 편집에 관여하기도 했다[7].

왕성한 연구 조사 활동을 펼치며 조선 민속학계 내에서도 커다란 위치를 차지하고 있던 무라야마는 1941년 돌연 일본으로 귀국하게 된다. 1919년에서 1941년까지 한국에 머문 약 20여 년 동안 그가 쏟아낸 조사보고서는 무려 14권, "무라야마 본인의 기술에 따르면 페이지 수로 장장 5,371페이지[8]"에 달하는 방대한 양에 달하는 것이다.

그러나 그의 활동과 업적, 조선 민속 연구에 미친 영향에 비해 한국과 일본 양국에서 그의 개인사나 연구 업적이 학문적 대상으로 꼼꼼히 조명 분석되지는 못했다. 이제까지 그의 경력과 업적에 대해서는, 아사쿠라 도시오(朝倉敏夫)씨가 『民博通信』 79(1997년) 「자료와 정보(資料と情報)」란에 상세한 연보와 업적을 밝혀

7) 무라야마의 『朝鮮』 편집 관련에 대해서는 野村伸一, 「村山智順が見た朝鮮民俗」, 『自然と文化』 66, 2001. 3, 참조.
8) 野村伸一, 「村山智順が見た朝鮮民俗」, 같은 책 참조.

놓았다[9]. 게이오 대학의 노무라 신이치(野村伸一)씨는 학술 잡지 『자연과 문화(自然と文化)』(2001.3)[10] 특집호인 「무라야마 지준이 본 조선민속(村山智順が見た朝鮮民俗)」에서 무라야마가 한국에서 수집했던 사진 자료 400여 점 중 200여 장을 엄선해 게재하고, 이들 사진 자료를 통해 당시 조선인들의 일상과 무라야마의 조선민속학을 凝視하고자 하였다.

조선 학계에서는 일찍이 손진태의 「書評 무라야마 지준의 민단신앙 4부작을 읽고(村山智順氏の民間信仰四部作を讀みて)」와 金孝敬이 『朝鮮의 巫覡』 『朝鮮의 占卜과 豫言』 『部落祭』에 관한 서평을 남기고 있다[11]. 최근의 무라야마 연구로서는 최길성[12], 최석영[13], 주영하[14], 남근우[15] 등이 주로 무라야마 지준의 '조선 무속연구'에 대한 해석과 평가를 중심으로 연구서를 내놓고 있다.

무라야마의 업적 평가와 관련하여 가장 많이 지적되는 것은 그의 조사 자료가 총독부의 지시로 성립된 성격상, 경찰서를 포함해 각급 관공서의 공무원과 초등학교 교원을 동원한 경우가

9) 朝倉敏夫, 「村山智順の謎」, 『民博通信』 79, 國立民族博物館, 1997.
10) 野村伸一, 「村山智順が見た朝鮮民俗」 상게서.
11) 손진태, 김효경이 쓴 서평의 내용과 성격에 대해서는 최석영 「『朝鮮の鬼神』 해제」, 『民俗 人類學 資料大系1 朝鮮の鬼神』, 민속원, 2008 참조.
12) 최길성, 「일본 식민지 시대의 민속학」 최석영 편, 『인류학과 식민지』, 서경문화사, 1994.
13) 최석영 편, 『인류학과 식민지』, 서경문화사, 1994 ; 『일제의 동화이데올로기의 창출』, 서경문화사, 1997.
14) 주영하, 「무라야마 지준의 『釋尊, 祈雨, 安宅』연구 : 조선의 제사와 사회교화론」, 『제국일본이 그린 조선민속』, 한국학중앙연구원, 2006.
15) 남근우, 「일본인의 조선민속학과 식민주의」, 『조선민속학과 식민주의』, 동국대학교출판부, 2008.

많고 그 자신 "특별히 조선 민중과의 거리가 그다지 밀접한 관계는 아니었던 듯하다[16]"는 것이다. 이러한 조사 방법상의 약점에도 불구하고 일제강점기를 위시한 근대시기 우리 민족의 생활사를 파악하기 위해서 무라야마 지준은 피해갈 수 없는, 파헤쳐 내야 하는 광맥과 같다고 할 수 있다. 즉, 그의 연구가 얼마나 조선 민족의 현실에 근접하여 학문적 진실을 담고 있는지를 분석해 내는 과정이야말로 근대 시기 조선 민속의 실체를 밝혀낼 수 있는 아주 주요한 방법이 될 수 있다는 것이다. 이는 아울러 문화정책을 통해 식민지 지배를 강화하고자 했던 일본제국주의의 의도가 무라야마의 조선 민속 연구와 어떠한 상호 작용을 하고 있는지를 분석해 내는 작업이 될 것이다. 이러한 연구의 일단으로서 본고에서는 그동안 학계에서 널리 주목받지 못한 『朝鮮의 服裝』을 분석하여 무라야마 지준이 본 조선 복식의 특질을 규명하고 이것이 당시 사회 전역에서 불고 있던 조선복식개량 움직임과 어떠한 연관성을 갖는지에 대해 고찰하기로 한다[17].

## Ⅲ. 『朝鮮의 服裝』에 나타난 무라야마 지준의 조선 복식관

『조선의 복장』은 조선총독부 관방 문서과장이 쓴 서문에서도

16) 野村伸一, 앞의 책, 68면.

17) 본 논문에서는 1989년 경인문화사에서 영인한 『朝鮮の服裝』(조선총독부, 1927)을 텍스트로 사용하였다.

분명하게 밝히고 있듯이 "조선인의 생활 실태를 이해하기 위한 자료로 기획"된 것이며 당시 행해지고 있는 한국인의 복식 생활에 대해 그 형식, 색깔, 형태 장식 및 그에 수반되는 행동양식과 조선 복식의 재료, 가치, 변천 등에 관한 조사 자료이다. 이 책에서 무라야마는 의례용이나 귀족계층이 입는 복식을 논외로 하고 조선의 보통 성인 남녀가 입는 평상복을 조사 대상으로 삼아, 그 형태와 색채, 치수, 옷 입는 방식, 옷감의 종류와 소비 정도, 의상에 딸린 부속물, 장식품 등을 망라하였다. 구성은 제1장 보통 복장, 제2장 조선복의 색과 형태, 제3장 복식 장식, 제4장 행동거지, 제5장 옷감과 소비, 제6장 가치 및 변화로 구성되어 있다. 기술 방식은 각종의 통계와 조사 자료를 원용하여 조선 복식문화의 양상 전반에 대해 비교적 상세하게 기술하고 있다고 평가할 수 있다.

그러나 이러한 객관적인 사실 기술 이외에 내용 전반에 걸쳐 조선 복장의 고유성과 특질을 논하는 데 많은 비중을 할애하고 있음을 간과할 수 없다. 여기에는 그의 조선복식관이 단적으로 드러나 있다. 본 장에서는 무라야마 지준이 색채, 균형미, 선, 옷감을 통해 조선복식 고유의 미의식과 특질을 어떻게 인식하고 있는지에 대해 살펴보도록 한다.

## 1. 조선복식의 특질과 미의식

### 1) 백의민족론과 조선색

외국인에 비친 조선 복식의 가장 큰 특징은 무엇보다 흰색을 기조로 하고 있다는 점이었다. 근대 시기 "조선을 방문한 서양인에게 가장 먼저 박힌 첫인상은 거의 모두가 쓰고 있는 검은 갓과 한결같은 흰옷 물결이었다[18]". 조선 민족은 "항상 눈을 맞은 듯한, 건조한 기후에 쉽게 때를 타는 그들의 아름다운 의관을 고수하고 있었다[19]". 무라야마 지준 역시 이러한 白衣 전통에 깊은 관심을 드러내고 있는데, 조선의 옷 색과 관련한 다양한 통계 조사 자료, 인터뷰 등의 실측 자료를 제시하며 조선 민족의 백의 선호에 대해 비중 있게 논하고 있다.

> 1921년 10월 현재 지방별 복색 분포도를 보면 흰색, 검은색, 회색, 기타 색의 순으로 나타나는데, 그중 백색은 복색의 50% 이상, 지역에 따라서는 90% 이상을 차지하고 있다. 이상은 上下服 모두 백색인 경우이고 상의와 하의 중 백색 옷을 입는 경우를 수치에 넣게 되면 조선 복색의 80% 이상이 백의라고 해도 과언이 아니다. (『조선의 복장』, 38면.)

한민족이 백의를 즐겨 입고 숭상한 역사는 부족국가인 부여로부터 고구려 백제 신라의 삼국시대를 거쳐 고려와 조선조에 이르기까지 면면히 이어 내려온 풍속이다. 일제강점기에는 특히 이러한 백의민족론이 강조되며 한국 학자와 일본학자 진영에서 그 연원과 해석을 둘러싸고 활발한 연구가 진행되었다[20]. 이 시

18) 백성현, 이한우, 『파란 눈에 비친 하얀 조선』, 도서출판 새날, 2006, 30면.
19) 조르주 뒤크로 지음, 최미경 역, 『가련하고 정다운 나라』, 눈빛, 2006, 78면.
20) 조선 백의민족 전통에 대해서는 최남선의 「조선상식문답」; 최현배의 「조선민족 更生의 道」, 1930 ; 今村鞆, 「朝鮮人の白色服と美感」, 1928 ; 上村六郎 『東方染色文化の研究』第一書房 1933 ; 鳥山喜一 「鮮民白衣考」,

기 한민족이 왜 흰 옷을 즐겨 입는지에 대해서는 염료기술의 미발달, 喪服 문화의 고착, 청결한 국민성 등 다양한 의견 등이 개진되었다. 무라야마는 이러한 항간의 의견들을 소개하며 다음과 같이 나름의 의견을 피력하고 있다.

> 또한 조선복장에 대해 어떤 색이 가장 고귀하다고 생각하느냐는 질문에 많은 조선인이 백색보다 고귀함을 느끼게 하는 색은 없다고 응답하는 예가 많았다. 따라서 조선인이 백의를 선호하는 것은 염료나 상복을 입을 기회가 많아서라기보다 조선인이 전통적으로 백색을 고귀한 색으로 여기고 있었기 때문이라고 할 수 있다. 세탁에 드는 비용과 노동력, 옷의 내구성을 고려할 때 어느 모로 보나 유색에 비해 비경제적인 백의를 선호하는 것은 남에게 과시하기를 좋아하는 조선인의 사치심에서 비롯된 것이라고 말하는 조선인이 적지 않다. (『조선의 복장』, 41면.)

위의 인용문에서 알 수 있듯이 무라야마는 조선인이 흰 옷을 즐겨 입는 가장 큰 원인은 그 무엇도 아닌 과시욕과 사치심의 발로라고 단정 짓고 있다. 이는 같은 일본인이면서도 조선의 흰 빛을 "쓸쓸함과 애상"이 묻어나는, "여인의 모습처럼 다소곳한 내면에 숨은, 밖으로 드러나려는 어떠한 오만함도 찾아볼 수 없는 색[21]"이라고 평가하고, 또 조선의 흰 옷에 대해 "언제나 喪中에 있는 고독하고 신중한 조선인의 마음을 상징하고 있다"[22]고 한 야나기 무네요시의 인식과는 극명한 대조를 이룬다. 또한

---

1935 등을 위시하여 최근에 이르기까지 많은 연구가 축적되어 있다.

21) 야나기 무네요시 지음, 이길진 역, 『조선과 그 예술』, 신구, 1994, 69면.

22) 같은 책, 99면.

有色服에서 보이는 조선색에 대해서도 무라야마는 다음과 같이 비판적인 입장을 드러낸다.

> 조선인의 복장색은 대부분이 강렬한 인상을 주거나 딱딱한 느낌을 주기 쉬운 對色 배합, 혹은 부드러운 조화를 이루는 대비 배합에 의한 상하 조합을 이루고 있고, 유사색 배합에 의한 상하복색 조합은 극히 드문 것 같다. 즉, 적색에 녹색, 황색에 자색, 분홍색에 옥색과 같은 對色 조합이나, 황색에 적색, 적색에 청색, 등나무 색에 붉은 감색 등과 같은 대비색 조합이 많다. 이러한 색들은 대개가 단색이나 원색과 같이 색채감이 매우 진하고 강렬한 것들이다. 때문에 유쾌한 조화를 깨뜨리고 우미한 취향이 결여되어 있으며 단조롭고, 어떻게 보면 조야하고 비속한 감을 주기도 한다. 따라서 조선 복색은 의복의 색채가 입는 사람이 가지고 있는 아름다움을 돋우고 그 아름다움을 보다 잘 이끌어내야 하는 의복 본래의 역할을 하지 않고, 오히려 입는 사람 고유의 아름다움을 빼앗는 감이 있다. (『조선의 복장』, 56~57면.)

위와 같은 그의 주장을 종합해 보면 조선인의 흰 옷은 과시욕과 사치심의 발로이고, 또 다른 유색복에서 보이는 원색의 강렬한 색채감은 조야함과 비속한 취향에 다름 아니라는 것이다. 이에 반해 무라야마가 가장 아름답다고 본 색의 조화는 흰색과 흑색의 조화였다. 「조선 복식색」의 마지막 구절에서 그는 “조선 복장에서 가장 아름답고 품위 있게 보이는 것은 칠흑의 머리에 진홍 댕기를 맨, 흰옷 입은 청초한 처녀의 모습”이라고 다소 감상적인 의견을 피력하고 있다.

### 2) 조선복장의 균형미

제1장 3절 「균형」 항목에서는 보통 성인 남장과 여장의 상하 길이 비와 폭 비를 조사하였다. 그의 조사에 따르면 보통 나이 먹은 여성, 집안에 주로 있는 규수, 시골 아낙네들일수록 상의는 짧고 하의는 긴데 상하 길이의 비가 1:3 이상인 경우도 있다. 또한 폭의 비율은, 나이 먹은 여인 혹은 시골 아낙네들은 치맛자락 폭을 대단히 넓게 만들어 동체 대 치맛자락 폭의 비율이 1:3 내지 4에 달한다고 한다. 무라야마는 조선복의 상하비율과 폭의 비율을 조사하면서 조선의 복식이 양복이나 일본 복장에 비해 매우 안정감이 있고 그러한 안정감은 몸가짐이 넉넉하고 유장한 느낌을 준다고 설명한다.

> 조선복은 몸의 중심축을 중심으로 좌우 대칭이 매우 정연하여 심하게 움직여도 그 균형이 깨지지 않는다. 또한 상의보다 하의가 커서 신체 하부보다는 상부가 가볍게 보이는 점, 세로에 비해 가로 폭이 매우 크다 보니 조선 옷을 입었을 때 신체 중점이 하체에 떨어져 신체를 많이 구부려도 그 중심선이 밖으로 일탈하지 않는다. 이러한 안정감은 남성복보다 여성복이 더 크다. 안정은 정숙함을 풍긴다. 조선인의 몸가짐이 그리도 유장하게 보이는 것은 안정감을 주는 조선 복장의 영향이 아닌가 싶다. 조선 복장의 형태는 가로와 세로의 비율이 골든 컷트(1:1.6 혹은 1:0.6)에 준해 있어 쾌감을 주며 좌우가 완전한 대칭으로 조화롭고 상하의의 균형은 上小下大로 上輕下重, 앉기 편하고 안정감을 주는 등 상하좌우의 균형이 가장 안정되어 있으며 조선 복장미는 이러한 균형미에 있다고 할 수 있다. (『조선의 복장』, 63, 65면.)

이와 같이 무라야마는 조선의 옷이 상의보다 하의가 길고 또 품이 넉넉하여 안정감을 주며 조선 복장의 아름다움은 이러한 균형미에서 찾을 수 있다고 높이 평가하고 있다. 그러나 한편으로는 당시 저고리를 길게 하고 치마 길이를 짧게 또 폭을 좁게 하는 새로운 복식 변화에 대해 언급하면서 "현대 조선 부인들이 구습으로부터 벗어나 활동적으로 변한 것"이라 주장하고 있다. 여기에서는 지나치게 유장한 조선 복식이 현대인의 삶에 적합하지 않으며 개량되어야 하는 구습으로 인식하고 있다는 점 역시 엿볼 수 있다.

### 3) 조선 복식의 線

무라야마는 "서양복이나 일본 옷에 비해 조선 복장의 선은 직선적이다"라고 단언하고 있다. 그에 따르면 조선 복장의 곡선이라고 할 수 있는 것은 옷깃과 어깨의 둥근 선, 신발의 배 모양같이 뒤집혀 올라간 부분뿐이라는 것이다. 또한 옷감에도 풀기가 있거나 견직물의 경우에도 빳빳한 감이 주로 쓰여 딱딱한 느낌을 배가시킨다고 지적하고 있다.

> 조선복 옷감에는 광택 있는 견이 선호된다. 또 광택이 없는 목면이나 마, 삼베 등에는 풀을 먹여 다듬이질을 하면서까지 광택을 내려 한다. 이 광택도 균정과 직선형인 복식에 어울리고 이것 역시 조선 복식의 차가움, 딱딱함을 주는 요소로 작용한다. 이와 같이 전체적으로 딱딱하고 직선적인 조선 복식의 선은 특히 여성의

부드럽고 굴곡진 몸매를 드러내는 데는 매우 부적절하다. (『조선의 복장』, 69면.)

무라야가가 조선 복식의 선에서 강조한 것은 "직선의 딱딱함"이다. 그는 이러한 직선의 반듯함이 조선 복장에 "엄숙함, 냉정함, 품위와 고상함"을 강조한다고 말한다. 그의 이러한 주장은 한국의 전통미가 "부드러운 곡선"에 있다고 생각해 온 우리에게 당혹감을 안겨 준다. 또한 동시대 지식인이며 무라야마와 비슷한 시기 조선 체험을 통해 한국의 전통미를 발견한 야나기 무네요시의 다음과 같은 발언과도 극명하게 대비되어 흥미를 끈다.

나는 조선의 예술-특히 線의 미는 실로 그들이 사랑에 굶주린 마음의 상징이라고 생각한다. 아름답게 길게 늘어진 조선의 선은 면면히 호소하는 마음 그 자체다. 그들의 한, 그들의 소망, 그들의 서원, 그들의 눈물이 이 선을 타고 흐르는 것처럼 느껴진다. 불상 하나에도 도기 하나에도 이 조선의 선을 빼놓을 수 없다. 눈물로 흘러넘치는 온갖 부르짖음도 이 선에 녹아 있다. (「조선인을 생각한다」, 『동아일보』, 1920.4.14일자.[23])

물론 야나기 무네요시가 "조선의 역사와 민중의 마음을 체현한 선의 미"라고 한 것은 부드럽게 흘러내리는 "곡선의 미"다. 그가 이 글을 발표한 1919년 5월은 한국에서는 3.1운동이 일어

23) 야나기 문네요시는 1919년 5월 20일부터 24일까지 『요미우리신문』에 「조선인을 생각한다」라는 제목의 기고문을 연재하였다. 본 논문에 실린 인용문은 『요미우리신문』 1919년 5월 22일자 기고문으로 이듬해 『동아일보』(4월 12일부터)에 한국어 번역본으로 재연재한 것의 일부이다.

난 두 달 후이고 그 해 7월 무라야마는 동경제국대학을 졸업하고 조선총독부 촉탁으로 조선에 건너온다. 주지하다시피 1919년 3.1항쟁에 놀란 일제는 조선에서의 통치 정책을 이전의 무단정치에서 문화정치로 선회하며 한국의 풍속과 전통 연구에 박차를 가하고자 하였다. 이렇게 볼 때, 1919년 조선총독부가 동경제국대학 사회과 출신의 엘리트 무라야마 지준을 조선으로 불러들인 데에는 야나기 무네요시와 같은 일본 내 지식인들의 반제국주의 정서에 대항할 이론을 만들어 내기 위한 의도가 자리하고 있었을 가능성도 배제할 수 없다. 이후에도 무네요시는 20여 차례 조선을 방문하며 1922년에는 총독부의 광화문 철거를 저지하였고, 1924년에는 조선민족미술관을 설립하는 등 조선 전통의 아름다움을 발견하고 이를 옹호하는 활동을 펼친다. 무라야마는 1941년 귀국 때까지 20여 년을 조선에 있으며 14권에 이르는 조선의 사상 및 민속문화에 관한 조사 보고서를 내며 총독부 식민지 정책과 관련을 맺었다. 이러한 일련의 사정과 함께 조선의 線에 대한 두 사람의 극명히 상반되는 평가를 보는 것은 매우 흥미롭다. 혹시 무라야마 지준의 "조선 線"에 대해 "직선의 딱딱함, 엄숙함, 냉정함" 운운한 것은 야나기 무네요시의 언설을 의식하고 이에 대한 반박의 장치로 읽힐 수도 있겠다.

## 2. 『조선의 복장』에서 본 근대 조선의 복식

무라야마는 『조선의 복장』에서 동시대 복식의 유행과 변화에 대해서도 꼼꼼하게 기술하고 있다. 본 장에서는 이러한 기술들을 정리하여 근대 시기 조선 복식문화의 양상과 변화를 살펴보고 무라야마가 이러한 변화에 대하여 어떻게 평가하고 있는지 살펴보도록 한다[24].

### 1) 남성복

① 바지, 저고리, 조끼, 마고자, 두루마기로 구성된다.

② 이 중, 마고자는 저고리 위에 덧입는 것으로 원래 만주족 방한복인데 1887년 흥선대원군이 청나라 텐진에서 유거 생활을 마치고 귀국할 때 입고 와서 퍼졌다. 옷고름 대신 호박이나 금파 등을 달아 여민다.

③ 남성 의관으로 사용되는 갓은 시대에 따라 그 크기가 변화되었는데, 현재는 직경 26센티, 높이 10.5센티 정도인 것이 일반적이나 지금으로부터 4,50년 전에는 갓 날개의 크기가 40센티에서 6,70센티에 이르는 것도 있었다. 지금의 갓은 명나라로부터 전래된 것이다.

④ 남성의 단발 : 남성의 단발로 인해 종래 망건과 갓의 용도를 모자로 대신하게 되었다[25].

⑤ 수염 : 남성의 위엄을 대변하던 수염의 길이도 점점 짧아져 근래에는 끝을 자르고 코 밑 수염만 도톰하게 기르거나 이를 팔자로 꼬아 멋을 내기도 하고 채플린 식의 수염도 등장하는 등 다양한 양태를 보이고 있다. 그러나 아직까지 수염을 모

---

24) 이하 근대 복식 문화의 변화 양상은 제6장 2절의 「현시의 유행」 항목과 그 외 『조선의 복장』 전반에 산발적으로 기술되고 있는 내용을 필자가 정리한 것이다.

25) 무라야마의 기술을 보면 『조선의 복장』이 쓰여진 1920년대 후반에는 남성의 단발이 전체 인구의 절반을 밑도는 것으로 나타난다.

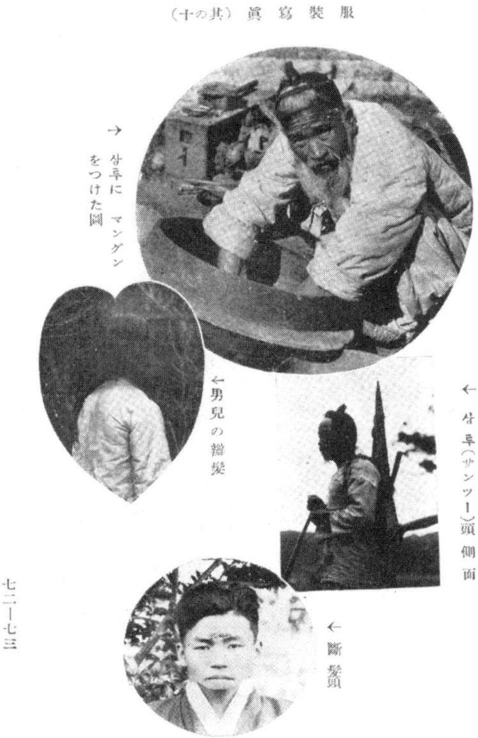


〈그림 1〉 남성의 두발
(출처 : 村山智順, 『朝鮮の服裝』, 1927.)

두 깎고 다니는 사람은 찾아볼 수가 없다.

⑥ 속옷 : 서구식 메리야스와 양말을 신는 사람이 늘었다.

### 2) 여성복

① 하의는 속속곳, 바지, 단속곳, 치마 순으로, 상의는 속적삼, 저고리 순으로 남성복에 비해 하의를 두텁게 입는 것이 특

징이다.

② 최근에는 치마에 니켈, 셀룰로이드 등의 바클이 붙은 목면 허리띠를 착용하는 경향이 늘고 있다.

③ 종래 조선의 여자 복식에서 치마 말기는 유방을 압박하여 위생상 좋지 않으므로 근래는 끈 대신에 어깨에 메는 조끼 타입의 치마 말기가 많이 사용된다.

④ 상하의 균형 : 상의의 폭은 여유롭게 길이는 길어진 대신 치마 폭은 좁아지고 길이는 짧아졌다. 종래 상하의 길이 비가 1:2.5 내지 3이던 것이 근래에는 1:1.5 내지 2 이하로 줄어들었다.

⑤ 부인복에서 외출할 때 가리개로 쓰던 장옷은 경성에서는 이미 사라지고 그 역할을 양산이 대신하고 있는데, 이 때문에 조선 부인은 밤중에도 양산을 쓰고 외출한다.

⑥ 두발 형식 : 여성의 경우 머리 정중앙에서 가르마를 타던 것이 현대에는 7:3 가르마가 늘어나고 쪽진 머리 대신에 머리를 묶어 핀으로 고정하는 경우도 늘고 있다. 또한 이전에는 이마 양끝에 난 잔털을 제거하면서까지 반듯하고 각진 이마를 선호하였으나, 현재는 일본 여성의 머리 모양을 본떠 이마 양끝을 둥글게 표현하는, 이른바 "후지산 이마"형이 선호되고 있다. 이 때문에 이마가 각진 여성은 일부러 머리로 이마 양끝을

〈그림 2〉 장옷
(출처:村山智順『朝鮮の服裝』1927)

덮어 둥그스름한 이마 모양을 연출하려 한다.

⑦ 눈썹 : 버드나무처럼 가늘게 휘어진 눈썹에서 최근에는 보다 두껍고 뚜렷한 눈썹을 선호하게 되었다. 이로 인해 조선 여인의 얼굴이 온화하고 부드러우면서도 생기를 띠게 되었다.

⑧ 소매 : 좁고 직선적이던 소매통이 전체적으로 넓어지면서 소매 끝 부분은 손수건을 넣을 수 있을 정도로 넓어지고 다시 소맷부리를 좁게 하여 전체적으로 곡선미를 살렸다.

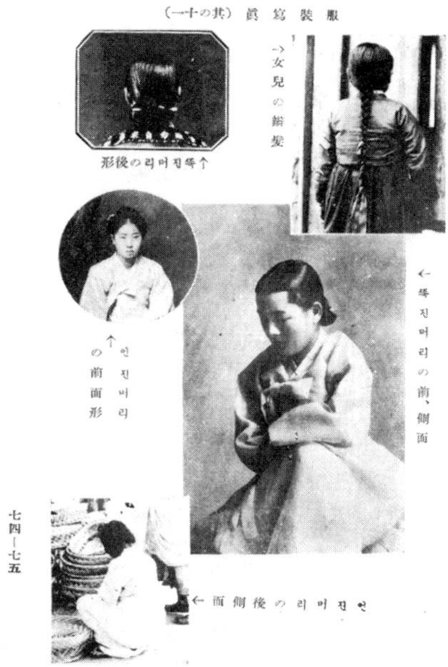


〈그림 3〉 여성의 두발
(출처: 村山智順, 『朝鮮の服裝』, 1927.)

⑨ 옷감 : 빳빳하고 접힌 선이 생기는 옷감에서 부드러운 소재를 선호. 조선복이 육체 본래의 곡선과 무관한 인체미를 말살하는 직선적인 복장에서 점점 인체의 선을 표현하고 육체 본래의 곡선을 살리는 방향으로 진화하고 있다.

⑩ 복색 : 광택이 있고 단원색에 가까운 진하고 강렬한 색에서 최근에는 점점 복합색 중간색, 부드럽고 엷은 색을 선호하게 되었다. 문양도 바탕 무늬가 있는 옷감에 진하고 커다란 무늬를 선호했으나 최근에는 바탕 무늬가 없고 그 위에 문양도 작고 엷은 것을 선호하게 되었다.

⑪ 장식품 : 만년필 두께 만하던 비녀의 굵기가 3분의 1정도로 가늘어지고, 길이도 쪽진 머리에서 3센티 정도 나와 보이는 수준으로 줄었다. 반지의 경우 20돈 이상의 두꺼운 금은 반지를 끼던 것이 2,3돈 정도로 가늘어지고 쌍가락지가 점점 없어지는 추세로, 금은 대신에 루비, 사파이아, 다이아몬드 보석 반지가 선호되고 있는 추세다. 폭이 넓고 색이 진한(주로 紫紺색, 자주색) 천을 덧대던 소맷부리 장식이 덧대는 천의 색이 엷어지거나 아예 덧대지 않는 쪽으로 변화하고 있다.

이러한 변화를 기술한 후에 무라야마는 종래 조선의 장식품이 물질과 현식에 집착하여 오히려 그것을 착용하는 사람의 육체미와 자연미를 말살하는 오류를 범했으나 근래 인간미를 중시하는 시대 풍조에 자극 받아 장식물에도 새로운 변화가 일어나고 있다고 평가했다[26]. 특히 여성복의 경우 치마 길이와 관련하여, 종래 발목을 덮는 긴 치마로 인해 보폭이 작은 경우 서 있는지 걷고 있는 것인지 분간이 안 될 정도로 동상 같은 느낌이었으나 최근 짧아진 치마 길이로 인해 조선 여인이 훨씬 활동적이고 생기있는 인간미를 띠게 되었다고 덧붙이고 있다.

26) 무라야마는 이와 같은 장식품의 변화로 인해 종래 조선 부인을 대할 때 비녀와 반지와 소맷부리가 먼저 눈에 들어오던 것이 이제는 그 사람의 머리 모양과 도톰한 손가락과 생기를 되찾은 손목이 보이게 되었다고 다소 감상적인 술회를 덧붙이고 있다.

### 3) 이중 복식 생활

무라야마 지준이 한국 근대 복식 생활의 가장 큰 특징으로 인식한 것은 양복과 조선 옷, 일본 옷의 혼용이었다. 그의 서술에 따르면 양복은 조선복 다음으로 학생, 관리, 교원, 사무원, 점원 등 넓은 계층에서 활용되고 있으나 이들도 역시 집에 돌아가서는 조선복을 갈아입는 이중 복식생활자의 성격을 띤다. 하급 노동자들은 대부분 조선 복장인데 일본식, 조선식, 양식을 혼용하는 이도 적지 않다. 예를 들어 재래 조선 바지에 양복 상의를 입고 혹은 "시루시반텐"이라고 하는 일본 겉옷에 조선 바지를 입으며 버선을 신는 식이었다. 무라야마는 전자의 회사원 점원 등이 일식, 조선식, 서양식 복장을 입는 복식상의 이중 삼중 생활자, 노동자들은 복식상의 일식, 서양식 조선식의 혼용생활자라고 표현하고 있다.

## 3. 조선복식의 가치

무라야마가 조선 복식의 가치를 논하는 데 있어서 되도록 객관적인 논지를 유지하기 위해 취한 고심의 방책은 그 복장이 옷이 가지는 본래의 용도에 얼마나 부합하느냐를 보는 것이었다. 이를 위해 무라야마는 조선복장의 가치를 논하는 기준으로 위생적인 측면, 경제적인 측면 미적·장식적 측면을 설정하고 다음과 같이 논술해 나가고 있다[27].

---

27) 이하, 「조선 복식의 가치」는 제6장 1절의 「조선 복장의 가치」(137~146면) 부분을 필자가 정리 요약한 것이다.

### 1) 위생적 측면

얼굴과 손끝만을 제외한 신체 모든 부위를 감싸므로 신체 보호 측면에서는 가장 주도면밀한 형태이며 보온성도 뛰어나다. 특히 부인복은 상의 두 겹, 하의 4겹을 껴입게 되어 있어 복부, 허리, 다리 등 냉해지기 쉬운 여성의 신체 부위를 완전히 감싸므로 부인 건강상 뛰어난 기능을 가지고 있다고 높이 평가하고 있다. 그러나 남성복의 경우 속옷 없이 곧바로 바지를 착용하고 무엇보다 흰옷을 입는 풍습상 오염되기 쉬운 점, 또 여성복의 경우 앞가슴을 심하게 압박하여 건강에 해롭다는 점을 단점으로 지적하고 있다. 옷이 신체의 대부분을 여유롭게 감싸고 있어 신체의 자유가 넓게 보장되나, 반대로 남녀의 복식이 지나치게 폭이 넓어 빠른 걸음걸이 등 민첩한 행동을 하는 데는 방해가 되며 특히 신발의 폐해를 강하게 지적했는데, 그 형태가 발을 압박하여 오래 걸으면 물집이 잡히고 굳은살이 생겨 여름에는 화농이 생기기 쉽다고 지적하였다.

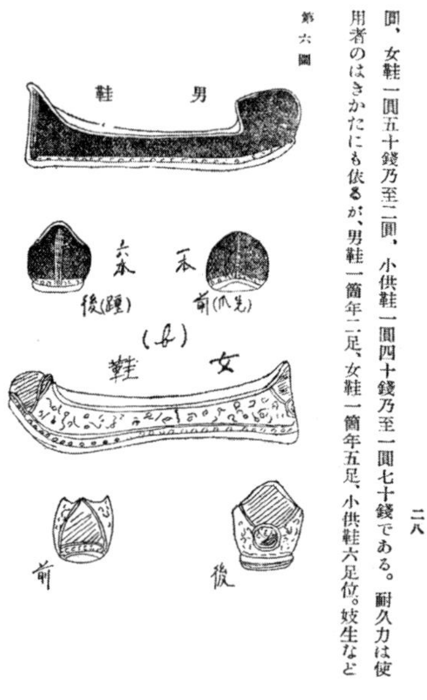


<그림 4> 조선의 신발
(출처: 村山智順, 『朝鮮の服裝』, 1927.)

<그림 5> 빨래터
(출처: 村山智順, 『朝鮮の服裝』, 1927.)

### 2) 경제적 가치

조선복 1벌(남성복은 저고리 바지, 두루마기, 여성복은 저고리, 속바지, 치마)을 갖추는 데 목면일 경우 12, 3원에서 20원 정도, 견직물일 경우 24원 내지 50원 정도면 살 수 있어 가격면에서는 매우 경제적이라고 평가했다. 그러나 복식의 내구성 면에서는 특히 흰 옷을 주로 입어 세탁을 자주해야 한다는 측면에서는 매우 떨어진다. 특히 빨래를 빨 때, 광택을 낼 때, 선을 잡을 때 등 적어도 2, 3회 방망이질과 다듬이질을 반복해야 하므로 의복이 쉽게 상해, 면직물의 경우 의복의 수명이 길게는 2년 짧게는 반년을 넘기지 못한다고 지적했다.

### 3) 미적 장식적 가치

조선복의 미적 가치에 대해서는 전반적으로 부정적인 평가를 하고 있다. 조선복식의 미감은 따뜻하다기보다 차가운 느낌을, 차분하고 깊은 맛을 내기보다는 단순한 느낌을, 둔한 느낌보다는 요란한 느낌을, 곡선보다는 직선을, 부드러움보다는 딱딱한 느낌을, 활발한 기분보다는 음울한 느낌을, 좀스럽기보다는 넉넉한 느낌을, 떠들썩하기보다는 쓸쓸한 느낌을, 온화함보다는 엄격함을 상기시킨다. 이러한 복장에는 破顔 笑聲도 어울리지 않는다. 또한 조선복에는 양장이나 일본 복식에 비해 남녀 신체의 콘트라스트가 눈에 띄지 않으며 여성복에서 느끼는 조선의 미술 사상은 남성적인 딱딱한 느낌, 위엄을 드러내는 데 편중된 느낌이다. 또한 여성의 상의가 짧고, 남성의 하의는 얇은 끈으로 묶는 게 전부이기 때문에 종종 여성의 가슴이 드러나거나

〈그림 6〉 세탁과 다림질

남성의 배꼽이 보이는 경우도 적지 않다. 또 남성의 경우 속옷을 입지 않기 때문에 남성의 국부나 엉덩이가 비쳐 보이는 점 등은 복식의 미감을 해치는 요소로 작용한다고 지적하고 있다.

조선 복식의 가치를 객관적으로 기술하겠다는 그의 선언에도 불구하고 결국 무라야마의 조선복식관은, "앞으로 조선복식이 미술적 경제적으로 발달하고 개량된다면 복장으로서의 훌륭한 가치를 지니게 될 것이다[28]"라는 마지막 결론에서 보듯이 개량론 쪽으로 기울고 있다. 또한 이상에서 살펴본 바와 같이 조선복식은 위생적, 경제적, 미적 측면에서 많은 문제점을 가지고 있다는 논지가 주류를 이룬다. 무라야마 지준의 이러한 조선복식관은 당시 거세게 일고 있던 조선복식 개량론의 논지와 그대로 맞닿아 있다고 할 수 있다.

## Ⅳ. 『조선의 복장』과 복식개량운동

### 1. 『조선의 복장』이 나온 배경

이상 무라야마 지준의 『조선의 복장』에 나타난 근대시기 조선 복식의 양상과 그의 조선 복식관에 대해 살펴보았다. 그런데 여기서 한 가지 우리가 궁금해 하지 않을 수 없는 것이 있다. 그것은 왜 하필 무라야마 지준이 조선의 복식 연구에 착수하였

---

28) 『조선의 복장』, 146면.

는가, 라는 점이다. 대학 시절 그의 전공 분야는 사회학과의 철학 분야였다. 또한『조선의 복장』이후 발표된『朝鮮의 鬼神』(調査資料第25輯 1929년),『朝鮮의 風水』(調査資料第31輯 1931년),『朝鮮의 巫覡』(調査資料第36輯 1932년),『朝鮮의 占卜과 豫言』(調査資料第37輯 1933년),『朝鮮의 類似宗敎』(調査資料第42輯 1935년),『部落祭』(調査資料第44輯 1937년),『釋奠, 祈雨, 安宅』(調査資料第45輯 1938년) 등 일련의 민속 종교 관련 자료집이 日連宗과 깊은 관계를 맺고 있었던 그의 성장 배경상 자연스런 행보로 여겨지는 데 비해 복식 분야 연구는 생소하며 엉뚱하기까지 하다. 이는 당연히 무라야마 지준 개인의 학문적 동기와 관심에 발로한 것이 아니다.

1915년 舊慣調査 사업이 중추원으로 이관되고 나서도 풍속조사 사업은 民事, 商事, 制度의 참고 사항 수준에 그쳤다. 그러던 것이 1922년 들어 구관, 제도조사로부터 풍속 조사를 독립시켜 이에 대한 조사를 활성화 한다. 본래 조사 활동의 기본 목적은 그 연혁의 변천 과정을 규명하는 데 있었다. 그러나 당대의 풍속을 먼저 연구해야 한다는 시급성이 제기됨에 따라 불가피하게 연혁 조사를 뒤로 미루고 당대의 풍속 조사를 먼저 실시하게 된 것이다[29]. 이러한 방침의 변화는 풍속조사 활동을 식민지 지배 정책 수립을 위한 도구로 적극 활용하고자 했던 조선총독부의 의도가 강하게 반영된 것임은 두말할 나위가 없다.

이러한 배경 하에 1922년 중추원은 조선의 풍속조사 사업 항목을 25장 75항목으로 설정하여 방대한 조사 작업에 착수했다.

---

29) 조선총독부 중추원 편,『朝鮮舊慣制度調査事業槪要』, 1938. 2, 118~119면 참조.

즉, 제1장 복장, 제2장 음식, 제3장 주거, 제4장 車·輿·船, 제5장 출생, 제6장 관혼상제, 제7장 예속, 제8장 직업, 제9장 학문, 제10장 俚諺, 제11장 예의, 제12장 가정의 일상, 제13장 종교, 제14장 俗信, 제15장 節行, 제16장 의약, 제17장 미술, 제18장 樂·歌·舞, 제19장 오락 및 유희, 제20장 족보, 제21장 농업 및 어업(이 항목은 1928년에 조사 항목에서 제외되었다), 제22장 巫卜 및 術客, 제23장 姓名, 제24장 연중행사, 제25장 雜[30]이 그것이다. 이를 보면 조선 복장 연구가 모든 풍속 조사 연구 중에서도 가장 선두에 위치하고 있다는 점이 주목된다[31].

그렇다면, 조선총독부는 다른 여타의 조선 풍속 중에서도 왜 복식 분야를 최우선시하였던 것일까? 이에 대한 해답은 무라야마 지준이 『조선의 복장』 서문에서 피력한 다음과 같은 언설에서 얻을 수 있을 것 같다.

> 조선인의 생활 상태를 이해하기 위해서는 종교, 문예, 미술, 경

---

30) 같은 책, 118~127면 참조.

31) 1922년에 총독부 官房 調査課과 신설되어, 그 전에 무라야마가 수행하고 있던 <조선사회사정조사>를 계승하는 한편, 조선민중의 생활 상태 및 민중 의식에 대한 조사를 착수하였다. 이 관방 조사과의 작업은 <조선총독부 조사자료>라는 명칭으로 1923년부터 1941년까지 47권의 자료집으로 출간되었다(이지원, 「1920~30년대 일제의 조선 문화 지배 정책」『역사 교육』 75, 역사교육 연구회, 2000, 75면 참조). 젠쇼 에이스케(善生 永助)와 더불어 무라야마 지준은 조사자료 제20집 『朝鮮人의 思想과 性格』(1927년 간행) 을 필두로 위에서 언급한 풍속, 민속 관련 조사 자료집을 쏟아내게 된다. 1927년 간행된 『조선의 복장』은 <조선총독부조사자료>라는 타이틀은 달고 있지 않으나 총독부 관방 문서과장의 서문이 있는 것으로 보아 총독부 관방 조사사업의 일환으로 기획된 것임을 알 수 있다.

> 제, 제도 등 여러 방면에서 접근할 수가 있겠으나, 무엇보다 "의식주" 이 세 가지를 먼저 언급하지 않을 수 없다. 또한 의복은 음식과 주거에 비해 인간의 형태적 방면, 활동적 방면을 대표하고 食이나 住에 비해 무엇보다 일반성, 보편성을 지니고 있으므로 조선인 생활의 일반적 경향을 알려고 할 때 식이나 주보다 좀 더 용이한 경향이 있다. 복장은 음식이나 주거에 비해 사회적 기준에 지배되는 바가 크다. 일반 사회적 성질을 다분히 가지고 있는 복장은 그 형식에서 그것을 입는 사람의 행동에 영향을 주고 그 색채가 미술 사상을 표현하며 그 분화가 각종의 사회적 분화에 비례하는 바가 크므로 한 사회의 복장을 알면 그 사회의 사회적 생활 이상과 문화의 정도를 이해할 수가 있다. (『조선의 복장』, 10~11면.)

의상은 한 개인이 사회적 정체성을 형성하고 실현하기 위한 가장 중요한 수단일 뿐만 아니라 한 사회의 문화적 특질을 가늠할 수 있는 가장 확실한 지표이다. 무라야마가 조선의 생활문화 중에서도 가장 먼저 조선의 복식 조사에 착수한 것은 아마도 조선총독부의 이와 같은 인식이 작용했기 때문일 것이다. 앞서 언급했듯이 『조선의 복장』은 "조선인의 생활 실태를 이해하기 위한 자료로 기획된" 것이었으며, 『조선의 복장』은 조선총독부 촉탁 연구원이었던 무라야마가 조선총독부의 그러한 기획을 충실하게 수행한 연구 조사 결과물이었다. 또한 『조선의 복장』에서 전개된 무라야마의 조선복식관은 결과적으로 조선총독부의 식민지정책 특히, 복식면에서의 생활개선운동인 복식개량운동의 이론적 근거를 강화하는 역할을 수행하게 된다.

## 2. 조선복식 개량과 민족개조론

일제강점기 내내 전개된 조선복식 개량운동은 특히, 白衣 퇴출과 유색 옷 조장에서 가장 극렬하게 나타났다. 물론 조선복식 개량론이 일제강점기에 처음 대두된 것은 아니다. 대한제국 시절 이미 조선의 복식은 1884년 갑신의제개혁의 관복 간소화, 1894년 갑오의제개혁의 관복 개정, 1895년 단발령과 서구식 군복 채택, 1899년 외교관 복장의 양복화, 1900년 문관 복장의 양복화 단행 등을 거치며 거센 변화의 요구에 직면해 있었다[32].

한편, 흰 옷이 경제적인 면에서 바람직하지 않다 하여 갑오개혁부터 色衣 착용을 장려하였으며 1906년(광무 10년)에는 아예 백의 착용을 금지하는 법령을 발표하기도 하였다[33]. 또한 白衣 착용을 규제한 역사는 비단 근대시기에 국한된 것도 아니었다. 역사상 백의 착용을 금지한 첫 사례는 고려시대 충렬왕 원년(1275년)에 발견된다. 이때 "五行說에 입각하여 동방에 위치한 우리나라는 五行중 木이니 푸른 색을 숭상해야 좋고, 흰색은 金의 색이라 우리나라 백성이 흰 옷을 즐겨 입는 것은 木이 金에 제어되는 형국이라 하여 백의 착용 禁令이 내려졌다는 것이다. 이후 백의 금령은 조선시대에도 이어졌는데 태조, 세종, 연산군과 숙종, 현종, 영조, 정조시에도 흰 옷 입는 것을 금한 적이 있다"[34]고 한다.

---

32) 또한 실생활 면에서 활동하기 편한 개량 한복 입기가 권장되었는데, 장의와 두루마기 폐지, 여성의 치마 폭을 줄이고 길이를 짧게 줄이기, 고름 대신 단추 달기, 대님을 매지 말고 하의 통 줄이기, 주머니 만들기, 가슴을 동여 메지 않고 어깨 끈 달기 등이 대표적이다.

33) 이상은 고부자, 『우리 생활 100년, 옷』, 현암사, 2001. 참조.

하지만 일제강점기 들어 백의 착용 금지와 유색 옷 장려 분위기가 더욱 강압적이고 철저하게 이루어진 것만은 부인할 수 없다. 이 시기 언론 매체에서는 하루가 멀다 하고 유색옷을 권장하는 논조의 기사가 실리고 있다. "흰 옷을 입은 조선인은 범칙금을 부과하고 관공서나 시장 출입을 제한하였다. 장날 등 사람이 많이 모이는 장소에 흰 옷을 입고 나타나면 얼굴이나 옷에 먹칠을 하고 검은 도장을 찍거나 붉은 잉크를 뿌리기도 하였으며, 각 지방마다 관공서 직원, 색의 장려원, 경찰직원 등이 동원되어 흰 옷에 검정 물감을 강제적으로 칠하였다. 급기야는 이러한 강압적인 백의 금지에 반발하여 자살하는 이가 생겨나기까지 했다[35]." 신문지상에서뿐만 아니라 이 시기 간행된 각종의 잡지에서도 백의 금지, 유색복 착용으로 대표되는 복식개량의 주창은 손쉽게 찾아볼 수 있다. 필자가 확인한 근대 시기 잡지자료 『朝鮮』(日韓書房) 『朝鮮』(조선총독부) 『朝鮮及滿洲』 『文敎의 朝鮮』 『別乾坤』 『東光』 『조광』 『女性』 『新女性』 『開闢』 『家庭之友』 『新時代』 등에 실린 조선 복식 관련 기사건수 중 상당 부분이 白衣 문제와 의복개량, 또는 염색 문제를 다루는 일에 많은 지면을 할애하고 있었다[36].

34) 허명희, 「한국 백의에 영향을 준 사회적 요인에 관한 연구」, 『한국의류학회지』 6-2, 한국의류학회, 1977, 3면 ; 김은경·김영인, 「한국인의 백의 풍속에 내재된 미의식」, 『복식』 56호, 한국복식학회, 2006, 4~5면.

35) 박기윤, 「일제하 신문으로 본 백의 민족의 위기」, 『부천대학논문집』 19, 1998, 208~209면.

36) 필자는 개화기에서 일제강점기에 이르는 동안 한국 민속문화의 지속과 변용 양상을, 주로 일본인 연구자들의 기록물을 통해 고찰해 보는 작업을 수년간 지속하고 있으며, 그러한 연구의 일환으로 근대 시기 간행된 잡지 자료와 신문 자료의 기사를 조사 분석하는 작업을 병행

사태가 이러한 지경에 이르고 보면 <백의 탄압>이라는 말이 전혀 어색하지 않을 만큼 그 양상은 폭압적이고 집요했으며 전면적인 것이었다고 할 수 있다. 이러한 백의 탄압 분위기에는 민간의 자발적인 움직임이라기보다는 그 배후에 총독부의 이른바 생활개선 정책, 복식 정책이 자리하고 있었다[37]. 그렇다면 일제는 왜 그토록 조선의 복식개량에 집착하였던 것일까?[38]

그들이 내세운 표면적인 이유는 조선의 흰옷이 위생상 경제상 비효율이고, 흰 옷을 빨기 위해 전 생애 노동력의 대부분을 바쳐야 하는 조선 여인들을 무익한 노동으로부터 구원한다는 것이었다. 그러나 당시의 백의 탄압은 이러한 이유만으로는 설

---

하고 있다. 근대 시기 복식 개량운동 및 백의 탄압 양상에 대해서는 신문 잡지 매체를 분석한 연구가 이미 상당히 축적되어 있으므로 본 논문에서는 더 이상 자세한 고찰은 생략하기로 한다.

37) 1930년대 동아일보 기사를 중심으로 이 시기 백의 탄압 양상을 살핀 공제욱의 연구에 따르면, 색복을 장려하는 다양한 형태의 위원회 및 선전대, 색의 착용 동맹 등이 조직, 결성되어 각 지역마다 강연회와 강습회를 개최하고 악대와 깃발을 앞세워 가두행진을 하게 되는데, 이들의 선두에는 각 지역의 도청, 군청, 군, 면학교 당국자, 군수 면직원 등의 공직자들이 있었다. (공제욱, 「일제하 의복 통제와 '국민' 만들기」, 『사회와 역사』 67, 한국사회사학회, 2005, 54면 참조).

38) 물론, 한국의 근대 지식인들도 조선 민족의 근대화와 생활개선 운동의 차원에서 유색복 착용 운동에 적극 동참하였음은 부정할 수 없다. 잡지 『동광』(21호, 1931, 75면)에 실린 이광수의 <색의의 노래>는 당시 근대적 지식인들의 백의에 대한 비판적 입장을 상징적으로 나타내고 있다고 할 수 있다. 흰옷을 벗어놓고 일터로 가세/ 흰옷은 망국의 옷 노는 이의 옷/ 맘을랑 희게 희게 옷은 물들여/ 조선의 사람들아 일터로 가세. (공제욱, 앞의 논문, 50면 참조). 그러나 이광수를 비롯하여 백의 금지와 유색 옷 장려를 부르짖은 근대 지식인 중 일부는 조선 총독부의 내선일체 운동에 동조하고 깊게 관여한 혐의가 있음을 간과해서는 안 된다.

명할 수 없는 마녀사냥식의 무차별적이며 비정상적인 것이라 아니할 수 없다.

이 점과 관련하여 공제욱은, “일제는 1920년대에 이어 1930년대 들어서면서부터 생활개선 운동에 더욱 박차를 가하는데, 백의 폐지는 농촌진흥운동 및 자력갱생 운동의 주요 목표이기도 하였다. 일제의 입장에서 보면, 자신들의 생활개선과 농촌진흥, 자력갱생 이라는 정책적 목표가 먹혀들어가고 있는지를 가장 쉽게 알 수 있는 지표가 바로 백의 폐지와 유색복 착용이라는 것이다. 나아가 오랜 관습적 생활방식을 깨뜨려서 근대적 인간, 근대적 국민으로 포섭하고자 하는 그들의 열망이 백의 탄압으로 나타난 것이라[39]”고 진단했다.

그러나 한편으로는, 일제에게 백의는 다른 모든 조선적 문화 표상 중에서도 가장 조선적인 것을 나타내는, 그야말로 조선 민족 최고의 상징으로 인식되었다고 볼 수 있다. 즉, 의상은 한 개인이 사회적 정체성을 형성하고 실현하기 위한 가장 중요한 수단일 뿐만 아니라 한 사회의 문화적 특질을 가늠할 수 있는 가장 확실한 지표인 것이다. “조선 민족이 모인 곳을 멀리서 바라보면 그 흰 물결이 마치 목화밭을 연상시키는[40]”, 그 어떤 것보다 눈에 확 들어오는 거대한 조선민족의 동질성에 일제는 무의식적인 거부감과 두려움을 느끼지 않을 수 없었을 것이다.

『조선의 복장』에서 무라야마는 조선의 복장 양식과 특질만을 기술한 것이 아니다. 앞 장의 조선인의 백의 선호 이유나, 조선 복식의 미적 가치를 논하는 부분에서 알 수 있듯이, 그의 조선

39) 공제욱, 앞 논문, 52~65면.
40) 『조선의 복장』, 37~38면.

복식관은 조선민족론으로 이어지고 있다. 이렇게 볼 때, 『조선의 복장』의 궁극적인 관심은 복식을 통한 한국 민족성의 규명에 있다고 할 수 있을 것이다. 특히 제4장 「행동거지」에서는 조선인의 걸음걸이, 앉음새, 목욕, 빨래 행위 등 조선인의 특이한 행동양식 내지는 생활양식에 주목하고 조선 복식이 이에 미친 영향을 분석을 하고 있다.

> 조선인의 행동거지 특히 걸음걸이는 유유자적하고 서두르는 법이 없으며 지극히 차분하다. 그러나 이러한 조선인의 보행은 그들의 자기 과시욕이나 자기 존중감의 발로라기보다는 조선 복식의 특성 때문이다. <중략> 下衣, 주로 바지의 경우는 그 폭이 너무나 넓고 가랑이가 낮기 때문에 또 바지 단을 묶거나 바지자락을 원통형으로 좁히기 때문에 발의 움직임을 방해하는 경우가 많다. 특히 여성의 경우 이 바지 속에 속속곳, 단속곳 등의 속옷을 겹쳐 입으므로 그것들이 뭉쳐 양 다리 사이에 끼이게 되고 이를 피해 걸으려 하다 보니 저절로 다리를 바깥쪽으로 내딛게 된다. 조선인의 경우 바깥쪽으로 벌려 걷는 정도가 5,60도 내지는 90도에 이르니 자연히 걸음걸이가 느려지는 것이다. 또한 보행이 늦기 때문에 자연히 보폭이 커지게 되는 것이다. 이렇게 조선 복장 본래의 성질이 보행을 민첩하게 하는데 적절하지 않기 때문에 조선 옷을 입게 되면 유유히 걷는 것이 자연스럽다. (『조선의 복장』, 93~100면.)

위 인용문에서 알 수 있는 것은, 무라야마 지준이 조선 민족 특유의 행동양식은 바로 조선 복식의 특질에서 기인한 것임을 직시하고 있다는 점이다. 이와 같은 논리라면, 조선의 복식을 바꾸면 바로 조선 인민의 행동 방식을 바꿀 수 있고 이는 바로 조선민족 개조의 가능성을 시사하는 것이 된다. 또한 그는, "조선 노동자의 작업 능률은 일본 중국에 비해 현저히 떨어지는데 이는 노동을 천시하고 기피하는 국민성에 기인하는 것이지만 그들의 복장과도 밀접한 상관관계에 있다"고 지적한 뒤, 조선복이 노동에 부적합한 것은 발걸음을 민첩하게 할 수 없고, 옷이 몸에 밀착되지 않아 헐렁하며, 옷고름 때문에 허리를 굽히는 데도 불편하고, 또한 그 색깔이 흰 색이라는 점에 있다"고 주장했다[41]. 무라야마 지준의 바로 이러한 지적은 일제가 식민지 조선 민족을 유능한 노동 인력으로 양성하기 위해 무엇보다도 고려되어야 할 사항이 아닐 수 없었다.

조선복식에 나타나는 조선적 특질은 그들이 조선의 완전한 식민지화를 위해 줄기차게 부르짖은 內鮮一體의 과업을 달성하기 위해서도 개량, 개선되고 무마되는 방향으로 나아가야 했다. 또한 전통적 조선 복식의 개량은 조선민족을 개량하는 것이요, 식민지 조선 민중을 유능한 노동자로 길러내는 데에도 필수불가결한 요소이다. 『조선의 복장』에 담긴 조선 복식론의 이면에는 바로 이러한 의도가 잠재해 있는 것이다.

## Ⅴ. 맺음말

동경제국대학의 사회학도 무라야마 지준이 조선에 건너와 수

41) 『조선의 복장』, 97~100면.

행한 조선의 사회 문화에 대한 연구업적은 참으로 대단한 것이었다. 총14권 5천 4백여 페이지에 달하는 그의 조사자료집과 각종 민속문화 관련 논문을 빼고 과연 무엇으로 근대 시기 우리 민족의 생활문화 내지 민속문화를 논할 수 있을 것인가를 자문해 보면 더욱 그렇다.

그러나 그의 조사 자료집에서 발견되는 조선민족에 대한 담론들은 그가 20여 년간을 이 땅에 머물면서 우리 민족의 생활문화와 전통 문화에 천착하고 연구해 온 연구자의 그것이라고 보기에는 너무나도 조선총독부의 식민지 지배 이데올로기에 종속되어 있으며, 충실하게 복무해 왔다는 인상을 지우기 어렵다. 이는 동시대 일본인 지식인 야나기 무네요시가 보인 조선 민족에 대한 이해와 문화 예술에 대한 애정의 깊이와 비교해 볼 때 그의 학자로서의 지성이나 학문적인 깊이마저 회의하게 만드는 부분이 아닐 수 없다. 조선 민속학에 끼친 영향과 방대한 성과에도 불구하고 정작 그가 일본 민속학계에서 제대로 된 연구자로 대접받지 못한 이면에는, 물론 전통 문화인류학을 전공한 학자가 아니라는 보수적 학계의 따돌림이 작용했을 수도 있겠으나, 종국에는 학자로서의 그의 학문적 깊이에 기인한 것은 아닐까, 라는 생각을 하게 된다.

『조선의 복장』은 복식문화를, 한 개인이 사회적 정체성을 형성하고 실현하기 위한 가장 중요한 수단일 뿐만 아니라 한 사회의 문화적 특질을 가늠할 수 있는 가장 확실한 지표로 인식한 조선총독부에 의해 기획된 조사 자료이다. 그리고 이것은 일제강점기 내내 광풍처럼 불었던 조선복식 개량 움직임, 특히 백의 탄압과 연동한다. 물론 복식개량운동은 전통 복식문화가 근대적 생활 양식에 맞게 개편되어야 하는 시대적 요청에 부응하는 측면이 강했고, 복식 생활자 스스로가 자발적으로 수용한 측면 역시 배제할 수 없다. 그러나 일제에 의해 강압된 복식개량에는 동화주의의 내선일체를 달성하기 위해 조선 민족의 특질을 희석시키고, 식민지의 노동 능률을 상승시키기 위해 획책된 측면이 강하다. 무라야마 지준의 『조선의 복장』에 담긴 조선 복식론의 이면에는 바로 이러한 의도가 잠재해 있는 것이다.

그러나 『조선의 복장』에 내재되어 있는 식민주의 담론을 차치하고라도 복식연구사에 있어서의 『조선의 복장』의 가치 매김에 대해서는 이 분야 전문가들의 몫으로 아직도 우리 앞에 남겨져 있는 과제가 아닐 수 없다. 더욱이 『조선의 복장』에 기술되어 있는 근대 시기 조선 복식의 양태, 혹은 복식 문화 전통에 대한 記述들이 얼마만큼 당시 복식문화의 실체에 근접하여 학문적 진실을 담고 있는지를 분석해 내는 일 역시 미해결인 채 남아 있다. 그 허와 실을 잘 가려 본다면 근대 복식 문화를 올바로 파악하기 위한 도구로서 『조선의 복장』은 매우 유용한 자료임에 틀림없을 것이다.

## <참 고 문 헌>

고부자, 『우리 생활 100년, 옷』, 현암사, 2001.

공제욱, 「일제하 의복 통제와 '국민' 만들기」, 『사회와 역사』 67, 한국사회사학회, 2005.

김진구·장유경·임정빈, 「개화기 한국인의 가정생활 양식에 관한 연구Ⅰ-매일신보를 중심으로-」, 『한국생활과학연구』 10, 한양대학교한국생활과학연구소, 1992.

김진구, 「개화기 한국인의 가정생활 양식에 관한 연구Ⅱ-의생활(매일신보를 중심으로)-」, 『한국생활과학연구』 12, 한양대학교 한국생활과학연구소, 1994.

다이애나 크레인 지음/서미석 역, 『패션의 문화와 사회사』, 한길사, 2004.

박기윤, 「일제하 신문으로 본 백의 민족의 위기」, 『부천대학논문집』 19, 1998.

백성현, 이한우, 『파란 눈에 비친 하얀 조선』, 도서출판 새날, 2006.

야나기 무네요시 지음/이길진 역, 『조선과 그 예술』, 신구, 1994.

이지원, 「1920~30년대 일제의 조선 문화 지배 정책」, 『역사 교육』 75, 역사교육 연구회, 2000.

조르주 뒤크로 지음, 최미경 역, 『가련하고 정다운 나라』, 눈빛, 2006.

주영하, 「조선의 제사와 사회 교화론-무라야마 지준의 『석전, 기우, 안택』연구」, 『제국일본이 그린 조선 민속』, 한국학중앙연구원, 2006.

최규순・김은정,『개항기에서 일제강점기 의생활 연구의 현황과 전망』, 전통의생활연구 제1집 별책, 단국대학교전통문화연구소, 2007.

최석영,「『朝鮮の鬼神』해제」,『民俗 人類學 資料大系1 朝鮮の鬼神』, 민속원, 2008.

加藤灌覺,「朝鮮に於ける白衣の禁について」,『ドルメン』, 1933. 4.

今村鞆,「朝鮮人の白色服と美感」,『歷史民俗朝鮮漫錄』, 1928.

上村六郎,『東方染色文化の硏究』, 第一書房, 1933.

野村伸一,「村山智順が見た朝鮮民俗」,『自然と文化』66, 2001.

田口久子,「衣服改善問題の現代的性格に就いて-特に婦人を中心としての考察-」,『朝鮮』通卷341-342, 1943. 10, 11.

鳥山喜一,「鮮民白衣考」,『滿鮮文化史觀』, 刀江書院, 1935.

朝倉敏夫,「村山智順の謎」,『民博通信』79, 國立民族博物館, 1997.

村上唯吉,『朝鮮人の衣食住』, 경성 ; 大和商會印刷所 圖書出版部, 1916.

〔제 2 부〕

# 개화기에서 일제강점기까지 근대 제도의 도입과 일상생활의 재편

# “개화기에서 일제강점기까지 근대 제도의 도입과 일상생활의 재편” 연구의 의의와 반성

신 종 한*

## Ⅰ. 연구 목적

본 과제는 개화기에서 일제강점기까지 일상생활(Everyday-life)의 변모 양상을 매체·제도·주체라는 주제로 고찰함으로써, 우리 사회의 근대적 성격을 구체적이고 경험적인 층위에서 논의하고자 하는 것이다. 이는 한국 문화전통의 지속과 변용이란 주제를 새로운 관점으로 탐색할 수 있는 기반을 마련하고, 한국의 문화 정체성을 복합적이고 다층적으로 연구하기 위함이다.

* 단국대학교 국어국문학과 교수.

최근 인문학 분야에서는 '일상생활', '일상문화', '일상성' 등을 주제화하는 것이 뚜렷한 경향으로 나타나고 있다. 이는 기존 연구의 단선적 진보 사관에 대한 회의와 거시적 정치·경제 중심의 역사 서술에 대한 반성이 맞물려 나타난 경향이다. 최근 들어 일상생활 분야의 연구 대상이 괄목할 수준으로 확대되고 이에 따라 유의미한 연구 성과들이 가시화되고 있는 것은 주목할 만한 일이다.

그럼에도 불구하고, 지금까지의 일상생활 관련 연구는 여전히 특정 시기나 몇몇 주제에 편중되어 있어 근대성의 다양한 층위를 총체적으로 확인시켜 주지 못하고 있다. 특히 우리 문화전통의 지속과 변용의 양상을 탐색하는 데에 소홀함으로써 우리의 문화적 정체성에 대한 통찰의 시각을 제공하지 못하고 있다는 점은 문제가 아닐 수 없다. 이는 최근의 연구들이 대중적으로 관심을 끄는 몇몇 선정적인 유행 소재에 한정되고 있다는 점에도 기인하지만, 본질적으로는 일상생활 관련 연구는 방대한 자료의 수집과 분석의 과정을 요구하는 것이어서 개별 연구자들의 노력과 열정만으로 수행하기에는 한계가 있을 수밖에 없다는 데에 근본적인 원인이 있다. 그러므로 이 분야의 연구가 보다 유의미한 성과를 내기 위해서는 지속적인 연구 지원을 통해 다양한 자료를 체계적으로 수집·정리할 수 있는 여건이 제공되어야 하며, 학제 간 연구 성과를 교환하고 이를 축적할 수 있는 안정적인 학문의 장(場)이 구축될 필요가 있다.

이에 본 과제는 최근의 일상생활 관련 연구들이 진척시킨 연구 방법과 성과를 폭넓게 수용하되, 본 과제의 총괄 주제인 <'개화기에서 일제강점기까지' 한국 문화전통의 지속과 변용>

을 중심으로, 우리의 근대성과 문화정체성에 대한 새로운 담론을 생산해 내는 데에 역점을 두어 진행해 나가고자 한다. 우리 사회의 근대적 변환은 서구적 정치·경제 제도나 신문물의 수용만으로 이루어진 것이 아니라, 이와 동반하여 기층의 삶 전반을 구성하고 있던 인식·태도·관계·관습 등이 해체되거나 재구성되는 일련의 과정을 포괄하면서 진행된 것이라고 볼 수 있다. 본 과제는 개화기에서 일제강점기까지를 대상으로 우리 문화의 근대 전유 방식과 그 과정에서 나타난 전통적 질서의 해체 및 변이의 문제를 보다 구체적이고 실제적인 경험의 층위에서 논의한다는 점에서 기존의 연구와 차별성을 가지고 있다. 특히 본 과제는 기존의 일상생활 연구가 천착하지 못했던 근대성과 전통의 관계에 대한 새로운 담론을 생산해내는 데에 주력하고자 한다.

본 과제는 일상생활과 문화적 표상의 연구를 개화기에서 일제강점기를 대상으로 하여, '일상생활과 매체(1단계)', '일상생활과 제도(2단계)', '일상생활과 주체(3단계)'로 진행해 나가도록 설계되었다. 이는 단계적이고 체계적인 연구를 통해 한국 일상생활의 근대성과 문화적 정체성을 총체적으로 이해하기 위한 기반을 마련하기 위해서이다.

현재 2단계에서는 우리 사회에 근대적 생활 문화의 기반이 구축되었던 개화기에서 일제 강점기까지의 기간을 대상으로, 근대적 제도의 도입으로 인해 전통적인 질서가 해체되거나 재구성됨으로써 일상의 감각이 재편되는 과정을 탐색하고, 이를 통해 한국 일상생활의 근대성과 문화적 정체성에 대한 총체적 이해를 얻고자 하는 것을 목적으로 삼는다. 본 과제는 기본적으로 제도 자체가 갖는 본질적인 성격에 대한 탐색보다는 그것과 더불어 재편된 일상생활의 관습, 의식, 감각, 감정, 윤리, 가치 등의 문제를 해석하고 의미를 추구한다는 점에서 기존의 제도나 정책 연구들과 변별성을 지닌다. 즉 본 과제는 교육 제도, 가족 제도, 매매 제도, 교통 및 통신 제도, 문학 및 예술 관련 제도, 검열 및 풍속 취체 제도 등 개화기에서 일제강점기 기간에 도입되었던 근대 제도에 관한 객관적인 통계나 자료를 광범위하게 수입하고 이를 체계적으로 분류·정리하여 활용하되, 제도 자체의 문제보다는 이를 통해 전통적 습속과 일상의 감각이 변이되고 근대적 문화 표상이 구성되는 과정을 분석하는 데에 역점을 둘 것이다. 요컨대, 우리 사회에 근대적 생활 문화의 기반이 구축되었던 개화기에서 일제 강점기까지의 기간을 대상으로 근대 제도의 도입으로 인해 전통적인 질서가 해체되거나 재구성됨으로써 일상의 감각이 재편되는 과정을 다각적으로 탐색하고, 이를 통해 한국 일상생활의 근대성과 문화정체성에 대한 새로운 담론을 생산해 내고자 하는 것이 2단계 과제의 목적이다.

## Ⅱ. 연구 방법 및 내용

개화기에서 일제강점기까지의 기간에는 우리 사회 전체에서 다양한 수준의 제도가 급격하게 변환되었으며, 사회의 하위 체계들이 분화되고 전문화되는 과정과 연동하여 새로운 제도들이 도입되었다. 또한 식민지 지배 권력은 사회를 통제하기 위한 다양한 검열과 규율의 제도들을 고안하기도 하였다. 제도(制度; Institution)는 사회와 개인의 공적·사적 필요를 충족시키기 위해 특정한 기능을 수행하는 규범들의 복합적인 체계를 일컫는 용어이다. 인간의 행동태도, 관념을 규율하는 각종 규범적 양식들의 복합체를 제도라고 할 때, 제도에 대한 이해는 일상의 생활 영역이 어떻게 구성되어 있으며, 이를 반복적으로 유지시키는 운영 원리는 무엇인가를 파악하는 데 필수적인 요건이 된다.

그런데 제도는 법률로 제정되어 공적 효력을 발휘하는 것으로부터 사회 구성원들 사이의 암묵적인 관행이나 습속, 가치체계 등에 의해 유지되는 것 등 다양한 형태로 존재하며, 기능이나 성격에 따라서도 여러 가지 방식으로 분류할 수 있다. 본 과제에서는 일상생활의 문화적 표상을 연구하고자 하는 취지에 맞추어 그 하위 영역을 크게 둘로 나누고자 한다. 첫째, 가족 제도, 교육 제도, 매매 제도, 교통 및 통신 제도 등 일상생활의 밑바탕을 이루는 기초 제도이다. 둘째, 문학 및 예술 관련 제도, 오락 및 유흥 제도, 풍속 취체 등 검열 제도와 같이 기초 제도와 더불어 파생된 각종 문화 관련 제도이다. 물론 이러한 제도들은 일상생활에서 서로 밀접한 연관 관계를 맺으면서 운영되고 있으므로 이러한 구분은 경우에 따라 유연하게 적용될 필요가 있을 것이다.

먼저, 본 과제와 관련되는 제도와 문화 관련 연구의 현황 및 과제를 간략히 정리해 보면 다음과 같다.

가족은 일상생활의 가장 기초적인 조직 단위로서 구관습과 신관습, 세대별 차이, 남녀에 대한 인식 등이 갈등과 충돌을 빚는 대표적인 장소이다. 개화기에서 일제강점기의 기간에는 자유연애 사상에 의한 결혼관의 변화, 어린이기를 중심으로 한 근대 핵가족 이념의 보급으로 부모-자녀 간, 부부 간의 전통적 관계 양식이 크게 변모된다. 최근 부각되고 있는 신여성 등을 대상으로 한 연애 및 결혼 풍속 연구, 어린이기의 형성 및 가족 관계 연구는 일상의 층위에서 이루어진 전통과 근대의 만남을 논의하기 위해 계속적인 심층 연구가 필요한 주제이다.

보육 및 교육 제도에 대해서는 실증적인 연구 성과들이 상당히 많이 축적되어 있는 상태이다. 그러나 근대 위생담론과 보육제도가 일상생활의 전통적 보육 관습과 충돌하거나 혼효되는 문제는 충분하게 다루어지지 못한 형편이다. 또한 교육열이나 학력주의 등 근대 교육제도의 도입으로 인하여 사적 생활에서 개인의 욕망이 형성되는 문제 등에 대한 조명도 상대적으로 부족한 편이다. 이러한 문제들은 현재에까지도 여전히 우리의 삶에서 갈등을 빚는 문제이므로 제도 자체에 대한 연구와는 별도로 문화적 의미에 대한 깊이 있는 천착이 요구된다.

사회경제적인 토대의 자본주의 체제로의 진입 여부는 근대화의 지표 중 하나이다. 특히 근대 매매제도 및 소비제도는 경제를 통해 문화의 구체적인 표상을 살필 수 있는 연구 대상이 된다. 예를 들어 금난전권(禁難廛權)을 가지고 전국의 상권을 장악하고 있던 육의전의 붕괴와 객주와 난전상의 자본주의적 시장경제체제로의 편입, 진고개에 터를 잡고 한국의 상권을 잠식했던 왜상들에 대항하여 민족자본을 유지하기 위한 북촌 상인들의 생존방식, 투자가 아니라 투기였던 미두거래 등을 고찰한다면 식민지의 일상을 움직였던 동력을 발견할 수 있을 것이다.

철도, 전차, 자동차를 기반으로 한 교통 제도와 우편, 전신, 전화 등의 근대 통신 제도는 재래의 장소와 시간에 대한 감각을 해체시킴으로써 일상생활에서 시공간에 대한 인식을 큰 폭으로 재편시켰다. 일제강점기 한국에서 근대 교통제도의 정착과 발달은 한국사회의 정치, 경제, 문화적인 면에서 급격한 변화를 불러오는 동력이었을 뿐 아니라, 근대를 일반인들에게 실제적으로 각인시키는 물리적 계기로 작용하였다. 이러한 일상적인 경험과 그 의미들은 좀더 논의될 필요가 있다.

문학 제도에 대한 연구는 최근 국문학계에서 문단의 형성, 문예 현상 제도 등 문학 재생산과 관련한 주제로 활발하게 이루어졌다. 그러나 문학 정전화와 독자 수용과 관련한 연구는 아직도 미약한 수준이다. 문학 제도화 작업은 전문화, 정전화와 맞물리면서 '순수'와 '고급'이라는 일정한 배제논리를 형성하였다. 이러한 논리는 일반 독자들의 감수성과 취향을 형성하는 데에도 강력한 기제로 작용하였다. 이는 근대적 문학 이념이 일상 속에서도 권위를 획득하면서 재래의 전통적 문학 개념을 해체하고 재편하는 과정을 구체적으로 보여준다는 점에서도 중요하다. 문학 정전화 과정과 작품의 생산・소비의 상관관계 등의 분석을 통해 일상생활과 문학 제도, 문화적 취향을 연계시키는 작업 등이 보완될 필요가 있다.

검열 제도는 일제강점기 일상생활을 규제하는 강력한 제도 중 하나였다. 검열제도는 당대 언론·문학·예술인의 표현만이 아니라 일반인들의 생활 전반을 규율하는 강력한 힘으로 작용하였다. 검열 제도는 고등경찰이 담당했던 결사·집회·언론·출판·

요시찰 인물 검열 분야 뿐 아니라, 위생경찰이 담당했던 여인숙·요리집·음식점·유곽·이발업·서양 장신구·주류 판매 등 풍속 전반에 결쳐있었다. 즉 당시 검열제도는 한국인들의 일상생활 전체를 규율대상으로 삼고 있었던 것이다. 그럼에도 불구하고 지금까지의 일제 강점기 검열에 대한 연구는 주로 사상이나 치안 문제 등과 관련한 분야에 치중되어 있다. 본 과제에서는 기존의 검열 연구를 확대시켜 풍속 취체 등 일상생활을 규율하였던 검열 제도에도 초점을 맞추어 보고자 한다.

2단계 1년차에서는 근대 제도 중에서도 일상적 삶과 노동을 유지시키는 것과 밀접한 관련이 있는 기초 제도들을 점검하고, 이러한 기본 제도들이 전통적 질서를 변화시키고 일상의 감각을 재구성하는 과정에 초점을 두어 살필 것이다. 기초 제도란, 앞에서 분류한 대로 가족 제도, 교육 제도, 매매 제도, 교통 및 통신 제도 등 일상의 기본적인 생활을 조직하고, 노동 등 생산활동을 유지시키며, 이를 재생산하는 기능을 담당하는 것으로 일상생활의 밑바탕을 이루는 제도들을 가리키는 것이다. 근대적 일상의 기초를 마련한 제도들과 이로 인해 전통적 삶의 습속들이 변용되는 문화적 현상들이 1년차의 중심 주제가 될 것이다.

이러한 연구 결과는 본 연구서에 실린 논문들로 설명될 수 있을 것이다. 조은숙의 논문 「근대 가족애의 형성과 아동의 표상-부모-자녀 담론을 중심」은 1900년대를 전후한 시기부터 일제강점기까지의 가족 담론, 특히 부모와 자녀에 관련된 공적·사적 담론들을 분석함으로써 '제도(institution)'로서의 가족이 일상생활 속에서 어떠한 방식으로 구성되어 왔는지를 살펴본 것이다. '제도'란 특정한 행동 양식을 반복적으로 수행 가능하게 하는 구조적 체계라고 할 수 있지만, 고정되고 불변하는 것이 아니라 유동적이며 복합적인 것으로서 실제의 삶 속에서 끊임없이 구성되고 변이되는 것이기도 하다. 이 글은 근대 가족 담론을 분석하되 이를 가족의 특정한 실체를 반영할 뿐 아니라, 현실 맥락 속에서 부단한 '실행(practice)'의 능력을 갖는 것으로 인식하면서 일상생활 속에서의 가족과 아동에 대한 표상을 살피고 있다.

김재관의 「근대 교육제도의 도입과 교육 의식의 변화」은 근대교육제도의 도입과정과 특성을 개화파 지식인들의 교육담론과 연계시켜 고찰하고자 한 것이다. 이를 위해 개항 이후부터 을사늑약 체결 이전까지의 근대교육제도와 교육담론에 대하여 그리고 개항 이후 실시된 고종의 교육정책과 유길준이 『서유견문』에서 제시한 교육관의 연계성을 고찰하였다. 또한 교육자주권을 침탈당하는 을사늑약 체결 이후의 상황을 살펴봄으로써 국권회복 차원에서 전개된 사립학교운동과 이를 통한 구국교육운동의 특성을 구명하였다. 즉 통감부의 탄압에도 굴하지 않고 활발하게 전개되었던 민족교육의 실천적 노력을 제도적인 측면에서 살필 것이다.

신종한의 「근대 신분제도의 변동과 일상생활의 재편-형평운동과 백정들의 일상」은 백정계급의 근대 신분 제도 변천과 일상을 알아보고, 백정(白丁)들의 형평사 운동이 어떻게 문학작품 속에 반영되는지 살피는데 목적을 둔 것이다. 1894년 갑오경장의 선언에 따라 법제상으로 신분제가 폐지되면서 백정은 법적으로는 자유의 몸이 되었다. 그러나 법적으로 신분제가 폐지되었다고는 해도 차별적인 구조를 벗어나기 위해서는 오랜 시간이 필요했다. 여러 어려움 속에 백정들은 신분해방을 위해 결속단체 <형평사>를 조직하게 되고 이는 그대로 소설에 반영된다. 대표적인 작품으로는 조명희(趙明熙)의 <낙동강>과 황순원(黃順元)의 <일월>을 들 수 있다. <낙동강>에서는 형평사 회원들과 장터에 나온 사람들과의 싸움을 묘사한 부분이 나오는데 이는 형평사와 일반인과의 충돌을 모티프로 한 것으로 당대 현실의 재현으로 반영되었다. 형평운동과 백정의 문제는 해방 후 황순원(黃順元)의 <日月>에서 더욱 구체화 된다. 이 소설은 형평사 운동 이후를 형상화하면서 백정에 대한 차별이 계속되고 있음을 그려낸다. 즉, 법제상으로 철폐된 백정이 일상생활에서는 계속 차별과 배제를 받은 상황을 반영하고 있다. 이를 통해 봉건적인 신분제도가 일상생활 속에서 완전히 사라지기 위해서는 지난한 과정이 필요함을 알 수 있다.

서문석의 「근대 공장제도의 도입과 노동자들의 일상생활-대규모 면방직공장의 女工을 중심으로」는 근대적 공장제도가 도입됨으로써 개인의 일상생활이 어떻게 변했는가를 확인하려는 것이다. 한국에서 근대적인 공장제도가 본격적으로 도입된 1930년대에 이 근대적 공장에 근무하던 여공들이 어떤 일상생활을 하였는지를 확인함으로써 근대공장제도의 도입 이후 개인의 일상생활이 어떻게 변했는가를 살펴보았다. 근대적인 공장은 전근대적인 일상생활을 하던 개인들이 자신의 일상생활을 변화시키는 순간을 가장 효과적으로 관찰할 수 있는 곳이다. 그리고 세계 대부분의 나라에서 산업혁명을 주도하며 공장제도를 형성시킴으로써 근대를 탄생시킨 분야가 바로 면방직공업이다. 또한 면방직공업은 대규모의 노동력을 필요로 하는 산업이기 때문에 공장제도에 편입된 많은 노동자들의 일상생활을 포착할 수 있다.

장두식의 「식민지 지주제의 소설적 수용 양상 연구-이기영의 『고향』을 중심으로」는 이기영의 「고향」(『조선일보』 1933.11~1934.9 연재)에 반영된 식민지 지주제 모순을 고찰하고 식민지 지주제가 당대 농촌 사회를 어떻게 왜곡시키고 있는가를 살펴본 것이다. 일제에 의해 구축된 식민지 지주제는 봉건적 지주제의 왜곡된 변형이었다. 때문에 봉건적 지주제보다 더욱 가혹한 수탈 양상을 보여주고 있다. 즉 식민지 지주제는 「고향」의 소작인들이 ‘풍년공황’이라고 한탄하고 있듯이, 마름이라는 중간착취 장치를 가지고 있는 이중의 수탈제도였던 것이다. 이러한 구조적 모순 속에서 원터마을의 소작인들은 매개적 인물인 김희준의 지도하에 마름 안승학과 대결을 벌여 굴복시키고 있다. 이러한 갈등구조는 일제강점기 수없이 일어났던 소작쟁의의 원인과 결과를 살피는데 많은 시사점을 던져준다.

<고향>은 이기영이 “어느 정도 만치 현실미를 띤” 작품이라고 자평한 것처럼 작가가 가지고 있는 세계관과 리얼리즘이라는 창작방법론을 조화롭게 조정을 하고 있는 텍스트이다. 또한 텍스트 속의 인물형상 창조를 통해서 작가가 의도하는 ‘집단의식’의 의미로 자연스럽게 드러나고 있다. 『고향』 속에서 그려지는 원터 마을은 농촌공동체의 인간연대와 함께 식민지 지주제라는 질곡에서 벗어나고자 하는 농민들의 행동들이 역동적으로 움직이는 공간이었다.

이러한 연구는 개화기에서 일제강점기까지 일상생활과 제도를 중심으로 논의된 성과들이다. 이러한 바탕은 일상생활을 통

한 기초 제도의 새로운 방법론을 제시하였다는 점에서 의미가 깊을 것이다. 또한 이러한 연구 성과는 앞으로 간행될 관련 자료집과 함께 후학들에게 하나의 길잡이가 되기를 기대해 본다.

# 근대 가족애의 형성과 아동의 표상
## - 부모-자녀 담론을 중심으로 -

조 은 숙*

## Ⅰ. 서 론

가족은 일상생활이 영위되는 기초 단위로서, 무척이나 친근하고 자연스럽게 느껴지는 제도이다. 그러나 가족제도 또한 시대와 사회를 초월한 보편적인 형태나 기능을 가진 것은 아니다. 많은 가족사 연구들은 가족에 대한 관념과 이미지는 사회적·문화적으로 형성되어 왔다고 보고해 왔다.[1] 백여 년 전, 우리 사회가

* 춘천교육대학교 국어교육과 교수.

1) 대표적인 예로 앙시엥레짐기의 아동에 대한 인식의 변화를 추적함으로써 중세적 가족에서 근대적 가족으로의 사회적 제도심성 변화를 연

국가 존망의 위협 속에서 근대적 문명과 제도의 수용을 통한 전면적 혁신을 요구받았을 때, 첨예하게 떠올랐던 문제 중 하나도 가족 개조의 문제였다.[2] 이 글은 우리 사회에서 전통적 가족 제도의 위상이 흔들리고, 근대적 가족 제도 담론이 전개되어 나갔던 1900년대를 전후한 시기부터 일제강점기까지의 가족 담론, 특히 부모와 자녀에 관련된 공적·사적 담론들을 분석함으로써 '제도(institution)'로서의 가족이 일상생활 속에서 어떠한 방식으로 구성되어 왔는지를 살펴보고자 한다. '제도'란 특정한 행동 양식을 반복적으로 수행 가능하게 하는 구조적 체계라고 할 수 있지만, 고정되고 불변하는 것이 아니라 유동적이며 복합적인 것으로서 실제의 삶 속에서 끊임없이 구성되고 변이되는 것이기도 하다. 이 글은 근대 가족 담론을 분석하되 이를 가족의 특정한 실체를 반영할 뿐 아니라, 현실 맥락 속에서 부단한 '실행(practice)'의 능력을 갖는 것으로 인식하면서 일상생활 속에서의 가족과 아동에 대한 표상을 검토해 나가고자 한다.[3]

---

구한 팔립 아리에스를 들 수 있다. 필립 아리에스, 문지영 역, 『아동의 탄생』, 새물결, 2003.

2) 전미경은 우리 사회에서 '가족'은, 1876년 개항이 이루어지고 조선이 문명국으로 거듭나고자 할 때도, 1905년 외교권이 박탈되면서 독립국의 지위를 지키고자 할 때도, 1910년 일제강점 이후 식민지 정책이 본격화되는 가운데 민족 자강의 열망이 갈구되었을 때에도, 이들 문제를 해결할 수 있는 '전략적 지점'이 되어 왔음을 강조했다.

전미경, 「1920~30년대 가정탐방기를 통해 본 신가정」, 『가족과 문화』 19집 4호, 2007.

3) 가족을 '실행'으로서 이해하는 관점은 제이버 구브리움과 제임스 홀스타인의 견해를 참조한 것이다.

제이버 구브리움·제임스 홀스타인, 최연실·조은숙·성미애 역, 『가족이란 무엇인가?-사회구성주의적 관점에서 본 가족담론』, 하우, 1997.

우리 사회의 가족과 근대성에 대한 연구는 최근 십여 년 동안 다양한 분야에서 학문적 관심을 받아 왔다. 가족 제도의 근대성에 대한 연구는 근대 국민 생산 기획, 어린이기, 자유연애 및 신가정의 이데올로기, 신여성 및 모성 담론 등 다양한 방향으로 전개되어 왔으며,[4] 특히 여성 문제나 부부 관계를 이해하는 데 역점을 두고 진행되어 왔다고 볼 수 있다. 여성이나 부부 문제에 대한 풍부한 고찰에 비한다면 '가족과 아동'이라는 주제는 상대적으로 소홀하게 다루어진 편이라고 할 수 있다. 그러나 아리에스의 저작이 보여준 것처럼 아동에 대한 사회적 인식과 태도의 변화는 근대 가족의 형성과 맞물려 나타난 핵심적인 현상 중 하나였다. 우리 사회의 근대적 가족과 아동의 관계를 가장 먼저 선구적으로 다룬 연구자로는 김혜경을 꼽을 수 있다. 김혜경은 우리 사회도 서구와 마찬가지로 근대적 변환의 과정에서 어린이에 대한 인식의 변화, 즉 어른으로부터의 격리와 보호, 동시에 사회적 규율화를 향한 훈육이 필요한 유약한 존재라는 생각이 나타났으며, 이러한 인식의 변화는 여성의 가정 내 역할과 가정의 의미를 변화시키는 데 중요한 계기가 되었다고 주장

---

4) 주요 연구를 개략적으로 소개하면 다음과 같다.
김혜경, 「식민지시기 가족에 대한 계보학적 연구」, 『사회와 역사』 58호, 2001 ; 전미경, 『근대계몽기 가족론과 국민 생산 프로젝트』, 소명출판, 2004 ; 김경일, 『여성의 근대, 근대의 여성』, 푸른역사, 2004 ; 전미경, 「1920~1930년대 현모양처에 관한 연구」, 『한국가정관리학회지』 22집 3호, 2004 ; 태해숙 외, 『한국의 식민지 근대와 여성공간』, 여이연, 2004 ; 김수진, 「1920~1930년대 신여성담론과 상징의 구성」, 서울대학교 박사학위논문, 2005 ; 연구공간 수유+너머 근대매체연구팀 『신여성: 매체로 본 근대 여성 풍속사』, 한겨레신문사, 2005 ; 김혜경, 『식민지하 근대가족의 형성과 젠더』, 창작과비평사, 2006.

하였다. 이 글 또한 이러한 견해에 기본적으로 동의하는 바이다. 특히 "조선에서 어린이관(자녀관)의 형성에서 빼놓을 수 없는 부분은 바로 효를 중심으로 규정되던 전통적인 부모자녀 관계에 일정한 변화가 발생"한 것이라는 지적은, 부모-자녀 관계의 변화 양상을 통해 일상생활의 층위에서 우리 문화전통의 지속과 변모의 양상을 살피고자 하는 이 글의 목적을 달성하는 데 유용한 참조점이 된다.[5] 이 글은 가족과 아동의 관계에 대한 기존 연구의 성과와 관점을 두루 수용하는 것으로써 논의의 출발점을 삼고자 한다. 다만, 근대 계몽의 기획 과정에서 자식들에게 학교 교육을 시켜야 한다는 것은 평범한 부모들 모두에게 새롭게 부여된 '의무'였을 뿐 아니라, 자본주의 경쟁 체제로 편입되어 가는 과정에서 개인과 각 가정에게 촉발된 '욕망'과 얽혀 있는 문제였기 때문에 일상생활의 다단한 층위에서 광범위하게 작용하는 효과를 발생시켰다는 점에 초점을 두어 논의를 심화시킴으로써 기존 논의의 단순성을 보완하고 구체성을 보강하고자 한다.

## Ⅱ. 부모됨의 직분

### 1. 계몽 담론에 포획된 가족

근대 계몽기는 교육의 문제가 계몽의 최대 과제로 부상되었

5) 김혜경, 앞의 책, 239~247면.

던 시기였다. 국제 질서의 패권을 장악한 서구 열강들의 위력을 통해 서구 지식의 힘을 목도한 계몽주의자들은 위기에 빠진 조선의 현실을 극복하고 독립된 국가를 건설할 수 있는 유력한 방도를 신지식, 신문명을 도입하는 것에서 찾았다. 특히 아직 기성의 지식과 문화에 젖지 않은 미성년들은 성인에 비해 새로운 문물과 지식을 받아들일 수 있는 가능성이 많다고 여겨졌으므로 미성년들의 미숙함은 가능성의 징표로서 새롭게 인식되기 시작하였다.[6] 따라서 장차 독립된 국가를 건설할 예비 주체인 미성년들에 대한 교육은 사회적으로 힘을 기울여야 할 중차대한 문제로 공론화 되었으며, 한창 배움을 쌓아야 할 아이들이 공연히 구경거리나 찾으면서 시내를 몰려다니는 "무용지 동물"[7]이 되어 버리는 사태는 그 아이들의 '부형'과 인민을 교육해야 할 '정부'가 책임져야 할 문제라고 비판되었다. 그러나 국민 교육을 담당할 사회적 제도 기반이 턱없이 미약했던 당시 아동 교육에 대한 실질적인 책무는 각 가정과 부모들에게 떠맡겨지기 마련이었다.

> ᄌᆞ식을 ᄉᆞ랑 ᄒᆞᄂᆞᆫ 사람은 지금 브터 자식을 교휵식히ᄂᆞᆫ거시 올코 만일 ᄌᆞ식이 학문이 잇ᄂᆞᆫ 사ᄅᆞᆷ이 되거드면 그ᄌᆞ식이 다만 집만 보호 ᄒᆞᆯᄡᅮᆫ 아니라 나라를 보호 ᄒᆞᆯ 터이요 그 사ᄅᆞᆷ들이 나라를 지금 보다 낫게 ᄆᆞᆫ들터이니 실샹을 ᄉᆡᆼ각ᄒᆞ면 ᄌᆞ식 교휵 ᄒᆞᄂᆞᆫ거시 곳 나라를 위ᄒᆞᆷ이라

6) 근대 계몽기에 미성년의 문제가 사회적 담론으로 부상하는 현상에 대해서는 다음 글 참조.
조은숙, 「근대 계몽 담론과 소년의 표상」, 『어문논집』, 46호, 2002.
7) 「교육 없는 아해」, 『독립신문』, 1899. 3. 11.

<「여식에도 학교 공부를」, 『독립신문』, 1896. 5. 12.>

남의 부형된 이가 그 자녀를 사랑치 않는 이가 없음은 자연한 이치라. 그러므로 사람마다 아이가 나면 금같이 사랑하며 옥같이 귀히 여겨 일생 힘을 다하여 기르는 것이라.

그러나 남의 부형이 되어 그 자녀를 양육함에 두 가지 도리가 있나니 그 하나는 배부르게 먹이고 덥게 입히는 것이요 그 하나는 덕성을 기르며 지식을 넓힘이라.

제 자식을 위하여 잘 입히고 잘 먹이고자 하는 사랑은 사람뿐 아니라 금수도 다 한가지라. 그러므로 부형된 자의 제一 큰 의무는 그 자녀에게 덕성을 함양하매 지식을 배양함이니 이것이 가장 큰 사랑이라.

<「청년 자녀의 부형된 이들에게 고함」, 『권업신문』, 1913. 9. 7.>

부모는 "남의 부형된 이"[8]의 직분으로서 자식을 교육할 의무를 부여받게 된다. 부모들이 자식을 자신들의 소유물처럼 여기기 때문에 "아즉 털도 덜 마른 어린 남녀들노 ᄒᆞ여곰 그저 부모의 무릅 아릭셔 쌍쌍히 놀게 ᄒᆞ는것을 인간에 비 홀딕 업는 뎨일 락ᄉᆞ라"[9]고 생각하는 폐단이 생겨나게 되는데, 이는 어린 자녀들의 건강을 해치고 생명을 단축시키는 위험한 일이며, 무엇보다 아이들이 배울 수 있는 기회를 가로막는 치명적인 해악이라고 비판되었다.

이 지점에서 좀더 생각해 볼 것은, "남의 부형된 이"라는 생경한 수사법이다. 동서양을 막론하고 전근대 사회에서 미성년에

8) '남의 부형된 자'라는 표현은 「남의 부형된자의 싱각홀 일」(『권업신문』, 1912. 9. 15) 등에서도 찾을 수 있다.

9) 「부모되는 직무」, 『독립신문』, 1899. 10. 7.

대한 호칭들은 예속된 존재로서의 종속성을 강하게 환기시키곤 했다. 서구의 경우, 아들, 시종, 소년 등의 단어들이 봉건적 주종 관계와 연관되어 사용되었으며,[10)] 동양의 경우에도 어린 아이를 가리키는 '童'은 "家나 室을 갖지 않고 홀로 사는 사람"[11)]을 가리키는 것으로 시종이나 노예처럼 예속된 존재 상태를 지시하는 의미가 포함되어 있었다. 이와 같은 미성년에 대한 종래의 어법은 계몽 담론에도 잔존되어 나타나기도 했는데, 대표적인 표현으로 "靑年子弟"[12)]을 들 수 있다. '청년자제'라는 어휘는 젊은이는 어쨌거나 누군가의 '자식'이며, 나이가 많은 연장자는 누군가의 '부모'라는 관점을 투영하는 것이라고 볼 수 있다. '장유(長幼)', '노소(老少)'의 연령 구분을 곧 '부자(父子)'라는 가족 간의 관계로 환치시키는 이러한 어법은 유교적 사유에 영향 받은 전대의 습속이 근대 계몽의 담론에조차 강력하게 영향력을 미치고 있었음을 보여주는 것이라고 할 수 있다.

"남의 부형된 이"라는 표현은, 자식 또한 독립된 인격을 가진

---

10) 필립 아리에스는 14~15세기의 『성모의 기적』과 같은 문헌에는 아동(enfant)이란 용어가 시종(valeton), 소년(garçon), 아들(fils), 의붓아들 혹은 사위(beau-fils)의 동의어로 쓰였음을 예로 들었으며, 17세기에 이르도록 아동기에 해당하는 단어들이 구어로 시종, 숙련공, 군인과 같이 남에게 복종해야 하는 낮은 위치의 남자를 지칭하는 일상어로 존속했음을 밝혔다.
필립 아리에스, 앞의 책, 77~78면.

11) 劉熙, 『釋名』, 臺灣: 常務印書館, 民國57, 145면(유점숙, 『전통사회의 아동교육』, 중·문, 1994, 37면에서 재인용)

12) "今日形便이 敎育時代라 稱하야 <u>靑年子弟</u>의 腦髓를 劈破ᄒᆞ고 新學問을 灌注ᄒᆞᆯ 思想이 懇切한 時代이라"(「교육상대주의」, 『만세보』, 1906. 10. 10); "學敎를 建立하고 <u>靑年子弟</u>를 就學시킴에는"(「교육에 철저하라」, 『동아일보』, 1922. 1. 5.)

타자적 존재라는 것을 강조하는 것이라고 할 수 있으며, 특히 미성년 자녀들에게 행사하는 부모의 소유 권한을 효력 중지시키기 위해 동원된 전략적 수사라고 볼 수 있다. 즉 부모를 "남의 부형된 이"라고 호명하는 순간, 부모의 자녀에 대한 '권리'보다는 자식에 대한 무한한 '책무'가 상기되는 역전의 효과가 발생하는 것이다. 이는 크게 보아 미성년의 존재를 '예비 국민'으로서 발견하는 과정, 즉 아동을 가족 관계 안에서 부모에게 예속된 존재로 한정시키는 것이 아니라 국가와 사회의 인력으로 추출하는 과정과도 연관되는 것이라고 할 수 있다. 13)

'장유유서(長幼有序)'를 비롯한 일상생활의 도처에 잠복해 있는 재래의 관습적 인식과 의례를 해체하려는 움직임이 보다 본격화된 것은 1920년대에 소년운동이 전개되면서부터라고 할 수 있다. 1920년대의 소년운동 담론은 크게 보아 이돈화의 '보호론', 이광수의 '수양론', 김기전의 '해방론' 등으로 전개되었다고 할 수 있다. 특히 김기전은 전통적 생활 습속에 잠복해 있는 아동에 대한 홀대를 조목조목 따져가며 격렬하게 비판한 대표적인 논자로 꼽을 수 있다.

> 養生送死는禮之大者라하얏스며 愼終追遠이면民德이歸厚리라함은 옛聖人의懇切히 남겨준 訓語이다. 그리고그리하라함에는 男女이나 長幼를 區分치아니하얏다. 그런대 이 訓語에산다는우리의 幼年에게 對한 養生送死 愼終追遠은 어떠한가 ᄶᅧ러진소반이어던 兒童에

13) 전미경은 자녀를 사회와 국가의 '공물(公物)'로 인식하기 시작한 것은 근대계몽기 부모-자녀 관계의 주요한 특징이라고 지적했다.
전미경, 앞의 책, 238면.

게로돌려라 찌썩이飮食物이어던 幼兒에게주어라함이 兒童養生法이다. 그러나養生에對한節은 그래도過凶하지는안타 送事追遠의節은 생각만하야도氣가막힐일이다. 不幸히 兒喪이나면 不幸卽時로 油紙조각이나 거적에둘둘말아 마치 犬馬의 死體를 處理하듯이 山谷山頂도 不問하고 一尺深數簣土로써 이리저리하고만다.(…중략…)

從來-안이現在의우리長子들의 幼子에 對한 行爲와 態度가 如何히 不合理하얏스며 不道德하엿슴을 可知할것이다. 嗚呼라 朝鮮幾千年間의 우리 長子들은 幾千年間 우리 幼年의 人格을 抹殺하며 自由를 剝奪한 歷史的큰 罪人이엇스며 惡行者이엇도다.(…중략…)

<金小春, 「長幼有序의 末弊: 幼年男女의解放을提唱함」, 『개벽』 2호, 1920.>

김기전이 볼 때, 조선의 아동들은 살아서는 떨어진 물건이나 찌꺼기 음식물로 키워질 뿐 아니라 죽게 되면 기름종이나 거적에 둘둘 말아 "犬馬의 死體"와 다름없이 아무 곳에나 파묻혀지는 부당한 대접을 받아왔으며 이는 한마디로 "舊倫理道德의 殘廢"로 "長幼有序의 末廢"라고 할 수 있다. 그는 아동에 대한 불합리하고 비윤리적인 습속을 빚어낸 주범으로 '삼강오륜'을 지목하고 이와 같은 비도덕적 폐습은 이미 생명을 다한 시체와 같지만, 아직도 유령처럼 생활 구석구석에서 암영을 드리고 있으므로 이를 완전히 제거하기 위해 적극적으로 노력해야 한다고 역설했다. 구체적으로는 일상생활 속에서 아동에게 말하는 태도를 고칠 것, 양생송사(養生送死)의 의례를 어른과 마찬가지로 할 것, 결혼 등은 개인의 자유에 맡겨야 하며 결혼했느냐 안 했느냐가 아니라 나이를 가지고 아동과 성인을 구별할 것, 남녀 아동을 차별하지 말 것 등을 주장했다.

당시 대표적인 소년운동가이자 아동문학가였던 방정환 또한 기존의 성인과 아동의 관계, 부모와 자녀의 관계에 대한 관념들을 역전시키는 수사적 표현을 적극적으로 사용한 인물이다.

> 그런데 조선에서는 가장 늙은이 가장 무덤으로 앞장서서 가는 이가 호주, 즉 인솔자가 되어가지고 전 가족을 데리고 무덤으로 갔었다. 무덤으로 가기 싫어서 돌아서는 사람이 있으면 부명(父命)을 거역하는 불효자라 하여 온 동네가 결속해 가지고 박해하였다. 재하자(在下者)는 유구무언(有口無言), 아무 말 말고 무덤으로 따라가는 것이 효의 도였다.(…중략…)
>
> 호주를 바꾸어야 한다. 터주를 바꾸어야 한다. 옛날에 터주대감을 위하여야 잘 산다고 믿고 정성을 바치듯, 어린 사람을 터주대감으로 믿고 거기다 정성을 바쳐야 새 운수가 온다. 늙은이 중심의 살림을 고쳐서 어린이 중심의 살림으로 만들어야 우리에게도 새살림이 온다.
>
> <방정환, 「아동문제 강연자료」, 『학생』 2권 7호, 1930. 7.>

한 집의 호주를 노인에서 어린이로 바꾸고 "어린이 중심의 살림"으로 고쳐서 어린이에게 정성을 쏟아야 새로운 살림의 운수가 펴게 될 것이라는 주장은, 연장자는 "무덤으로 앞장서서 가는 이"이며, "효"는 아랫사람이 "아무 말 말고 무덤으로 따라가는 것"이라는 과격한 언사를 통해 설파되었다. 이와 같은 전도와 역설의 담론이 전개되는 과정 속에서 1920년대 이후 어린이는 한 가정의 '주인'으로, 한 사회와 국가의 '왕'으로 등극하는 극적인 위치 이동을 하게 된다.

> 어린아희는가뎡주인이오왕이다. 가뎡을 새롭게 하는의미로 새세

상을 새롭게하는의미로 새국민을건설할의미로 보아서 분명히 어린아희는 주인이오왕이다

조흔어린아희가생기지아니하면 한가뎡이잘못되며 조흔어린아희들이 만히생겨나지아니하면 한사회와 한국가가 잘되지 못하는 것은 사실이다. 조선과가치희망을 장래에두는처지에잇서서는 더구나 조흔어린아희가필요하다

그런데 우리는 어린아희에게대한생각을잘못가지기가쉬우며또잘못갓는다. 어린아희에 대한 근본뎍정신이틀녓기때문에 조흔아희를 만드러내지를못한다. 어린아희에게 대하여엇더케잘못생각한느고하니 어린아희는 부부사이에 재롱감으로 생긴것으로알며혹은 자라서 메누리나사위볼 자미를생각하며 또는 그아희가자라서 돈버리를잘하여 부모를잘먹이고 입힐것을바란다 그리하여 어린아희를 자긔가생각한 그대로 사람을 만들려고 한다 즉 재롱을보기위하야 하기실혀 하는짓을 식히며 며누리와사위를 보기위하여 열다섯만 넘으면 곳장가를보내고 시집을보내며 손자를엇기위하여첩을엇어 맥이며 아들이 무슨짓이라도하여 돈버리해오기를바란다

(…중략…)그부모가어려서부터 머리가운데너허주는것이오즉내한몸의사욕과 행락을 취하는 것 뿐이니 엇더케 그 아희가 자라서 사회를생각하는 사람이되며 조흔국민이 되리오

<u>부모들은 깨다라야된다 어린아희가 가뎡의주인이오 국가의 주인이오왕인것을!</u>

<「어린아희는 새집의주인」, 『동아일보』, 1926. 4. 22.>

아동은 가정과 사회·국가의 예비 주체이며, 아동에 대한 교육은 미래의 희망을 예약하는 소중한 일이 되었다. 그러나 아동교육에 대한 사회의 제도적 기반은 턱없이 미약했으므로, 아동교육에 대한 책무는 오로지 개별 가족과 부모에게 과중하게 떠

맡겨질 수밖에 없었다고 할 수 있을 것이다.

## 2. 학부형의 탄생

어린이의 위상의 변화는 곧 부모의 지위 변화와 맞물려 있는 것이기도 하다. 1922년 10월 21일자 『동아일보』에는 「자식의 병으로 자살코자 양도로 목을 찔는 학부형」이란 제목의 기사가 실렸다. 전라남도 무안군에 사는 정공삼은 현재 중앙고등보통학교에 다니는 정해룡의 학부형인데, 아들 정해룡이 객지에서 넉넉지 않은 학비 때문에 고생하다 병을 얻어 입원했다는 소식을 듣고 경성에 올라와 보니 그간의 자식이 겪었을 고생이 뼈아프게 실감되고 인생이 비관되어 자살을 시도했다는 내용이다. 1920년대는 근대 교육에 대한 열망이 불붙듯 번져나갔던 때이다. 해마다 3월이면 입학난의 문제로 사회가 시끌벅적해졌으며, 이에 발맞춰 신문 잡지들은 학교 선택의 비법이나 입학시험과 같이 경쟁을 뚫기 위한 정보를 기사화하기도 했다. 해룡과 같이 객지에 나와 일해 가며 공부하는 고학생들이 늘어갔으며. 자식을 가르치기 위해 온갖 희생을 무릅쓰는 부모와 제대로 가르치지 못해 죄스러운 부모들이 늘어갔다. 1920년대 이후 근대 교육은 단순한 의무라기보다는 헌신과 희생까지도 기꺼이 감수케 하는 욕망의 대상으로 자리를 잡아 가게 되었다. 물론 근대 교육 제도가 '학력주의'의 요건을 제공하기 시작한 것은 거슬러 올라가 1900년대 근대 교육 제도가 도입되기 시작할 무렵부터였다고 할 수 있지만,[14] 학력이 사회적 충원과 자원 배분의 핵심적 지표로 작용함으로써 대다수 일반인에게까지 일종의 신념

체계를 형성하게 만들고 자발적인 참여의 욕망을 촉발시키게 된 것은 1920년대 이후 1930년을 거치면서였다고 볼 수 있을 것이다.[15)]

> 나는 금년에 13세 된 아들과 14세 된 족하가 잇는데 금년 봄에 지방 보통학교에서 졸업을 하게 되엿습니다. 우리 지방에는 아즉 중등학교가 업슬 뿐 안이라,(…중략…) 또 다른 사람을 보아도 중등 이상 학교에서 애를 죽도록 쓰고 공부를 식혀야 현금형편에는 누구나 취직할 곳이 업서서 그양 집에서 놀고만 잇스니 공부를 식힌들 무슨 소용이 잇겟습닛가. 그리하야 나는 공부고 무엇이고 보통학교까지나 졸업들을 식히고 그만 두려고 하엿습니다. 그러나 즈이들은 限死하고 서울에 가서 중등학교까지나마 공부를 더 하겟다고 하고 내가 다시 생각하야 보와도 아모리 소용이 업는 공부라 하더라도 남들은 그래도 자식들의 공부를 식히는데 나 혼자 안니 보낸대야 별수도 업고 집에 두어야 아모 일도 하지 안코 심술만 부리며 말망아지 모양으로 놀고 잇스니 보기에 딱할 것도 갓습니다. 그래서 다시 작정하기를 이판사판으로 더 잘살기는 어렵게 된 터이니 장래에는 더 곤란을 밧들지라도 爲先잇는 마소필이나 땅마직이 가튼 것을 팔어서라도 공부를 더 식히랴고 하엿습니다.
>
> <차상찬, 「경성각학교의 내용을 드러 지방학부형에게 답함, 어느 학교에 보내는 것이 조흘가」, 『별건곤』 38호, 1931. 3. 1.>

14) 이광호, 『구한말 근대교육체제와 학력주의 연구』, 문음사, 1996. 참조

15) 보통학교 취학률이 서당에 다니는 학생의 비율보다 높아지기 시작한 것은 1923년경이다. 보통학교는 1920년대 이후 양적으로 팽창하여, 30년대에는 지배적인 초등 교육 기관으로서의 위치를 확고하게 굳힌다. 오성철, 『식민지 초등 교육의 형성』, 교육과학사, 2000. 참조.

위의 인용문은 차상찬에게 지방의 한 학부형이 경성 소재 학교에 대한 정보를 묻기 위해 보낸 편지 중의 일부이다. 자녀들을 경성에 유학까지 시키면서 중등학교를 다니게 하는 것은 단지 위의 학부형만이 아니라 대부분의 학부모에게 상당히 부담스러운 일이 아닐 수 없었을 것이다. 더욱이 1930년대는 경제공황으로 인한 실업자가 만연하게 되었던 때였다. 이러한 상황은 "빌어는 먹어도 자식은 가르켜야 한다"거나 "몸은 갈려도 배워야 한다"며 무작정 지펴 오르던 "향학녈의 황금시대도 한 마당의 봄꿈"이 아니었는가 하는 의심을 불러일으키게 되었다. 순사, 면서기, 교원, 금융조합서기 시험에 중학생이 머리를 들이밀어 덤비고, 한 사람 채용에는 사오십 명, 오륙십 명 채용이면 몇 백명 씩 덤벼들며, 해외 유학을 다녀온 유학생들도 돌아오는 날부터 연구와는 연을 끊고 당장 밥줄을 찾기에 연연해야 하는 상황은 "배우면 먹을 것이 생기고 공부하면 살길이 트일 줄" 알았던 것은 "어린 유랑군"과 "점잔흔 고등유민"이 득실대는 조선의 현실 상황에서는 전혀 맞지 않는 잘못된 판단이었다는 회의를 불러 일으켰던 것이다.[16] 그럼에도 불구하고 위의 인용문의 학부형이 토로하는 것처럼 근대 교육 제도에 대한 욕망은, 어린 학생들에게는 죽기를 각오하고서라도 무작정 상경하고 보자는 심경을 만들어 내고 있었으며 학부형들에게는 아무리 소용없는 공부라고 하더라도 남들이 다 시키는 것을 혼자 안 시킬 수 없으니 나중 일은 모르겠고 일단은 마소나 땅이라도 팔아서 학비

16) 신영철, 「「燈火可親」의 新解釋으로 男女學生과 學父兄에게 與함, 과연 얌전이 안저서 글만 읽을 수 잇는 철인가」, 『별건곤』 44호, 1931. 10. 1.

를 댈 수밖에 없다는 그야말로 "이판사판"의 상황을 감당하게 만들고 있었던 것이다. 이처럼 일제 강점기의 조선의 가족은 자식에게 끝없이 헌신해야 하는 학부형들의 등장과 함께 형성되어 나가고 있었다고 해도 과언이 아닐 것이다. 아이들을 제대로 가르치지 못하는 능력 없는 부모는 심한 죄책감과 무능력함을 느낄 수밖에 없었다.

한편, 이러한 헌신과 희생에 빚진 아이들 또한 까딱하면 부모의 공도 모르는 '죄인'이 되기 쉬웠으며 죄인을 모면하더라도 우울한 '주인', 불우한 '왕'이 될 가능성이 컸다.

> 농촌에서 한 달에 30만원 한 사람에게 한달에 30만원 돈이 빠저 나가려면 정말 눈물겨운 일이 소위 학부형에게는 얼마나 숨어잇는지 모를 것이다.
>
> 그러케 어려운 돈을 갓다가 쓰면서 공부한다고 하는 학생이 일시인들 방심을 해서야 되겟니. <u>아모리 아모리 어미 아비도 자식을 나서 길러서 가르치는 것이 그의 의무라 하지만 그러타고 자식들로도 그 공을 전혀 몰라주어서는 정말 죄로 갈 것이다.</u>
>
> <신영철, 「추수기를 마즌 향촌부형을 대신하야, 농촌사정을 학생제군에게 소함, 아들아! 딸아! 우리의 사정을 아느냐 모르느냐」, 『별건곤』 45호, 1931. 11. 1.>

앞에서 살펴본 것처럼, 1920년대는 아이들을 '어린이'로 새롭게 발견해 내면서, 재래의 관습과 의례를 벗어나 아이들을 인격적으로 대우하고 처우를 개선해야 하며, 아동을 조혼시키거나 노동시키지 않음으로써 아동기를 온전히 학령기로 확보해야 한다는 목소리가 높아졌던 때였다. 이에 따라 부모의 헌신 또한 자연스러운 풍토로 자리 잡아 가는 추세였다. 그러나 사회 한 구석에서는 이러한 변화에 대한 반발과 우려의 목소리도 배음으로 깔리곤 했다는 점을 기억해 볼 필요가 있다.

> · 우리는 생활의 곤난이 극도에 달하야 싀골서 사오십석의 추수를 가지고도 아들 류학을 서울로 보내면 파산할 만한 상태에 잇서 부형된 이의 속을 얼마나 태오는가
>
> · 그런데 도로혀 서울에와서 학교에나 몃칠다니는학생은 싀골게신 부형을 업수히넉이고 또 다른 사람 압헤서 자긔의 부형이라기를 붓그러하는사람도 업지안타고한다
>
> · 실로개탄할 것은 우리가 신문명도 완전히 수입지못하는 동시에 우리의 고유한 조흔풍긔를 차차 내여바리는 것이다
>
> <「부모를잇지마자: 어린이날에한말슴」, 『동아일보』 1924. 5. 2.>

위의 인용문에서 논자가 개탄해 마지않는 일, 즉 신문명도 완전하게 우리 것으로 만들지 못하면서 우리가 가지고 있었던 고유한 미풍을 내버리는 일에서 "조흔 풍긔"란 바로 김기전이나 방정환을 비롯한 소년운동가들이 맹렬하게 비판했던 장유유서와 효의 윤리를 가리키는 것일 터이다. 아이들이 가정생활의 중심으로 자리 잡고 아이들의 교육을 위해 헌신하는 부모와 이를 바탕에 둔 새로운 가족 관계의 윤리 감각이 일상 속에 자리 잡아 가는 도중에도, 전통적인 사유 방식과 생활에 깊이 뿌리내린 관습들은 이처럼 쉽게 해체되지 않았던 것이다. 오히려 전통적인 효 사상과 관습적 인식은 학력주의와 가족주의의 결합을 공고하게 하는 매개의 역할을 담당하면서 근대의 문화 지형 속에 자리 잡아 나갔다고 할 수 있을 것이다.

## Ⅲ. 신가정과 아동의 표상

교육에 대한 계몽적 담론만이 근대적 가족의 부모-자녀의 관계를 압박했던 것은 아니다. 새로운 부모됨의 요건은 가정교육의 태도나 육아 방식에도 요구되었다. 일제강점기의 대표적인 명사 중 한 사람인 이광수의 가정생활은 대중 매체의 각별한 관심을 받았다. 1930년 11월 『별건곤』은 이광수의 가정탐방기[17]를 실으면서 "스위트 호-ㅁ"이라는 말을 제목에 덧붙였다. 이광수의 가정은 부부와 두 자녀로 이루어진 핵가족인데, 바쁜 중에도 한 달에 두 번 있는 휴일에는 가족들이 함께 외출을 하여 단란한 한 때를 보내는 등 '스위트 홈'의 표본이 될 만했다. 당시의 신가정 담론에서 외출, 외식, 산보, 유성기 감상, 창가 부르기, 동화 들려주기 등은 가정의 이상적 이미지를 만들어내는 데 중요한 역할을 했다.

가정탐방기에서 이광수의 면목은 주로 자상한 아버지로서의 이미지에 초점이 주어졌다. 부부는 평상시에는 거의 다투는 일이 없을 정도로 사이가 좋지만, 부부가 다투게 되는 일이 있다면 오직 자녀들에게 무슨 문제가 생길 때이다. 이광수가 아이들이 아프게 되면, 전문의인 아내의 처방을 믿지 못하고 한약을 사오거나 해서 서로 다투게 된다는 것이다. 새로운 가정의 아버

17) 김소저, 「스위트 호-ㅁ 이광수씨 가정방문기」, 『별건곤』 34호, 1930. 11. 1.

지에게 기대되는 것은 일단 이처럼 자녀에 대해 극진하고 자상한 태도였다고 할 수 있다. 대중 잡지 『별건곤』은 1930년 신년호를 내면서, 사회의 유명 인사들에게 가정생활의 개선을 위한 계획을 소개하는 지면을 마련했다. 이 지면에서 방정환은 신년의 계획 중 하나로, 늘 하려 하면서도 바쁜 일이 생길 때마다 중단했던 일인 "일요일은 어린 사람들과 산보할 것"을 꼽았다. 같은 지면에서 국기열은 세 가지 계획 중 첫 번째로 "아동실을 만들어 줄 것"을 들었다. 그는 어린이와 어른이 같은 방에서 기거를 하면 여러 가지로 불편할 뿐 아니라 아동의 천진한 자유를 꺾는 경우가 적지 않기 때문에 방을 따로 배치하여 그들의 왕국을 만들어 주어야 한다고 이유를 밝혔다.[18]

또한 조선기독교청년회 연합회 총무인 신흥우는 『동아일보』에 실린 「내외명사의 가뎡」란에서 한 달에 한 번이나 두 번은 온 가족을 동반하여 교외 산보를 가며, 저녁을 먹은 후에는 "짜님들을 사이에 노코 혹은 자미잇는 녯이야기 혹은 창가 혹은 춤 혹은 음악으로 단란한 시간을 보내"는 아버지로 소개되었다. 기자는 가정 소개 기사를 마치면서 "이 가정에는 늘 봄바람과 꼿바람이 떠날 사이가 업습니다 아- 평화한 가뎡 단란한 가뎡 영원히 복이 잇슬지어다"

〈신흥우 가족의 사진〉

18) 「가정생활개신 새해로부터 실행하려는 것」, 『별건곤』 25호, 1930. 1. 1.

라고 축원했다.19)

한편 이광수의 가정 탐방기에서 아내 허영숙의 면목은 자녀들을 세심하게 보살피는 데서 두드러졌다. 의사로서 전문 지식과 직업을 가진 신여성인 허영숙 또한 가정 내에서는 아이들의 시중을 드는 것이 거의 하루 일과의 대부분을 차지하며, 그의 의학 전문 지식은 자녀의 건강을 관리하는 데에 활용되고 있었다. 자녀들에게는 어떤 주의를 하느냐는 기자의 질문에 허영숙은 "첫재 건강에 주의함니다. 육식가튼 것을 함부로 안 식히지요. 내 허락이 업스면 절대로 무엇이고 먹지를 못 함니다. 심지어 근처 집에 놀러가서 밥 한 알갱이를 주어도 반드시 그냥 가지고 오든지 또는 업고 간 애 보는 애를 보내서 『엄마가 먹으래드라』하야 먹슴니다."라고 밝혔다. 허영숙의 이러한 태도는 신여성들은 자신들의 지식을 자녀 교육에 적용함으로써, 구가정과 차별화되는 신가정의 이미지를 확립하고 신가정 내에서 자신들의 정체성을 확보해 나가고자 했음을 엿보게 해준다.

다음은 당시 최고 엘리트 신여성들이라고 할 수 있는 해외유학 여류 명사들의 좌담회 중 일부이다. 박인덕은 "美國 와에스루안 大學 出身 文學士", 최영숙은 "瑞典大學出身 經濟學士", 황애시덕은 "美國 컬넘비아 大學 出身 哲學士"로 각각 소개되었다.

> 崔英淑: "앗가도 말햇지만 조선 녀성은 어린애를 귀해할 줄만 알뿐이지 길느는 방법에 잇서서야 모순된 점이 만치요"

19) 「내외명사의 가뎡(-): 금실조키로 유명한 신홍우씨의 가뎡」, 『동아일보』, 1926. 10. 12.

黃愛施德: "그렂치요 외국 녀성들이야 참으로 합리적으로 자녀를 길느지요 절대로 어린애의 의사를 무시하지 안음으로 어린애가 의사발표하기를 조와하며 용긔를 일치 안는답니다"

朴人德: "그럼은요 어린이에게 절대 자유를 줍니다. 날노가 뜨거운 것을 어린애가 만진다. 처음에는 말니지만 잘 듯지안으면 그냥 버려둔대요 그래서 어린애가 뜨거운줄 알고 제 스사로 그만두게 해서 날노가 뜨겁다는 것을 알게 한답니다. 이렂케 해서 어린애의 자유를 장려 식혀주며 또는 관습(慣習)을 길너주어요 어릴때부터 습관을 길너주고 경험을 만히 만들어 줄여고 힘쓰지요. 사람은 경험이 만허야 그 경험에 빗처 보아서 무엇을 배운다고 그들은 될 수만 잇스면 경험을 맨들어 주더이다"

<「외국대학출신 여류삼학사 좌담회」, 『삼천리』 4권 4호, 1932. 4. 1.>

해외의 사정에 밝다는 세 유학파 여성들은 외국 여성들은 어린아이를 존중하면서 합리적으로 키우는데 반해, 한국 여성들은 "어린애를 귀해할 줄만 알뿐"이고 어떻게 길러야 하는지 방법은 모른다고 비판한다. '방법'의 문제는 기존의 생활 속에서는 저절로 배울 수 없는 것이므로 여성들은 새로운 가정 관리와 자녀 교육에 대한 지식을 습득하고 이를 생활 속에서 실천할 때 가정 속에 자신의 자리를 확보할 수 있었다.

한편 휘문고등보통학교 학감 리윤주의 아내 유승준은 신여성임에도 불구하고 결혼한 이후에는 전통적 여성의 모습을 체현함으로써 가정에 안착한 대표적인 예이다. 유승준의 집안은 일찍 깨인 개화당으로 자녀 교육에 열성적이었던 "모범뎍 가뎡"이었다. 유승준 또한 고향인 평북 박천에서 경성으로 올라와 진명여학교에서 수학한 신여성이다. 그럼에도 불구하고 기자가 방문했을 때, 유승준은 "언제 내가 학교에 다녓스랴 하는 듯이 머리를 곱다랏케 쪽지고 긴 치마에 행주치마를 치고 바누질을 하"는 모습을 보여준다. 기자는 유승준을 학창시절부터 점잖아서 장래의 "현부인"으로 꼽혔다는 말을 덧붙였다.[20]

그러나 서구 지식을 가정 관리에 적용하는 합리적인 모성도, 전통적으로 기대되어 왔던 모성도 갖추지 못한 소위 모던 걸들에 대한 사회적 시선은 냉정하고 부정적인 것이었다. 모던 걸들은 밖에 놀러나가기만 하면 "서방님이 도라오시거나 애기가 울거나자정이 되거나 새벽이 되거나 그저 이저버린 것 가티 안이 돌아오"며, "애기가 울어도 못들은 체" 하는 무책임하고 철없는 모습으로 그려지곤 했다. 스스로를 '안잠재기'라고 소개한 한 필자는 "학교 공부를 한 신식은 모다 이런가요. 신식이 조흐면 달니 무슨 조흘 게 잇서야 할 텐데 그저 귀한 돈을 업새면서 멋쟁이로 노는 게 신식인가 봐요."라며 세태를 꼬집었다.[21]

신가정의 위상이 정립되기 위해서는 스위트홈의 낭만적 이미지 뿐 아니라, 자녀 교육과 양육 태도에 있어서 재래의 관습을 대체하는 합리성이 강조되어야 했다. 앞서 여류 명사들의 좌담회를 통해서도 엿볼 수 있었지만, 일제 강점기 동안 신문, 잡지 매체의 '가정란', '부인란' 등은 가정 위생, 보육 지식 등을 보급하는 유용한 통로가 되어 주었으며, 이러한 보육 담론들은 일상생활 속에 깊숙하게 자리 잡고 있는 관습들과 경쟁하면서 자신의 자리를 마련해 나갔다. 예를 들어 정월 초하루에 아이들에게

20) 「내외명사의 가뎡(五): 춘풍이 부는 리윤주씨와 가뎡 현숙한 그 부인의 말」, 『동아일보』, 1926. 10. 27.
21) 「안잠재기가 본 모보·모껄 新家庭 風景」, 『별건곤』 38호, 1931. 3. 1.

세뱃돈을 주는 풍습은 예부터 우리나라에만 내려오는 것인데 이는 '천진한 아이'들에게 돈을 일찍부터 알게 해주어 나쁜 영향을 줌으로 주지 말아야 한다는 주장 등이 그것이다[22].

여기에서 좀더 생각해 볼 것은 이와 같은 가정 교육 담론 속에 섞여들어 있는 "그 아희의 천진한 성질"이라는 표현이다. 새로운 보육 담론 등은 순수하고 천진한 아동의 표상과 짝을 맺고 있었다. 방정환은 자신의 자녀가 손님에게 아버지가 술에 취해서 손님을 만날 수 없다고 하지 않고, 바빠서 못 나온다고 전했던 일을 예로 들면서 "아즉 11,2세의 어린 사람에게는 다른 모든 말보다도 술 취햇다는 말이 제일 낫분 말"이라는 것을 깨달았다는 일화를 전한 바 있다. 순수하고 때묻지 않은 아이의 표상과 아이의 순수한 말에 선뜻 마음을 열어 반성하는 부드러운 아버지됨의 자질이 서로 조응할 때 단란한 신가정의 이상적 이미지가 창출될 수 있었던 것이다.

> 왜 젓먹이를 속여요? '주마'하고 아니 주기, '저-기 범 온다'하기. 이리하여 아이에게 어른 不信用할 줄을 가르치고, 거짓말을 가르치고, 모처럼 세상에 내려온 손님을 惡道로 끌어 넣습니다. 아이 하나를 두고 父母兄弟할 것 없이 전 가족이 온 종일 하는 말의 십의 구는 다 이 아이에 대한 거짓말이외다. 아이는 天上에서 못 보던 거짓이라는 罪惡의 단 맛을 보매 한끝 기막히고 한끝 재미 있어 웃는 것이니, 이 웃는 것을 보기가 좋아서 더욱 거짓을 대접하고는 좋아합니다.(…중략…)
>
> 西洋人이 아이를 다스림을 보니, 아이들을 앞에 불러 세우고

22) 「어린아이에게 절갑을 주지 말나」, 『동아일보』, 1926. 2. 13.

점잖게 그의 의사를 존중하여 가면서 훈계합니다. 이리하여 그네로 하여금 스스로 제 잘못을 깨달아 회개하도록 引導합니다.(…중략…)

왜 食事 먹을 때에 아이들을 빼어 놓아요? '입이야 다르겠소'하는 본새가 있지 않습니까. 西洋人들이 男女老少 할 것 없이 한 밥상에 둘러 앉아 먹는 것이 참 좋아 보입디다. 마땅히 이럴 것이야요.(…중략…)

<이광수, 「小兒를 어찌 待接할까」, 『여자계』 3호, 1918. 9(『이광수 전집』 20, 삼중당, 1963, 183~185면에서 재인용)>

근대적 보육 담론은 일찍이 아이들을 천상에서 "모처럼 세상에 내려온 손님"으로 대하는 자세를 재래의 가정의 관습들을 개조해 나가는 전제로 삼았다. 이와 같은 아동에 대한 인식은 1920년대에 '어린이'라는 호명에 의해 보다 뚜렷하게 부각될 것이었으며, 신청년, 신여성들이 꾸린 신가정은 순수하고 천진한 '어린이'의 표상을 중심으로 이상적인 모습을 설계해 나갈 수 있었다고 말할 수 있을 것이다.

## Ⅳ. 결 론

일상생활의 근대적 전환 양상을 가장 첨예하게 보여주는 것 중 하나가 '가족'이다. 지금까지의 가족 연구는 근대적 가족의 형태나 가족 구성원의 역할 변화 등에 대해 많은 연구를 축적해 왔다. 그러나 일상의 문화 속에서 가족이 작동하는 방식을 좀더 구체적으로 살펴보려면 가족의 외적 형태 변화 뿐 아니라 근대 가족에게 부여된 의미와 욕망을 함께 읽어 주는 것이 필요하다고 생각된다. 근대 계몽기의 가족 담론은 가족이 사회와 국가의 기초가 되며, 어린 자녀는 국민의 한 분자라는 점이 강조되었다. 이에 따라 부모에게는 자녀들에게 새로운 문명과 지식을 얻을 수 있도록 교육해야 한다는 임무가 부과되었다. 특히 국가 사회 기반이 미약했던 일제 강점기에 교육에 대한 의무는 부모됨을 수행하는 기준으로 작용하였다. 또한 자녀들에게는 부모의 헌신에 보답할 것이 요구되었으며 재래의 효의 윤리는 이 지점에서 근대적 가정 윤리와 다시 결합한다. 그러나 부모들의 교육에 대한 헌신은 단지 외부에서 부과된 의무의 차원에서 모두 설명될 수 있는 것은 아니다. 교육은 근대 가족들에게 유일한 현실 타개의 출구로 보였으므로, 학력주의는 가족주의의 '욕망'과 맞물려 가족들을 공고하게 결속하게 만들기도 했다. 한편 일제 강점기 신가정 담론은 모던 걸과 모던 보이들을 새로운 아버지와 어머니의 역할로 흡수하는 역할을 담당하였다. 특히 신여성들에 대해서는 가족 관리와 아동보육에서 신지식의 유용성을 입증하기를 요구받았다. '어린이'로 대표되는 순수하고 천진한 아동의 표상은 신가정의 낭만적이고 이상적인 이미지의 핵을 이루게 된다. 당시에 유행했던 명사들의 가정 탐방기 등은 부모 자식 간의 정서적 관계를 통해서도 신가정의 표본적 모델을 제공했다. 학력주의, 가족주의, 스위트홈의 이미지, 가정오락과 취미, 순수하고 천진한 아동의 표상 등은 한국 가족의 근대성을 이해하는 키워드가 될 것이다.

## <참 고 문 헌>

『독립신문』, 『만세보』, 『권업신문』, 『여자계』, 『동아일보』, 『신여성』, 『별건곤』, 『학생』, 『삼천리』

김경일, 『여성의 근대, 근대의 여성』, 푸른역사, 2004.
김수진, 「1920-1930년대 신여성담론과 상징의 구성」, 서울대학교 박사학위논문, 2005.
김혜경, 「식민지시기 가족에 대한 계보학적 연구」, 『사회와 역사』 58호, 2001.
김혜경, 『식민지하 근대가족의 형성과 젠더』, 창작과비평사, 2006.
연구공간 수유+너머 근대매체연구팀 『신여성: 매체로 본 근대 여성 풍속사』, 한겨레신문사, 2005.
오성철, 『식민지 초등 교육의 형성』, 교육과학사, 2000.
이광호, 『구한말 근대교육체제와 학력주의 연구』, 문음사, 1996.
전미경, 『근대계몽기 가족론과 국민 생산 프로젝트』, 소명출판, 2004.
전미경, 「1920-1930년대 현모양처에 관한 연구」, 『한국가정관리학회지』 22집3호, 2004.
전미경, 「1920-30년대 가정탐방기를 통해 본 신가정」, 『가족과 문화』 19집 4호, 2007.
제이버 구브리움・제임스 홀스타인, 최연실・조은숙・성미애 역, 『가족이란 무엇인가?- 사회구성주의적 관점에서 본 가족담론』, 하우, 1997.

조은숙, 「근대 계몽 담론과 소년의 표상」, 『어문논집』, 46호, 2002.
태해숙 외, 『한국의 식민지 근대와 여성공간』, 여이연, 2004.
필립 아리에스, 문지영 역, 『아동의 탄생』, 새물결, 2003.

# 근대 교육제도의 도입과 교육 의식의 변화

김 재 관*

## Ⅰ. 머리말

세계의 중심으로 생각했던 중국의 청나라가 아편전쟁 이후부터 서구 제국주의 국가에 무기력하게 굴복하는 모습을 목격한 조선의 지배 권력은 '쇄국'으로 새로운 국제질서의 변화과정에 대응했다[1]. 대원군은 전국 각처에 척화비를 세우고 양이(洋夷)

* 단국대학교 동양학연구소 연구교수.

1) 1860년 영국·프랑스 연합군은 애로우호 사건을 핑계로 청나라의 수도였던 북경을 점령하였다. 이 사건은 조선의 한양에서도 양반과 상민들이 피난 준비를 하고 관청이 휴무하는 등의 큰 충격을 주었다. 이로 인해 중화체제의 중심이라고 생각했던 청나라의 무기력한 모습을 목격한 조선의 지배층은 서양제국주의 세력에 대한 쇄국을 한층 강화하게

와 통교를 거부했으며, 두 차례의 양요를 겪으면서 쇄국정책을 더욱 강화했다. 그러나 쇄국의 고수는 일본의 군사적 도발 앞에 무너지게 되며, 이전과 다른 성격을 지닌 일본의 출현에 조선의 지배 권력은 당황하게 된다. 문화적 수준에서 조선보다 떨어진다고 생각했던 일본이 근대화된 국가로 등장하자 일본에 대한 조선 지식인들의 인식은 양분되었다. 위정척사파 계열은 일본을 서양과 동일한 오랑캐로 인식하고 배척의 대상으로 삼았지만, 개화파 계열은 메이지유신을 통해 근대국가로 발전하고 있던 일본을 문명개화의 방향성을 제시하는 곳으로 인식했다.

후자는 일본의 근대화를 서양제국주의 국가가 성취한 문명의 범주 안에서 파악하고, 조선도 일본처럼 시급하게 서양문명을 도입해야 한다고 생각했다. 이 과정에서 서양문명은 시간적인 진화 속에서 성취해야만 하는 보편적인 것으로 대두되었다[2]. 이는 각기 다른 지정학적 조건에서 만들어지고 공유되는 문화의 부정을 내포하고 있었다. 즉 전대의 제도와 문화는 후진적인 조선이 선취해야 할 모델로 서양문명을 설정하면서 폐기의 대

---

되었다.

이선근, 「근대화의 기점과 1860년대의 한국」, 『한국사 시대구분론』(을유문화사, 1970) ; 구중서, 「문학사와 근대성, 근대기점」, 구중서·최원식 편, 『한국근대문학연구』, 태학사, 1997, 70~71면에서 재인용.

2) 사회적 발전이라는 개념은 시간적인 변화 과정을 통해서 한 사회의 특성을 정의하고 있다. 이는 근대적인 시간개념과 긴밀하게 연관되어 있다. 근대적인 시간 개념에 입각한 사회적 발전 개념은 하나의 단일한 척도로 모든 부분을 동질화하여 하나의 발전도상을 설정하고, 각각 위치한 상태에 따라 한 사회의 문명적 성취를 평가한다. 이에 따라 부여한 '선진'과 '후진'이라는 개념은 '발전' 혹은 '진보'라는 시간적 전개 과정과 결부된 개념이라 할 수 있다.

이진경, 『근대적 시·공간의 탄생』, 푸른숲, 1997, 313~342면.

상이 되거나 우열에서 뒤처지는 것으로 인식되었다.

그런데 함선과 대포로 무장한 군사력과 자본주의 상품으로 가시화된 경제력을 앞세운 제국주의 질서에 봉건국가 조선이 편입된 상황은 조선인들이 자기를 발견하고 혁신의 필요성을 자각하는 계기이기도 했다[3]. 이에 따라 성리학적 이념에 바탕을 둔 교육관과 전혀 다른 서구식 신교육이 추진되었다. 이는 문명개화를 조선이 생존할 길이라 인식한 개명 지식인들에 의하여 적극적으로 주창되었다. 이러한 움직임은 조선후기부터 부분적으로 수용되었던 서학의 발전적 계승이라는 측면도 없지 않았지만[4], 국가의 존립마저도 위협받는 국제정치 상황에서 초래된 것이었다. 근대교육제도는 조선이 근대적 민족국가의 기틀을 수립하기 위해 다양한 영역에서 실시하고자 했던 근대적 제도 중에서도 시급한 것으로 인식되었다. 근대교육제도의 도입과 정착과정은 적지 않은 굴곡을 겪었지만 고종의 「교육입국조서」가 공포됨으로서 국가 주도의 근대교육제도를 시행할

---

3) 이광래, 『한국의 서양사상 수용사』, 열린책들, 2003, 222면.

4) 19세기 조선의 서학수용사에서 최한기와 박규수는 중요한 인물이다. 최한기는 서양학문을 적극적으로 수용하여 다양한 저서를 남겼다. 그는 서양학문을 자기 학문화하려고 노력한 주체적인 인물로 평가받는다. 박규수는 북학파인 조부 박지원과 홍대용의 사상적 영향을 받았고, 명말 청초의 경세실학을 주도한 고염무(顧炎武)로부터도 영향을 받았다. 그는 최한기·이규경의 저작을 통해서 자신의 개화사상을 정교하게 했으며, 위원(魏源; 1794~1856)의 세계 지리지인 『해국도지(海國圖志)』로부터도 적지 않은 영향을 받았다. 이러한 그의 사상은 김옥균·박영효 등의 급진 개화파와 김윤식·유길준 등의 온건 개화파 모두에게 영향을 끼쳤다. 최한기와 박규수의 실학사상은 개화파가 추진했던 근대화의 의식적 저변이 되었다.

이광래, 위의 책, 184~201면.

수 있었다. 그러나 을사늑약 체결 이후 일제 통감부에 의해 감독을 받게 되면서 대한제국의 교육정책은 자주권을 훼손당하게 된다. 이처럼 근대 교육제도의 실시를 둘러싼 상황은 조선 내부의 갈등은 물론이고, 대외적인 관계와도 밀접하게 결부되어 있었다.

이 논문은 이러한 인식을 바탕으로 근대교육제도의 도입과정과 특성을 개화파 지식인들의 교육담론과 연계시켜 고찰하고자 한다. 이를 위해 2장에서는 개항 이후부터 을사늑약 체결 이전까지의 근대교육제도와 교육담론에 대하여 고찰할 것이다. 개항 이후 실시된 고종의 교육정책과 유길준이『서유견문』에서 제시한 교육관의 연계성을 고찰할 것이다. 3장에서는 교육자주권을 침탈당하는 을사늑약 체결 이후의 상황을 살펴봄으로써 국권회복 차원에서 전개된 사립학교운동과 이를 통한 구국교육운동의 특성을 구명하고자 한다. 즉 통감부의 탄압에도 굴하지 않고 활발하게 전개되었던 민족교육의 실천적 노력을 제도적인 측면에서 고찰할 것이다.

## Ⅱ. 근대교육제도의 시행 과정과 개화파 지식인들의 교육의식

개항 이후 조선의 급변하는 정치 상황 속에서 교육은 국가와 민족을 존립할 수 있게 하는 중요한 수단으로 인식되었다. '관(官)' 주도로 근대학교가 설립되고, 개화 지식인들에 의해 문명

개화를 위한 근대 교육의 필요성이 제기되었다. 고종이 잇따라 발표한 일련의 교육 조치들은 이 과정에서 나온 것이다. 1882년 임오군란을 겪은 후 고종은 7월 20일 유음(兪音)을 내려 과거의 인재등용이 실패했음을 인정하고 대안 제시를 요구한다.[5] 이어 12월 28일 유음에서는 과거제도에만 의존하지 않고 인재를 등용하겠다는 원칙을 천명한다[6]. 이는 인재의 교육과 등용에 있어서 기존제도의 한계를 스스로 인정하는 것이었다. 이미 7월 22일 하교(下敎)에서 지역과 귀천을 불문한 관리등용 원칙을 밝혔지만[7], 대과에 급제하지 않은 자들도 관리가 될 수 있음을 재

---

5) 사람을 널리 등용하지 못하고 종친(宗親)과 척신(戚臣)을 높인 것도 나의 죄이다. (…중략…) 내 이제 마음을 깨끗이 씻고 전날의 교훈을 살려 앞으로는 조심하겠다. 백성들에게 불편했던 종전의 정령(政令)들은 다 없애버리고 어진 관리들을 골라 백성들을 다스리게 할 것이며, 실효 있는 방법을 강구하여 온 나라 사람들과 함께 다시 새롭게 시작하려고 한다. 너희들도 마땅히 제각기 노력할 것이며 훌륭한 계책을 많이 고해 주어야 할 것이다. 의견이 설사 부합되지 않더라도 호되게 책망하는 일은 결코 없을 것이다. 만약 종전의 과오를 고치고 함께 나라의 기초를 지킨다면 종사(宗社)의 다행이 될 것이다.
『高宗實錄』 19년(1882), 7월 20일.

6) 농(農)·공(工)·상고(商賈)의 자식도 학교에 들어가는 것을 허락하여 다 같이 진학하게 한다. 오직 재학(才學)이 어떠한가만을 보아야 할 것이요, 출신의 귀천은 따지지 말아야 할 것이다. 벼슬자리에 있으면서 헛되이 작록(爵祿)만 축내고 나라에 보탬이 없는 자들은 더욱 시세의 요구에 따라 분발하고 스스로 마음을 가다듬음으로써 온 도가 똑같이 풍화(風化)되는 정사를 이룩할 것이며, 착한 자를 드러내고 악한 자를 물리치는 권도(權道)에 맞게 하라. 이 내용을 팔도와 사도에 함께 유시하는 바이다.
『高宗實錄』 19년(1882), 12월 28일.

7) 우리나라에서 문벌을 숭상하는 것은 참으로 천리(天理)의 공평한 이치가 아니다. 나라에서 사람을 등용함에 있어서 어찌 귀천으로 제한을 둔단 말인가? 이제 경장(更張)하는 때를 당하여 마땅히 사람을 등용하

차 천명한 것이다. 이러한 조치로 인하여 조선의 대표적인 관리 등용 방식이었던 과거제도와 음서(蔭敍) 이외의 방법으로도 정5품 이하의 관리가 될 수 있는 제도가 만들어진다[8].

국가적 위기를 타개하기 위한 개혁안 제시를 요구한 고종의 유음에 대한 백성들의 답변은 전국 각지에서 상소의 형태로 제안되었다. 물론 전대적 가치관에 의거한 것이 태반이었지만, 지석영(池錫永)을 위시한 유학(幼學) 17명의 상소는 과감한 사회개혁의 내용을 담고 있었다. 이들의 요구를 간략하게 정리하면 다음과 같다. 첫째, 만국공법(萬國公法)·조선책략(朝鮮策略)·역어(易語) 등의 외국서적 간행. 둘째, 국제교섭을 위한 어학의 교수. 셋째, 외국인 교사와 기술자를 채용하여 서양 신기술을 습득하게 할 것. 넷째, 신학연구원(新學硏究員)을 설치하여 신학을 연구할 것. 다섯째, 탄광 채굴을 통한 국부의 증대. 여섯째, 상회소(商會所)와 국립은행의 설치 등이다[9]. 이들은 상소문에서 제

---

는 길을 넓혀야 할 것이다. 서북인(西北人), 송도인(松都人), 서얼(庶孽), 의원(醫院), 역관(譯官), 서리(胥吏), 군오(軍伍)들도 일체 현직에 통용하라. 오직 재주에 따라 추천하되 만일 특이한 재능이 있는 사람이 있으면 중앙에서는 공경(公卿)과 백관(百官)들이, 지방에서는 감사(監司)와 수령(守令)들이 각기 아는 사람들을 천거하여 전조(詮曹)에 보내면 내가 선발하여 등용하겠다.

『高宗實錄』 19년(1882), 7월 22일.

8) 『漢城旬報』와 『漢城週報』에는 외아문, 교섭아문, 내무부, 박문국 등에서 유학(幼學: 벼슬하지 않은 儒生)을 주사 · 부주사 등으로 임용했다는 다수의 기사가 있다.

김경용, 『과거제도와 한국교육의 재인식』, 교육과학사, 2003, 329면.

9) 충주 유생 김익동의 상소를 중심으로 1882년 12월까지 100여 건의 상소가 있었는데, 이 중 대부분은 숭명학(崇明學), 수무비(修武備), 입기강(立紀綱) 등의 상투적인 내용을 담고 있었다. 그러나 유학 17인이 올린 상소는 개화의 방향에 대한 요구를 담고 있었다.

국주의 세계질서에 편입한 조선이 시급하게 갖추어야 할 제도와 이를 위한 방책을 제시했다. 이렇게 개혁적인 내용을 담은 상소의 배경에는 개항 이후 일본의 근대 문명을 시찰하고 돌아온 수신사(1876년, 1880년)와 신사유람단(1881년)의 시찰 결과의 영향도 있었겠지만[10], 이미 조선후기부터 안정적으로 이루어진 서학 수용 기반이 있었기 때문이다[11].

---

차석기, 『한국 민족주의 교육의 생성과 전개』, 태학사, 1999, 87~89면.

10) 이들 상소의 내용 중 2차 수신사의 책임자였던 김홍집이 갖고 와서 파장을 일으킨 황쭌셴(黃遵憲)의 『조선책략(朝鮮策略)』의 간행 요구가 있는 것은 『조선책략』의 대중적인 출판이 이루어지지 않았음을 증명하는 것이다. 김홍집은 고종에게 올린 보고서에서 메이지 유신 이후의 일본의 근대화 정책을 시세에 맞는 것으로 평가했다.
하우봉, 「제1차 수신사(1876) 김기수의 일본인식과 그 의의」, 『사학연구』 84권, 2006, 250~251면.
그러나 김홍집이 일본의 근대화를 시찰하고 작성한 보고서는 대중적으로 출판되지 않았다. 이는 구미국가를 시찰하고 돌아온 결과를 대중적 출판을 통해 알린 일본의 이와쿠라(岩倉) 사절단과 대비된다. 이런 상황으로 미루어 볼 때 유학들이 제시한 개혁방안은 일본과 중국을 시찰한 수신사·영선사의 시찰 결과물보다는 조선후기 안정적인 서학 수용기반을 통해 집적한 성과물의 가능성이 크다.
허동현, 「일본을 통한 근대기술 및 지식의 수용과 그 변용-1876~1884년 사이의 견일 사절을 중심으로」, 『동아시아의 지식교류와 역사기억』, 동북아역사재단, 2009, 78~84면.

11) 서학 서적들은 17세기 이후부터 정부의 공식적인 수입보다는 다른 경로를 통하여 조선으로 들어왔다. 17세기 이후 중국을 오가는 사신과 수행원들은 수행한 역관을 통해 베이징 류리창(琉璃廠)에서 대량으로 서적을 구입했다. 짧은 체류 기간 동안에 대량으로 서적을 구입할 수 있었던 것은 '사신(수행원 포함)-역관-서반(序班: 베이징에서 문방구 용품의 판매를 독점하고 있었던 서리직)'으로 이어지는 서적 구입 메커니즘이 구축되었기 때문이다. 이러한 서적의 수입은 광범위한 독서를 요구했으며, 교조적인 경전 해석을 거부하는 고증학적 학문 방법의 수용으로 이어졌다. 실증성을 기반으로 하는 고증학적 방법은 논

서구기술 수용론을 주창한 이들의 제안은 전통적인 학문의 범주를 뛰어 넘는 것이었다. 문명개화를 향한 움직임이 대세가 되자 만인소(萬人疏)로 상징되는 위정척사론의 영향력은 약화될 수밖에 없었다. 국제법적 질서와 이에 대응하기 위한 방안, 근대의 에너지로 각광받은 석탄광의 개발 등이 포함된 이들의 요구안 중 주목할 것은 근대교육제도 방안이다. 특히 외국 기술자를 채용하여 국방력을 강화할 것과 기계 제작 등의 신학을 교육시킬 것을 요구하고 있다는 점에서 문명개화를 이루기 위해서 근대교육제도는 시급하게 도입해야 하는 것이었다. 서양학문의 도입이 거스를 수 없는 대세가 되었지만 지배 권력은 전면적으로 서구문명을 수입하는 것을 원치 않았다. 그보다는 '동도서기(東道西器)'에 입각하여 서양의 기술만을 수입하고자

---

증을 중시하였다. 이는 정조의 문체반정에서 볼 수 있듯이 주자학적 기반의 집권 세력에게는 큰 위협이 되었다. 그럼에도 18·9세기에는 경화세족(京華世族)의 서적 소장 욕구와 심미안까지 더해져 서학을 포함한 중국서적의 수요는 더욱 증가했고 체제를 동요시키는 요인이 되었다.

강명관, 『조선시대 문학예술의 생성공간』, 소명출판, 1999, 253~276면.

이러한 서학 수용 상황은 상소를 올린 유학 중 한 명이었던 지석영의 사례를 통해서도 확인할 수 있다. 지석영은 광저우와 상하이에서 활동했던 영국 출신의 의사이자 선교사였던 벤자민 홉슨(Benjamin Hobson, 1816~1873)이 저술한 서양 의학서를 소장했고 이를 바탕으로 1885년 『우두신설(牛痘新說』 사가판(私家版)을 발간했다고 한다. 이 책에는 홉슨의 『부영신설(婦嬰新說)』에 있는 「종두론」이 게재되어 있었다.

아쓰미미 도시푸미, 「한영양학서와 19세기의 일본의 출판문화-홉슨의 서적을 중심으로」, 『동아시아의 지식교류과 역사기억』, 동북아역사재단, 2009, 48~49면.

했다. 이는 서양의 과학기술조차 '음사지물(淫邪之物)'로 거부한 위정척사파의 논리와 대립되는 것처럼 보이지만, 전통적인 유교적 가치관을 보수하기 위한 것이라는 점에서는 일치하고 있었다. 유교적 가치관을 근간으로 하는 지배체제를 유지하고자 하는 방법으로 한 쪽은 서양문명을 철저하게 배척했고, 다른 한 쪽은 서양 기술의 습득을 통한 부국강병을 내세웠다. 그럼에도 이렇게 상반된 방법의 궁극적인 지향점은 유교적 국가의 보수(保守)였다[12].

동도서기론에 입각한 근대교육론은 유길준의 『서유견문(西遊見聞)』에서 확대·변용된 형태로 나타난다. 그는 이 책에서 근대적 정치·사회·학문·종교·교육·제도 등의 다양한 문명과 문화를 조사하고, 사회진화론의 관점에서 개화의 실상을 소개하고 있다. 그리고 이를 실현하기 위해 자주적이면서도 주체적인 실상개화를 주장한다[13]. 그는 이를 실현하기 위해 학교를 제도화하고 이곳에서 도덕교육, 재예(才藝)교육, 공업교육을 실시해야 한다고 주장한다[14]. 그리고 추구해야 할 현실적인 모델로 서구의

12) 박성래, 「개화기의 과학 수용」, 김영식·김근배 편, 『근현대 한국사회의 과학』, 창작과비평사, 1998, 17~24면.

13) 유길준은 『서유견문』에서 개화를 사회가 변혁되고 진보하는 과정으로 파악하고, 인간사회는 미개한 상태에서 개화의 상태로 부단히 진보·발전한다는 논리를 편다. 그는 이러한 역사적 과정을 후쿠자와 유기치의 '未開→半開→開化'라는 진화 과정을 원용하여 정의했다. '미개'에서 '개화'로 이행하는 것이 필연적인 역사 과정이라고 본 그는 '사물의 이치와 근본을 깊이 연구하고 고증하여 그 나라의 처지와 시세에 합당케 하'는 '실상의 개화'를 강조했다.

유길준, 허경진 역, 『서유견문』, 서해문집, 2004, 393~402면.

14) 유길준은 이를 "교육의 삼대강(三大綱)이라고 하고, 이는 정덕(正德)·이용(利用)·후생(厚生)의 커다란 취지를 밝힌 것이다"라고 적고 있다.

국민교육제도, 학교의 등급, 교과목을 소개하고 대학을 졸업한 사람은 공익을 위해 봉사해야 한다는 지식인론을 주장한다[15]. 유길준은 교육을 개인적 입신의 수단이 아닌 공익 실현을 위한 제도로 인식했으며, 교육의 내용과 방법에서 '허학(虛學)을 배척하고 '실학(實學)'을 중요시했다[16]. 이러한 유길준의 국민교육론

---

국민교육은 이러한 강령에서 이루어져야 하며, 이를 실현하고자 하는 교육 수준의 높고 낮음에 따라 '한 나라의 빈부(貧富), 강약(强弱), 치란(治亂), 존망(存亡)이 달려있다'고 주장하여 근대교육의 지향점을 제시하고 있다.

위의 책, 130면.

15) 학교마다 정부가 선생을 두어 배우러 오는 자들을 가르치게 하였는데, 모든 비용은 국민들에게 세금을 거둬 충당하였다. 학교에 들어가는 여러 항목의 경비를 설명하면 선생의 봉급과 교과서 구입비 및 학교 건축비이며, 그밖에도 여러 가지의 잡비가 있다(국민교육제도: 인용자 주). (…중략…) 대개 학교의 차례는 네 등급으로 나우어진다. 즉 시작하는 학교, 문법학교, 고등학교, 대학교이다. 시작하는 학교라고 하는 곳은 공부를 시작하는 어린아이들을 가르치는 곳이다. (…중략…) 문법학교는 자기 나라의 언어를 사용하는 법과 또 그 언어로 문장을 구성하는 격식을 가르치는 곳이다. (…중략…) 고등학교는 문법학교에서 학업을 마치고 대학교에 진학하려는 자들을 가르치는 곳이다. (…중략…) 대학교에서 가르치는 과목에는 없는 것이 없다. 대학교에 입학을 허락하는 방법은 우선 여러 가지 조목을 시험하여, 그의 재주와 학식이 대학교의 공부를 이수할 만한 자인지 확인한 뒤에 입학을 허락한다. 그렇지 못하면 그의 공부가 더 진전되기를 기다렸다가 뒷날에 입학을 허락한다.(학교의 등급: 인용자 주). (…중략…) 이와 같이 대학교의 공부를 마치고 학문을 이룬 자는 자기가 성취한 재주로 사회의 실제적인 일에 종사한다. 생업을 구하는 첫 걸음을 명석하게 내디뎌, 국민들의 이용과 후생을 담당하는 것이다.(지식인의 역할: 인용자 주)

위의 책, 253면.

16) 옛사람의 찌꺼기를 주워 모으기만 하고 실용적인 효과가 없다면, 비록 공부했다고는 하지만 실제로는 아니다. 도리어 인간에게 해를 끼칠 수 있기 때문에, 실용을 주로 하는 학문이 인생의 대도다.

은 학문의 실용성을 강조하고 있고, 교육의 공공성을 강조하고 있다는 점에서 고종의 근대교육 의식에 연계되어 있다.

> 하지만 현재 시국이 날로 변하고 사무가 날로 늘어나서, 교섭하는 길에 주거(舟車)가 통행하고 영루(營壘)에 조련장을 설치하였으니, 그 접응하는 것이 결코 이전의 자수(自守)하던 바에 비할 바가 아니다. 그러니 어떻게 예전의 투식만을 고집하고 쓸데없는 일을 답습하면서 실사구시(實事求是)의 도리를 생각하지 않겠는가? '실(實)'이라는 것은 성(誠)으로 진실한 것을 이르고 간사함을 막는 것을 말한다. 간사함과 거짓이 일을 시행하는 데 섞이게 되면 어떻게 우뚝하고 힘차게 발흥하겠는가? 이는 나의 말이 아니라 옛날의 어질고 명철한 임금들이 나라를 다스리던 대강령(방점: 인용자 주)으로, 역시 번잡한 것을 간편하게 부화한 것을 질박하게 하는 유지(遺志)이다[17].

> 교육에는 또한 그 방도가 있으니, 허명(虛名)과 실용(實用)의 분별을 먼저 세워야 할 것이다. 책을 읽고 글자를 익히어 고인(古人)의 찌꺼기만 주워 모으고 시대의 큰 형국에 어두운 자는 문장(文章)이 고금(古今)보다 뛰어나더라도 쓸모가 전혀 없는 서생(書生)이다. 이제 짐은 교육하는 강령(綱領)을 제시하여 허명을 제거하고 실용을 높인다. 덕양(德養)은 오륜(五倫)의 행실을 닦아 풍속의 기강을 문란하게 하지 말며, 풍속과 교화를 세워 인간 세상의 질서를 유지하고 사회의 행복을 증진시킬 것이다. 체양(體養)은 동작에는 일정함이 있어서 부지런함을 위주로 하고 안일을 탐내지 말며 고난을 피하지 말아서 너의 근육을 튼튼히 하며 너의 뼈

---

위의 책, 257~258면.

17) 『高宗實錄』 21년(1884), 6월 15일.

를 건장하게 하여 병이 없이 건장한 기쁨을 누릴 것이다. 지양(智養)은 사물의 이치를 연구하는 데서 지식을 지극히 하고 도리를 궁리하는 데서 본성을 다하여 좋아하고 싫어하며 옳고 그르며 길고 짧은 데 대하여 나와 너의 구별을 두지 말고 상세히 연구하고 널리 통달하여 한 개인의 사욕을 꾀하지 말며 대중의 이익을 도모하라. 이 세 가지가 교육하는 강령이다.

짐이 정부(政府)에 명하여 학교를 널리 세우고 인재를 양성하는 것은 너희들 신하와 백성의 학식으로 나라를 중흥(中興)시키는 큰 공로를 이룩하기 위해서이다. 너희들 신하와 백성은 임금에게 충성하고 나라를 사랑하는 심정으로 너의 덕성, 너의 체력, 너의 지혜를 기르라. 왕실의 안전도 너희들 신하와 백성의 교육에 달려 있고 나라의 부강도 너희들 신하와 백성의 교육에 달려 있다. 너희들 신하와 백성에 대한 교육이 훌륭한 경지에 이르지 못하면 짐이 어찌 나의 정사가 성공했다고 하며 짐의 정부가 어찌 감히 그 책임을 다하였다고 말할 수 있겠는가?[18]

고종은 「교육입국조서(敎育立國詔書)」를 공포함으로써 개화파가 추진한 교육 개혁안을 수용하고 국가의 교육 정책 방향을 천명한다[19]. 이로써 고종은 유길준이 주장한 '실상개화'의 국가적 필요성을 추인하고[20] 제도로 시행하게 했다. 유길준은 초고

18) 『高宗實錄』 32년(1895), 2월 2일.

19) 앞의 인용문은 고종이 김옥균의 『치도약론(治道略論)』을 수용하여 전교를 내린 것이다. 뒤의 인용문은 1894년 갑오개혁 조치의 일환으로 이루어진 「교육입국조서」이다. 특히 후자에서 제시되고 있는 교육입국의 방향은 '체양(體養)'의 육성 부분을 제외하고 유길준의 교육 삼대강과 유사하다. 유길준이 제시한 정덕(正德)은 덕양(德養), 이용(利用)과 후생(厚生)은 지양(智養)과 유사하다. 교육의 방도에서 '허명'과 '실용'의 분별할 것을 강조하는 것도 주 16)에서 언급한 유길준의 실용적 교육론과 일치한다.

를 고종에게 바침과 동시에 비매품으로 출판하여 관원과 지식인들에 무상으로 나누어 주었다. 『서유견문』이 정식으로 출판된 것은 1895년이었지만, 이러한 과정을 통해 고종과 개화파 지식인들의 개화사상에 영향력을 미치고 있었던 것이다.

그런데 위 인용문에서 볼 수 있듯이 후자에서는 전자에 언급된 '옛날의 어질고 명철한 임금들이 나라를 다스리던 대강령'이라는 훈고적 전거가 약화되었다는 점이다. 이는 갑오개혁을 통해 대한제국의 교육이 전통적인 교육에서 벗어나 서구적 근대교육의 보편성에 편입하고 있음을 보여주는 것이다. 그렇지만 「교육입국조서」는 왕실과 국가를 동일시하고, 충군애국을 교육적 지향의 귀결로 설정하고 있다. 이를 위해 '충(忠)'은 왕과 신민[21]의 관계를 규정하는 교육이념으로 재정의되었다[22].

---

20) 유길준은 갑신정변이 실패로 끝난 이후, 1885년 귀국하여 우포장 한규설의 집에 연금된다. 그러나 이는 유길준을 수구파로부터 보호하려는 고종의 배려였다. 유길준은 1886년부터 『서유견문』을 집필하여 4년 뒤인 1890년에 초고를 탈고한다. 유길준은 조선시대의 선비들이 국가적 시무책을 왕에게 건의했듯이 한규설을 통해 『서유견문』의 초고를 고종에게 시무책으로 바쳤다.
허경진, 「서유견문에 대하여」, 유길준, 『서유견문』, 서해문집, 2004, 9면.

21) 유학에서 '민(民)'은 사용 맥락에 따라 세 가지 범주로 나뉜다. 가장 넓은 범주의 '민'은 '천(天)-민'의 관계에서 쓰인다. '천-민'의 관계에서 볼 때 '민'은 모든 인간을 의미한다. 두 번째로 중간 범주의 '민'은 '왕(王)'과 대비되는 개념이다. 즉 '왕'을 제외한 사회 전체의 구성원을 의미한다. 이는 좁게 보았을 때 '관(官)'과 대비되는 '민'개념으로, 이것이 '민'의 일반적인 범주이며 사회의 계층 구조상 하층에 속하는 '민'개념은 이에 속한다. 또한 '민'은 '사(士)'와 대비되어 개념으로 '사'가 지배 계층을 뜻한다면 '민'은 피지배 계층, '사'가 '관(官)'을 뜻한다면 '민'은 민간, '사'가 학문하는 자를 뜻한다면 '민'은 학문하지 않은 자를 뜻한다. 이렇듯 '민' 개념은 그 맥락에 따라 범주가 다르지만 공통점은 언제나 상하 대립적 관계에서 '하'의 영역에 놓여진다는 점이

서구식 국민교육제도를 전범으로 삼았지만, 군주제를 강화하고자 했기 때문에 '국민(nation)'보다는 '신민'이 강조될 수밖에 없었다[23].

일반적으로 비서구 사회에서 근대교육을 수용하는 과정은 역사적 특수성에 따라 국가적 차이가 존재한다. 그렇지만 비서구 국가에서 수용한 근대교육은 대체로 종교적 기능을 배제하고 대중적인 형태를 지향했다. 「교육입국조서」가 '지배-피지배'의 관계 설정에서 전제군주제를 강화하고자 하는 의도를 담고 있

---

다. 이러한 '민'개념에 바탕을 두고 있는 '신민(臣民)'은 '왕'과 대비되는 모든 인간을 의미한다. 피지배 계급을 의미하는 '백성'의 개념보다 '신(臣)'을 포괄하고 있다는 점에서 대한제국기 황권의 강화과정을 보여주는 용어라 할 수 있다.

이나미, 『한국자유주의의 기원』, 책세상, 2002, 110~111면.

22) 유교적 원리를 활용하고 있다는 점에서 고종의 「교육입국조서」는 메이지 일본의 「교육칙어」와 유사하다. 황제에 대한 충성을 강조하고 있다는 점에서는 공통성이 있지만, 세부적 실천에서 강조되는 항목은 다를 수밖에 없었다. 이는 근대화를 수용하는 시차에서 비롯되었다. 고종은 전대 교육에서 간과되었던 '체양'의 강화를 통해 군주국가 체제를 강화하고자 했다면, 일본의 교육칙어는 급속한 서구화 과정에서 간과되었던 '덕육'을 강화함으로써 천황통치를 공고하게 하고자 했다.

후루카와 아키라, 이경옥 역, 『구한말 근대학교의 탄생』, 경인문화사, 2006, 13~14면.

23) 서구국가들에서 시행된 근대교육은 근대국가의 구성원을 양성하기 위한 목적이 강했다. 입헌군주정 국가인 영국이나 공화정 프랑스는 자발성을 지닌 국민 양성에 초점을 두고 있었던 것에 비하여, 독일은 군주를 정점으로 하는 국가주의 교육 체계였다. 대한제국의 지식인들은 독일의 국가체제, 역사인물, 군사제도, 교육제도를 일본을 통하여 수용한다. 이런 과정으로 독일에 대한 인식이 이루어지면서 독일의 권위주의적 사회구조에 대한 문제는 간과된다.

고유경, 「근대계몽기 한국의 독일 인식-문명담론과 영웅 담론을 중심으로」, 『근대계몽기 지식의 굴절과 현실적 심화』, 소명출판, 2007, 304~311면.

지만, 세속성과 대중성을 근간으로 근대교육의 보편성을 강조하고 있는 점은 근대화를 향한 의지의 산물임을 입증하는 것이다[24].

「교육입국조서」가 공포되고 이루어진 후속조치들은 『서유견문』에서 주장했던 정부가 주도하는 국민교육이 시작되었음을 의미하는 것이었다[25]. '개화의 주인'이 주도하여 점진적인 개화[26]가 이루어질 수 있다고 생각했던 유길준의 문명 개화론은 갑오개혁과 을미개혁의 과정을 거치면서 여러 분야에서 개혁방

---

24) 대한제국의 「교육입국조서」에 대한 평가는 주체성과 이식성의 이중적인 시선 속에서 이루어질 수밖에 없다. 대한제국의 정체(政體)를 간과한 채 「교육입국조서」를 서구식의 근대교육관만으로 평가해서는 안 된다는 것이다. '서구 사회들에서의 근대교육 형성과정을 살펴보면 국가에 따라 차이가 있지만, 대체로 근대 교육의 세속적(비종교적)이고 대중적인 교육이라는 공통성을 지니고 있다. 그러나 이러한 보편적 특성이 이루어지는 것은 서구의 경험을 비서구 사회에 일방적으로 적용하려는 힘의 논리가 반영된 것이다. 우리의 근대교육에 대한 평가 또한 이러한 주체성과 이식성 사이에서 애매하게 이루어졌다. 이러한 상황은 서구화를 결과론적으로 바라보기 때문이다'라는 이윤미의 지적은 타당하다.

이윤미, 『한국의 근대와 교육』, 문음사, 2006, 85~87면.

25) 국민교육에 관한 법을 설정하는 일은 정부의 위엄스런 법령으로 강요하든지 권유하든지 간에, 널리 실시한다는 규제를 위주로 해야 한다. (…중략…) 정부는 학교를 세우고 교사의 직책에 합당한 인재를 양성하며, 그 밖의 여러 가지 사무에 관해서는 일반인들이 변통하기 어려운 번잡한 비용이나 지출해주는 정도가 좋을 것이다.

유길준, 앞의 책, 128면.

26) 유길준이 점진적인 개화론을 펼친 것은 그가 개화주체를 '관(官)-정부'으로 설정했기 때문이다. 그의 문명개화론은 스승이었던 후쿠자와 유기치(福澤諭吉)의 '관(官)'과 '사(私)'의 힘의 균형에 바탕을 둔 개화주체를 설정했던 것에 비하여 비민주적이다. 이는 일본보다 국민국가 수립 단계에서 뒤쳐져 있던 조선의 상황에서 비롯된 것이다.

김현주, 『이광수와 문화의 기획』, 태학사, 2005, 46면.

안으로 채택되었다. 교육 분야에서는 학부아문을 설치하여 국민교육제도의 통합적 관리와 지원이 이루어질 수 있게 했다. 비록 일본식 학제를 모방했다는 비판을 받았지만 국민교육의 기초기관으로 한양과 지방에 소학교를 설치·운영하고, 교원의 수급을 위하여 사범학교를 설립·운영한 것은 공교육 운영의 안정적인 체제를 구축하는 것이었다. 특히 실현되지는 않았지만 초등교육의 의무화와 무상교육을 시도했다는 점은 근대교육의 이상을 인식하고 있다는 점에서 교육사적 의의가 있다.

고종의 「교육입국조서」가 공포되고 새롭게 근대교육제도가 시행되었으나, 정작 대중들은 전대적 인식으로부터 쉽게 벗어나지 못했다. 일본을 거쳐 도입된 서구의 교육제도는 낯선 것이었다. 한국인들은 낯선 서구의 교육제도와 학문을 번역의 과정을 통해서 이해할 수밖에 없었고,[27] 또한 전대 학문의 영향력도 무시할 수 없는 것이었다[28].

---

27) 오늘날 우리가 사용하는 대부분의 사회과학 개념은 서구사회에 뿌리를 두고 있다. 이 용어들은 19세기 서세동점과 함께 도입·수용되는데, 그것은 세계관 혹은 문명충돌과 교섭의 부산물이기도 했다. 한자문화권에 없는 용어를 새롭게 창안하는 과정은 한 개 단어를 번역하는 문제가 아니었다. 서구의 세계관(문명)을 담은 신조어는 기존에 사용하던 한자어의 의미를 변용하는 것이었다. 동아시아에서는 일본의 지식인들이 그 작업을 수행했고, 조선의 지식인들은 일본의 작업에 힘입어 서구에서 유입된 용어를 이해하게 되었다.

김석근, 「근대한국의 '개인 개념 수용'」, 『근대한국의 사회과학 개념 형성사』, 창비, 2009, 345면.

28) 갑오개혁 이후 학부 편집국에서 펴낸 『신정심상소학(新訂尋常小學)』의 서문에 있는 "학(學)하는 자는 한자(漢字)만 숭상하여 옛 것을 배울 뿐 아니라, 시세(市勢)를 헤아려 국문(國文)을 더 하여 지금 것도 배워야 지식(知識)을 널널 것이며"이라는 글을 통해서도 알 수 있다. 갑오개혁의 후속조치로 이루어진 을미칙령(1895)에서 "무릇 법률, 칙

이런 상황에서 근대적 교육제도인 학교의 성격과 기능을 계몽하는 것은 지식인들의 시급한 책무였다. 임오군란 직후 실정(失政)에 대해 사과하면서 파격적인 인재등용의 원칙을 제시했던 고종의 유음은 갑오개혁에서 근대교육제도 시행으로 가시적인 결실을 맺을 수 있었다. 그러나 이러한 교육개혁정책은 일본의 학제와 유사하다는 점에서 주체성이 없다는 비판을 받기도 했다. 또한 소학교 운영의 기반이던 토지의 소유와 세수를 둘러싼 갈등[29], 대한제국 정부의 재정고갈 등의 어려움으로 근대교육제도가 정착하는 과정은 무난하지 않았다. 그럼에도 근대교육제도가 시행되고 근대적 학문을 학습할 수 있는 학교가 신설·운영되면서, 이는 개화기 한국인의 근대 국가적 의식을 형성하는 기반이 되었다. 을사늑약 이후 민간을 중심으로 전개된 구국교육운동이 대중적인 지지를 얻을 수 있었던 것은 갑오개혁 이후 시행된 근대교육제도가 있었기 때문이다.

---

령은 모두 국문으로 본을 삼되 한문을 부역하거나 국한문을 혼용할 수 있다(法律 勅令 總以國文爲本 漢文附譯 或混用國漢文)"이라고 지정하고 있지만, 한문숭상의 분위기는 사라지지 않았다.

學部,『新訂尋常小學』 제1권, 1896.; 한국학문헌연구소 편,『한국개화기교과서 총서』 1, 아세아문화사, 1977.

29) 지방 소학교의 경우 교원토(校院土)에서 나오는 도조(賭租) 재원과 후원금에 의해 유지되고 있었는데, 궁내부 산하의 내장원(內藏院)이 도조의 권리를 주장하면서 학교의 존립을 위협하는 사태가 전국 각지에서 발생했다. 또한 유림들은 향교 소유 토지가 학교 재원으로 쓰이는 것에 대해서도 반발하여 지방 학교의 재정을 어렵게 했다.

후루카와 아키라, 앞의 책, 63~67면.

## Ⅲ. 국권회복을 위한 구국교육운동과 민족자강론

1905년 대한제국이 일제의 보호국으로 전락하고, 국가가 멸망할 수도 있다는 위기 상황을 극복하기 위해 한국인들은 교육을 통해 국권을 회복하고자 했고, 실력을 양성하여 산업 발전을 이루고자 했다. 1883년 최초의 근대식 사립학교인 '원산학사(元山學舍)'가 설립된 이래, 이처럼 근대교육기관이 대중의 광범위한 지지를 받았던 적은 없었다. 이 과정에서 수많은 사립학교가 설립되었고, 민족 갱생을 위한 민족교육이 실시되었다. 멸망하고 있는 대한제국의 운명을 바꾸고자 하는 다양한 애국운동이 전개되고 있었지만, 식민지로 전락하면서 자강(自强)[30]을 통해 국권을 회복하고자 했던 노력은 결실을 맺지 못한다. 대한제국의 멸망은 국권 회복을 꿈꾸며 추진하던 애국계몽운동의 좌절이면서 자강운동론(自强運動論)[31]의 실패를 증명하는 것이었다. 이

30) 1905~10년 애국계몽운동의 구호로 쓰였던 '자강(自强)'은 『역경(易經)』의 '건건(乾健)'의 뜻에서 취한 것으로, 자강불식(自强不息)을 줄인 말이다. 즉 '스스로 강하게 하기를 쉬지 않는다는 의미(盖聞易經乾健之義컨딕 曰自强不息이라ᄒᆞ니 自强之義)'이다.
張志淵, 「自强主義」, 《大韓自强會月報》 3호. 1906. 9, 3면.

31) 1905~10년 사이에 자강론이 대두되게 된 정치사상적 배경으로는 사회진화론의 수용과 개화자강론의 확산이라는 사상적 동향, 일제의 한국 보호국화라는 정치적 변동 등을 들 수 있다. 자강운동론이 본격적으로 확산된 것은 1905년경부터였지만, 1897~98년 독립협회운동이 있었던 시기부터 지식인들 사이에서는 공유되고 있었다. 독립협회는 『독립신문』이나 『대조선독립협회보』를 통하여 '자강'만이 독립을 지킬 수 있는 유일한 길이며, '자강'은 개화를 통해서만 이룰 수 있다고

와 함께 자강운동론의 핵심이었던 구국교육운동도 위기를 맞게 된다.

1905~10년 사이에 있었던 자강운동론과 근대교육의 연관성은 이 시기에 결성되었던 대표적인 단체의 활동에서도 확인된다. 1906년 4월에 결성하여 1907년 8월에 해산된 대한자강회(大韓自强會)와[32] 1907년 4월에 창립한 비밀결사단체 신민회는 국가의 자강을 위해 교육적 실천을 중요시 했던 대표적인 단체이다[33]. 교육과 실업을 진흥하여 실력을 양성하고, 이를 통해 국권을 회복하려던 자강론자들의 노력이 헛된 것은 아니었다. 국채보상운동, 구국언론활동, 의병활동, 구국교육활동 등 이 시기에 전개되었던 국권회복을 위한 여러 활동 중에서도 교육활동은 상·하층 광범위한 계급의 지지를 받으며 활발하게 전개되었다.

---

역설했다. 독립협회는 이를 실현하기 위한 구체적인 방법으로 입헌정치제의 성립, 신교육의 보급, 산업의 개발을 제시했다.

박찬승, 『한국근대정치사상사 연구』, 역사비평사, 1992, 37~39면.

32) 夫 邦國之獨立은 惟在自强之如何耳라. 我韓이 從前不講於自强之術ᄒᆞ야 (…중략…) 竟被外人之保護ᄒᆞ니 此 皆不致意於自强之道故也라 (…중략…) 夫敎育이 不興則民智未開ᄒᆞ고産業이 不殖則國富莫增ᄒᆞᄂᆞ니 然則開民智養國力之道ᄂᆞᆫ 豈不在敎育産業之發達乎아 是知敎育産業之發達이 卽惟一自强之術巳라

「大韓自强會趣旨書」, 《大韓自强會月報》 1호, 1906. 7, 9~10면.

33) 신민회는 실력배양의 방법으로 구국교육운동을 두 가지 측면에서 전개하였다. 하나는 신교육의 필요성을 계몽하여 학교 설립을 고취시킴과 동시에 신민회도 학교를 설립하고, 국권회복에 적합한 교육방침을 수립하여 이를 가르치기 위한 교사를 양성하는 사범학교를 설립한다는 것이고, 다른 하나는 국외에 무관학교를 창설하고 정규군 수준의 독립군과 그들이 주둔하는 기지를 만들어 독립전쟁으로 국권을 회복한다는 군사교육의 전략을 세웠다.

한관일, 『구한말 교육구국운동 연구』, 문음사, 2009, 245~260면.

국권회복을 교육 목표로 삼고, 교육을 통한 민족각성과 실력 배양이 이루어지지 위해서는 일제 통감부의 관제교육과 차별화된 교육실천 장이 필요했다. 이를 실현하기 위한 방편으로 한국인들은 사립학교를 설립하고 민족교육을 전개했다. 이들 학교에서 수학하던 학생의 구국의식이 관(공)립학교에 비해 강했던 것은 민족교육담론의 제도적인 재생산이 가능했기 때문이다[34]. 이 시기 모든 사립학교들이 애국의식을 고취시킨 것은 아니었다. 선교사가 설립한 기독교계 사립학교보다는 한국인이 설립한 사립학교가 애국계몽운동의 구심점 역할을 수행했다[35]. 이렇게 사립학교를 설립하고 이를 통해 민족이념을 확산시키고자 했던 구국교육동은 일제 식민지로 전락한 상황에서 더 이상 실질적인 수행이 불가능했지만, 1910년대 실력양성론, 1920년대 문화운동론으로 이어졌다[36].

근대국가 체제의 근간을 이루는 근대교육 체계와 이를 통해

---

34) 갑오경장 이후 설립된 각종 관(공)립 학교의 학생들이 수동적이었던 것에 비하여, 사립학교의 학생들의 학구열이 높았다. 을사늑약 이후 사립학교의 학생들은 국권이 침탈당하는 상황을 인식하고 교육을 통해 국가를 구하겠다는 열정을 소유하고 있었다. 이에 비하여 관(공)립 학교의 학생들의 국권의식은 낮았다. 이는 1905년 이후 관(공)립교육이 형식적으로는 학부의 감독과 지도를 받았지만, 일본인 고문의 감독이 제도화되면서 한국인들이 관(공)립 학교를 기피했고, 교육 내용 또한 대한제국의 민족성 고취와 거리가 멀었기 때문이다.

이지애, 「개화기 '배움터'의 변화와 '자아 찾기로의 일상성」, 『근대의 첫 경험』, 이화여자대학교출판부, 2006, 134~148면.

35) 차석기, 앞의 책, 233~252면.

36) 일제강점기에 내내 지속된 민족주의 우파 계열의 실력양성론은 당대 지식인들로부터 많은 비판을 받았지만, 일제강점기 민족주의 운동의 한 축을 형성하고 있다는 점에서 부정적으로만 평가할 수 없다.

배출된 인재는 중요할 수밖에 없다. 교육으로 국권을 회복할 수 있는 것은 아니지만, 교육적 지향점과 내용은 일제의 보호국으로 전락한 상황에서도 매우 중요한 문제였다. 서구근대민족국가 형성과정에서 교육은 민족의식을 함양시키고 국민을 만들어내는 중요한 제도였다. 다양한 방법론이 제안되었지만 궁극적인 지향점은 국권회복이었고, 이는 교육을 통해 확산되었다. 이 과정에서 사립학교는 일제 통감부의 친일교육정책이 구현되던 관(공)립 학교와는 달리 민족의식을 함양하는 공간으로 인식되었다. 특히 한국인이 설립한 사립학교에서는 민족적 자긍심을 고취시키고자 하는 교과적 노력이 활발하게 이루어졌고[37], 이를 통해 학생들은 민족의식을 내면화했다.

사립학교가 하고 있는 민족주의 교육의 위험성을 인지한 일제통감부는 보통교육령(1906), 고등교육령(1906), 사립학교령(1907) 등을 만들어 사립학교 수를 제한함으로써 민족교육을 차단하고자 했다[38]. 1906년 일제 통감부는 보통교육령을 제정하여 소학

37) 일제는 학부를 통해 교과서에 대한 도서검정규정을 실시하여 사립학교에서 사용하는 교과서를 제한하려고 했다. 일제의 감독하에 있는 학부의 검인정을 통과하지 못한 교과서를 학교에서 사용하지 못하게 했다. 인가하지 않았던 주요 교과목은 국어, 역사, 수신, 지리였다. 이에 비하여 실업계 교과서는 대부분 인가되었다. 1909년 사립학교에서 압수한 교과서 중 현채의 『동국사략』이 1,266권, 『유년필독서』가 312권 등이 있는 것으로 볼 때 사립학교에서는 민족의식을 고취시키는 이들 교과서가 적지 않게 사용되었음을 알 수 있다.
차석기, 앞의 책, 185~204면.

38) 이와 관련하여 대한제국 학부의 차관이었던 다와라(俵孫一)의 다음과 같은 발언은 사립학교를 탄압했던 일제의 의도를 설명해 준다. "명치 40년(1907)의 제2차 한일협약체결 군대해산 후에는 교육의 필요를 절감하는 생각이 격발울발(激發鬱勃)하여 해산된 장사(將士)들이 각지

교의 수업연한(심상과 3년, 고등과 2~3년)을 4년으로 줄이고 보통학교로 통합했다. 이는 본격적인 식민지 교육을 위한 단계적 절차로 식민지에서 고등교육을 제한하기 위한 의도를 지니고 있었다. 또한 기존의 고등교육 수업연한(심상과 4년, 고등과 3년)도 고등교육령(1906년)을 통해 4년으로 축소했으며, 한국 내에서의 교육은 중학교까지만 허용했다. 이러한 일제 통감부의 교육정책은 한국인의 교육 수준을 저하시키고, 이를 통해 한국인에 대한 지배를 용이하게 하기 위한 의도를 담고 있었다[39]. 이어 '사립 학교령(1908)'으로 사립학교 설립을 인가제로 바꾸고, 인가기준을 강화하여 한국인의 학교설립을 방해했다. 서당이나 각종 사립학교들이 일제통감부의 사립학교령에서 제시한 인가기준을 통과하는 것은 쉽지 않았다. 1908년 1,217개의 사립학교와 788개의 외국인 선교사가 설립한 학교가 학부에 사립학교 인가신청을 제출했다. 그러나 외국인 선교사가 설립한 학교는 모두 인가를 받은데 비하여 한국인 사립학교는 42개만 인가를 받았다. 이는 인가기준에 대한 이해 부족에서 비롯된 측면도 없지 않았지만, 일제 통감부의 탄압 정책이 실효을 거두었음을 보여주는 것이다. 그럼에도 1910년 7월 1일 기준으로 정식인가를 받은 사립학교는 2,082개(종교학교 755개교 포함)로 증가한다. 전체 학교 2,237개교에서 사립학교는 여전히 다수를 차지하

---

에 흩어져 혹은 폭도(暴徒) 초적(草賊:의병을 비하한 표현)의 물리에 투신하였으나, 다른 일부는 직업을 학교교사로 구하여 교육열의 격증을 유발하고 그 풍조가 도도히 국내에 가득 차게 하여 마침내는 오늘날과 같은 많은 사립학교의 설립을 보기에 이른 것이다."

朝鮮總督府 警務局, 《警務月報》 제1호 ; 위의 책, 223면에서 재인용.

39) 위의 책, 184~192면.

고 있었을 정도로 한국인의 교육을 책임지고 있었다[40].

일제는 교과용 도서검정규정을 실시하여 사립학교에서 종교교육을 제외하고 학부가 편찬했거나 인가한 교과서만을 학부교칙에 따라 사용하도록 했다. 이외에도 학교재산을 '관(官)'에서 직접 관리하게 했다. 이 과정에서 한국인들이 공동기금을 조성하여 마련한 사립학교 재산을 공립학교 재산으로 전환하고 몰수했다. 이는 일제에 저항하는 사립학교의 재정적 자립기반을 해체하는 것이었다[41]. 1910년 7월 1일자로 인가된 사립학교 수에서도 알 수 있듯이, 일제의 사립학교 탄압에도 한국인들의 일반사립학교 수는 사립학교령 실시 이전 시기를 회복하고 있었다. 이는 사립학교령을 통해 민족교육을 차단하고자 했던 일제 통감부의 계획이 실효를 거두지 못했음을 증명하는 것이다.

이렇게 구국교육운동 장으로서의 사립학교 설립과 민족교육이 활발했던 요인 중에는 개화의 격변기에서 근대적 의식을 몸으로 경험했던 한국인들이 성원을 들 수 있다. 만민공동회를 통

40) 「學校數調査」, 《官報》 제4756호, 1910월 8월 13일자.
그런데 1910년 5월 학부(學部)의 교육통계(학부, 『각종교육통계』, 1910. 5)를 보면 전체 학교는 2,397개이고 관공립학교 혹은 이에 준하는 학교는 146개, 사립학교는 2,251개이다. 학부의 교육통계를 인용하고 있는 『皇城新聞』의 기사(1910. 6. 18)에는 전체학교가 2,398개(學校統計 去月十五日現在學校統計는 (…중략…) 合計二千三百九十八이오)로 나와 있다. 기록물에 따라 편차가 있지만, 『관보』에 실린 통계와 비교해 보면 전체 학교 수는 감소한 것을 알 수 있다. 관공립학교가 7개 증가한 반면에 사립학교는 169개가 감소했다. 이는 부정확한 통계의 문제에서 비롯한 것일 수도 있지만, 다른 한편으로는 재정이 취약한 사립학교의 운영현실을 보여주는 것이기도 하다.

41) 고마고메 다케시, 오성철·이명실·권경희 역, 『식민지제국 일본의 문화통합』, 역사비평사, 2008, 115면.

해 맹아적인 형태의 근대 시민민주주의 장을 경험한 한국인들은 민족적 과제를 공유하고 그 요구를 자발적으로 실천했다. 만민공동회는 외세와 국가의 존망을 각성하고 대중적 정치의식을 공유하는[42] 한국인들을 생성했고, 이들은 국가가 일제의 보호국으로 전락하자 국권회복을 위한 구국교육운동에 지지와 성원을 보냈던 것이다.

또 다른 요인으로는 민족자강론의 사회적 공유를 들 수 있다. 독립협회의 개화담론이었던 민족자강론은 1905년을 기점으로 일반으로 확산된다. 이러한 민족자강론의 진앙지는 각종 학회였다. 이들 학회는 민족자강론의 실천 방법으로 교육을 강조했고[43], 이는 사립학교에서 이루어졌던 민족교육의 이론적 바탕이 되었다. 일제통감부의 집중적인 감시 대상이었을 정도로 이들 학회의 구성원들이 참여하는 사립학교는 민족자강론을 현실에서 실천하는 공간이었다. 민족자강론의 내용 중 교육이 강조되었던 것은 준비론에 입각한 자강론과 일정한 시간 동안 준비과정을 거쳐야 하는 교육의 성격이 유사했고[44], 근대적 지식을

42) 정선태, 「근대적 정치운동 또는 국민 발견의 시공간」, 『근대계몽기 지식의 발견과 사유 지평의 확대』, 소명출판, 2006, 89면.

43) "敎育의 終局目的은 國民으로 其人格을 發達케 홈에 在ᄒᆞ나 其直接目的은 國民으로 現下生存競爭에 適應홀 性質을 具備케 홈에 在ᄒᆞ니 此生存競爭에 資치 못ᄒᆞᆫ 敎育은 無用ᄒᆞᆫ 敎育이오 此生存競爭에 益이 無ᄒᆞᆫ 學問은 有害ᄒᆞᆫ 學問이라."는 서우학회(西友學會) 회장 박성흠(朴聖欽)의 글(《西友》 9호, 1909. 12, 6면)에서도 알 수 있듯이 교육은 자강론의 핵심이었다.

44) 안창호가 신민회의 사업 중에서 사범학교 설립을 중요시한 것도 이와 같은 맥락에서 이해할 수 있다. 사범학교에서 민족의식이 확고한 소학교와 중학교의 교원을 양성함으로써 하급학교에서도 안정적인 민족 이념의 재생산이 이루어지기 때문이다.

획득해야 타 방면에서의 진화를 기대할 수 있었기 때문이다.

그런데 일제통감정치는 조선사회 전반에 걸쳐 식민지의 전단계 지배질서를 구축하고 있었지만, 형식적으로는 대한제국의 독립을 인정하고 있었다. 표면적으로 대한제국의 수장은 융희황제였고, 이는 대한제국 교육제도의 준거인 「교육입국조서」에서 밝힌 충성의 상징적 지향점이었다. 실질적으로는 황제는 권력 없는 허수아비이자 무능한 존재로 한국인들에게 인식되고 있었지만, 형식적으로는 한 국가의 수장이었기에 충성의 대상이라는 명분이 가능했다. 구국교육운동이 지향하는 바가 충군애국은 아니었지만, 전통적인 '충'의 논리를 변용한 '애국사상'을 고취시킬 수 있었던 것도 이에서 비롯된 것이다. 반(半)식민지 형태의 통감정치의 제도적인 특성 때문에 전면적인 식민지교육 체제의 구축은 불가능했다[45]. 역설적이지만 일제의 탄압에도 사립학교에서 국권회복을 추구하는 구국교육운동이 가능했던 요인에는 통감정치의 구조적 문제가 기여하고 있었다.

이렇게 국가적 위기 상황 속에서 이루어진 구국교육운동은 근대적 개인의식에 바탕을 둔 '시민'보다는 '국가' 혹은 '민족'에 초점을 두고 있었다. 애국계몽운동의 논리로 차용했던 사회진화론과 국가유기체설은 근대적 개인에 대한 의식이 부족했다[46].

---

한관일, 앞의 책, 269~277면.

45) 이렇게 일제통감정치의 문제점은 일본 내부에서도 지적되고 있었다. 메이지 「교육칙어」의 중심에는 일본천황이 정점을 이루고 있는데, 보호국에서 충성의 상징적 존재가 달리 있다는 것은 통감정치의 문제점으로 제기되었다.

고마고메 다케시, 앞의 책, 116~119면.

46) 전복희, 『사회진화론과 국가사상』, 한울아카데미, 1996, 182~184면.

이렇게 간과되었던 근대적 개인에 대한 문제의식은 역설적이게도 민족국가담론이 차단되었던 일제강점기에 부각된다. 급변하는 상황에 대응하고자 했던 개화기 한국교육의 문제점으로 근대적 개인의식 부재를 비판하는 것은 타당하지 않을 수 있다. 그러나 식민지 상황에서도 개인은 또 다른 국체인 제국에 종속되어야 했고, 이는 해방 후에도 양태를 달리하면서 지속되었다.

## Ⅳ. 맺음말

일제식민지로 전락하기까지 개화기 교육은 국가적 위기를 극복하는 방향으로 이루어졌다. 서양문명의 수입을 거부했던 위정척사론, 유교적 가치관을 근간으로 서양기술을 활용하고자 했던 동도서기론, 전면적 서양문명수용론 등은 논리적으로 대립하지만 국가적 위기를 극복하기 위한 방안이라는 공통점을 지니고 있다. 그러나 개화가 시세(時勢)임을 인정하는 고종은 전교와 유음을 통해 근대교육의 방향을 천명하고, 1895년 「교육입국조서」를 공포함으로써 근대교육을 제도로 시행한다.

고종의 근대교육의식은 17세기 이후부터 발전했던 실학의 영향을 받은 것이기도 하지만, 외세로부터 국가를 자위하고자 하는 고충의 산물이었다. 이 때 서구문명을 경험하고 온 개화파지식인 유길준이 올린 『서유견문』의 교육관은 「교육입국조서」에서 천명한 교육이념의 준거로 작용했다. 이런 과정을 거쳐 근대

교육제도는 시행되었지만 외세의 개입, 국가재정의 부실, 지배계급의 반발 등의 어려움에 직면했다. 그럼에도 갑오개혁의 국민교육제도는 근대교육의 필요성을 확산시켰으며, 을사늑약 이후 사립학교 설립을 통한 구국교육운동에 제도적 토대를 제공했다.

실질적으로 자주국가의 기능이 정지된 1905년 이후 한국인들은 '관'주도의 교육제도를 거부하고 민족교육을 실천할 수 있는 장을 만들었다. 이 시기 애국계몽운동가들은 사립학교를 설립하여 민족의식을 고취시키고, 실력을 양성함으로써 국권을 회복하고자 했다. 이러한 움직임에 대해 일제는 사립학교령 등의 여러 악법을 통하여 한국인들의 민족교육을 차단하고자 했다. 그럼에도 일제의 탄압은 실효를 거둘 수 없었다. 구국교육운동에 대한 한국인들의 광범위한 지지와 성원이 있었고, 표면적으로는 독립국을 유지하고 있는 통감정치체제의 제도적인 허점도 있었기 때문이다. 수많은 사립학교가 설립되는 과정은 '민족자강론'의 사회적 확산과 공유의 과정이었다. 그렇지만 사회진화론에 입각한 교육의식은 한계를 지닐 수밖에 없었다. 사회진화론은 제국주의 국가의 문명론을 옹호하기 위해 출현한 생태적 한계를 지니고 있었고, 우리 민족의 발전만을 보장하는 것도 아니었기 때문이다.

이 시기 한국의 근대교육 과정에서 대두되었던 '충군애국'과 '민족' 담론은 근대적 개인에 바탕을 둔 시민의식 형성을 가로막았다. 위기 상황에서 '개인'은 고려되지 않았고, 국가와 민족을 위한 하위 존재로 여겨졌다. 일제강점기에도 '개인'은 또 다른 국체인 제국에 멸사봉공해야 하는 '신민'이었으며, 해방 후에도 국가와 민족이라는 대범주에 종속된 존재로 승계된다. 서구적 근대를 따라잡기 위한 한국의 근대교육의 문제는 정작 근대의 핵심인 '개인'을 배제하고 있다는 점에서 기형적으로 발전할 수밖에 없었다. 근대 의식과 근대 제도 중 무엇이 선행(先行)의 요소가 되어야 하는지에 대해서는 논란의 여지가 적지 않지만, 적어도 한국의 근대교육에서 전자는 후자에 포섭된 양상으로 나타났다. 전자는 시민의식을 갖춘 근대적 개인보다는 국가라는 상위단위에 복속된 존재로 규정되었고, 이는 자발적 주체로서의 시민 형성을 저해했다. 국가의 부국강병을 위한 제도로 도입되었던 개화기 한국의 근대교육제도는 자발적 시민의식 형성을 완결 짓지 못한 채 식민지 교육으로 전락되면서 식민지체제 유지를 위한 기초제도로 전락할 수밖에 없게 된다.

## <참 고 문 헌>

『高宗實錄』, 《官報》, 《大韓自强會月報》, 《독립신문》, 《西友》, 《皇城新聞》

강명관, 『조선시대 문학예술의 생성공간』, 소명출판, 1999.

고유경, 「근대계몽기 한국의 독일 인식-문명담론과 영웅 담론을 중심으로」, 『근대계몽기 지식의 굴절과 현실적 심화』, 소명출판, 2007.

구중서, 「문학사와 근대성, 근대기점」, 구중서·최원식 편, 『한국근대문학연구』, 태학사, 1997.

김경용, 『과거제도와 한국교육의 재인식』, 교육과학사, 2003.

김대영, 「논쟁과 이견의 공론장으로서의 독립신문」, 『역사와 사회』 제3권 30집, 2003.

김석근, 「근대한국의 '개인 개념 수용'」, 『근대한국의 사회과학 개념 형성사』, 창비, 2009.

김현주, 『이광수와 문화의 기획』, 태학사, 2005.

문한별, 「『독립신문』 수록 단형서사와 '설(說)'문학의 연계성 고찰」, 『한국문학이론과 비평』 제38집(12권 1호), 2008.

박성래, 「개화기의 과학 수용」, 김영식·김근배 편, 『근현대 한국사회의 과학』, 창작과비평사, 1998.

박찬승, 『한국근대정치사상사 연구』, 역사비평사, 1992.

유길준, 허경진 역, 『서유견문』, 서해문집, 2004.

이광래, 『한국의 서양사상 수용사』, 열린책들, 2003.

이나미, 『한국자유주의의 기원』, 책세상, 2002.

이윤미, 『한국의 근대와 교육』, 문음사, 2006.
이지애, 「개화기 '배움터'의 변화와 '자아 찾기로의 일상성」, 『근대의 첫 경험』, 이화여자대학교출판부, 2006.
이진경, 『근대적 시·공간의 탄생』, 푸른숲, 1997.
전복희, 『사회진화론과 국가사상』, 한울아카데미, 1996.
정선태, 「근대적 정치운동 또는 국민 발견의 시공간」, 『근대계몽기 지식의 발견과 사유 지평의 확대』, 소명출판, 2006.
정선태, 『개화기 신문 논설의 서사 수용 양상』, 소명출판, 1999.
정진석, 「대한매일신보 창간의 역사적 의의와 그 계승문제」, 한국언론학회 대한매일신보 창간 100주년 기념 학술회의, 2004. 7. 7.
차석기, 『한국 민족주의 교육의 생성과 전개』, 태학사, 1999.
하우봉, 「제1차 수신사(1876) 김기수의 일본인식과 그 의의」, 『사학연구』 84권, 2006.
한관일, 『구한말 교육구국운동 연구』, 문음사, 2009.
한국학문헌연구소 편, 『한국개화기교과서 총서』 1, 아세아문화사, 1977.
허동현, 「일본을 통한 근대기술 및 지식의 수용과 그 변용-1876~1884년 사이의 견일 사절을 중심으로」, 『동아시아의 지식교류과 역사기억』, 동북아역사재단, 2009.
고마고메 다케시, 오성철·이명실·권경희 역, 『식민지제국 일본의 문화통합』, 역사비평사, 2008.
아쓰미미 도시푸미, 「한영양학서와 19세기의 일본의 출판문화-홉슨의 서적을 중심으로」, 『동아시아의 지식교류과 역사기억』, 동북아역사재단, 2009.
후루카와 아키라, 이경옥 역, 『구한말 근대학교의 탄생』, 경인문화사, 2006.

# 근대 신분제도의 변동과 일상생활의 재편*
## - 형평운동과 백정들의 일상 -

신 종 한**

## Ⅰ. 머리말

19세기 중엽의 한국 사회는 큰 혼란기를 맞게 되었다. 임진왜란 이후 조선왕조 지배체제는 이미 그 역사적 탄력성을 잃어갔고 반대로 민중세계는 꾸준히 사회경제적 위치를 상승시키면서 왕조 통치체제에 저항하였다.

체제의 위기는 체제 내외에서 동시에 찾아왔다. 체제 외부로

---

* 이 논문은 신종한, 「근대 신분제도의 변동과 일상생활의 재편」(『동양학』 47집, 동양학연구소, 2010. 2)을 재수록하는 것임을 밝혀 둔다.
** 단국대학교 국어국문학과 교수.

부터 들어오기 시작한 사회적 압력은 선진 자본주의 열강의 침입이 그것이었다.

이 새로운 도전은 ① 서학(천주교)의 포교, ② 이양선(異樣船)의 연안 출몰, ③ 외국 상선의 통상 요구, ④ 중국을 통하여 들어온 서구제품의 시장 출현, ⑤ 歐·美·日 자본주의의 개항 요구, ⑥ 선진 자본주의 제국에 의한 식민지화의 위협 등으로 나타났다. 이 도전은 한국사회에 대하여 종래의 폐쇄체제로부터 개방체제로의 변환을 요청하는 것이었을 뿐만 아니라, 또한 이 개방체제로의 전환 후 외부로부터의 도전을 적절히 자기의 힘으로 처리하지 못하면 민족 공동체 자체가 <식민지>로 전락할 수도 있게 되는 매우 심각한 성격의 것이었다.

체제 내부로부터 발생한 사회적 압력으로서는 민중(특히 농민)의 체제개혁 요구가 그것이었다. 1811년의 홍경래란을 하나의 전환점으로 해서 그 후 해마다 끊임없이 소규모의 <민란>이 일어났으며, 1862년의 진주민란은 체제개혁을 요구하는 밑으로부터의 농민폭동의 대표적인 사례였다. 이러한 체제개혁 요구는 농민층이 앞장섰지만, 당시 광범위한 신흥사회 계층의 지지 위에 선 것이었다. 첫째, 상공인층을 비롯한 새로이 대두하는 시민계층이 체제개혁 요구를 지지하였다. 둘째, 종래의 노비 신분층이 농민들의 체제개혁 요구에 참가하고 이를 지지하였으며 때로는 그 주체가 되었다. 셋째, 광산노동자층과 유민·모군(募軍)들이 농민들의 체제개혁 요구에 참가하고 이를 지지하였다. 농민을 선두로 한 이러한 광범위한 신흥사회 계층의 사회체제 개혁 요구는 사회구조의 유형에 영향을 주지 않는 체제 내의 개혁과 재조정의 요구가 아니라, 사회구조 그 자체의 변혁의 요구, 즉 새로운 유형의 사회구조를 창출하고자 하는 요구였기 때문에 매우 심각한 사회적 긴장과 갈등을 수반하는 것이었다.[1)]

체제 외부의 도전이 구미 열강의 이질문명의 도전이자 산업혁명을 거친 근대체제의 전근대체제에 대한 도전이었다면, 체제 내부로부터의 도전은 자유평등사회의 구현을 위한 근본적인 사회제체개혁의 요구였다. 그 중에서의 핵심은 신분사회 체제의 폐지에 있었다.

> 사회사학의 관점에서 보면 전근대사회의 골간을 이루고 있는 제도는 사회신분제도이다. 따라서 사회사적 관점에서는 <전근대>와 <근대>를 구분하고 전근대사회로부터 근대사회로 이행하는 변환적 계기와 전환점을 만드는 것은 사회신분제의 폐지라고 할 수 있다.[2)]

위의 진술처럼 사회신분제의 폐지는 근대 국민국가로의 전환의 핵심요소에 해당한다.

표면적인 사건사의 관점에서 보자면 우리나라의 사회신분제의 폐지는 1894년의 갑오경장 때 개화파 정부의 신분제 폐지의 법제적 조치에 의한 것으로 알려져 있다. 그러나 법제적 조치가 있기까지에는 구조적으로 장기간에 걸친 흐름이 있었다. 그 하나는 밑으로부터의 농민운동으로 조선왕조 후기부터 활발하게 전개되어 온 노예신분층과 양인신분층의 신분제도 폐지운동의 흐름이었고, 다른 하나는 조선후기의 실학파로부터 초기 개화파에 이

---

1) 신용하, 『한국근대사와 사회변동』, 문학과지성사, 1980, 11~12면.
2) 신용하, 「1894년의 사회신분제의 폐지」, 『규장각』 제9집, 1986, 49면.

르는 선각적 개혁논자들의 신분제도 폐지운동의 흐름이었다.

밑으로부터의 농민운동은 양인신분층과 천민(노비)신분층의 농민이 납속(納粟), 족보변조 등의 여러 가지 방법으로 신분 상향이동과 신분해방을 추구하기도 하고 때로는 민란을 일으키는 형태로 전개되었다.

이중에서 사회신분제의 폐지와 관련하여 주목되는 것은 '민란'이라고 할 수 있다. 왜냐하면 다른 방법은 신분해방을 '개별적'으로 성취하려는 방법인데 비하여 '민란'은 신분차별의 '제도' 그 자체를 폐지하여 신분해방을 '전체적'으로 성취하려는 측면과 특징을 크게 갖고 있기 때문이다. '민란'을 표면의 사건사적 관점에서 보면 그것은 三政의 문란, 봉건관리의 가렴주구 교정을 목적으로 일어난 것으로 관찰되지만, 심층의 구조사와 구조변동사의 관점에서 보면 '민란'의 심층에는 본질적으로 사회신분제의 폐지가 포함되어 있음을 관찰할 수 있다. 이러한 민란들은 18세기 이후 전국 농촌에서 끊임없이 지속되어 오다가 이 '민란들의 연속선'상에서 1894년에 갑오농민전쟁이 폭발하여 사회신분제 폐지의 결정적 국면과 동인을 만든 것이었다.

사회신분제의 폐지를 추구하는 위로부터의 흐름은 조선후기 실학파로부터 현저하게 대두되었다. 그들은 노비제도를 비판하고 그 폐지를 주장했으며, 노비제도·서얼차별제도를 비롯한 사회신분제도의 폐지를 주장했다. 실학파의 사회신분제 폐지 사상에서 가장 큰 논의점은 양반신분층을 어떻게 생산자화하여 실제로 양반신분제도를 폐지할 것인가의 문제와 노예제도를 어떻게 폐지할 것인가의 문제였다. 조선후기 실학사상을 안으로 계승발전하여 형성된 초기 개화파의 개화사상의 평등사상은 바로 이러한 실학파의 사상을 계승발전시킨 것이었다. 초기 개화파의 지도자인 김옥균은 양반신분제도에 대하여 이를 '芟除'할 것을 주장하였는데, 이 '芟除'라는 용어는 '낫으로 단번에 풀을 베어 없애는 것'으로서 '廢止'나 '革罷'보다도 강한 용어였다. 즉 그는 무엇보다도 먼저 양반신분제도를 단칼에 즉각 베어 없앨 것을 강력하게 주장한 것이었다.

초기 개화파의 지도자인 김옥균의 이러한 위로부터의 흐름의 사회신분제도 폐지의 주장은 밑으로부터의 흐름인 양인신분층과 천민신분층이 '차별'과 '불평등' 반대 그 자체를 자기 자신의 인간해방의 하나로 생각하여 사회신분제도의 폐지를 주장한 것과는 결론은 같지만 그 접근방법은 상당한 차이가 있는 것이라고 볼 수 있다.

1894년 갑오경장 때 군국기무처의 개화파들이 군국기무처 의안으로 사회신분제 폐지의 법령을 제정 공포한 것은 바로 이 초기 개화파의 사회신분제 폐지 사상과 혁신정강을 직접적으로 계승한 것이었다.[3]

그러나 여기에서 간과할 수 없는 것은 피지배계층인 양인신분층과 천민신분층의 신분제 폐지가 법제상으론 완전히 폐지되었다고 하지만 실천적 대안이 모색되기까지에는 오랜 시간이 필요했다. 특히 존재는 인정하되 우선의 의식대상일 수 없었던 사회적 피지배계급, 그들 가운데에서도 '최하층 계급(social underdog)'의 존재인 백정(白丁) 계급은 역사의 이방이자 정치적 치외의 공간에 방치되고 있었다. 물론 관보를 통해 백정을

3) 신용하, 위의 논문, 49~54면 참조.

포함한 천민에 대한 신분철폐 의안[4]도 존재했지만 차별대우나 수탈은 사실상 완화되거나 진전되지 않았다.

본고에서는 백정계급의 근대 신분제도의 변천과 일상을 살펴보고자 한다. 문자와 기록의 향배를 권력이 결정한다는 말도 있지만 지식세계가 지배계급의 역사에만 눈길을 맞출 때 그들의 삶은 지적인 논의의 화두로조차 오를 수 없었다. 씌어지지 않았던 역사와 있었던 일들 사이의 공백은 상상과 추론, 그리고 합리적 해석틀에 의존할 수밖에 없다.

## Ⅱ. 백정신분의 위상 변화와 형평사 창립

백정은 조선시대 이래 가장 천대받는 계층의 하나였다. 이들은 소·돼지와 같은 가축 도살과 수육판매, 그리고 유기(柳器) 제조 등에 세습적으로 종사하였다. 그들은 또한 일반인들에게서 격리된 채 일정지역에서 거주해야 했으며 사회적·문화적으로 소외된 삶을 살아야 했다.

역사학자들에 의할 것 같으면 백정의 선조가 천민은 아니었다고 한다. 이우성은 고려시대의 백정이 “白丁은 국민 개개의 人身을 丁으로 파악하려는 고려국가의 의지가 구체적으로 土地給付(田丁連立)를 통하여 그 파악의 단위를 戶에다 두었으며 戶

4) ‘驛人倡優 皮工 幷許免賤事’ 『日省錄』; 『高純宗實錄』고종 31년 7월 2일; 『官報』 갑오 7월 2일, 『議定存案』第一 개국 503년 7월 3일 『高宗時代史』3 (탐구당, 1969) 508면.

의 대상을 고정(嫡長子相續)시키지 않을 수 없었던데서 나온 것이다. 이때 丁戶가 될 수 있는 백성층에서 토지를 못 받아 丁戶가 되지 못한 축들"[5]이라고 정의내리고 있다. 강만길은 "조선시대에 白丁이라 불리었던 자들도 그 祖先은 북방에서 흘러들어온 유목민 출신이었으며 이들은 한반도의 농경사회에 들어와 생활하면서도 영농법을 배우지 못하고 그들의 전통적 생활양식을 계속 유지하였으며 농경사회에 이동해온 유목민들이 일반적으로 그러하듯이 백정들도 뛰어난 무력과 기민한 행동성을 이용하여 농경사회를 약탈하였고 한편으로는 도살, 유기(柳器)의 제조판매 등 상업에 종사하였으며 농경사회의 군인으로 채용되기도 하였다"[6]고 설명하고 있다. 설명방식은 다르지만 적어도

---

5) 이우성, 「閑人·白丁의 新解釋」, 『역사학보』 19, 1962, 89면.
백정 개념의 고려사적 기초에 "고려시대에 軍役, 其人役, 驛役 등의 특정한 職役을 부담하지 않고 주로 농업에 종사하던 농민층. 백정이란 명칭은 원래 중국의 남북조와 수(隋)나라에서는 無官者인 평민, 즉 백성을 일컫던 말이다. 백정의 '白'은 '없다' 또는 '아니다'라는 의미를 지닌 말이고 '丁'은 '丁戶' 또는 '丁人'이라는 뜻으로 白丁은 丁戶가 아닌 사람을 지칭한다. 고려시대의 정호는 16세에서 59세까지의 民丁 중에서 군역의 의무를 지고 있던 사람을 말하였다." (한국정신문화연구원 편, 『한국 민족문화 대백과사전』 9권, 439면.)

6) 강만길, 「鮮初白丁考」, 『사학연구』 18, 1964, 525~26면.
백정이란 명칭에 대해 "고려시대부터 才人 혹은 禾尺으로 지칭되어 오던 이들이 공식적으로 白丁이라 개칭된 것은 세종 5년(1423) 10월이었다. 실록기사에 의하면 才人 禾尺이 본시 良人인데 그 직업이 천하고 호칭이 달라서 백성들이 모두 異類로 보고 그들과 혼인하기를 꺼려하니 그들을 白丁이라 고쳐 부르자고 제의한 兵曹의 안을 왕이 수락한 바 있다. 이로 보아 이후로부터는 과거의 才人과 禾尺을 통틀어 白丁으로 불러야 하겠으나 실제는 실록기사에도 禾尺·水尺·才人·韃靼禾尺·才白丁·才人白丁·新白丁·白丁 등으로 혼용되고 있어서 구명칭을 버리지 못하고 있는 한편, 신구 명칭이 복합되어 불려

백정의 출발이 천민이 아니었다는 데는 동의하고 있다.

그러나 조선시대에 들어와서는 경우가 달랐다. 조선왕조는 정치·사회체계 구조가 철저하게 신분사회였다.

조선왕조의 모든 생활체계는 신분위계질서에 의해 구속받았다. 곧 사람들의 위세, 사회적 관계, 공적인 의무, 심지어 직업까지도 타고난 신분에 따라 결정되었다. 이 신분은 위에서부터 크게 兩班, 中人. 常民, 賤民의 네 등급으로 나뉘어져 있었다. 위의 세 집단은 제일 낮은 천민과 대비하여 良民으로 지칭되었다. 천민은 다시 七般公賤과 八般私賤으로 나뉘어졌다. 칠반공천은 1) 妓生, 2) 內人, 3) 吏族, 4) 驛卒, 5) 牢令, 6) 官妓婢, 7) 有罪逃亡者 등을, 팔반사천은 1) 僧侶, 2) 伶人, 3) 才人, 4) 巫女, 5) 捨堂, 6) 擧史, 7) 鞋匠, 8) 白丁 등을 가리켰다. 똑같은 천민으로 구분되었다고 하더라도 실제로 사회적 위세나 차별대우가 다 똑같은 것은 아니었다. 실제 생활에서 양민들, 특히 양반과의 관계에 따라 사회적 위세가 크게 달라졌다. 보기를 들어, 관노비는 일반적으로 다른 천민보다 더 많은 자유를 갖고 있었으며, 양반들의 유희대상이었던 기생들은 지배층의 생활방식에 더 가까이 어울렸던 것을 볼 수 있다. 그러나 사회적으로 철저하게 격리되어 있었던 백정들은 천민들 가운데에서도 가장 낮은 집단으로 간주되었다. 이런 점에서 조선사회에서 백정은 인도의 '不可觸民(the untouchables)'이나 일본의 '部落民'에 해당하는 존재였다. 백정은 가장 천대받은 사람들이었지만, '白丁'이란 낱말 자체가 동양아시아의 문화에서, 심지어 고려시대 때조차도

---

지기도 한 것 같아 보인다."라고 밝히고 있다. (「선초백정고」, 492면)

천한 개념을 갖고 있었던 것은 아니다. 고려시대에 백정은 납세나 병역의 의무를 갖지 않았던 특수한 '일반인' 집단을 가리켰다. 그 후 왕조가 바뀌면서 그 낱말은 천민집단인 才人과 禾尺의 명칭과 접합된 것으로 보인다. 이 집단들은 원래 양수척이라고 불렸다. 고려시대에 이 천민집단들은 주로 도살업, 고리제품 생산, 광대 공연, 때로는 매춘에 종사하였다. 그들의 명칭은 15세기 초에 일반인들과 동화시키려는 의도에서 新白丁으로 바뀌게 되었다. 그리고 나중에 '新' 字가 떨어져 나가면서 그 집단은 다시 水尺(사냥꾼, 가죽제조업자, 매춘부)과 白丁(도살꾼, 고리제품 생산자)으로 나뉘어졌으며, 그 가운데 백정은 수척보다 더 천한, 따라서 모든 사회구성원들 가운데 제일 천한 집단으로 자리 잡게 된 것이다. 그 이후 백정이란 호칭은 조선사회에서 가장 천한 집단을 지칭하는 것으로 굳어졌으며, 시대변천에 따라 楊水尺, 水尺, 才人, 才人白丁, 新白丁 등 여러 별칭으로 불리기도 하였다. 또 그 호칭은 직업의 특성에 따라 더욱 복잡하게 분화되었다. 단순히 고리제품을 생산하는 백정은 柳器匠이나 고리백정으로, 가죽제품을 생산하는 백정은 皮匠, 갖바치, 皮工, 두벌 백정으로, 주로 도살이나 정육의 일에 종사하는 백정은 칼잡이, 宰殺꾼, 才人, 屠漢 (혹은 屠汙) 등으로 불려졌다. 한 마디로, 백정은 조선사회에서 가장 낮은 신분집단이었다. 시대에 따라 호칭이 달라졌고, 또 호칭도 직업에 따라 분화되었지만 그들에 대한 대우는 여전히 다른 천민들보다도 더 낮았다.[7)]

따라서 그들은 신분제 사회인 조선사회에서 체제 속으로 편

7) 김중섭, 『형평운동연구: 일제침략기 백정의 사회사』, 민영사, 1994, 42~45면 참조.

입될 수 없었던 서얼이나 소작농민, 심지어 노비보다도 더 낮은, 인간 축에 끼지 못하는 존재들이었다.

구체적으로 그들이 받았던 사회적 차별대우를 살펴보자면,

1) 생활상의 여러 가지 차별로, 가옥에 기와지붕이나, 의복에 명주의 사용은 허락되지 않았다. 머리에 笠子·網巾·宕巾을 쓰는 일, 가죽신의 사용이 금지되었다. 외출할 때는 봉두난발에 荒竹으로 짠 平涼子(패랭이)를 써서 한 눈에 신분을 알도록 했다. 또한 일반인 앞에서 끽연·음주·연회 등도 금지 당했다.

2) 관혼상제에 있어서의 차별로, 장례식에 상여 사용이 금지되었고 묘지도 일반민과 구분했다. 혼례에 馬·輿 등의 사용이 금지되었고 결발(結髮)을 인정치 않았고 가묘(家廟) 등도 절대 불허하였다.

3) 교육상의 차별로 일반민과 동등하게 허락되지 않았고, 입학을 해도 배척당했다.

4) 교제상의 차별로, 일반민에 대해서 최경례(最敬禮)를 해야만 했고 공공집회에 출입이 금지되었으며, 일반민의 집을 방문하는 일에도 제한을 받았다.

5) 성명의 제한으로, 仁·義·忠·孝 등의 글자를 사용하지 못하고 특정한 姓을 강요당했다. (姓을 갖는 것이 허락되지 않은 때도 있었다)

이외에도 거주지역이 제한되어, 일반민과의 거주를 불허했으며, 교외 일정지역에 집단으로 거주하게 했다.[8]

8) 이와 같은 차별상황은 「개벽」 1924년 7월호에 게재된 車賤者의 "白丁社會의 암담한 生活相을 거론하여 衡平戰線의 統一을 促함"이라는 논문을 중심으로 주요한 것만 뽑은 것이다. (고숙화, 「衡平社에 대한 一

무엇보다도 양반은 물론이고 일반민들도 나이 차이나 상황에 관계없이 백정에게는 반말을 썼다. 한국어의 존대법은 신분제 사회의 수직적 인간관계의 매개에 중요한 지표가 되듯이, 이 점은 신분제 철폐 이후 일반민과 백정 사이에 큰 갈등을 야기하기도 했다.

그들에게는 권리는 아무 것도 없었으나 의무는 많았다. 상민들이 꺼리는 도축업이나 유기를 다루면서 거친 노동을 하였으나 홀대와 인습의 편견에서 벗어날 수가 없었다. 그런데도 조선의 백정들은 폭력적이지 않았다. 즉 체제에 대하여 도전적 항거를 획책하기에 백정들은 지나치게 위축되어 있었고 또 조직화되어 있지도 않았다. 집단적 파괴력을 도모할 만큼 강력하게 통합되어 있지도 않았다. 거칠고 고립된 삶의 조건을 스스로 추스르며 주변과의 갈등보다 침묵과 굴종으로 견디어 냈다.

앞서 밝혔듯이 1894년 갑오경장의 선언에 따라 모든 신분제가 명목상 폐지되었다. 그 주요 내용은 문벌과 반상의 구별을 폐지하며 귀천에 구애받지 않고 인재를 선용한다는 것, 문무(文武) 차별을 폐지한다는 것, 공사 노비제도를 폐지하고 인신매매를 금지한다는 것, 과부재가 금지제도 및 조혼제도를 폐지한다는 것, 연좌제를 폐지하고 평민의 정치적 의견을 듣겠다는 것, 역인(驛人), 창우(倡優), 피공(皮工)을 면천하고, 양반의 상업 진출을 보장한다는 것으로 되어 있다.

백정에게는 면천이야말로 천지개벽의 일이었다. 그러나 제도나 정치적 선언으로 사회적 인습이 하루아침에 변할 수는 없었

---

研究」, 『사학연구』 제38호, 661면 재인용.)

다. 백정에 대한 인식이나 차별대우, 생활여건 등은 전혀 개선되지 않았다. 당시 관리나 세력가들의 관행적인 수탈과 억압을 방지할 제도적 장치는 전무한 실정이었다.

1896년 9월 「호구조사규칙」과 「호구조사세칙」시행[9]으로 백정과 승려들도 호적에 등재될 수 있었다. 그러나 이들의 호적은 별도로 작성하여 관리되었다. 한 예로 평안남도 각 군에서는 호적을 작성할 때 승적(僧籍)과 도적(屠籍)이 『外各府公牒摘要』 1898년 5월 17일 훈령에 의해 따로 작성되었다. 더욱이 백정은 직업란에 '屠漢'이란 붉은 글씨로 등재하여 식민지시대까지 이어졌다. 뿐만 아니라 1897년 3월의 내부훈령(內部訓令)에 기초한 경무청고시 <서울 5개 경찰서 내에서의 금지조항>의 하나에는 "천역하던 사람이 강상(綱常)을 넘어 貴人을 능멸하는 것을 금함"[10]이라는 조항이 있는 것을 보면 천민에 대한 사회적인 통제는 여전히 계속되었으며, 지배층 또한 이중적 입장을 취했음이 여실히 드러난다.

이러한 사회적 차별에 대한 백정의 저항은 신문에 나타난 것이 매우 적어 그 정확한 추이는 알 수 없으나, 1900년대 초 황성신문에는 다음과 같은 기사가 보인다.

> ① 1900년 2월 경상남도 진주군 등 16개 군의 백정이 "(…중략…)머리에 관(冠)을 쓰지 못했으나 갑오경장 이후, 하늘과 같은 임금님의 은혜를 입어 관을 똑같이 쓸 수 있었다. 그러나 병신년 이후 천대는 전과 같고 관도 또한 쓰지 못했으니, (…중략…) 칙

9) LG 상남언론재단, 『독립신문 영인본』, 1896년 9월 10일 논설, 1996.
10) 『독립신문』, 1897년 3월 19일.

명에 따라 착관할 것을 원하다"고 진주 관찰사에게 제소하였더니 "관의 끈은 生牛皮로 하라"고 답했다. 이에 경소(更訴)한 백정은 관찰사에게 관의 끈을 생우피로 강요당하고 쫓겨난다. 그후 백정의 上訴에 따라 內部로부터 해당 관찰사에게 「백정의 면천입적」 지령이 내리게 된다. (『황성신문』, 2월 5일 · 17일)

② 1901년 2월 경상남도 예천군의 백정 3명이 군수의 관례(官隷) 강요를 거부하여 수개월간 투옥된다. 이 사정을 문경군의 백정이 內部에 호소하여 "이와 같은 작폐를 모두 禁하라"는 훈령을 가지고 돌아오자, 문경군수로부터 투옥되고 돈을 강탈당하지만, 그간의 사정을 알고 있던 서울의 재설군(宰設軍—白丁을 가리킴) 박성훈 등이 內部에 제소하여 "宰人을 즉시 석방하고 빼앗긴 돈은 되돌리게 하라"고 요구한다. (『황성신문』, 1901년 2월 8일)

이들 기사 외에도 몇 개의 기사가 더 보이나, 모두가 관리에 의한 백정차별과 그에 대한 백정들의 대응내용이다.[11]

위의 기사로 미루어볼 때 관리들의 백정에 대한 통제와 억압은 일정한 묵계 하에 오히려 심화되었을 것이다. 이처럼 신분제 폐지는 백정에 관한 한 법령과 실생활에서 표리를 이루고 있었고, 이를 타파하기 위한 지배층의 의지가 일상에까지 미치지는 못하였다.

지배층의 소극적인 자세에 비해 언론이나 사회단체의 활동은 보다 적극적이었다. 『독립신문』·『황성신문』 등을 비롯한 언론과 독립협회·협성회 등은 신분제 잔존을 철폐하기 위한 활동을 대대적으로 전개하여 신문논설과 토론회 등을 통하여 차별대우의 부당성을 성토하였다.

11) 고숙화, 앞의 논문, 661~62면.

한편 스스로 사회적인 존재라는 인식과 함께 조선사회의 평등한 일원으로서 사회활동에 참여하는 백정들도 있었다.

1898년 10월 26일 서울에서 열렸던 독립협회 주최의 만민공동회에 최초의 발언자 백정 박성춘은 백정에 대한 사회적 냉대와 차별에 대해 토로하면서 조선의 정세에 대한 호소를 하기도 했다.

> 나는 대한의 가장 천한 사람으로 무지몰각하나 충군애국의 뜻은 대강 압니다. 지금 이국편민(利國便民)의 길은 관민이 합심한 후에야 가능합니다. (…중략…) 원컨대 관민이 합심하여 우리 대황제의 성덕에 보답하고 국조(國祚)로 하여금 만세를 누리게 노력합시다.12)

종교계 역시 신분제 잔존의 철폐에 앞장섰다. 기독교는 포교의 한 방편으로 "절대자 앞에서 평등"을 내세워 백정도 하느님의 피조물로 천부권을 누릴 자격이 있다며 일반인과 함께 예배에 참석케 했다. 하지만 일반인의 반발로 초기에는 오히려 적대감을 초래하는 등 문제점을 드러내는 요인의 하나였다. 선교사의 노력으로 갈등은 점차 완화되었으나, 여전히 차별의식은 상존하고 있었다.13)

한편 그동안 무적자(無籍者)로서 직역(職域)의 의무가 없던 백정도 갑오개혁 이후 근대사회의 도래에 따라 법령정비와 더

12) 鄭喬, 『大韓季年史』上, 光武 2년 戊戌, 국사편찬위원회, 1957, 282면.
13) 임순만, 「기독교 전파가 백정공동체에 미친 영향」, 『형평운동의 재인식』, 솔, 1993, 82~5면.

불어 국가의 통제 하에 들어갔다. 여태까지는 지방관이나 지방 세력가들에 의한 자의적인 수탈 대상이었던 백정을 국가가 직접 지배하기에 이르렀다. 이를 위한 법령이 1896년 1월 법률 1호로 반포된 「포사규칙(庖肆規則)」이다. 포사(庖肆)란 수육판매점을 말하는 것이지만, 「포사규칙」에서는 수육판매업뿐만 아니라, 포사세의 납부기준을 도살회수에 따라 정한 바와 같이 도부업(屠夫業)까지도 그 규제대상으로 하고 있다. 이것은 당시 포사주인이 도부도 겸하고 있는 경우가 많았고, 포사와 도수장이 분리되지 않은 형태를 반영한 것이라 하겠다.

「포사규칙」은 사적인 경우였던 포사를 법적인 규제 하에 묶는 것을 그 목적으로 하고 있지만, 그것의 실시는 천역에 강제되어 온 백정을 그대로 법적으로 재편성함으로써 결과적으로 백정의 직업은 천역시 되어온 도부업·수육판매업에 한층 고정화시키고 말았다.

> 결국 「포사규칙」의 시행으로 백정이 수육판매업에 종사할 경우에는 법적인 통제에 놓이게 되었으며, 도부업에 종사할 경우에는 관리의 예속 하에 되었던 것이다. 이 점이 「포사규칙」의 성격을 잘 말해주는 것으로, 「포사규칙」은 백정에 대한 자의적·관습적인 수탈을 국가적인 것으로 편성시키기 위한 목적으로 시행되었지만, 백정의 관리에의 예속화로 인해 이제 관리들은 「포사규칙」과의 경쟁 속에서 백정에 대한 수탈이 오히려 더욱 가혹해져갔다.[14]

백정들은 '천역에의 속박으로부터 해방'은커녕 이중적인 착취

14) 고숙화, 앞의 논문, 652면.

의 대상이 되고 말았다.

이 「포사규칙」은 더욱 강화되다가 1906년 10월 일제에 의한 통감부 설치 이후에는 한층 엄격한 관리 하에 들어가게 된다. 일제는 그 후 도수장과 수육판매업을 분리시켜 도수장을 장악함으로써 백정들은 도수장에의 종속을 강요당하게 되었다. 일제에 의한 도수장 관리는 궁극적으로 안정적인 우피(牛皮) 확보에 있었다. 후에 형평운동 과정 중 일제의 도수장으로부터의 독립·자영을 요구하게 된 것은 이에 기인한다.

백정들이 실질적인 신분해방을 위해 결속단체로 조직한 형평운동은 1923년에 시작되었다. 형평사라는 이름은 저울대 형(衡), 고를 평(平), 단체 사(社), 저울대 모양으로 인간의 신분은 평등해야 한다는 것이다. 오랫동안 천대와 멸시를 받아오던 이들이 자기네의 인권을 옹호하기 위해 조직체를 갖게 됐다는 것은 의당한 일이 아닐 수 없다. 4월 25일 진주의 대안동에서 회원 80여명이 발기회를 갖고 시작된 운동은 급격하게 삼남지방으로 번져갔다.

형평운동을 사건사적인 시각에서 보자면 조선총독부 경무국의 자료를 살필 필요가 있다.

> 경남 진주군 진주면 대안동에 이학찬(李學贊)이라는 백정 출신 자산가가 있었다. 그는 자제를 교육시키기 위해 수차에 걸쳐 공·사립학교에 입학시키려 노력했으나 백정이라는 구실로 거절당하거나, 혹 일단 허가를 받아도 백정 자제임이 알려지면 주위의 배척이나 압박을 받아 중도에 퇴학하지 않을 수 없게 되어 사회의 몰이해를 원망하고 있었다. 때마침 일본 관서지방에서 수평운동

(水平運動)15)이 활발하다는 소문을 들은 이학찬은 우인(友人)인 일반민 강상호(姜相鎬), 신현수(申鉉壽, 조선일보 진주지국장), 천석구(千錫九, 진주 자작농회 간부) 등에게 백정의 고애를 호소하여 이들의 찬동을 얻어, 이들 및 같은 백정 출신인 장지필(張志弼, 명치대학 중퇴) 등과 함께 1923년 4월 25일 진주에서 백정들의 신분해방운동 단체인 「조선형평사」를 조직하게 되었다.16)

그런데 여기서 <형평사>의 창립이 일본 수평사의 영향을 받아 이루어졌다고 하는 것에 대해 형평사 조직원의 한 사람인 장지필은 1923년 5월 20일자 『동아일보』 「사람대우를 애걸」 이란 글에서 "(…중략…)제일 딱한 일은 당국에서 우리 운동이 혹 일본 수평사와 악수하지 않는가 하여 주목하는 듯합니다. 그러나 우리의 목적은 다 해방되어 평등대우만 받게 되면 그만이외다. 그 이상 바라는 것은 없읍니다. (…중략…)"라고 밝히고 있다. 이로 미루어보면 일본 수평운동이 간접적인 영향은 있다 해도 부분적인 것에 지나지 않는다고 볼 수 있다.

그보다는 "1919년 3·1운동 이후 1920년대의 민족독립투쟁은 대중계몽운동·물산장려운동·소작쟁의·노동쟁의 등 각 부분별 운동 속에서 개별적인 문제 해결을 시도하면서 대중적 기반을 확대시켜 나갔으며, 그러한 가운데 민중의 일상적 이익 옹호와 독립 회복을 위한 反帝투쟁을 수행하는 것이 공통의 과제로 되어 있었다. 이렇듯 형평사 창립은 일본 수평사의 영향이라기

15) 수평사 운동은 일본에서 일어난 특수부락민(穢多階級)의 신분해방 운동으로서 1922년 3월 「全國水平社」가 창립되었다.
16) 조선총독부경무국, 「最新に於ける朝鮮治安狀況—昭和8年—」, 1934, 133면.

보다는 3·1운동 이후 민족운동·사회운동 전반의 새로운 진전"[17]이라고 살피는 것이 더욱 타당할 것이다.

이러한 시대상황 아래서 백정에 대한 교육 차별이 직접 동기가 되어 형평사가 결성된 것이다.

형평사 창립과 함께 발표된 형평사 주지(主旨)와 사칙을 보면, 형평사는 우선의 당면목표를 계급타파·교육권장·사원 상호간의 친목에 둔 사회개혁운동의 일환으로 출발하고 있었다.

衡平社 主旨[18]

공평(公平)은 사회의 근본이고, 애정은 인류의 본령(本領)이다.

그러고로 아등(我等)은 계급을 타파하고 모욕적 칭호를 폐지하여 교육을 권장하며 아등도 참다운 인간이 되는 것을 기(期)하는 것이 본사(本社)의 주지이다.

지금까지 조선의 백정은 어떠한 지위와 어떠한 압박을 받아 왔던가, 과거를 회상하면 종일토록 통곡하여도 혈루를 금할 길 없다.

여기에 지위와 조건문제 등을 제기할 여가도 없이 목전(目前)의 압박을 절규하는 것이 오등(吾等)의 실정이다. 이 문제를 선결하는 것이 아등의 급무라고 인정하는 것은 적확한 것이다.

비(卑)하고 빈(貧)하고 열약(劣弱)하고 천(賤)하고 굴(屈)한 자는 누구였던가? 아아 그것은 아등의 백정이 아니었던가? 연(然)이나 이같은 비극에 대하여 사회의 태도는 어떠하였던가? 소위 지식계급에서 압박과 멸시만 하엿도다. 이 사회에서 백정의 연혁을 아는가 모르는가? 결코 천대를 받을 우리가 아닌가 하노라. 직업의 구

17) 고숙화, 앞의 논문, 667면.

18) 「형평사 주지」, 『조선일보』, 1923. 4. 30.

별이 있다고 하면 금수의 생명을 뺏는 자 아등만이 아닌 것이다.

본사는 시대의 요구보다도 사회의 실정에 응하여 창립되었을 뿐 아니라 아등도 조선민족 이천만의 분자(分子)로서 갑오년 6월부터 령(令)으로써 백정의 칭호가 없어지고 평민이 된 우리들이다. 애정으로써 상호부조하여 생명의 안정을 도모하고 공동의 번영을 기(期)하려 한다. 이에 40여 만이 단결로써 본사의 목적인 그 주지(主旨)를 선명하게 표방코저 하는 바이다.

경남 진주 형평사 발기인 일동

이에 대해 『동아일보』와 『조선일보』는 <형평사>의 발기와 전국적 조직의 확대를 호의적으로 크게 보도해주었다. <형평사> 조직에는 백정 신분을 가진 사람뿐 아니라 백정과 전혀 관계없는 지식인과 운동가들도 많이 참여했다. 봉건적 신분제가 철폐되어야 한다는 인식이 전제되지 않았으면 이러한 지원은 불가능했을 것이다. 언론 이외에도 일반 사회운동 단체들도 <형평사>를 직접・간접으로 지원하고 있었다. 그리하여 창립 1년 후에는 전국적으로 12개 지사와 67개 분사로 그 조직이 뻗어나갔다.

그러나 <형평사>는 운동 전개과정에서 방법론상의 문제로 사상 및 세력적으로 대립하게 되어 창립 후 1년만에 분열되고 만다. 계급투쟁의 입장에서 다른 계급투쟁운동과 제휴하자는 혁신동맹 측과 총단결하여 인권해방운동에만 힘쓰자는 진주 본사측의 입장이 달랐기 때문이다. 당시는 이 땅에 사회주의의 물결이 들어오고 있던 시기였다. 사회주의자들은 형평운동이 완전한 계급해방운동의 의의를 잘 나타낼 '고리'로 이해되었던 것이다.

그 후 1925년 8월 「예천사건」 이후 <형평사>는 새로운 단계에 접어들었다. 「예천사건」이란 수천 명의 농민에 의해 예천형평분사가 습격당한 사건으로, 이 사건을 계기로 각 사회운동 단체에서는 <형평사> 지지와 강연회를 통해 강력한 지원을 아끼지 않았고, 이후 <형평사>와 사회운동 제 단체와의 제휴가 빠르게 이루어졌다. 그리하여 1926년 이후부터는 조직의 확충 강화와 무산운동에 진출할 것을 명백히 함으로써 사회운동으로 기울어지게 되었다.

## Ⅲ. 소설에 비추어 본 백정계급의 일상

소설은 대중적 표상을 창출하는 유력한 언어표현 양식이다. 형상화된 인물이나 삶의 모습을 통해 동시대 삶의 표상이나 일상을 읽어 내는 데, 소설은 가장 좋은 매개가 된다.

백정계급의 삶을 담은 소설은 흔치가 않다. 부족하나마 자료조사에 의하면 백정들의 신분해방을 위해 결성한 단체인 <형평사>가 1923년에 창립되어 활발히 활동하던 시기인 1920년대 후반에 홍사용(洪思容)의 「봉화가 켜질 때에」(『개벽』 61호, 1925. 7. 露雀이란 호(號)로 발표됨), 조명희(趙明熙)의 「낙동강」(『조선지광』, 1927, 창작집 『낙동강』, 백악출판사, 1928) 등이 있고, 해방 후 황순원(黃順元)의 『日月』(『현대문학』 1962. 1.~1964. 11. 연재)이 있다.

<형평사>가 결성되던 시기인 1920년대 백정계급의 인구는 <형평사> 주지에서 밝힌 것처럼 40여 만 명 정도일 것이다. 시대가 시대인 만큼 민족이나 대중 같은 거대담론에 치우쳐 작가들의 시선이 미치지 못했을까, 아니면 철저한 차별성 때문이었을까.

조명희의 단편소설 「낙동강」은 식민지시기 계급문학운동이 낳은 대표적인 걸작으로 꼽힌다. 1927년 『조선지광』에 발표된 이 소설은 카프(KAPF)의 '1차 방향전환'을 대표하는 작품으로 꼽힌다. 계급성 짙은 소설로 식민지 조선의 농촌을 배경으로 사회변혁의지를 잘 담아내고 있다고 평가되고 있다.

본고에서는 작품이 담고 있는 사상이나 '의미'보다는 작품 속에 묘사되어 있는 백정계급의 일상과 에피소드가 현실의 재현이라는 사실관계 맥락을 밝혀 신분변동 이후 그들의 일상을 살펴보고자 한다.

「낙동강」의 주인공 박성운은 1919년 삼일운동에 참가하여 1년 반을 감옥에서 살다 나왔고, 그 사이 일제의 수탈로 피폐해진 고향마을을 떠나 만주와 중국 대륙을 떠돌다가 사회주의자가 된다. 다섯 해의 세월을 해외에서 보낸 뒤 고향 경상도로 돌아간 성운은 대중 속으로 들어가서 투쟁하고 농촌 야학을 설치하여 농민 교양에 힘쓰고 소작쟁의를 조직하다 체포되어 일제로부터 모진 고문을 당하여 결국 죽음을 맞는다.

> 그런데 여기에 한 에피소드가 있다. 그것은 이해 여름 어느 장날이다. 장거리에서 형평사원들과 장꾼—그중에서 장거리 사람들과 큰 싸움이 일어났다. 싸움 시초는 장거리 사람 하나가 이곳 형

평사 지부 앞을 지나면서 모욕하는 말을 한 까닭으로 피차에 말이 오락가락하다가 싸움이 되고 또 떼싸움이 되어서, 난폭한 장거리 사람들이 몽둥이를 들고 형평사원 촌락을 습격한다는 급보를 듣고, 성운이가 앞장을 서서, 청년회원, 소작인조합원 심지어 여성동맹원까지 총출동을 하여가지고 형평사원 편을 응원하러 달려갔었다. 싸움이 진정된 후, "늬도 이놈들, 새 백정이로구나."하는 저편 사람들의 조소와 만매를 무릅쓰고도 그는,

"백정이나 우리나 다 같은 사람이다. (…중략…) 다만 직업의 구별만 있을 따름이다. (…중략…) 무릇 무슨 직업이든지, 직업이 다르다고 사람의 귀천이 있는 것은 아니다. 그것은 옛날 봉건시대 사람들의 하는 말이다. (…중략…) 더구나 우리 무산계급은 형평사원과 같이 손을 맞붙잡고 일을 하여 나가지 않으면 아니 된다. (…중략…) 그러므로 형평사원을 우리 무산계급은 한 형제요 동무로 알고 나아가야 한다. (…중략…)"

하고 여러 사람 앞에서 열렬히 부르짖은 일이 있었다.

(「낙동강」)

작품 속에 그려진 에피소드는 그야말로 현실의 재현이었다. <형평사>에 대한 반대운동, 즉 백정에 대한 혐오는 진주에서 <형평사> 설립이 선언된 시점부터 바로 시작되었다. 형평운동의 지원에 참여한 진주의 지식인·운동가들은 일반인들에게 '신백정'이라는 욕을 먹었다. 1923년 5월 13일, <형평사> 창립 축하식이 있은 다음날 진주지방의 일반농민 2,500여명은 <형평사> 해산을 모의하여 <형평사> 본부를 습격하고, 다음과 같은 결의를 했다.

1) 형평사에 관계가 있는 자에 한하여 백정과 동일하게 대우할 일
2) 우육(牛肉)은 절대로 비매동맹(非賣同盟)할 일
3) 진주청년회에 대하여 형평사와 절대로 관계가 없도록 할 일
4) 노동단체(勞働共濟會)에서는 형평사를 절대로 관계치 말게 할 일
5) 형평사를 배척할 일[19]

이들은 우육불매동맹을 결성하여 도부업이나 수육판매업에 대부분이 종사하는 백정에게 정신적 위압뿐 아니라 경제적 타격을 주려고 한 것이다. 청년회나 노동공제회가 비난의 대상이 된 것은 청년회관이 창립 축하회장이었고, 동 축하식에 노동공제회의 간부가 축사를 행했기 때문이었다. 이 사건은 6월 하순에 들어가 노동공제회의 중재에 의해 일단 해결을 본다.[20]

그러나 이 사건을 접한 진주경찰서장은,

> "일본에도 예다(穢多)라고 하는 것은 평민과 같은 대우를 하지 않을 뿐만 아니라 그들도 무엇 하나 성공한 일이 없다. 이번 형평사도 그것과 같은 일이기 때문에 (…중략…) 백정에게 잘못이 있으니 내가 곧 해산시킬 생각이다."[21]

라고 말하고 있는 것을 보면 당시 일반인은 물론 일본인이기는 하지만 관리들도 백정에 대한 차별의식이 매우 깊었음을 알 수 있다. 무엇보다도 지배계급이 아닌 스스로도 신분해방자의 입장인 농민·노동자가 중심이 되어 있다는 데 문제가 있다. 철

19) 『동아일보』, 1923. 5. 30.
20) 고숙화, 앞의 논문, 672면.
21) 『동아일보』, 1923. 5. 30.

저한 차별의식은 이뿐만이 아니다. 경찰에서는 새로이 백정들의 주소·성명·직업·연령 등을 조사하여 장부를 작성하고 감시를 강화하라는 조치를 강구하고 있었던 것이다.[22]

1924년 5월 8일 경남 진영에서 일어난 형평사원들과 행상대 패싸움은 가장 전형적인 사건의 하나이다. 형평사원 조덕수가 장날 쇠고기를 팔러 갔다가 행상 최모의 점포 앞에서 잠시 지체하자 최모가 다른 곳으로 가라 하였다. 그런데 조덕수가 최를 눈을 부릅뜨고 바라보았던 것이다. 이에 점주 최모가 계급적 어구로서 "백정 놈이 양반에게 무례한 행동을 하느냐"고 하였더니, 조덕수가 지지 않고 "백정 놈은 사람이 아니오"라며 맞섰다는 것이다. 이 광경을 재래의 인습에 젖은 근처의 행상들이 보다가 "아직까지 백정은 백정 놈이오, 양반은 아니니 무슨 소리냐?"고 하며 수십 명의 행상대가 모여들어 조덕수를 무수히 난타했다. 인근의 형평사원들이 달려와서 결국 패싸움으로 번졌다.[23]

이 기사는 그야말로 작품 속의 현장이다. 작가가 이 기사에서 힌트를 얻었을지도 모를 일이다.

이와 비슷한 일반인과 백정간의 충돌은 1923년 형평사 창립 이후부터 1925년 9월 사이에, 비교적 다수인의 충돌사건만 추려보더라도 전국적으로 42건이나 되었다.[24]

「낙동강」의 여주인공 로사는 백정의 딸이다.

---

22) 『동아일보』, 1923. 6. 5.
23) 「량반 자랑하다가 衡平社員과 爭鬪」, 『동아일보』, 1924. 5. 11.
24) 김의환, 「일제치하의 형평운동攷」, 『향토서울』 제31호, 서울특별시사편찬위원회, 1967.

신분해방이 선언된지 무려 30년이 지난 1925년 5월 7일, 충북 진천면 읍내리에 사는 백정 리무쇠(李武釗)의 처 김순남(26세)은 한 동리에 사는 림주력과 류수복이라는 두 남자에게 "백정 년이라고" "짜닭 업시 구타 중상을" 당했다. 임신부였던 김순남은 "진단을 받아 고소코자 하였으나" 의사로부터 "진단 낼만한 피해가 없어 못 내주겠다"는 거절도 당했다. 장터 주점에서 술을 마시던 가해자들에게 "몇 푼 안 되는 고기값을 좀 달라 했"던 것이 사건의 발단이었다.

(「"백정 년이라고" 빰 때리고 발로 차 형평사원 분개」, 『동아일보』, 1925. 5. 18.)[25]

그랬으니 '백정 놈의 딸'이 감히 인간 축에 낄 수 있는 것이었을까? 백정의 딸로 신분의 벽을 넘기란 그리 쉬운 문제가 아니다. 그러나 길은 있다. 그 길은 다름 아닌 교육이었다. 백정들에게 근대 교육은 능력을 배양하여 사회적인 지위를 상승시키는 지름길로 인식되었다.

로사의 부모는 형평사원으로서, 그도 또한 성운의 부모와 마찬가지로 딸일망정 발전을 시켜볼 양으로 그리하였던지 서울을 보내어 여자 고등보통학교를 졸업시키고 사범과까지 마친 뒤에 여훈도가 되어 멀리 함경도 땅에 있는 보통학교에 가서 있다가 하기 방학에 고향에 왔던 터이다. 그의 부모는 그 딸이 판임관이란 벼슬을 한 것이 천지개벽 후에 처음 당하는 영광으로 알았었다.

25) 천정환, 「근대적 대중지성의 형성과 사회주의(1)」, 『상허학보』 22집, 상허학회, 2008, 164면.

그리하여 그는, "내 딸이 판임관 벼슬을 하였는데, 나도 이 노릇을 더 할 수 있는가?"

하고는, 하여오던 수육업이라는 직업도 그만두고, 인제 그 딸이 가 있는 곳으로 살러 가서 새 양반 노릇을 좀 하여볼 뱃심이었다. 이번에 딸이 집에 온 뒤에도 서로 의논하고 작정하여 놓은 노릇이다.

(「낙동강」)

백정 신분의 여자가 타인들에게 지식을 전수하는 교사가 되었다는 것은 면천 이후 또 하나의 천지개벽할 일이었다. '배워야 인간 구실한다'라는 유교사회의 교육목표는 양반들에게만 해당되었었다. 그러나 '무지로부터의 해방'은 1894년 사회신분제의 폐지 이후 신분상승의 기회로 여겨졌다.

박성운은 과연 낙동강 어부의 손자요, 농부의 아들이었다. 그의 할아버지는 고기잡이로 일생을 보내었었고 그의 아버지는 농사꾼으로 일생을 보내었었다. 자기네 무식이 한이 되어 그 아들이나 발전을 시켜볼 양으로 그리하였던지, 남 하는 시세를 좇아 그대로 해보느라고 그리하였던지, 남의 논밭을 빌려 농사를 지어 구차한 살림을 해나가면서도, 어쨌든 그 아들을 가르쳐 놓았다. 서당으로, 보통학교로, 도립 간이농업학교로 (…중략…).

그가 농업학교를 마치고 나서, 군청 농업조수로도 한두 해를 있었다. 그럴 때에 자기 집에서는 자기 아들이 무슨 큰 벼슬이나 한 것 같이 여기며, 만나는 사람마다 자기 아들 자랑하기가 일이었었다. 그리할 것 같으면 동네 사람들은 또한 못내 부러워하며, 자기네 아들들도 하루바삐 어서 가르쳐 내놀 마음을 먹게 된다.

(「낙동강」)

유교적 신분사회에서 처절한 불평등을 경험했던 그들이라 교육은 입신출세의 기회였다. 실제로 3·1운동 이후 1920년을 경계로 공립 보통학교 입학자 수는 급증하기 시작한다. 1915년 이래 1919년까지 3만여 명이었던 것이, 1920년에는 6만여 명, 1921년에는 8만 5천여 명, 1922년에는 12만 5천여 명, 1923년에는 13만 7천여 명으로 급증하고 있다.[26]

더구나 백정들에게 교육은 '새 양반노릇'이라는 신분의 장벽을 뛰어넘는 일이었다. 그들에게 교육은 신분해방 그 자체였다.

진주에서 최초의 형평운동이 시작되게 한 계기도 '교육'에 있었다. 1922년 자산가였던 백정 이학찬이 진주 일신학교의 수축에 재력, 인력을 동원해주고도 자신의 아들이 지역 주민들 때문에 학교 입학을 거절당하자, 지역 운동가들을 찾아 나서서 조직운동을 시작했던 것이다. <형평사>는 공동체적 성격을 지닌 상호부조와 <형평사> 자체의 이념을 교육하는 활동들 이외에 소속원 자녀들을 위한 야학의 설치와 신문·잡지의 구독을 권장하고 '상식' 향상을 위한 강연회를 개최하는 등의 지식교양 활동을 활발히 벌였다. 이는 '형평중학'의 건립과 '형평잡지'의 발간과 함께 '사칙(社則)'에 명기된 바 있다.[27]

그러나 그들의 교육에 대한 열의가 순조로운 것만은 아니었다. 1923년 6월 전북 군산에서는 학교설립을 위한 모금운동에 <형평사> 분사가 헌금을 내자 <군산청년회>가 '더러운 돈'이라고 받기를 거절했다.[28] 일제의 제도적 차별에 의해 백정의 자

26) 강동진, 「일제지배 하의 노동야학」, 『역사학보』 46집, 1970, 9면.
27) 김중섭, 앞의 책, 329면.

녀들은 보통학교 입학원서에 신분을 기입하도록 되어 있었다.

> 강원도 횡성 보통학교에서 백정생도가 구타당한 사건에 대해 “금일 학동의 입학지원서에 신분을 기입하는 폐해는 단연 철폐하지 않으면 안 된다”[29]

라는 기사에서 그 실상을 엿볼 수 있듯이 일반인들뿐 아니라 제도적으로도 은밀한 ‘거부’와 ‘혐오’는 인식의 벽을 넘지 못하고 있었다.

## Ⅳ. 맺음말

근대 신분제도 변동과정에서 최하위 계층인 백정계급의 고달픈 일상을 살펴보았다. 그들은 사회적 제약, 차별대우의 질곡에서 벗어나고자 계급타파・교육권장・사원 상호간의 친목을 내세워 사회개혁 운동의 일환으로 형평사를 결성하여 대응하였다. 그러나 대중의 철저한 차별의식은 만만치가 않았다. 그후 형평운동은 어떠했을까.

황순원의 『일월』은 1960년대 초반에 씌어진 소설로, 1967년 김의환의 「일제치하의 형평운동攷」(『향토서울』 31호, 1967)란

28) 「청년회를 비난, 군산청년회는 공공사업에 냉정하고 형평사에서 기부한 돈을 더럽다고」, 『조선일보』, 1923. 6. 28.
29) 『조선통신사상』, 1926. 3. 16.

논문을 통해 형평사 운동의 전모가 밝혀지기 전에 쓴 소설이다.

이 소설 속에는 <형평사>의 창립배경과 후일담 등이 취재를 통해 서술되어 있는데, 황순원이 처음부터 <형평사> 문제에 관심을 가졌거나 형평운동 자체를 그리려 했던 것은 아니다. 백정 문제에 관심을 갖다 보니 자연스럽게 형평운동으로까지 관심의 대상이 넓혀진 것일 뿐이며, 이를 다루는 방식도 여느 사실주의 소설과는 다르다.30)

소설 속에는 축산기업조합 대관편찬위원회 간사를 통해 <형평사> 이후의 사정을 듣게 된다.

축산기업조합의 정확한 명칭은 한국축산기업조합으로, 이 단체의 후신인 사단법인 <축산기업중앙회>의 연혁에는 세조 12년(1466) 조직한 <현대방(懸大房)>을 효시로 하여 조선 말기 <균흥조합(均興組合)>, 1909년 <집성조합(集成組合)>, 1923년 <형평사(衡平社)>, 1930년 <대동사(大同社)>, 1947년 서울집성조합 연합회, 1952년 <한국축산기업조합 연합회>, 1955년 전국적인 조직의 사단법인 <한국축산기업조합 연합회>, 1965년 <축산기업조합중앙회>로 법인 설립 후, 1996년 <축산기업중앙회>로 명칭이 바뀐다.31)

연혁에서 보았듯이 축산기업중앙회는 스스로 <형평사>와 <대동사>를 계승한 단체로 표방하고 있으나, 형평운동이 해방 후까지 이어진 것으로 보는 경우는 회의적이다. "<대동사>로 바뀌면서 형평운동이 끝났다고 보는 것은 <대동사>가 친일세

30) 정영훈, 「백정 관련 연구의 맥락에서 본 <일월>」, 『한국현대문학연구』 24, 한국현대문학회, 2008, 332면.

31) http://www.kfmp.or.kr/kfmpinfo.html

력에 의하여 움직이는 어용단체로 되어 버렸다는 점에서 그 이전의 형평운동과 대비되기 때문이다."[32]라는 진술에서 보듯이 <형평사>와 <대동사>는 성격이 다르다. 사명(社名) 개칭 이유에 대해 창립 발기인이었던 장지필(張志弼)은 다음과 같이 말하고 있다.

"처음 형평운동을 일으켰을 당시 약 12년간의 기간을 예상하여, 이를 선전·사업·실행의 3기로 나누어 착착 수행해 왔습니다. 이제 거의 3기의 과정을 모두 실천했기 때문에 형평운동은 완성된 것으로 봅니다. 그래서 이제부터는 **대중과 같은 수준**에서 그들과 같은 보조로 운동을 전개한다는 의미에서 명칭도 새로 고친 것입니다."[33]

'대중과 같은 수준'이라는 의미에서 <大同社>로 개칭하였다고 하는데, 과연 그들이 내세웠던 당면 목표인 계급타파는 이루어진 것일까.

한 가지 사실을 덧붙이고자 한다. 이 모든 과정을 따라가노라면 적어도 『일월』이 씌어질 당시까지만 해도 백정에 대한 사람들의 인식은 조금도 달라지지 않았음을 확인하게 된다. 소설에서 상진영감은 백정의 자식이라는 이유로 은행 융자를 거절당해 결국 회사가 도산하게 되고, 인철은 파혼당하고 형인 인호는 호적을 파서 떠난다. 좀 거슬러 올라가보면 상진영감의 누이동생은 백정의 딸임이 밝혀진 후 이혼을 당할 위기에 처하자 스스로 목숨을 끊는다. 이를 두고 혹자는 "이 소설에서의 백정이

32) 김중섭, 「1920년대 형평운동의 형성과정—진주지역을 중심으로」, 『동방학지』 59, 1988, 231면.
33) 『조선일보』, 1935. 4. 26.(특히 굵은체 부분은 필자가 강조한 부분임.)

라는 사람들은 어떤 비유나 상징으로서의 의미를 더 강하게 지니고 있다고 보는 것이 옳을 것 같다. 사실 1960년대만 해도 그와 같은 계층 문제는 이미 그렇게까지 심각성을 띤 것이 아니어서 그로 인해 생죽음까지 빚고 있는 이 소설의 시츄에이션 중 일부는 어쩌면 좀 과장이 되었다고 볼 수도 있다."[34]고 지적하기도 한다. 그러나 자신들의 뿌리를 고귀한 신분에서 찾고 이를 분명하게 밝히기 위해 대관을 편찬하려 했던 축산기업조합원들의 노력과, 대관이 결과적으로는 자신들이 백정의 후손임을 공공연하게 드러내는 꼴밖에 되지 않는다는 이유로 중단되고 만 역사적인 사실을 염두에 둔다면 백정을 "비유나 상징"으로 읽는 것은 지나치다. 김중섭이 형평사 운동에 관한 글을 쓰기 위해 인터뷰를 했던 형평사원의 후예들의 이름이 모두 이니셜로 처리되어 있는 것은 어떤가. 이름자가 밝혀지지 않는 것은 이들이 그것을 거부했기 때문일 것이다. 김중섭이 이들을 만난 것은 1980년대 초반이었다. 하물며 『일월』이 배경으로 하고 있는 1950년대 후반이야 말할 것도 없다. 『일월』이 다루고 있는 세계가 당대적이며 실제 사실에 근거하고 있다는 점은 여기서도 분명하게 드러난다.[35]

일본에서는 탐정업이 성행중이라고 한다. 그들의 업무 중 가장 활발한 작업은 의뢰인의 식구 중 혼사관계에 있는 배우자의 집안관계를 밝혀내는 일이라고 한다. 일본에도 '특수부락민'[36]

---

34) 장양수, 「황순원 장편 <일월>의 실존주의 문학적 성격」, 『한국문학논총』 24집, 1999.6, 246면.

35) 정영훈, 앞의 논문, 346~47면.

36) '특수부락민'은 '예다(穢多)' 계급이다. 일본에서 기피되고 있는 천민들로 그들도 신분해방운동으로서 1922년 3월 「全國水平社」가 창립되

이라는 천민계급이 존재하기 때문이다.

인도의 '불가촉천민,' 일본의 '특수부락민,' 한국의 '백정' 등, 민족공동체 내에서 기피 내지는 혐오집단은 유래를 따지기 전에 왜 존재해야 하는 것일까. 백정에 대한 사회문화 현상의 바닥에 자리 잡은 집단무의식(mentalites)에 대해 연구가 필요하다.

---

었다. 형평사는 일본 천민해방운동단체인 수평사와 곧잘 비교되고 실제로 연대하기도 했다.

## <참 고 문 헌>

『독립신문』, 『조선일보』, 『동아일보』, 『조선통신사상』

조명희, <낙동강>, 『조선지광』, 1927.

조명희, 『낙동강』, 백악출판사, 1928.

황순원, <일월>, 『현대문학』, 1962.1~1964.11.

강동진, 「일제지배 하의 노동야학」, 『역사학보』 46집, 역사학회, 1970.

강만길, 「鮮初白丁考」, 『사학연구』 18, 한국사학회, 1964.

고숙화, 「衡平社에 대한 一硏究」, 『사학연구』 38.

국사편찬위원회 편, 『高宗時代史』 3, 탐구당, 1969.

김의환, 「일제치하의 형평운동攷」, 『향토서울』 제31호, 서울특별시, 시사편찬위원회, 1967.

김중섭, 「1920년대 형평운동의 형성과정—진주지역을 중심으로」, 『동방학지』 59, 연세대 국학연구원1988.

김중섭, 『형평운동연구: 일제침략기 백정의 사회사』, 민영사, 1994.

신용하, 『한국근대사와 사회변동』, 문학과지성사, 1980.

신용하, 「1894년의 사회신분제의 폐지」, 『규장각』 제9집, 서울대 규장각, 1986.

이우성, 「閑人·白丁의 新解釋」, 『역사학보』 19, 역사학회, 1962.

임순만, 「기독교 전파가 백정공동체에 미친 영향」, 『형평운동의 재인식』, 솔, 1993.

장양수, 「황순원 장편 <일월>의 실존주의 문학적 성격」, 『한국문학논총』 24집, 1한국문학회, 1999.

鄭喬,『大韓季年史』上, 국사편찬위원회, 1957.

정영훈,「백정 관련 연구의 맥락에서 본 <일월>」,『한국현대문학연구』24, 한국현대문학회, 2008.

천정환,「근대적 대중지성의 형성과 사회주의(1)」,『상허학보』22집, 상허학회, 2008.

# 식민지 지주제의 소설적 수용 양상 연구
## - 이기영의 『고향』을 중심으로 -

장 두 식*

## Ⅰ. 서 언

본고의 목적은 이기영의 「고향」(『조선일보』 1933.11~1934.9 연재)에 반영된 식민지 지주제 모순을 고찰하고 식민지 지주제가 당대 농촌 사회를 어떻게 왜곡시키고 있는가를 살펴보는데 있다. 이는 근대소설의 현실 인식력을 살피는 동시에 당대 농촌사회의 구조적인 모순을 재구(再構)하는 연구라고 할 수 있다.

「고향」에 대한 기존의 연구는 초기에는 이데올로기적 시각으

---

* 단국대학교 동양학연구소 연구교수.

로 텍스트의 공식성을 비판했던 연구경향[1]에서 벗어나 농민소설로서 「고향」을 분석하거나[2] 내적 구조 분석을 통해 리얼리즘 성취를 평가하는 문학내적인 연구 경향으로 전환되었다.[3] 이후 『고향』에 대한 논의는 실증적인 연구[4]와 더불어 농민문학의 발전과정 속에서 논의하거나[5] 전형성을 획득한 텍스트로 논의하는 등 작품론과 작가론적인 입장에서 심층적으로 전개되었다.[6] 또한 작가의 세계관과 현실사이의 관련 속에서 「고향」의 구조망을 해명하려는 논의나[7], '원터마을'의 의미망을 심층적으로 고찰하는 논의[8], 여성주의적 시각으로 인물분석을 시도한 논의[9] 등과 같이 다양하게 전개되고 있다.

이렇듯 「고향」에 대한 연구는 실증적인 작업과 농민소설이라는 장르적 관점에서의 논의 그리고 리얼리즘의 성취도에 따른 논의로 대별할 수 있다. 본고는 이러한 선행 연구를 바탕으로 하여 식민지 지주제의 반영으로서의 「고향」에 대해 고찰하고자 한다.

---

1) 조연현, 『한국현대문학사』, 성문각, 1977 ; 김우종, 『한국현대소설사』, 성문각, 1982.
2) 오양호, 『농민소설론』, 형설출판사, 1984.
3) 김윤식·정호웅, 『한국소설사』, 예하, 1993 ; 권유, 『이기영소설연구』, 태학사, 1993.
4) 김흥식, 「이기영의 소설연구」, 서울대학교 박사학위논문, 1991.
5) 이상경, 「이기영 소설의 변모과정 연구」, 서울대학교 박사학위논문, 1991 ; 이주형, 『한국근대소설연구』, 창작과비평사, 1995.
6) 정호웅, 「농민소설의 새로운 형식」, 『이기영』, 새미, 1995.
7) 김동환, 『한국소설의 내적형식』, 태학사, 1996.
8) 김종욱, 「1930년대 한국장편소설의 시간과 공간의 구조연구」, 서울대학교 박사학위논문, 1998.
9) 이선옥, 「이기영 소설의 여성의식 연구」, 숙명여자대학교 박사학위논문, 1995.

19세기 말에서 20세기 초는 중세적인 패러다임에서 벗어나 근대적인 패러다임으로 이행을 하던 시기였다. 하지만 내재적 근대화 과정을 걷고 있던 한국은 일제에 의해 강제 점령을 당하게 된다. 일제는 야만적인 식민정책을 통해서 한국 사회를 재배치하기 시작한다. 일제는 한국을 효율적으로 지배하기 위하여 중세 봉건세력을 온존시키고, 농업경제의 근간인 토지소유를 식민지 지주제로 재편을 하였다. 일제의 토지조사사업과 산미증산계획은 식민지 지주제를 확립시키고 한국 농민을 수탈하기 위한 침탈정책이었다.

일제에 의해서 확립된 식민지 지주제는 당시 농촌사회를 재배치하면서 농민들의 삶을 점점 빈궁 속으로 내몰았다. 그리하여 농민들은 농토에서 이탈하여 도시 빈민으로 전락하거나, 만주나 해외로 유랑하는 유이민(流移民)이 되었다. 이러한 인구이동은 근대 도시화 속에서 자연스럽게 이루어지는 것이 아니라 일제의 야만적인 통치 때문에 발생한 것이었다.

본고는 이러한 식민지 지주제가 소설 속에 어떻게 반영되고 있는가에 초점을 맞추고 있다. 소설은 현실을 형상으로 반영한다. 이는 소설 텍스트가 현실을 생활 현상 그대로 소설화하는 것이 아니라 작가의 창조적 상상력에 매개됨으로써 일정하게 변형된다는 것을 의미한다. 즉 소설적 진실은 사회생활의 본질적 법칙의 형상적 표현인 동시에 작가의 주관의식을 포함하는 이데올로기의 일종이라고 할 수 있다.[10] 소설에 반영된 현실은 역사적 현실과 일정부분 거리를 가지고 있으나 역사적 합법칙성과는

10) 최유찬·오성호, 『문학과 사회』, 실천문학사, 1994, 46~49면.

일치한다. 작가들이 소설적 진실을 추구하기 위하여 체험의 직접성을 넘어서 사물의 본질적인 연관관계를 탐색하기 때문이다. 따라서 소설이 추구하는 현실 반영은 단순한 모사가 아니라 중층적인 현실의 요소들을 응축할 뿐만 아니라 능동적으로 변형시키는 주관과 객관의 변증법적인 통일이라고 할 수 있다.[11] 그런데 소설 속에 실제 역사를 담는 과정은 복잡하고 일정치 않다. 주어진 역사적 조건하에서 파악 가능한 크로노토프(chronotope)의 몇몇 개별적 측면들만이 완성되어져 왔다. 소설 속에 반영된 것은 실제 크로노토프의 특수한 형태들인 것이다.[12] 「고향」 속에 반영된 농촌현실도 당대 사회가 가지고 있는 제요소가 중층적으로 구조화되어 있다. 그런데 그 구조를 규정하는 심급은 식민지 지주제라고 할 수 있다. 식민지 지주제는 토지를 매개로 하여 지주와 소작인의 적대적인 대결을 불러올 수밖에 없었다.

본고는 '원터마을'에서 일어나는 중심 갈등을 세밀하게 살핌으로써 일제 강점기 농촌을 재배치시킨 식민지 지주제의 본질과 당대 농촌사회가 안고 있는 구조적인 모순을 고찰하고자 한다.

## Ⅱ. 식민지 지주제 확립과 농촌의 궁핍화

18세기에서 19세기 초에 들어오면 조선사회는 봉건적 토지소

11) 위의 책, 60~61면.

12) 미하일 바흐찐, 『장편소설과 민중언어』, 창작과비평사, 1988, 262면.

유제도에서 비롯된 모순이 격화되기 시작한다. 탐관오리들의 가렴주구에 의해서 발생한 진주민란과 같은 민란은 양반 지주층과 농민들과의 갈등에서 비롯된 것이었다. 이러한 갈등은 결국 1894년 갑오농민전쟁으로 비화하였다. 갑오농민군은 반봉건, 반외세를 근간으로 하고 지주적 토지제도를 혁파하여 농민적 토지소유를 실현하려는 '토지균등 분작(土地 均等 分作)'이라는 급진적인 주장을 펼쳤다.[13] 그러나 동학농민군이 일본군에게 패배함으로써 농민 중심의 개혁은 실패하고 말았다.

갑오농민전쟁 이후 일제의 내정개혁 요구로 온건 개화파인 김홍집(金弘集)을 수반으로 하는 친일내각이 성립되었다. 김홍집 내각은 근대적인 제도를 도입하여 국정을 쇄신하는 갑오·을미개혁을 단행하였다. 이 때 농민군이 주장한 신분제 철폐, 전통적 폐습의 타파와 같은 주장이 홍범 14조에 일부 수용되었다.[14] 하지만 갑오·을미개혁은 일제의 입김이 강하게 작용하였

13) 동학농민군과 정부군과 합의한 폐정개혁안 12조는 ① 동학교도와 정부와의 숙원을 없애고 공동으로 서정(庶政)에 협력할 것, ② 탐관오리의 죄상을 자세히 조사 처리할 것, ③ 횡포한 부호를 엄중히 처벌할 것, ④ 불량한 유림과 양반을 징벌할 것, ⑤ 노비문서를 불태울 것, ⑥ 칠반천인(七班賤人)의 대우를 개선하고 백정의 머리에 쓰게 한 평양립(平壤笠)을 폐지할 것, ⑦ 청상과부의 재혼을 허가할 것, ⑧ 무명의 잡부금을 일절 폐지할 것, ⑨ 관리 채용에 있어 지벌(地閥)을 타파하고 인재를 등용할 것, ⑩ 일본과 상통하는 자를 엄벌할 것, ⑪ 공사채(公私債)를 막론하고 기왕의 것은 모두 면제할 것, ⑫ 토지는 균등하게 분작(分作)하게 할 것 등이다.

14) 홍범 14조(1894. 12). ① 청에 의존하는 생각을 버리고 자주 독립의 기초를 세운다, ② 왕실 전범을 제정하여 왕의 계승의 법칙과 종친과 외척과의 구별을 명확히 한다, ③ 임금은 각 대신과 의논하여 정사를 행하고, 종실·외척의 내정 간섭을 용납하지 않는다, ④ 왕실 사무와 국정 사무를 나누어 서로 혼동하지 않는다, ⑤ 의정부 및 각 아문의

던 타율적인 개혁이었다.

1897년 대한제국이 성립되자 구본신참파(舊本新參派)[15]에 의해서 광무개혁이 진행되었다. 광무개혁(1896~1904)의 목적은 왕권을 강화하고 군제(軍制)를 근대적으로 개편하여 근대 절대주의 정권을 수립하려는데 있었다. 근대 헌법 성격인 대한국제(大韓國制)를 반포하고, 국가(國歌) 및 각종 기(旗) 등을 제정하여 국가의 정체성을 확립하려고 하였다. 또한 청국을 비롯한 각국과 통상조약을 체결하여 대한제국의 국제적 지위를 확보하려고 하였다.

그런데 광무개혁은 봉건 지배층의 이해 속에서 이루어졌기 때문에 동학농민군이 주장했던 토지의 '평균분작'과 같은 내용은 처음부터 고려되지 않았다. 봉건적 지주제를 유지한 채 부세제도 개혁을 통하여 토지문제를 해결하려는 미봉책에 머물고 있었던 것이다. 농민의 입장에서 보면 광무개혁은 불완전한 개혁이었다.[16]

---

직무, 권한을 명백히 규정한다, ⑥ 납세는 법으로 정하고 함부로 세금을 징수하지 아니한다, ⑦ 조세의 징수와 경비 지출은 모두 탁지아문의 관할에 속한다, ⑧ 왕실의 경비는 솔선하여 절약하고, 이로써 각 아문과 지방관의 모범이 되게 한다, ⑨ 왕실과 관부의 1년 회계를 예정하여 재정의 기초를 확립한다, ⑩ 지방 제도를 개정하여 지방 관리의 직권을 제한한다, ⑪ 총명한 젊은이들을 파견하여 외국의 학술, 기예를 견습시킨다, ⑫ 장교를 교육하고 징병을 실시하여 군제의 근본을 확립한다, ⑬ 민법, 형법을 제정하여 인민의 생명과 재산을 보전한다, ⑭ 문벌을 가리지 않고 인재 등용의 길을 넓힌다.

15) 일제에 의해 강제로 진행된 갑오·을미 두 개혁의 실패를 지양하기 위해 전통문화와 사상·제도를 유지하면서 점진적으로 서구문물을 받아들이자는 점진적인 개화파. 金炳始·李容翊·鄭範朝 등이 중심인물이다.

16) 김홍식, 「광무개혁의 성격과 그 토지정책의 한계」, 『경제사연구』 4호,

그런데 광무개혁에는 반(反)농민적 내용만 있었던 것은 아니다. 토지소유를 근대적 소유권으로 전환하는 양전사업(量田事業)과 전정개혁(田政改革) 등이 포함되어 있어 농민이 성장할 수 있는 기회까지 빼앗지는 않았던 것이다.

이 시기 한국 농촌에서는 자소작 상농(自小作 上農=富農) 층이 광범위하게 존재하고 있었다. 이들을 중심으로 상업적 농업이 발전하고 있었고, 밑으로부터의 농민적 토지를 소유하려는 움직임이 다양하게 전개되고 있었다.[17] 즉 도지(賭地)·화리(禾利)·영세(永稅)·병경(幷耕) 등 다양하게 불리워지던 소작지 전매권이나 영구소작권이 인정됨으로써 농민들이 부농으로 성장할 수 있는 가능성이 열려 있었던 것이다.[18]

하지만 농민의 자연스러운 성장은 일제강점에 의해서 파국을 맞게 된다. 중세 봉건제 국가에서 근대 자본주의제 국가로의 이행은 각 민족국가마다 다를 수밖에 없다. 자본주의제 국가로의 이행은 두 개의 유형으로 정리할 수 있다. 첫째 유형은 '밑으로부터의 자본주의화'인데 시민계층이 중심이 되어 농민들과 연합하여 봉건적 지배체제를 붕괴시키는 경우를 말한다. 이때에는 영국과 프랑스와 같이 농민경제의 발전과 분화에 의해서 자본주의 이행이 혁명적으로 이루어진다. 둘째 유형은 '위로부터의 자본주의화'인데 봉건 지배층이 농민층의 경제적 향상의 가능성을 억누르고 농민층 주도하의 화폐경제의 발전 가능성을 말살

---

경희대학교 한국경제경영사연구소, 1988, 3면.

17) 宮嶋博史, 「토지조사사업의 역사적 전제조건의 형성」, 『한국 근대경제사 연구』, 사계절, 1983, 256면.

18) 위의 글, 288면.

하는 경우를 말한다.

이때에는 봉건 지배층의 이익을 최대한 온존시키는 반봉건적 반예농적(半隷農的) 지배체제가 수립된다. 일본의 제국주의와 독일의 파시즘 그리고 일제에게 강점되었던 한국에서는 농민층의 중세기적 빈곤과 그에 따른 비농업부분의 낮은 자금수준을 불러와 빈곤의 악순환을 불러왔다. 이러한 사회적 모순은 대외 침략이나 무리한 해외시장 확보에 기댈 수밖에 없는 왜곡된 경제구조를 불러온다.[19] 일제 강점하의 한국은 일제의 제국주의적 침략정책의 자원기지로 전락하게 된다. 일제는 한국 농촌사회는 일제의 반(半)봉건적 토지소유제 즉 식민지 지주제를 강제로 이입시켰다.[20]

1910년에서부터 1918년까지 진행된 토지조사 사업은 일제에 의한 한국지배를 공고히 하기 위한 총력사업이었다. 한국 농민의 성장과 상업적 농업의 확산은 일제가 한국을 지배하는데 있어서 가장 커다란 걸림돌이었다. 일제는 토지조사 사업을 시행하기 이전부터 한국 농민들의 소작에 대한 권리를 약화시키는 정책을 실시하였다. 1908년 시행된 '탁지부령(역토관리규정 및 소작료 징수규정)'은 소작계약기간을 명시하고, 소작권의 양도, 매매, 전당, 전매를 금하는 내용을 담고 있었다. 이 탁지부령의 계약조건은 일반 지주의 땅을 소작하는 농민들에게 더욱 엄격하게 적용되었다.[21] 그리하여 자소작 상농을 중심으로 한 소작

19) 朱宗桓, 「봉건제로부터 자본주의로의 이행-한국농업구조의 역사적 분석을 위한 방법론적 고찰」, 『한국근대경제사연구』, 앞의 글, 19~20면.
20) 위의 책, 44~45면.
21) 宮嶋博史, 앞의 글, 288~289면.

인의 토지에 대한 권리가 부정되고 지주권이 강화되기 시작하였다.[22] 그 후 토지조사사업에 의해서 식민지 지주제가 확립되게 된다.

> 일본은 1910~1918년에 걸쳐 '土地調査事業'을 실시하여 이조시대의 封建地主와 貴族의 '收租權'을 중심으로 한 토지에 대한 권리를 神聖不可侵의 자본주의적 私有權으로 法定하였다.(…중략…) 그 결과 토지 소유권에서는 근대적 私有權이 확립되었으나 생산양식에 있어서는 봉건적 경제조직이 강력하게 남은 특수한 형태의 '半封建的 地主制度'를 성립시키었다.[23]

위의 인용처럼 일제의 토지조사사업은 명목상으로 한국에서 토지에 대한 근대적인 사유권(私有權)을 확립하는데 있었다. 하지만 그 내용을 보면 소작인들의 관습상의 경작권, 도지권(賭地權)이 부정되고, 농민의 국유 한광지(閑曠地) 개간권이 소멸되었고, 궁장토·역둔토·목장토·신개간지 등이 국유화 되는 등 농민층의 성장을 억제하고 대지주를 양산하는 정책이었다. 그러므로 토지조사사업은 농민들이 열망하던 농민적 토지소유제를 저지하고 자본제적 지주소유제를 정착시킴으로써 자작농들을 일시에 소작농으로 전락시킨 사업이었다.[24] 일제는 토지조사 사업이 완료된 이후 등기제도를 실시하여 토지매매를 촉진시켜 대지주층의 토지겸병을 확대시켰다. 이는 군소지주층과 자작농

22) 위의 글, 290면.
23) 愼鏞廈, 「日本植民地統治期의 時代區分問題」, 『창작과비평』(1967.가을), 492면.
24) 강만길, 『일제시대 빈민생활사 연구』, 창작사, 1987, 24면.

층의 소작인화를 불러왔다.[25] 일제의 대지주의 양적인 확대 정책 속에는 일제의 한국 지배를 공고히 하고자 하는 의도가 담겨 있었다.

> 여기 있는 사람들도 오륙 년 전만 해도 대개는 제 땅에 제 모를 내었다. 비록 제 땅이 없더라도 지주에게 반을 갈라 주더라도 그래도 반은 제가 먹을 것이었다. 그러나 사오년내로는 점점 지주들이 소작인에게 땅을 주지 아니하고 사람을 품을 사서 농사짓는 버릇이 생겼다. 품이란 한량없이 있는 것이었다. 하루에 이십전 삼십전만 내어 던지면 미처 응할 수가 없을 만큼 품군이 모여들었다. 이십년래로 돈이란 것이 나와 돌아다니면서 차란 것이 다니면서 무엇이니 무엇이니 하고 전에 없던 것이 생기면서 어찌되는 심을 모르는 동안에 저마다 있던 땅 마지기는 차차 차차 한두 부자에게로 모이고, 예전 땅의 주인은 소작인이 되었다 (…중략…)최근에 와서는 세력 없는 농부는 소작인도 될 수가 없어서 순전히 품팔이만 해 먹게 되는 사람도 점점 늘어가는 것이다.[26]

인용된 부분은 이광수의 「흙」의 한 장면이다. 예전에 자작농이었던 '살여울 마을'의 농민들이 점점 소작인화하고, 급기야는 품팔이로 전락하는 모습을 그리고 있다. 토지조사사업 이후 한국 농민들의 성장은 막혀버렸다. 한국인 지주들은 매년 자작농이 되고, 자작농은 자작겸 소작인이 되고, 자작겸 소작인은 순소작인이 되는데 비하여 일본인들은 그 반대의 현상을 보이기

25) 위의 책, 26~27면.
26) 『이광수 전집·3』, 삼중당, 1971, 62면.

시작하였다. 순소작인으로 전락한 농민들은 고향에서 살 수 없어 남부여대(男負女戴)로 정든 고향을 등지고 북만주나 해외로 향하게 되었다. (『동아일보』, 1828.8.1)

일제강점기 농업정책은 식민지 지주제를 강화시키는 방향으로 전개되었기 때문에 소작료가 점점 고율화되었다. 대한제국 시기 '여물리' 궁장토의 소작료를 왕실에서는 반분타작(半分打作)을 요구했으나 농민들의 저항 때문에 수확의 3분의 1이나 4분의 1을 소작료로 받았었다. 그런데 일제강점기 지주권이 동척으로 넘어가자 소작료는 2분의 1로 정해졌고, 실제로는 7할 내지 8할로 뛰었다고 한다.[27] 식민지 지주제에서 소작인들은 토지(농토)에 대한 권리가 전혀 없기 때문에 지주에게 항거할 수 없었던 것이다. 따라서 소작료에 대한 결정권은 오로지 지주에게 있었고, 지주는 자신의 이익에 맞게 소작료가 책정된 것이다. 이렇듯 일제강점기 식민지 지주제 하의 소작 농민들은 점점 빈궁해질 수밖에 없는 실정이었다.

또한 일제강점기 한국의 농업구조는 일본인의 식량 공급을 위하여 짜여 있었기 때문에 곡가가 풍·흉년을 막론하고 최저가격으로 형성되었다. 때문에 '풍년기아', '풍년공황' 이라는 말이 인구에 회자될 정도로 농민들의 경제는 파탄지경이었다. 한국 농가 전체가 적자 영농에 허덕였고, 농가 부채액이 점점 증가하게 되었다. 부채액을 감당하지 못한 소작인들은 파산하여 야반도주하는 일이 비일비재하게 되었다.[28] 그리고 산미증산 계획

---

27) 김용섭, 「한말 일제하 지주제」, 『한국사 연구』 8호, 1972, 149~180면 ; 강만길, 앞의 책, 재인 35면.

28) 강만길, 위의 책, 58~59면.

에 의한 농가경영의 부담 증가와 조세와 교육비 등과 같은 지출의 증가, 고액의 소작료 등은 농민들의 생활을 점점 가난 속으로 내몰렸다.

이러한 농민의 궁핍화는 모두 일제 농업정책의 결과였다.[29] 즉 한국의 농민들은 총독부 권력에 의한 관료지배와 거대지주에 의한 자본주의적, 반(半)봉건적 지배를 받았다. 소작인들은 생산과정에서 종자, 품종, 비료의 종류, 생산기술의 개선 등 모두 지주의 지시를 받아야 했으며, 수확물 처분의 자유를 완전히 박탈당했다. 또한 지주들은 농민들은 선대자본을 시가로 계산하여 현물소작료와 함께 징수하여 '쌀을 팔아 곡식을 소비'하는 생활을 강요당했다.[30] 그리고 농민의 궁핍화 현상은 이농현상을 불러왔다. 1920년대 후반 들어 화전을 찾아 궁벽한 산속으로 들어가거나 만주로 떠나가는 유이민의 수가 급증하기 시작하였다. 1927년 만주이주자는 100만여 명, 화전민 총수가 120만여 명이었다.[31]

이렇듯 식민지 지주제는 한국 농민들의 삶을 점점 곤궁 속으로 내몰았는데 이러한 구조적 모순은 당연히 당대 한국 사회의 정치·사회·문화를 결정하는 결정적인 계기가 될 수밖에 없었다.

---

29) 위의 책, 114면.
30) 박경식, 『일본제국주의의 조선지배』, 청아, 1986, 501~502면.
31) 윤영천, 「일제강점기 한국 현대시와 만주」, 『동양학』 45집, 2009, 217면.

## Ⅲ. 농촌의 크로노토프 '원터마을'

### 1. 농촌현실의 이해와 형상화

일제강점기 소설이 토지소유를 둘러싼 농촌문제와 농민에 대한 형상화를 주제화하는 것은 당연한 일이라고 할 수 있다. 당대 한국사회의 경제가 농업중심이었기 때문이기도 했지만, 식민지 지주제와 식량 및 원료 자원 수탈을 위한 산미증산 계획이 당대 한국사회의 구조적 모순을 결정하는 중요한 동인이었기 때문이었다.

농촌문제에 대한 형상화 문제는 민족주의 문학 진영 보다 '카프'진영에서 더욱 적극적이었다.

> 대중적 곤궁의 거대한 자는 최근의 농촌에 있다고 나는 본다. 물론 농업의 지대라 대중적 빈곤이 농촌에 일어날 것도 한 개의 사회적 사실이겠거니와 특히 작년 농산물가의 대폭락으로부터 온 '풍년기근'은 중소 농민생활을 근저로부터 전변(轉變) 시키고 말았다. 더욱이 현금과 같은 만성적 농업공황 시기에 있어서 그 소위 '산미증산계획'이라는 정책이 조선인 경제에 주는 영향은 기다란 주석의 부여를 기다릴 것도 없이 극도로 불리한 제조건만을 부식하고 있는 것이다. (…중략…) 이러한 불리한 제조건을 조선농촌의 경제는 날로 위축의 과정을 과정하고 있으니 총독부 재정국 이재과의 조사에 의하면 조선 6백여 금융조합의 작년 대출고가 1억 2천만원, 이 액고는 5년 전에 비하여 5천원여 원이 증가되었다 하

여 작년 중 입도차압을 한 것이 1천 3백여 건에 달한다 하니 우리는 그 사이의 소식을 넉넉히 규지할 수 있는 것이다. 또한 동척(東拓) 기타 제기관에 의한 방대한 00적 기록을 엿볼 수 있는 것이다.

(안함광, 「농민문학에 대한 일고찰·상」『조선일보』, 1931.8.12.)

안함광은 농민문학을 논의하는 글에서 농업과 조선인 경제가 밀접하게 연관되어 있음을 지적하고 '풍년기근'과 농가부채 증가 문제를 신랄하게 비판하고 있다. 이러한 현실인식 속에서 그는 한국사회의 변혁을 위해서 농민 해방을 최우선에 놓아야 한다고 강조하고 있다.

조선에 있어서의 혁명은 그의 사회적 경제적 내용에 기초를 두고 일본제국주의에 대하여서 뿐만 아니라 조선의 봉건주의에 대하여서도 향하고 있는 것이다. 조선에 있어서의 혁명은 전자본주의적 유물과 잔재의 파괴, 농업 제 관계의 근본적 개혁 급 전(前)자본주의 예속상태로부터의 토지의 해방을 목적으로 하고 있다. 조선에 있어서의 혁명은 결코 농업혁명 이외에는 있을 수 없다

(안함광, 「농민문학에 대한 일고찰·하」, 『조선일보』, 1931.8.13.)

위의 인용은 「조선에 관한 제테제(코민테른 12월 테제)」 중의 일부분이다. 이 테제를 읽어보면 프로문학 진영에서 농민문학에 관심을 기울인 이유를 알 수 있다. 그런데 카프가 상정하고 있는 농민문학은 당파성에 입각한 농민 문학이다.

안함광은 농민문학을 "노농자 농민의 유기적 제휴, 따라서 빈농계급에 대한 프롤레타리아 이데올로기의 적극적 주입을 염두

에 두지 않으면 아니 되는 것"이라고 정리하고 있다. 그리고 "목적달성을 위하여 농민문학은 그 실천영역에 있어서 분산된 농민들의 힘을 한군데로 집중시킬 것, 그리고 이에 대한 프롤레타리아트의 헤게모니의 주입 및 그들에게 역사적 계열에 있어서 현실을 이해시킴과 동시에 제재에 대한 광범한 취급으로써 과학적인 그리고도 광활한 현실적 지식을 획득시키지 않으면 아니될 것"이라고 강조하고 있다. (안함광, 「농민문학에 대한 일고찰·하」, 『조선일보』, 1931.8.13.)

그런데 백철은 안함광의 농민문학론에 대해서 '기계적 좌익주의 편향'이라고 비판하면서 농민(빈농)에게 이데올로기를 주입시키기 보다는 구체적 실천을 통한 감화를 통해서 농민들에게 일정한 방향을 제시하는 '행동의 지남석' 문학이어야 한다고 주장하였다. (백철, 「농민문학 문제」, 『조선일보』, 1931.10.10) 안함광과 백철의 농민문학에 대한 논쟁은 당대 농촌 현실을 이해하는 인식력과 리얼리즘 창작방법론에 대한 시각 차 때문에 일어난 것이다.

프로문학 진영에서의 농민문학에 대한 논쟁이 전개되는 과정 속에서 이기영의 「고향」이 발표되었다. 「고향」은 안함광이 상정하고 있는 농민문학이나 백철이 지적한 농민문학의 모습을 모두 보여주는 텍스트였다. 1933년 중반 이후 <카프> 문인들은 문학이 특정한 이념이나 사상을 문학적 의장을 씌어 표현하는 것이 아니라, 언어를 통한 현실의 예술적 반영이며, 전형 창조를 통해서 현실을 총체적으로 그려야 한다는 사회주의적 리얼리즘을 받아들였다.[32] 「고향」은 이러한 문단 상황 속에서 생산되었다. 이기영 이 「고향」이 호평을 받는 이유를 "장편에서 그리 볼 수 없는 농촌의 취재와 그것이 어느 정도 만치 현실미를 띠고 있기 때문"[33]이라고 이해하였던 것도 이러한 분위기의 반영이었다.

그런데 김남천은 이기영이 빈궁한 농민 생활을 주로 주제화하고 있다고 하면서, "빈궁이 만드는 가지가지 슬프고 또 비참한 이야기를 다양적으로 그리는 작가의 으뜸"으로 평가했다. 그런데 「고향」에서 작가는 "부자를 그릴려면 붓이 고정되어 상상과 나오는 인물이 유형화되는 수가 많다고" 지적하고 있다.[34] 김남천은 이기영이 가지고 있는 이데올로기적인 성격을 포착한 것이다. 「고향」은 현실에 대한 세밀한 묘사에만 관심을 가진 텍스트가 아닌 것이다.

이기영도 계급주의는 일제의 조직적인 탄압과 압제에 피해를 당하는 특수한 사정을 고려해야 한다고 주장하면서, 한국은 "후진국으로 아직 모든 것이 초창기인 만큼 흩어져 있는 모든 대중을 현단계에서 단결하고 조직하여야 하며", "우선 집단의식이 필요함"을 역설하였다.[35] 즉 「고향」은 '원터마을'이라는 공간구조를 규정하고 있는 식민지 지주제라는 모순을 고발하고자 하는 의도가 전제되어 있는 텍스트이다.

그런데 「고향」에서의 고발은 작가의 창조적 상상력에 의해서

---

32) 김재용·이상경·오성호·하정일, 『한국근대민족문학사』, 한길사, 1993, 482면.
33) 이기영, 「<고향>의 평판에 대하여」, 『풍림』 2호, 1937, 27면.
34) 김남천, 「이기영의 검토-2.사상, 작품, 문장」, 『풍림』 제6호, 1937, 13~14면.
35) 이기영, 「집단의식을 강조한 문학-조선사람이 요구하는 예술」, 『조선지광』 75호, 1928.

변형되어 형상화되고 있다. 즉 마름이라는 식민지 지주제의 표상과 대결을 벌이는 매개적 인물인 '김희준'과 원터마을 소작인들을 통해서 자연스럽게 드러나고 있는 것이다. 소설텍스트가 현실과 가지는 예술적 통일성은 텍스트 내적으로 형상화되는 코로노토프에 의해서 규정된다.[36] 원터마을에서 벌어지는 사건들은 모두 당대 농촌 현실의 소설적 재현이다.

## 2. 식민지 지주제의 표상으로서 '마름(舍音)'

앞 장에서 살펴본 바와 같이 식민지 지주제는 봉건시대 말에 구축된 지주제보다 가혹한 수탈구조를 가지고 있었다. 때문에 일제 강점기 내내 지주와 소작인 사이에는 크고 작은 쟁의가 발생하였다. 토지를 매개로 벌어지는 지주와 소작인의 갈등은 적대적인 성격을 가질 수밖에 없었다. 일제강점기 소작쟁의는 암태도 소작쟁의[37]와 같이 지주와 소작인 간의 직접적인 대결도 많았지만, 대부분 마름과 소작인들 간에 쟁의가 더욱 빈번하게 일어났다. 즉 식민지 지주제에서 마름은 하나의 직업으로서 존재했지만 식민지 지주제의 모순을 응축하고 있는 담론이었다.

마름(舍音)이란 조선 후기에 궁원전(宮院田)과 내장전(內庄田)이 늘어나면서 그 관리를 위하여 두게 된 토지 최하급관리자였다. 광무개혁과 일제의 토지조사사업으로 토지 사유제가 확립

36) 미하일 바흐찐, 앞의 책, 450면.
37) 1923년 9월부터 924년 9월까지 전남 무안군 암태도에서 지주 문재철과 암태소작회 사이에 벌어졌던 쟁의. 농민의 단결된 힘으로 7~8할의 소작료를 4할로 낮추었다.

되고 부재지주가 법적으로 인정을 받자 부재지주를 대신하여 소작권을 관리 하는 마름이 보편화되었다. 「조선농지령」 제3조 "사음 기타 소작지의 관리자를 조선총독의 정하는 바에 의하여 신고해야 한다"고 명시하고 있듯이 일제강점기 마름은 법적인 지위를 보장 받았다.[38]

농촌에서 마름들은 소작료를 중간착복 하는 등 작폐가 매우 심했다. 개화기 『독립신문』에는 마름의 작폐에 대해서 비판하는 기사가 많았다. 역둔토의 마름이 은닉한 전답을 강제로 늑징(勒徵)하고, 매 두락의 엽전을 두 돈씩을 더 걷어 들이는 등 작폐가 매우 심하여 소작인들이 신문사에 편지로 고발하였다는 기사도 보이고[39] 마름이 벼를 계량하는 '말'을 새로 크게 짜 도조를 횡령하고 있다는 기사도 보인다.[40] 이 기사에서 거론되고 있

38) 이재원, 『조선소작법개론』, 이문당, 1934, 133면.

39) 하동군 마전 역토 마름 리남의는 진주부 관찰사의 팔촌이라 관찰부에서 청촉하여 사음을 도차 하여 가지고 역토 재 작인에게 작폐가 불소한 중 은릭한 전답 열말지기 결복을 본촌 집터에다 늑징 식히고 부와군에 내왕한 부비라 칭하고 매두락에 엽전 두돈식 더 밧고 도전을 곡식으로 밧아 두엇다가 각 작인으로 삼십리 되는 진교포 태가도 업시 억지로 수운 식히고 또 서가라 칭하고 매결에 엽전 두냥식 더 밧난 고로 세 동리 백성들이 부기할 수 없다고 신문사에 편지가 왓스니 참 그런지 우리는 알수 없거니와 이런 일은 관찰사와 지방관이 도저히 살필듯하다고들 하더라.(* 뜻이 달라지지 않는 범위에서 고어체 문장을 현대문장으로 고쳤음.)
『독립신문』, 1897. 4. 13

40) 마름작폐- 예산군 일홍역과 억산군 금천역 마름이 올 가을에 각기 해 역토 도조를 맛는대 말을 새로 크게 짜서 한 섬에 여덟 두씩 더 들게 하엿거늘 역토 제 작인의 청원이 대한 하되 공주 지방대에서는 마름의 말 느린 것을 금즙을 아니하고 다만 병정만 파송하야 도조만 독촉하는 까닭에 민원이 더 하다니 함 그런지(* 뜻이 달라지지 않는 범위에서 고어체 문장을 현대문장으로 고쳤음.)

는 마름들은 모두 관찰사의 팔촌과 같이 관(官)과 밀접한 관련을 가지고 있다. 마름의 권력은 소작지 관리권과 함께 관(官)이라는 권력과 밀착하고 있기 때문에 나오는 것이었다.

> 오(吳)군! 군(君)은 엇지도 그리 동정의 눈물이 업는가? 군이 사음이 된 후로 소작인 사십여명의 소작권을 빼아슬 뿐만 아니라 기 중에도 십여인의 소작권을 몰락시키어 가구를 팔아 가지고 정처업시 떠나려 하는 소작인이 잇스니 군아! 엇지 그리 무심한가? (…중략…) 사백여 두락이나 되는 소작인 사십여 명에게서 빼아슨 소작권을 누구에게 주엇느냐? 필경 뇌물을 밧고 준 것도 잇스며 군의 친족도 주엇스리라. 전하는 말도 들으니 모모 소작인한테 뇌물을 밧은 것이 잇다 하니 군아! 군은 엇지 뇌물만을 지중하게 생각하느냐? 그리고 군은 정신 이상이 생겻느냐? 지주와 상의하고 또 군의 형과 상의하여 조케 처리하겟다고 언명하더니 불과 사오일이 못되어 이러타 하는 상의도 업시 태도를 돌변하고 절대로 줄 수 업다고 하니 군아! 군은 무슨 심사를 가지고 잇는가?
>
> (안악 일기자, 「오(吳) 사음에게」, 『동아일보』 1926.2.22)

위에 인용한 신문기사는 식민지 지주제에서 마름의 폐해를 구체적으로 적시하고 있다. 마름들은 소작권을 무기로 소작인들에게 뇌물을 받고, 소작권을 마음대로 자신의 친족에게 주거나 이정(移定)하는 등 온갖 작폐를 부리고 있었다.

현진건은 단편소설 「고향」에서도 식민지 지주제 하에서 마름의 성격을 다음과 같이 그리고 있다.

---

『독립신문』, 1898. 12. 21

세상이 뒤박귀자 그 땅은 전부가 동양텩식회사의 소유에 들어 가고 말앗다 직접으로 회사에 소작료를 바티게나 되엿스면 그래도 나르련마는 소위 중간 소작인이라는 것이 생겨나서 저는 손에 흙 한번 만져보지도 안코 동텩엔 소작인 노릇을 하며 실작인에겐느 디주행세를 하게 되엿다. 동텩에 소작료를 물고나서 또 중간소작인에게 긁히고보니 실작인의 손에는 소출이 삼할도 떨허지지않핫다.[41)]

이광수의 「흙」에서도 남의 땅을 빌려 품팔이 기업농을 하는 사람을 '마름과 같이 작인들 등쳐먹는 사람'이고 지적하고 있는데 마름에 대한 일반적인 인식은 부정적이었다고 할 수 있다.[42)] 일제도 마름의 횡포를 인식하고 「농지령」에 마름의 폐해를 막고자 시행규칙을 제정해놓았다.[43)] 시행규칙 일조는 ① 주소·이름·직업 ② 관리하는 소작지의 소재지·지목·면적 ③ 관리에 관한 계약년월일 ④ 관리사무의 범위와 관리사무를 행하는 기간 ⑤ 보수와 그 지급방법을 부윤·군수·도사에게 신고하도록 정해 놓았다. 시행규칙 십조는 부윤·군수·도사는 필요할 때에 임대인 또는 소작지 관리자에 대하여 소작인의 관리에 관한 사항의 보고를 명할 수 있고, 임대인 또는 소작지 관리자는 명령을

41) 현진건, 『조선의 얼골』, 글벗집, 1926, 160~161면.
42) 『이광수 전집·3』, 앞의 책, 62면.
43) 조선에서 사음이라고 통칭되는 소작지 관리자의 횡포 탐학의 폐해가 심대함은 세상이 공지하는 사실이라 여기 노노(呶呶)할 필요가 없거니와 '지주가 소작지의 소재지방에 거주치 않고 또는 농업사정에 通치 못하기 때문에 동전측 기수권이 득당치 못하고 혹은 관리자가 수여된 권한을 일탈하는 등으로 말미암아 소작인의 입는 불이익이 불선(不尠)함은 주시의 사실이라고 당국자도 인정케 되야 그 폐해를 교정하고저 농지령에 좌의 규정을 설하얏다. 이재원, 앞의 책, 96면.

위반하거나 허위로 보고하면 벌금 이백원 이하에 처한다고 정하고 있다.[44] 소작인의 소작권 보호와 마름이 자기 마음대로 토지를 은닉하거나 소작료를 횡령하지 못하게 하기 위한 규칙이었다. 이 규칙을 통해서 당시 농촌에서 마름의 횡포가 어떠했는가를 알 수 있다.

이렇듯 식민지 지주제 하의 농촌에서는 마름과 소작인 사이는 항상 적대적이며 언제 어디서 부딪칠지 모르는 긴장 관계였었다. 「고향」은 마름 안승학을 통해서 당대의 농촌사회의 크로노토프를 재현하고 있다.

안승학은 첫 장부터 등장하고 있다는 점에서 텍스트 내의 중요도를 읽을 수 있다. 1장 '농촌점경'은 안승학이 호구조사를 나온 순사와 다정하게 대화를 나누는 장면에서부터 시작한다. 동경 유학을 갔다가 마을로 돌아온 문제적 주인공 김희준의 성격을 암시하기 위한 장치지만 이 장면에서 마름 안승학의 성격이 여실히 들어난다. 순사에게 동네의 변동사항을 자연스럽게 전달해주는 모습을 통해서 친권력적이며 친일적인 성격이 드러난다. 앞에서 살펴본『독립신문』기사에서도 마름들이 권력층과 밀접한 관련을 맺고 있듯이 안승학 또한 관(官)하고 밀접한 관련을 맺고 있는 것이다. 즉 소작 관리권과 관(官)에 뒷배를 두고 있는 안승학은 원터 마을을 쥐락펴락 하는 최고의 권력자인 것이다.

텍스트 속에서 안승학의 성격을 추출하면 다음과 같다. 먼저 안승학은 시세변화에 능동적으로 대처하여 자수성가를 이룬 인

---

44) 위의 책, 96~97면.

물이다. 원래 김희준의 아버지가 살아있을 때는 곤궁하게 살았으나 사회변화에 맞춰 '생쥐처럼 약고 다람쥐처럼 인색하게'가세를 늘려 지금의 위치까지 왔다.

둘째 그는 이권을 위해서는 수단과 방법을 가리지 않는 악인적인 인물이기도 했다. 민판서의 마름이 되기 위해 지적도를 위조하고 자신의 첩실부인인 숙자를 미인계로 활용하는 등 탈법과 반윤리적인 행동도 서슴지 않고 있다.

셋째 그는 식민지 지주제에 철저한 마름이었다. 타작날 소작인들을 소출량을 꼼꼼하게 조사하고 흉년에도 소작료 탕감요구를 거절하는 등 지주와 자신의 이익만을 챙기는 모습을 보인다.

넷째 그는 자본주의적 논리에 철저한 인물이었다. 참외원두막을 짓기 위해 손익분기점을 따져보고, '내 밭이라도 남의 밭처럼 생각'해서 주판 일을 하는 등 이익의 향배에 첫 번째 관심을 가지고 있다.

다섯째 그는 전통사회에서 내려오는 체면의식과 가문의식에서 벗어나지 못한 인물이다. 딸인 갑숙의 치정문제가 세상에 알려지는 게 두려워 소작인들의 요구를 들어 주는 등 그의 의식 속에는 구시대 의식이 남아 있다. 그리고 그는 본실인 갑숙모와 첩실인 숙자를 당연하게 거느리고 있는 봉건적 가부장적인 인물이기도 했다.

「고향」에서 안승학은 식민지 지주제의 모순을 표상하는 전형적인 인물[45]이라고 할 수 있다. 즉 '안승학'은 원래 악인적인 성

45) 전형은 보편과 개별의 통일이다. 말하자면 개별적인 것 속에 보편적이고 합법칙적인 것을 함축시킨 것이 전형이고 전형을 형상화하는 작업이 곧 전형인 것이다. 최유찬·오성호, 앞의 책, 68면.

격을 가지고 있으면서 마름이라는 식민지 지주제 속의 부정성이 중첩되어 있는 것이다.

## 3. 마름과 소작인의 대결 현장 '원터마을'

식민지 지주제 하에서는 풍년이 와도 소작인들에게 이익이 돌아오지 않았다. 앞 장에서 살펴보았듯이 일제강점기 농업정책의 최우선 과제는 일본 본토의 식량 공급이었기 때문에 풍·흉년을 막론하고 곡가는 최저 가격으로 형성되기 때문이었다. 「고향」에서도 이러한 구조적 모순을 "연중행사와 같이 해마다 그렇지만 곡가는 연부년 떨어져만 가는 중에도, 그나마 가을에는 여지없이 폭락한다"[46]라고 지적을 하고 있다.

> 원칠이는 사십년 동안을 하루같이 농사를 지었다. 그는 한해도 농사를 안지은 적이 없다. 아니 그것은 비단 원칠이 한집 뿐이 아니다, 이 마을의 원거인들은 모두 그렇다. 조첨지는 농사를 칠십년 동안을 지어왔다. 그들은 대를 물려가며-쇠득이가 지는 지게는 그의 부친이 지는 것이다. (…중략…) 벼에는 그때나 마찬가지로 쌀이 열리고 쌀은 그때나 마찬가지로 그들에게 양식이 필요하였다. 그런데 웬일일까? 모를 키워서 벼를 영글게 하면, 그 놈은 마치 천길 나무 위에 길들여서 길러낸 새끼새가 어미를 버리고 공중으로 후루루 날아가듯이 하룻밤 사이에 없어지고 말았다. 그러면 그들은 마치 어미새의 자웅이 새끼새를 부르며 지저귀듯이 허공을 쳐다보며 탄식하였다. 그리고 그 이듬해 봄이 돌아오면 그들

46) 『고향 上, 下』은 1947년 아문각판을 인용한다. 앞으로 본문에는 괄호 속에 上, 下 표시와 페이지만 명기 함. 116~117면.

은 다시 작년의 하던 일을 되풀이하지 않는가? (上, 207~208면.)

소작인 원칠의 한탄이다. 사십년을 열심히 농사를 지었는데 형편이 나아지지 않는 이유가 무엇일까? 토지를 소유하지 못한 소작인들의 생활 형편은 조선왕조나 일제강점기나 별반 다르지 않았다. 농사를 열심히 지어 소출을 늘려도 그 쌀들은 열심히 길러낸 새끼새가 날아가 버리듯 지주의 곡간을 채울 뿐이었다. 오히려 일제의 토지조사 사업과 산미증산 계획 때문에 소작인들의 삶은 점점 빈궁으로 내몰리고 있었다.

소작인들에게 타작날은 앞에서 살펴보았듯이 '잘 기른 새끼새'를 빼앗기는 날이었다. 인동이가 "볏단을 보니 저절로 배가 부른 것 같다. 그러나 이 벼를 오늘 타작해서 자기 집 차지가 몇 섬이나 될까? 또는 그 벼의 나머지를 장으로 가져다가 팔면 몇 푼을 받을 것인가?" (下, 122면) 라는 생각을 하는데 식민지 지주제 하에서 풍년이 되었지만 기뻐할 수 없는 소작인의 마음을 읽을 수가 있다.

타작날은 지주 측과 소작인의 갈등이 최고조도 높아지는 날이었다. 소출 양에 따라서 소작료가 정해지기 때문이다. 마름 안승학이 짚단을 헤쳐서 벼알이 붙은 것을 확인하는 것처럼 지주들은 악착스럽게 소작료를 걷으려 하고 소작인들은 조금이라도 덜 내고 싶은 마음이 충돌을 하고 있다. "00에서 사는 김부자는 저울 속에 납봉을 박어서 여러 해 동안 근량을 속여서 도지를 받아먹은 일이 있지 않았수"라는 말처럼 타작날은 지주측만이 눈에 불을 키는 것은 아니었다. 소작인들 또한 타작관이 저울눈을 속일까 감시의 눈을 크게 뜨고 있는 것이다. 소출양은 타작관이 결정을 하지만 안승학이 타작관보다 더 설치고 다니는 것을 보면서 원터 농민들은 "때리는 시누이부다 말리는 시누이년이 더 밉다는 격으로 (…중략…) 타작관보다도 더 심할 게야 무어람!"이라고 원망을 한다. 지주-마름-소작인의 계층적인 관계가 명확하게 드러나는 장면이다.

「고향」에서는 지주와 소작인 사이에서 소작료 계산이 어떻게 정해지는 가를 다음과 같이 자세히 그리고 있다.

> 한 지주의 전장이라도 소작료에는 도조와 타작이 섞여 있다. 민판서집 전장도 대개 수답은 타작이요 건답은 도조다. 이 역시 이해타산에서 작정된 것 같다. 수답은 소출이 많은 까닭에 타작이 유리하고 건답은 흉작이 많기 때문에 도조를 받는 모양이다. 더구나 근년에는 금비(金肥)를 주어서 소출이 많다. 그러므로 만일 금비를 사쓰지 않는 작인은 소작권을 떼일 염려가 있다. (…중략…) 혹시 후한 지주는 비료대를 절반씩 갚아주기도 한다. 원체 비료값을 소작인에게 전부 물리는 것은 지세를 그들에게 부담시키는 것과 일반으로 불공평한 일이다. 그런 것을 반액을 물어주는 지주가 많다. 민지주도 예에 빠질 수는 없었다. (下, 115면)

인용된 부분을 보면 소작료가 일방적으로 지주에게 유리한 조건으로 정해지고 있음을 알 수 있다. 천수답과 같이 소출이 많이 나올 수 없는 질 나쁜 논(건답)은 일정한 양을 내는 도조법(賭租法)을 적용하고, 소출이 많이 나오는 질 좋은 놓은 논(수답)은 소출의 절반을 내는 타조법(打租法)을 적용하고 있다. 건답은 흉년이 들어도 일정한 양을 소작료로 낼 수밖에 없고, 수답은 풍년이 들면 예년에 비해 더 많은 양을 소작료로 내야 한다. 이러한 소작료 계산법은 지주에게만 유리한 것일 수밖에 없다. 그리고 소출이 늘수록 지주에게 유리한 데도 불구하고 비료값을 전적으로 소작인에게 부담시킨다는 것은 식민지 지주제가 얼마나 소작인들에게 가혹한 것인가를 알 수 있다.

원칠네는 타작이 끝나고 소작료 계산과 빚 계산이 끝나자 남는 것이 없었다. 풍년이 들어 열닷섬이나 소작이 났는데도 불구하고 소작료, 부채, 마름에게 돌아가는 간색비, 뱃짐값, 구장에게 돌아가는 거듬새, 비료값, 외상값 등을 제하자 정말 일년 농사가 지은 것이 허사가 되어 버린 것이다. "농사를 잘 짓고도 흉년을 만나는 사람"이 된 것이다. 원칠이네 현실은 식민지 지주제 하의 소작인들이 타작날 겪는 일반적인 현실이었다. 인동이가 "농사를 잘 못 지어서 가난하더냐? 사람이 오직 땅만을 믿고 산다는 것이 틀렸다. 그러면 누구를 믿고 살 것이냐?"라고 한탄을 하는 것도 당대 농촌에서 자연스럽게 흘러나오는 보편적인 한탄이었다. 원터마을에 '풍년공황'이 든 것이다.

평년작이거나 풍년이 들었을 때는 농촌에서의 갈등은 그냥 지나간다. 하지만 흉년이 들면 지주와 소작인 사이는 갈등은 당연히 심각해지면 쟁의로 격화되게 된다.

풍년 다음 해에 원터마을에 흉년이 찾아왔다. 흉년은 폭우 때문에 생긴 천재지변 때문이었다. 소작인들이 이러한 흉년에 소작료를 정상적으로 낸다는 것은 불가능한 일이었다. 소작인들이 판단하기에 "작년과 같이 소작료를 치른다면 도조논을 부치는 사람들은 그것도 모자랄 것이요. 타작논을 부치는 사람들은 도무지 수확이 없을 모양이었다." 그래서 동회에서 토의하여 소작료 면제를 교섭하기로 결정을 했다. 희준과 김선달 등이 대표가 되어 마름 안승학을 찾아가 소작료 탕감을 사정한다.

> "그러니 안주사 어른께서도 어련히 생각하실 바는 아니시겠지만 우리 작인들은 다른 누구를 바라겠습니까. 마름댁과 지주댁을 바라고 사는 목숨들이오니 민대감께 잘 사정 말씀을 하서서 어떻게 소작료를 탕감해주시도록 해줍시오. 그래야 작인들이 목숨을 부지하고 이해 겨울을 부지하겠습니다." (…중략…) "탕감을 하다니? 소작료를 아주 면제해달란 말이야?" 안승학은 별안간 두 눈이 휘둥그래지며 목소리에 힘을 주어 부르짖는다. (…중략…) "그래도 소출이 아주 없지는 않을 터인즉 다만 얼마씩이라도 소작료를 문대야 옳지. 남의 땅을 거저 지어 먹는대서야 되나." "아니 수확이 없는 땅은 지세도 면제해주지 않습니까?" (…중략…) "아니 글쎄 나라니 백성이니 할 것 없이 남의 땅을 거저 지어먹으랴는 심사가 어디 있느냐 말이야. 혹시 몇 할을 감해달라면 모르되 아주 안내겠다는 것은 심사가 틀리는 말인걸." (下, 236~237면)

안승학과 소작인들의 날선 대화 속에서 당대 농촌이 가지고 있는 모순이 들어나고 있다. 농토를 매개로 벌어지는 지주 측과 소작인 사이 갈등은 식민지 지주제 하에서는 해결될 수 없는 것이다. 소작료 탕감은 소작인들의 생존과 직접 연결되어 있다. 하지만 "금쪽같은 돈 주고 산 땅에서 소작료도 못 받는다면 어떤 놈이 땅 살 시러베아들놈이 있담"이라고 비아냥 거리는 안승학의 말도 식민지 지주제 속에서는 틀린 말이 아닌 것이다.

흉년이 든 원터마을의 소작인들의 실정을 전혀 감안하지 않고 기존의 방식대로 소작료를 걷는다는 것은 상식에도 어긋나 있다. 하지만 당시 농촌에서는 재해가 들어 흉년인데도 불구하고 동척(東拓)이나 민전(民田)이나 모두 소작료를 징수하고 있는 실정이었다. 간평을 통해 탕감을 하는 경우도 있지만 일반적으로 정상적인 소작료 징수를 하고 있는 것이다.47) 안승학도 이러한 현실 속에서 자신의 잇속을 지키기 위해서 소작료 탕감 요구를 듣지 않는 것이다. 원터마을 소작인들은 서울로 올라가 민지주를 직접 만나서 교접을 하였으나 실패를 하였다. '모든 것을 사음에게 맡겼으니 잘 타협하라'는 민지주의 말은 이재(理財)에 있어서 마름 안승학과 지주가 같은 배를 타고 있다는 것을 보여주는 것이다. 식민지 지주제가 가지고 있는 기본 모순은 이해와 타협이라는 합리적인 방법으로 해결될 문제가 아니었다.

결국 김희준과 소작인들은 갑숙이의 치정에 얽힌 가정사를 문제 삼자 체면 때문에 안승학은 소작료 탕감에 동의한다. 쟁의의 성공이었다.

그런데 마름과 소작인의 첨예한 갈등이 이렇게 쉽게 해결된다는 것은 어딘지 미흡하다. 암태도에서 서태석 주도로 소작인들이 '암태도소작회'를 결성하고, 소작료를 4할로 인하해달라는 요구를 지주가 들어주지 않자 소작료 불납운동과 면민규탄대회를 개최하고, '전조선노농대회(全朝鮮勞農大會)'에 대표를 파견

---

47) (황해도) 신천군 일대는 재해가 특심한데 그 근소한 농산물에 대하여 과중한 소작료를 징수할 뿐만 아니라 매 1석에 약 2할 5분의 가봉(加俸)을 행한다 함이 1건이요 (…중략…) 전북 정읍군은 동척의 토지가 가장 많은 곳으로서 매년 무리한 소작료를 징수하여 원성이 특심한 바이어니와 금년에는 평년작이나 재해지를 물론하고 모두 5할 이상 7~8할의 소작료를 강요함으로써 사경에 빠진 소작인 등은 극력으로 항쟁한 결과 농감의 간평(看坪)으로 다소의 해결을 보게 되었다 함이 또 1건이다.
『조선일보』, 1931. 3. 28 ; 강만길, 앞의 책, 38면 재인.

하여 암태도 소작문제를 호소하는 등 적극적으로 쟁의를 벌였던 것에 비하면 「고향」에서 그려지는 소작쟁의는 너무나 단순하다.

「고향」을 마름이라는 식민지 지주제의 제도적인 장치의 불합리성에 도전을 하여 현실적으로 투쟁 극복하고 있다'[48] 라는 평가도 있지만 안승학의 가정사를 가지고 협박하여 얻어낸 해피엔딩은 너무 안이한 결말처리라고 할 수 있다. 리얼리즘은 삶에의 충실성보다는 삶의 진실을 추적하는 창작방법이라고 한다면 「고향」의 결말처리에 대해서 어느 정도 수긍을 할 수 있다.[49]

전체적으로 보면 「고향」은 '원터마을'에서 벌어지는 사건들을 통해서 식민지 지주제가 가지고 있는 제 문제들을 현실감 있게 형상화하고 있다. 특히 김희준이라는 매개적 인물과 안승학이라는 악인을 유형적으로 형상화한 것이 아니라, 생동감 있게 그려냄으로써 당대 농촌 현실을 보다 구체적으로 살필 수 있게 만들어 준다. 근대적인 자각을 하게 되는 '인동'과 반골적인 성격의 '김선달', 유형적인 인물인 '안갑숙', 출생의 비밀을 안고 있는 나약한 지식인 '경호', 육감적이며 자신에 충실한 '방개', 마름에 붙어서 이익을 챙기는 '학선' 등등 「고향」에 등장하는 인물들은 원터마을이란 공간을 더욱 현실감 있는 공간으로 만들어주는 형상들이다. 이 다양한 인물 군상들이 활동하고 있는 원터마을은 당시 농촌의 크로마토프이다. 원터마을에서 일어나는 사건에 의해서 식민지 지주제가 만들어 놓은 마름의 부정적인 성격과

48) 김윤식, 「문제적 인물의 설정과 그 매개적 의미」, 『한국 리얼리즘 소설연구』, 탑출판사, 1987, 21면.
49) 스테판 코올, 『리얼리즘의 역사와 이론』, 미래사, 1986, 194면.

토지를 매개로 하여 지주와 소작인의 갈등이 저절로 드러나고 있는 것이다.

## Ⅳ. 결 어

이상으로 「고향」 속에서 그려지는 식민지 지주제의 모순을 살펴보았다. 봉건시대나 일제강점기 내내 토지(농토)는 가장 중요한 경제 수단이었다. 그러므로 토지 소유 문제는 어떻게 제도화 되느냐에 따라서 그 사회의 구성원의 삶의 질을 규정하는 가장 중요한 동인이 된다.

일제에 의해 구축된 식민지 지주제는 봉건적 지주제의 왜곡된 변형이었다. 때문에 봉건적 지주제보다 더욱 가혹한 수탈 양상을 보여주고 있다. 즉 식민지 지주제는 「고향」의 소작인들이 '풍년공황'이라고 한탄하고 있듯이, 마름이라는 중간착취 장치를 가지고 있는 이중의 수탈제도였던 것이다. 이러한 구조적 모순 속에서 원터마을의 소작인들은 매개적 인물인 김희준의 지도하에 마름 안승학과 대결을 벌여 굴복시키고 있다. 이러한 갈등구조는 일제강점기 수없이 일어났던 소작쟁의의 원인과 결과를 살피는데 많은 시사점을 던져준다. 원터마을은 당대 농촌 크로노토프로 형상화되고 있는 것이다.

「고향」 속에 그려지는 식민지 지주제는 합리를 가장한 불합리한 제도이고 비인간적인 제도였다. 하지만 이러한 환경 속에도 김희준·인순이·인동이·방개·갑숙·경호·김선달과 같은 인물들이 사랑과 갈등을 벌이면서 열심히 살아가고 있다. 「고향」의 가치는 여기에서 찾을 수가 있다. 이기영이 “어느 정도 만치 현실미를 띤” 작품이라고 자평한 것처럼 작가가 가지고 있는 세계관과 리얼리즘이라는 창작방법론을 조화롭게 조정을 하고 있는 텍스트이다. 또한 텍스트 속의 인물형상 창조를 통해서 작가가 의도하는 ‘집단의식’의 의미로 자연스럽게 드러나고 있다. 「고향」 속에서 그려지는 원터 마을은 농촌공동체의 인간연대와 함께 식민지 지주제라는 질곡에서 벗어나고자 하는 농민들의 행동들이 역동적으로 움직이는 공간이었다.

## <참 고 문 헌>

『고향 上下』, 아문각, 1947
『민촌』, 문학과 지성사, 2006.7
『개벽』, 『독립신문』, 『동아일보』, 『조선일보』

강만길, 『일제시대 빈민생활사 연구』, 창작사, 1987, 24면, 26~27면, 35면, 38면, 58~59면, 114면.
권 유, 『이기영소설연구』, 태학사, 1993.
김동환, 『한국소설의 내적형식』, 태학사, 1996.
김우종, 『한국현대소설사』, 성문각, 1982.
김윤식·정호웅, 『한국 리얼리즘 소설연구』, 탑출판사, 1987.
김윤식,정호웅, 『한국소설사』, 예하, 1993.
김재용, 『민족문학운동의 역사와 이론』, 한길사, 1990.
김재용·이상경·오성호·하정일, 『한국 근대 민족문학사』, 한길사, 1993. 482면.
바흐찐, 미하일, 『장편소설과 민중언어』, 창작과비평사, 1988, 262면.
박경식, 『일본제국주의의 조선지배』, 청아출판사, 1986, 501~502면.
백철, 『신문학사조사·현대편』, 백양당, 1949.
역사문제연구소문학사연구모임, 『카프문학운동연구』, 역사비평사.
오양호, 『농민소설론』, 형설출판사, 1984.
이광수, 『이광수 전집·3』, 삼중당, 1971, 62면.
이재원, 『조선소작법개론』, 이문당, 1934, 96~97면, 133면.
이주형, 『한국근대소설연구』, 창작과비평사, 1995.

정호웅 외, 『장편소설로 보는 새로운 민족문학사』, 열음사, 1993.

조연현, 『한국현대문학사』, 성문각, 1977,

최유찬·오성호, 『문학과 사회』, 실천문학사, 1994. 46~49면, 60~61면, 68면.

코올, 스테판, 『리얼리즘의 역사와 이론』, 미래사, 1986. 194면.

현진건, 『조선의 얼골』, 글벗집, 1926, 160~161면.

김남천, 「이기영의 검토-2.사상, 작품, 문장」, 『풍림』 제6호, 1937. 5, 13~14면.

김성수, 「이기영 소설연구」, 성균관대학교 박사학위논문, 1992.

김용섭, 「한말, 일제하 지주제」, 『한국사 연구』 8호, 1972, 149~180면.

김윤식, 「문제적 인물의 설정과 그 매개적 의미」, 『한국 리얼리즘 소설연구』, 탑출판사, 1987. 21면.

김종욱, 「1930년대 한국 장편소설의 시간과 공간의 구조연구」, 서울대학교 박사학위논문, 1998.

김홍식, 「광무개혁의 성격과 그 토지정책의 한계」, 『경제사연구』 4호, 경희대 한국경제경영사연구소, 1988, 3면.

김흥식, 「이기영 소설연구」, 서울대학교 박사학위논문, 1991.

宮嶋博史, 「'토지조사사업의 역사적 전제조건의 형성」, 『한국 근대경제사 연구』, 사계절, 1983, 256면, 288~289면, 290면.

박홍배, 「이기영의 장편소설 연구」, 동아대학교 박사학위논문, 1993.

愼鏞厦, 「日本植民地統治期의 時代區分問題」, 『창작과비평』 1967 가을, 492면.

안함광 「농민문학에 대한 일고찰·상하」, 『조선일보』, 1931. 8. 12~13

윤영천, 「일제강점기 한국 현대시와 만주」, 『동양학』 45집, 2009, 217면.

이기영, 「집단의식을 강조한 문학-조선사람이 요구하는 예술」, 『조선지광』 75호, 1928. 1.

이기영, 「<고향>의 평판에 대하여」, 『풍림』 2호, 1937. 1, 27면.

이미림, 「이기영 장편소설 연구」, 숙명여자대학교 박사학위논문, 1993.

이상경, 「이기영 소설의 변모과정 연구」, 서울대학교 박사학위논문, 1991.

이선옥, 「이기영 소설의 여성의식 연구」, 숙명여자대학교 박사학위논문, 1995.

정호웅, 「농민소설의 새로운 형식-이기영론」, 『이기영』, 새미, 1995.

朱宗桓, 「봉건제로부터 자본주의로의 이행-한국농업구조의 역사적 분석을 위한 방법론적 고찰」, 『한국근대경제사연구』, 사계절, 1983, 19~20면, 44~45면.

최유찬, 「1930년대 한국 리얼리즘론 연구」, 연세대학교 박사학위논문, 1987.

# 근대 공장제도의 도입과 노동자들의 일상생활
## - 대규모 면방직공장의 女工을 중심으로 -

서 문 석*

## Ⅰ. 서 론

이 논문의 목적은 근대적 공장제도가 도입됨으로써 개인의 일상생활이 어떻게 변했는가를 확인하려는 것이다. 한국에서 근대적인 공장제도가 본격적으로 도입된 1930년대에 이 근대적 공장에 근무하던 여공들이 어떤 일상생활을 하였는지를 확인함으로써 근대 공장제도의 도입 이후 개인의 일상생활이 어떻게 변했는가를 확인해 보고자 한다.

* 단국대학교 경제학과 교수.

근대적인 공장제도란 자본주의 생산양식의 기반이다. 즉 대규모 기계를 중심으로 임금노동자를 고용하여 상품을 대량생산하는 방식이다. 이것은 그 이전 시기에 있었던 생산방식들과는 전혀 다른 방식이다. 이전 시기의 전통적인 중세수공업에서는 개인수공업자가 원료부터 최종생산물까지 혼자서 만들어냈다. 또한 자본주의로의 이행기에 나타났던 공장제수공업(manufacture)에서는 여러 수공업자들이 모여서 상품을 만들었지만 각각 자신의 상품만을 소량 생산하는 방식이었다. 물론 그 차이의 핵심은 임금노동자의 고용인데 이를 통해 노동이 거래됨으로써 노동과 자본을 기본모순으로 하는 자본주의 경제체제가 형성되는 것이다.

이런 근대적인 공장제도는 산업혁명기에 등장하였다. 중세가 내부적으로는 농업생산력이 향상되고 외부적으로는 원격지 무역이 발달함에 따라 상업과 수공업이 발달하게 되었다. 이 과정에서 더 많은 상품이 필요하게 되면서 선대제(putting out system)나 공장제 수공업과 같은 생산방식이 나타나기도 하였으며 지속적으로 확대되는 시장에 조응하기 위하여 분업이 등장하기 시작하였다.

분업은 공정을 단순화시켰고 단순화된 공정은 간단한 도구나 기구를 통해 이루어지기도 했다. 이렇게 단순한 공정을 수행하던 도구나 기구가 효율적으로 결합된 것이 기계이다. 바로 이 기계의 탄생이 자본주의적 생산방식의 물질적 기반이다. 물론 이 기계는 증기기관과 증기기관차의 도움으로 동력의 문제와 지역적 제한의 문제가 해결되면서 본격적으로 도시 내부에 대규모 공장으로 등장하게 되었다. 바로 이런 공장이 농업부문에서 전근대적인 삶을 살고 있던 많은 개인들을 불러 모았고 이를 통해 그들의 일상생활은 새로운 공장제도에 적응해 가기 시작하였다.

이 논문에서는 이렇게 공장제도에 적응해 가는 개인들의 삶을 근대적인 면방직공장을 통해 살펴보고자 한다. 근대적인 공장은 전근대적인 일상생활을 하던 개인들이 자신의 일상생활을 변화시키는 순간을 가장 효과적으로 관찰할 수 있는 곳이다. 그리고 세계 대부분의 나라에서 산업혁명을 주도하며 공장제도를 형성시킴으로써 근대를 탄생시킨 분야가 바로 면방직공업이다. 또한 면방직공업은 대규모의 노동력을 필요로 하는 산업이기 때문에 공장제도에 편입된 많은 노동자들의 일상생활을 포착할 수 있다.

이 논문은 제Ⅰ장 서론에 이어, 제Ⅱ장에서는 한국에서 근대적 공장제도를 운용하는 근대적 면방직공장의 출현에 대해 검토한 후 제Ⅲ장에서는 근대적 공장에서 노동하는 노동자들의 일상을 구체적으로 살펴볼 것이다. 제Ⅳ장에서는 이상의 연구들을 바탕으로 결론을 맺기로 한다.

## Ⅱ. 근대적 면방직공장의 등장[1)]

### 1. 시대적 배경

일반적인 식민지의 경우처럼 식민지 조선도 1930년대 이전까

1) 식민지기 면방직공장의 설립과 운영에 관한 자세한 내용은 서문석, 「귀속 면방직기업의 변천에 관한 연구」, 단국대학교 박사학위논문, 1997 참조.

지는 상품판매시장과 원료공급지로 그 역할이 한정되었다. 상품판매시장으로 기능하기 위하여 조선회사령을 통해 조선 내의 기업체 설립을 사실상 제한하는 한편 원료공급지로서 역할을 할 수 있도록 토지조사사업과 산미증식계획으로 이어지는 농업우위정책을 시행하였다.

그러나 세계제1차대전 이후 일본의 昭和恐慌을 계기로 일본의 독점자본들이 새로운 투자처를 찾아서 식민지 조선으로 몰려들었다. 이전 식민지에 대한 투자가 주로 국가 자본을 중심으로 했던 데에 비해 이 시기의 자본들은 사적 자본이 주축이었다.

이렇게 상황이 변하게 된 일본제국의 내부사정을 보면, 당시 일제는 세계제1차대전의 호황기를 겪고 난 후에 戰後恐慌을 심하게 겪은 상태였으며 기업운영에 관한 각종 규제들이 시행되기 시작했던 시기였다. 따라서 사적 자본들은 더 효율적인 투자처를 찾아 나설 수밖에 없었고 이런 상황은 일본기업들이 조선으로 몰려들게 된 중요한 원인이 되었다. 뿐만 아니라 조선총독부가 각종 혜택을 베풀면서 조선에 대한 투자를 유치한 것도 또 다른 중요한 원인이다.

이런 시대적 배경 하에서 근대적 공장들이 식민지 조선에 세워지게 되는데 그 중요한 기점이 되었던 것이 1931년 만주사변(滿洲事變)과 1937년 중일전쟁(中日戰爭)이다. 당시 만주사변을 일으킨 일제는 대륙 침략을 위한 병참기지가 필요했으며 그 대상지로 조선을 구상하였다. 이런 필요성에 의해서 1930년대 초반에 조선총독부의 식민정책 방향이 '重農政策'에서 '農工竝進政策'으로 전환되었다.

그리고 중일전쟁 이후에는 다시 '大陸前進兵站基地化政策'으로 바뀌어 군수공업을 중심으로 중화학공장들이 조선에 세워지게 되었다. 이 당시에 조선에서 이루어졌던 신규투자는 일제의 필요에 의해 일본 내의 설비들이 중국대륙침략에 동원된 측면과 미군의 폭격을 피하기 위하여 조선으로 옮겨진 측면을 동시에 가지고 있다.

따라서 만주사변을 계기로 일본인 자본에 의해 설립된 공장들은 해방 이전부터 이미 활발한 조업을 하고 있었지만 중일전쟁을 계기로 설립된 공장들은 해방 이전에 본격적인 조업을 하지 못하였고, 해방 이후에나 운영되기 시작하였다.

## 2. 설 립

서구의 많은 국가들이 산업혁명기에 그랬던 것처럼 식민지 조선에 유입된 일본인 자본 중에서 가장 이른 시기에 본격적으로 대규모 공장을 설립한 부문이 면방직공업이었다. 조선에 세워진 최초의 근대적 면방직공장은 1917년에 설립된 朝鮮紡織株式會社였다. 이 회사는 이전의 소규모설비와는 다른 力織機를 설치한 기계제공장으로서 1922년 1월에 조업을 시작하였는데 설립 당시 15,200추의 방기와 608대의 직기를 보유하였다.[2)]

이어서 1919년 10월에 김성수를 중심으로 하는 조선인 자본에 의해 근대적 면방직공장인 경성방직주식회사도 설립되었다. 조선인 자본에 의해 최초로 설립된 근대적 공장인 경성방직은 면포로 시작해서 향후 면사의 자급을 목표로 하고 있었으며 조

2) 大韓紡織協會, 『紡協創立 十周年 記念誌』, Ⅱ部 會員工場編-1面의 朝鮮紡織의 沿革編 참조; 韋晟源, 「植民地期朝鮮棉作綿業の展開構造」, 東京大學 博士學位論文, 1992, 104면.

선인들에게 직업을 주고 주주의 이익을 도모한다는 목적으로 설립되었다.3) 이 회사는 1923년 3월부터 시제품을 생산하기 시작하였는데 직기만 100대를 보유하고 있었고 1930년대 후반에 방적설비까지 갖추었다.

〈표 1〉 식민지기에 설립된 근대적 면방직공장(중일전쟁 이전)

| 設立日 | 會社名 | 設立地 | 設立當時 設備 | | 종업원(1938년) | |
|---|---|---|---|---|---|---|
| | | | 紡機(錘) | 織機(臺) | 남자(명) | 여자(명) |
| 1917.11<br>(1922.01) | 朝鮮紡織(株) | 釜山<br>凡一洞 | 15,200 | 610 | 520 | 2,910 |
| 1919.10<br>(1923.03) | 京城紡織(株) | 서울<br>永登浦洞 | – | 100 | 366 | 1,612 |
| 1933.12<br>(1934.10) | 東洋紡績(株) 仁川工場 | 仁川<br>萬石洞 | 31,488 | 800 | 390 | 1,400 |
| 1936.12<br>(1937) | 京城工場 | 서울<br>永登浦洞 | 40,532 | 1,440 | | |
| 1935.08<br>(1934.09) | 鐘淵紡績(株) 光州工場 | 光州<br>林洞 | 38,368<br>(35,000) | 1,510<br>(1,000) | 2,700** | |
| 1936.10<br>(1935.07) | 京城工場 | 서울<br>文來洞 | 30,240 | 600 | 3,000** | |

자료 : 大韓紡織協會, 『紡協創立 十周年 記念誌』, Ⅰ-7, Ⅱ-21, 31, 41, 47, 107, 117면 ; 일본방직연구소, 『방직연감』, 1938 ; 강이수, 「1930년대 면방대기업 여성노동자의 상태에 대한 연구」, 이화여자대학교 박사학위논문, 1992, 부록.

주 : (1) 위의 자료에서 설립일이 Ⅰ부와 Ⅱ부가 서로 달랐는데 이것은 회사의 설립과 조업개시일의 차이로 추정된다. ( )안에 있는 것은 Ⅱ부의 설립일 기록임.

(2) '**'는 1937년의 수치임.

---

3) 회사는 3·1운동의 자극을 받아 '민족자본'으로 설립되었다고 주장하고 있다(경성방직 50년, 51~53면). 그러나 이 논문에서는 '민족자본'이라는 용어는 피하고 '조선인 자본'이라는 용어를 사용하기로 한다. 왜냐하면 민족자본이 가지는 민족적 성격보다는 자본 일반의 축적양식으로부터 경성방직의 활동을 설명해야 하는 영역이 넓어지기 때문에 구한말과 일제초기의 민족적 저항정신에 기초한 자본과 경성방직의 성격은 차이가 있다고 보기 때문이다.

하지만 본격적으로 조선에 대규모 면방직공장들이 설립된 것은 1930년대였다. 이 시기에 東洋紡績株式會社의 仁川工場과 京城工場이 세워졌고, 鐘淵紡績株式會社의 光州工場과 京城工場이 각각 세워졌다. 이 공장들은 일관생산체제를 갖춘 근대적 면방직공장으로 방기 30,000추, 직기 1,000대 이상의 설비를 보유하였다(<표 1> 참조).[4]

당시에 대규모 면방직공장들이 설립된 것은 만주사변 이후 조선이 군수의류를 생산하여 병참기지의 역할을 수행해야 했기 때문에 조선총독부의 적극적인 유치정책이 주요한 원인이었다. 뿐만 아니라 조선의 면제품 시장을 차지하려고 하는 일본 면방자본의 경제적인 욕구가 그 기반이 되었다.[5]

중일전쟁과 태평양전쟁을 시작한 일본은 급속하게 전시경제로 개편되어갔다. 그리고 미군의 폭격위협으로부터 벗어나기 위하여 일본 내의 주요 산업시설들을 식민지로 이전하기도 하였다. 바로 이 과정에서 1940년대에 조선으로 많은 설비들이 이전되었다. 그러나 이 설비들의 대부분은 바로 설치되어 가동되지 못하고 해방 이후에나 설치되어 가동되기 시작했다.

따라서 근대적 공장제도가 노동자들의 일상생활에 끼친 영향

4) 이 외에도 1930年代末에 大日本紡績株式會社 京城工場과 帝國製麻纖維株式會社 仁川工場이 설립되었다. 그러나 이 공장들은 근대적 대규모 공장과는 차이가 있었다.

5) 綿紡織工業은 생산제품이 가지고 있는 고유의 특성들, 즉 노동집약적인 산업으로 고도의 기술을 요하지 않아 저렴한 노동력을 보유하고 있던 식민지조선이 유리한 곳이었으며, 엄청난 잠재수요를 가지고 있는 생활필수품적 성격을 가지고 있다는 점을 들 수 있다. 그리고 식민지로서 本國人에 대한 각종 특혜가 있었던 것도 중요한 이유들 중의 하나였다.

은 조선방직과 경성방직이 조업을 시작한 1920년대 초반부터 1930년대 말에 식민지 조선이 전시경제로 재편되기 이전까지의 시기에 가장 전형적으로 나타났다고 볼 수 있을 것이다. 왜냐하면 1938년 「國家總動員法」[6]에 의하여 사회전체가 戰時體制로 이행되면 일상적인 생활이 불가능해지는 상황이 되기 때문이다.

## Ⅲ. 공장노동자의 일상생활

대규모 면방직공장의 생산과정에 근무하던 노동자들은 크게 세 계층으로 구분할 수 있을 것이다. 그 첫째는 고등공업학교(지금의 전문대) 수준의 전문교육을 받은 기술자(engineer), 둘째는 공업학교(지금의 공업고등학교) 수준의 기술교육을 받아 현장 운영을 담당하던 기능공(craftsman), 셋째는 실제 공장의 설비를 운전하는 직공(여공 포함) 등으로 구분할 수 있다. 물론 실제 생산에 직접적으로 관여하던 이들 이외에도 지원부서에 있던 사무원과 중간관리층을 형성하는 관리자도 있지만 이 논문에서는 실제 생산과정에 편입되어 노동한 여공(女工)에 한해서 살펴보고자 한다. 왜냐하면 이들 여공들이 공장 노동자의 거의 80% 내외를 차지하며 실제 공장 내부에서 생산과정에 참여

6) 국가총동원법은 1938년 4월 법률 제55호로 만들어졌다가 1938년 5월 조선에까지 확대실시하게 되었으며 戰時期의 노동통제정책이 시행되는 계기가 되었다(「國家總動員法ハ昭和十三年五月五日ヨリ之ヲ施行ス」, 『朝鮮總督府官報』, 1938. 5. 10).

함으로써 일상생활이 이전과는 다르게 변해가는 모습을 가장 구체적으로 확인할 수 있는 대상이기 때문이다.

## 1. 공장으로의 취업

식민지기 면방직공업이 최고수준을 보였던 1930년대 말 대규모 면방직공장 노동자들의 성별구성을 보면 <표 1>에 나타난 바와 같이 2,000~3,000여명의 종업원 중에서 여공이 전체의 80% 내외로 절대적인 비중을 차지했다.

이 시기 방직공장에 취업하는 여자들의 약 60% 정도는 무학자였으며, 23% 정도는 보통교육을 수료하지 못한 수준이고 보통교육이라도 수료한 경우는 13.9% 수준에 불과했다.[7] 더구나 1930년대 후반 이들 중 16세 미만의 유년공 비율이 30~35% 수준으로 나타나고 있다.[8]

여공들은 직업소개소의 알선, 행정기관의 알선, 모집종사자의 모집, 연고소개, 문전 모집 등을 통해서 공장에 취업할 수 있었다. 일반적으로 여공들이 공장에 오는 경우 이들의 51.4%는 연고에 의존하고 있었다. 공장 앞에서 모집하는 비율이 27.1%, 모집종사자에 의해 공장으로 오는 경우는 18.2%였다. 그러나 남

---

7) 조선상공회의소, 『朝鮮人職工に關する考察』, 1936, 27면 ; 강이수, 「1930년대 면방대기업 여성노동자의 상태에 대한 연구」, 이화여대박사학위논문, 1992, 93면에서 재인용 ; 이런 상황은 해방 이후인 1953년에도 비슷하게 나타나고 있다(大韓紡織協會, 『紡織技術者 및 技能者名簿』, 1954).

8) 이런 상황은 1960년대 경성방직에서도 그대로 나타나고 있다. 당시 경성방직에서도 여공은 18세 이상 20세 미만으로 학력은 국졸 이상 중졸 이하를 뽑고 있다(『경성방직 50년사』, 1969, 178면).

자의 경우에는 연고소개가 70.5%로 절대적인 비중을 차지하고 있으며 공장 앞에서의 모집이 20.4%, 모집종사자에 의해서는 7.9% 수준에 불과하였다.

<그림 1> 취직경로별 비중-남자(1940년)

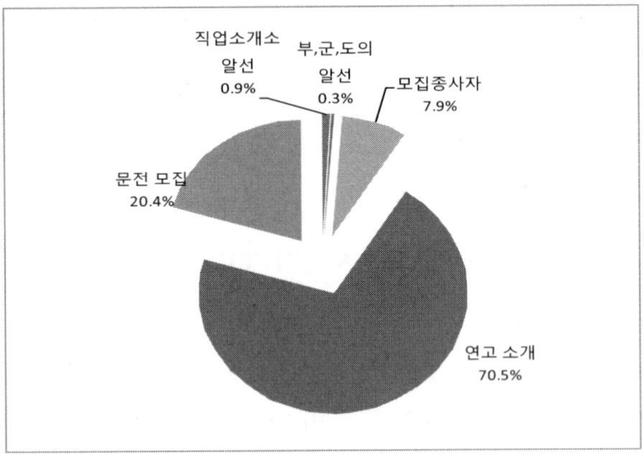


<그림 2> 취직경로별 비중-여자(1940년)

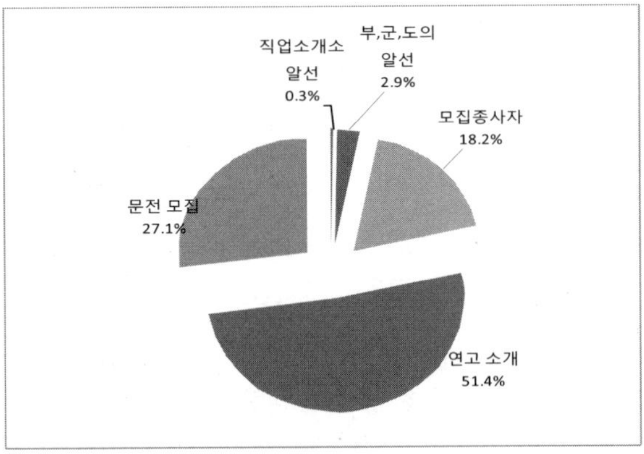


자료 : 경성직업소개소, 『경성직업소개소보』, 1940, 66면 ; 안연선, 「한국 식민지 자본주의화과정에서 여성노동의 성격에 관한 연구」, 이화여자대학교 석사학위논문, 1988, 58면에서 재인용.

실제 대규모 면방직공장의 상황을 살펴보기 위해서 조선인 자본으로 설립되어 조선인들에 의해 운영되었던 경성방직의 경우를 보자. 이 회사는 설비가 점차 늘어나면서 여공을 더 모집해야 하는 상황에 다다르자 주변의 여공들을 모으기 시작하였다. 그러나 이것이 어려워지자 차츰 전국으로 여공들을 모집하게 되었다.

> 본 회사에서는 영등포공장에 인사계를 신설하고 특정한 모집원을 두어 전국 각 지방에 나아가 대대적인 여공 모집을 꾀하게 하였다. 그러나 그 일은 그리 수월한 일은 아니었다. 그 실례로 당시 각 지방에 파견하던 모집원 등에게 모집 성적을 올리게 하기 위하여 특별상여금을 주었다는 사실만 보더라도 가히 짐작할 수 있다. 모집원은 가급적 파견하는 지방의 연고자를 택했으며 현지에 나간 그들은 최상의 구변과 설득 공작으로 보다 많은 인원을 끌어 모으기에 안간힘을 다했다.
>
> 모집에 응하는 계층은 빈농가의 아녀자들이 대부분이었고, 20대 안팎의 젊은 과수들도 적지 않이 있었다. 이들은 우선 굶주리던 끼니를 해결하고, 어려운 집안 살림을 도우며, 처녀들의 경우에 혼기까지 얼마간의 혼수비용이라도 마련해 보고자 하는데 목적이 있었다.
>
> 일단 응모해 들어 온 사람은 회사 측과 3년간의 고용계약을 체결하고 공장 기숙사에 들어가도록 되어 있었다.
>
> 처음 얼마동안 영등포 부근이나 서울 근교에서의 모집 활동은 그런대로 성적이 좋은 편이었으나, 차차 먼 지방으로 나가면서부터는 부진하고 어려워졌다. (…중략…) 호남 지방 등 중요한 모집 대상 지역에는 모집원들이 자기들의 연락소까지 두고 년중 사철 무시로 모집해야 하는 형편이었다. (…중략…)

> 그런데 여자 종업원에 비해 남자 종업원의 경우는 우선 수적으로도 얼마 안 되지만 모집에 별 어려움을 겪지 않아도 되었다. 더욱이 태평양전쟁기에는 현장징용형식으로 묶인되기까지 하여 어려웠던 여공 모집과는 좋은 대조를 이루고 있다.[9]

당시 근무했던 여공들과의 인터뷰에서도 "지원 여공은 가끔 있었고 대부분은 모집 여공"이었음이 드러났다. 종연방적의 경우 관의 직업소개소와 모집인을 통해 여공들을 모집하였다. 동양방적의 경우에도 총독부 사회과에 여공 알선을 의뢰하고 직접 모집인을 파견하여 여공을 모집하였다. 조선방직의 경우도 마찬가지였다.[10]

결국 이 시기 면방직공장들은 조선총독부 등의 관청에 의뢰하거나 모집인들을 통하여 여공들을 모집하고 있었으며 자발적인 지원에 의한 여공 모집은 거의 이루어지지 않았다. 물론 모집인원보다 많은 지원자들이 몰려든 경우도 있었지만 대개의 경우에는 공장의 필요인력을 제대로 충원하지 못했다. 이런 상황은 당시 공장에 대한 사회인식이 좋지 않았던 데에도 원인이 있었다.

면접대상자들은 당시 일반인들은 방직공장에 대해 '처녀 신세 망치는 곳', '폐병 걸리는 곳', '공장에 가면 못 쓰게 된다', '공장 지옥', '공장 감옥소' 등의 부정적 인식을 갖고 있어 공장 취업을 경계하였으며 아울러 여공에 대한 인식도 매우 부정적[11]이었다

---

9) 『경성방직 50년』, 1969, 176~177면.
10) 강이수, 앞의 논문, 133~143면 참조.
11) 강이수, 위의 논문, 132면.

고 한다. 상황이 이렇게 되자 여공 모집을 빙자해 사기를 치는 일들이 빈번하게 발생되었다.12) 이런 위험 속에서도 많은 농촌의 어린 소녀들은 빈곤한 가정 형편 때문에 어렵고 힘든 공장으로 돈을 벌러 나설 수밖에 없었다. 특히 곡물의 작황이 좋지 않거나 자연재해가 심할 때에는 그 공장의 일자리마저도 엄청난 경쟁을 뚫어야 얻을 수 있었다.

> 경남 진해 동양제사공장에서는 지난 일일 금년에 퇴사할 녀공을 보충하기 위하야 새로 녀공 약 삼사십명 가량 모집케 되얏는대 이 소식을 듯고 진해를 비롯하야 각지에서 모여든 지원자가 무려 삼백여 명에 달하야 당일 공장 내외에 온 지원 여공 及 그를 다리고 온 그의 부모들을 합하야 자못 인산인해를 일우웟난대 공장에서는 지원자가 만흔 것만큼 선발시험도 자못 엄격한 모양인데 이제 이 공장에 입사를 한 대도 작업성적을 보아 정하게 됨으로 균일하지 않흐나 대개 평균하면 일년에 삼사십원가량으로 매일 평균 십전내외에 불과한 모양인대도 로동시간은 매일 십이시라 한다. 이럼에도 불구하고 들어가지 못하야 애태우는 것을 보아도 조선의 농촌의 생활현상이 엇더함을 가히 엿볼 수 잇다 한다.13)

## 2. 공장내의 생활

거의 대부분의 여공들은 공장에 들어오기 전까지는 농촌거주

---

12) 「女工募集이라고 良家 女子 九名을 일본으로 다리고 가다가 잡혀, 안심할수 업는 소위 여공모집」, 동아일보, 1925. 9. 20 ; 「僻巷에 __輩 눈뜨고 속는 촌부녀와 농민들; 밤이면 盜賊行事 낫이면 女工募集, 처녀들을 꼬여 사기 일삼아(金海)」, 『동아일보』, 1927. 3. 1.

13) 「三十餘名女工募集에志願者三百餘名」, 『조선일보』, 1934. 3. 3.

자들이었다. 특히 상당수가 무학인 점을 감안한다면 시간에 얽매인 생활을 거의 해보지 못한 14, 15세 내지 17, 18세 정도의 소녀들이었다.[14] 이들의 공장생활은 이전의 농촌생활과는 전혀 다른 생활이었다.

취업이 결정되어 공장 안으로 들어온 여공들은 간단한 신체검사와 양성과정을 거치게 된다. 신체검사는 형식적으로 이루어졌고 양성과정은 개인차가 있어 1주에서 한 달까지 받았다. 이 양성과정을 거친 여공은 자신의 의사와 관계없이 회사의 결정에 따라 부서에 배치받아 일을 하였다. 한 번 결정된 부서는 거의 바뀌지 않았다고 한다.

> 소위 첫고동을 울리는 새벽 5시 반에 달게 자든 잠을 다 일우지 못한 때에 잡역이라는 여자들이 일어나라고 등살을 대이다. 명령을 거역하지 못하고 일어나 세수와 단장을 하고 식당으로 가면 때는 오전 6시다. 조잡한 밥 한 그릇 된장국 한소베기가 그들의 차지가 된다. 그러고 왼종일 몬지속에서 죽게 일한다. [15]

오전 6시부터 시작되는 대규모 면방직공장의 노동은 각 공정들이 연결되어 있는 일관생산체제이기 때문에 노동강도는 기계의 속도에 따라 다른 공장의 동일한 노동시간보다 강화될 수 있다. 개별적인 노동이 이루어지는 것이 아니기 때문에 일정한 출퇴근과 작업시간, 작업속도 등이 기계의 운용에 맞추어 짜여

---

14) 「大邱製絲女工盟罷後報, 불상한 어린녀공 공장으로 다시와」, 『동아일보』, 1924. 4. 24.
15) 「여공생활기」, 『동아일보』, 1934. 1. 2.

져 있고 여기에 여공들이 적응해야만 했다.

> 이리하여 오후 여섯시반부터 밤을 낮으로 삭지 않으면 안 되는 야근공과 교대를 하게 되는데 전직공의 총수를 절반씩 주야로 갈라 1주일마다 낮과 밤을 바꾸어서 1년 365일 동안 공장의 기계는 1초 동안도 놀리지 아니한다는 것이다.
> 우렁차게 돌아가는 기계와 날카롭게 휘둘으는 감독자의 눈살 밑에서 백도에 가까운 열도에 먼지가 섞인 공기를 호흡하며 침침한 공장 속에서 뼈가 아프고 살이 달토록 일하는 여공들[16]

여공들은 아침 6시부터 저녁 6시까지 12시간 노동을 하는 주간반과 저녁 6시에 시작해서 아침 6시까지 노동하는 야간반으로 나누어지는데 1주일마다 주간반과 야간반이 교체된다.

> 또 한 가지 고통이 잇으니 야근을 1주간마다 교대하여 하게 되는 것인데 이 동안은 낮에는 잠자고 밤에는 낮같이 점심을 먹어가며 얼굴이 창백해지게 일을 한다.[17]

면방직공장의 여공들 대부분은 정방실과 직포실에서 작업하게 된다. 정방실에 설치된 정방기는 실을 뽑는 방적과정의 핵심설비이다. 그리고 직포실에 설치된 직포기는 방적과정에서 생산된 실로 천을 짜는 직포과정의 핵심설비이다. 이 두 설비는 방직공장 규모를 추정하는 기준으로 작용할 정도로 중요한 설비이다.

---

16) 「조선방직의 3천여 아가씨를 찾아」, 『조선중앙일보』, 1936. 7. 2.
17) 「여공생활기」, 『동아일보』, 1934. 1. 2.

근대적 공장에는 보통 30,000추정도의 정방기가 설치되어 있는데 어린 여공들이 12시간을 노동하는 이 정방실의 상황을 구체적으로 살펴보자. 보통 30도 이상에서 실을 뽑아내기 적당하기 때문에 정방실의 온도는 30도 이상으로 맞추어진다. 그리고 실의 광택을 위해 창을 차단하여 채광과 통풍도 되지 않도록 하여 침침한 상태가 된다. 이런 상황에서 정방기가 고속으로 회전운전하기 때문에 실내온도는 보통 섭씨 40도가 넘는다. 뿐만 아니라 건조하면 뽑혀져 나오는 실이 끊어지기 때문에 천장에 설치되어 있는 분무장치에서 물까지 뿌리게 된다. 이곳에서 여공들은 일렬로 설치된 정방기에서 뽑혀져 나오는 실이 끊어질 경우 이를 이어주는 역할을 한다. 이 작업을 제대로 하지 않으면 실이 엉켜버려서 정상적으로 실을 생산해 낼 수가 없다. 혼자서 여러 대의 정방기를 맡아서 실을 연결하는 작업을 하기 때문에 노동시간 내내 여공들은 잠시도 여유를 가질 수 없는 상황이다. 자칫 잘못하면 고속으로 회전하는 추에 큰 부상을 입을 위험성까지 있었다. 이 외에도 원면을 취급하는 원면실과 소면실은 솜에서 나는 먼지 때문에 시야가 흐릴 정도였기 때문에 호흡기계통에 치명적인 위험을 초래하기도 했다.

> 부산 조선방직회사 녀직공인 수정뎡 구백사십일번디에 사는 차석근의 처 김분석은 지난 이십팔일 오전 다섯시반경에 그 회사공장 혼면실에 있든 긔게에 치여서 머리와 배에 타박상을 당하고 뇌진탕이 이러나 죽어버렷다더라.[18]

18) 「朝紡女工慘死, 공장에서 소뎨하다가 긔계에 닷치여」, 『동아일보』, 1926. 11. 1.

한편 천을 짜는 직포공정에서 가장 많은 여공들이 일을 하게 되는 직포실에서도 역시 습도가 적절하게 유지되어야 하기 때문에 정방실처럼 고온의 작업환경이 된다. 더구나 직기의 엄청난 소음은 사람들이 견디기 힘들정도였기 때문에 어린 여공들에게는 치명적이었다. 뿐만 아니라 직기에서 북이 갑자기 튀어나와 다치거나 운전중인 기계를 청소하다가 다칠 위험성까지 있다. 여공들은 이곳에서 북을 재빨리 갈아끼우고 천을 짜는 공정을 담당하게 된다.[19]

> 다시 휘돌아 직포실(織布室) 문을 넘어서니 이쪽에서 저쪽 끗이 잘 보이지 안흐리만치 넓고 넓은 방에 벳트를 몃 백개인지 몰으게<141> 갓득이 듸려놋코 천을 짠다. 그런대 여긔 한 가지 특긔할 것은 사람의 넉을 일케하는 긔게 부닷치는 요란한 소래다. 처음 듯는 나는 귓구멍이 꽉 메여 버리고 온몸의 뼈가 자릿자릿하여 젓다. 쏙삿포 놋는 소리와 갓치 딱딱하는 소리는 돌연히 나의 가삼에 돌을 던지는 듯한 쇽크를 깨닭에 한다. 무엇 좀 생각할 여지도 업게 나의 머리를 이리 잡어 흔들고 저리 잡어 흔들어 놋는다. 완강한 남성으로도 그 하날이 문허지는듯 하고 땅이 꺼지는듯한 요란한 긔게소리에 간장을 뛰놀게 하거든 하물며 연약한 여성들로서 얼마나 아깃짜깃한 놀냄을 당하엿스랴! 나를 흘근흘근 처다보는 그들은 그만 그 요란스러운 긔게소리에 얼골에 살이 마르고 가삼에 피가 말너서 해멀금 하여진듯이 보여진다. 나는 더 섯슬랴야 너무도 요란스러운 그 소리를 듯고는 견댈 수 업슴으로 발길을 시아게(仕上)실로 돌엿다.[20]

19) 강이수, 앞의 논문, 168~171면.

여공들은 작업시간 내내 일본인 여공이나 조선인 숙련여공들이 맡고 있는 조장이나 반장에 의해 철저한 감독과 통제를 받았다. 어린 여공들은 이들에 의해 각 공정에 배치받았다. 그리고 휴게시간 이용, 잔업 등 현장에서 일어나는 일도 모두 이들의 재량에 맡겨져 있었기 때문에 이들은 절대적인 영향력을 행사하였다. 따라서 어린 여공들은 이들에 의해 구타와 폭력[21]에도 노출되어 있었을 뿐만 아니라 일부 공장에서는 벌금제도까지 운영되었다.

> 오늘은 무척 더웁다. 수근거리는 말이 工場內는 105도라고 한다. 아침에는 긔운이 좀 싱싱하드니 차차 오금이 자즈러오고 아모리 마음을 가다듬어도 어제 저녁에 물 것 때문에 잠못잔 탓인지 못견듸게 눈이 덥힌다. 감독은 벌서 알어치리고 내 압흘 여러번 단니며 소래를 지른다. 조으는 사람에게는 뜨거운 물을 끼언겟다고- 듯기에도 끔직스러워서 솔음이 끼치엇다. 順伊는 오늘도 罰點이 나왓다. 죽도록 일하고 도리혀 벌금을 처어넛케 되엿다. 감독은 법석이 낫다. 무척 마즌 順伊는 머리를 산산히 풀어 헷친채 쓰러질듯이 맥이 풀녀서 자리로 돌아왓다. 福女도 벌점이 나왓다. 불너다가 가운에 세워 놋코 손우에 물통을 올녀노은 후에 왼종일 서 잇스라고 하엿다. 福女는 몃흘 전부터 병이 나서 억지로 일은 하면서도 기운이 업서 허리를 추지못하든 판이라 그만 물통을 떠

---

20) 「거리의 女學校를 차저, 纖纖玉手로 짜내는 紡織女學校」, 『삼천리』 제8권 제2호, 1936. 2. 1.

21) 「木浦織布盟罷 무리한 日人감독을 배척코저, 男女工 百四十名 結束」, 『동아일보』, 1926. 11. 13. ; 「女工亂打, 大邱片倉製絲工場 監督 朴某가」, 『동아일보』, 1930. 9. 5.

러트리고 쓰러젓다. 감독은 소리를 지르며 따리며 니러서라고 한다.[22]

이런 악조건하에서 이루어지는 노동임에도 휴식시간조차 제대로 주어지지 않았다. 특별하게 휴식시간이 주어지지 않기 때문에 조장이나 반장의 허락을 받고 화장실을 다녀와야 하는 상황이었다. 면방직 공장의 휴식시간은 오전과 오후를 합해도 20~30분을 넘지 않는다. 점심시간까지 합해서 하루 1시간 이내였다. 점심시간에는 "먹는 음식 역시 한 공기(보통공기만한) 남짓이 드는 양철그릇에 보리와 값싼 쌀로 지은 밥(증기로 쩌서)과 김치쪽이 그들의 정식"[23]일 정도로 열악했다.

남녀직공 600여 명을 사역하는 대공장으로 일상음식들이 불겨하야 참혹하게도 일시에 80여 명의 중독자를 내는 등 수많흔 소년소녀의 생명을 자못 위협하고 잇는 사실이잇다. 지난 8일 오전 2시경 경의선 사리원 동양제사공장 직공 기숙사에서는 여직공 80여 명이 그 전날인 7일 저녁에 불결한 음식물을 먹은 것이 중독되어 모두 의식을 일코 생명이 경각에 달리게 되엇으므로 <중략> 李囑託醫談=음식물중독은 적확한 사실입니다. 다행히 히생자는 없엇읍니다만 당시에는 대단히 위험하엿읍니다. 그들은 원래 매일 만 10시간 노동을 하고 건강이 아주 불량한데다 불결한 음식물을 먹어 그와 같은 참상을 당하는 모양입니다. 某女工談=이와 같은 일은 비일비재이지만 지금까지 세상에 발표가 없었지요. 원체 대우란 말할 것도 없지만 우선 매일 3시로 대하는 음식물이 불결하야

22) 우순옥, 「어느 제사회사 여공일기」, 『별건곤』 제27호, 1930. 3. 1.
23) 「조선방직의 3천여 아가씨를 찾아」, 『조선중앙일보』, 1936. 7. 2.

> 견딜 수가 없읍니다. 음식물에는 심지어 빈대, 벼룩 등 별별 부정한 것이 섞기어 잇으며 상한 음식을 그대로 먹이어 그와 같이 되는 것임니다. 그날만하여도 초근당과 갈게 등 상한 음식물을 먹이어 그리된 듯합니다. 운운[24]

그나마도 능률이 부족하다고 점심을 금지시키는 일까지 있었다.

> 삼번대에서 일을 하는 고순이, 림은순 외 열세 명은 그날의 작업능률이 전만 못하얏다는 리유로 복도현업원은 전 긔 열다섯 명의 녀공에게 뎜심을 먹지 못하게 하얏다는 것으로 말성이 되엇다가 언제든지 그의 무리하고 횡포한 언동에 눌려오든 직공들도 참다못하야 그와 가티 소동되었섯든 것이라더라[25]

이들의 이런 고된 작업이 끝나고 작업장에서 나올 때는 엄정한 몸 수색을 받게 되었다. 특히 직포실에서는 일부 여공들이 직물을 몸에 감고 나오는 경우가 있었기 때문에 철저하게 수색했는데 이를 일본인 감독관이 맡았다고 한다.[26]

이런 통제는 작업장을 나서는 것으로 끝나지 않았다. 여공들이 일을 마치고 나온 뒤 돌아가는 기숙사에서도 이런 감시와 통제는 계속 이어진다. 여공들 중 극히 일부분을 제외하면 거의

---

24) 「非衛生的인 飮食物에 八十女工中毒騷動 沙里院東洋製絲工場의 失態 六百職工의 保健憂慮」, 『동아일보』, 1938. 7. 13.
25) 「女工十五名의 點心을 禁止, 능률이 부족하다는 리유로, 全南道是製絲工場橫暴」, 『동아일보』, 1929. 8. 27.
26) 「職業婦人의 恐慌時代, 工場監督이 女工을 姦通, 昇級한다고 甘言利說」, 『조선중앙일보』, 1934. 3. 17.

모든 여공들은 기숙사에서 생활하였다. 관리자와 사원들은 사택에서 생활하였고 기숙사는 남녀 직공들이 사용하였다. 장기 근속했거나 특수한 임무를 맡고 있는 남공들에게는 사택이 주어지기도 했으나 여공들에게는 사택이 주어지지 않았다.

이 시기 대규모 면방직공장에서 기숙사는 여공들의 잦은 이탈을 막고 2교대로 이어지는 공장의 원활한 가동을 위해서 활용되었다. 따라서 복지시설적인 차원보다는 노동통제 차원에서 활용된 것이라고 볼 수 있다.

기숙사에서는 사감의 역할이 절대적이었다. 그는 기상과 취침, 청소, 목욕, 교육, 훈계, 외출, 임금 및 저금 관리 등 여공들의 일상생활 전반에 대해 모든 권한을 가지고 있었다. 이 기숙사는 공장과 통로로 연결되어 있고 식당도 이 통로에 있기 때문에 여공들은 작업장과 기숙사 이외에는 공장 내부도 함부로 다니지 못하고 작업장과 기숙사만을 활동공간으로 하며 갇혀 지내게 되어 있다.

> 저녁술도 노키전에 잠자라고 야단이다. 초저녁에 불을 꺼노코 밧갓 불에 빗치워서 글한자라도 볼냐면 공장 가시나가 주제 넘게 공부가 다 무엇이냐고 소리를 지른다. 일에 방해되고 열심으로 안된다고 노는 시간에라도 신문 한 조각 책 한 장을 못보게 한다. 평생가도 쓸만한 말은 커녕 恭順한 말한듸를 누구한테서 들을 수 업다. 우리는 상당한 힘과 기술을 파는 사람이어늘 무삼 죄수나 취급하듯이 하등의 말과 론정으로 할 말도 언제든지 욕하듯이 하는 것이 보통이다.[27]

27) 우순옥, '어느 제사회사 여공일기」, 『별건곤』 제27호, 1930. 3. 1.

이들은 한 달에 이틀을 쉬었는데 회사 밖을 나가려면 '외출권'을 타야 가능했다. 외출은 부모나 가족의 요청이 있을 때 기숙사의 사감으로부터 허락을 받아야만 했으며 때로는 높은 직급의 여공이나 남공이 보증을 서야만 나갈 수 있는 경우도 있었다.

> 그들의 유일한 즐거움은 일요일에 동무들과 손을 잡고 여공○○의 화장을 하고 모양같은 옷들을 입고 자유 사회로 돌아다닌다. 일상 생활에 절약하야 저축한 돈은 대개 부모에게 보내고 나머지는 자기입을 옷벌을 작만한다.[28]

이 외출만이 이들이 유일하게 일에 매이지 않는 시간이었다. 하지만 젊은 여공들에게 연애는 허락되지 않았고 발각될 경우에는 회사에서 쫓겨나야만 했다. 그리고 이들이 집에 보내는 편지마저도 압수하고 독서까지도 제재하는 등 기본적인 인권마저도 지켜지지 않았다.

> 사람사는 곳에 연애문제는 떠나지 아니한다. 여공들의 연애생활이야 말로 열정적일 것이다. 이성에 눈뜬 여공! 공장에 같이 일하는 남공들과 작업하는 순간에 서로 시선이 부다처 무언 중에 사랑의 줄을 맺고 만다. 그러고 회사에서 연애문제를 발각만 한다면 불문곡직하고 축출이다. 「스트라익」을 하다가는 모조리 축출당하니 생명을 연장하기 위하여 모든 학대 굴곡 빈곤 질명 등에 또는

---

28) 「여공생활기」, 『동아일보』, 1934. 1. 2.

축출이란 큰 권능을 공장주가 자의대로 행세하니 밥자리에서 쫒기어난 어린 여자의 두군거리는 마음이야말로 돈없고 지위업는 자들의 공통된 서름이지마는 그래도 여공보다 더한 비애는 일반 사람으로는 맛보지 못할 것이다.[29)]

그래서 이들은 공장을 나오려고 하기도 하지만 보통 3년 계약이 되어 있기 때문에 공장을 마음대로 나올 수도 없었다. 그래서 몰래 탈주하는 일들이 대규모 공장에서 벌어졌다.[30)]

각 공장에는 수천명씩의 남녀직공들이 작업을 하고 잇는바 그 문전에는 금년에 참경을 당한 한 재지농촌처녀와 장구한 농촌피폐에 견대지 못한 긔한에 시달린 농민들이 하로 수십명씩 모여든다는 바 그 반면에는 현 직공으로 잇는 익숙한 직공들이 어느 공장을 물론하고 1개월이면 약 10여 명씩이나 탈주하게 된다는데 제일 고통을 밧는 것은 공장문지기라는 바 녀공 1명 탈주하게 되면 1월씩을 변상하게 된다는데 농촌에서 동경하는 공장도 결국은 하로 15-6시간의 과격한 노동에 될 수가 업서 그가티 탈주하는 것이라 한다[31)]

지난 3일 마음에 업는 영등포경성방직공장의 직공으로 드러가게 되엇는데 드러가자 마자 회사대우에 불평을 품고 퇴사를 요구

---

29) 「여공생활기」, 『동아일보』, 1934. 1. 2.

30) 「一年間 勤續 女工, 退職金 一圓으로 解雇, 苛酷한 勞働에 脫走 女工도 續出, 光州鐘紡에 非難 沸騰」, 『조선중앙일보』, 1936. 2. 11. ; 「仁川東紡 工場에 女工의 脫走 頻繁」, 『조선중앙일보』, 1936. 4. 3. ; 「鐘紡京城工場の脫出女工續出す」, 『조선신문』, 1937. 2. 4.

31) 「長時間 勞動難堪, 女工 脫走 頻繁! 1日 勞動 實로 15, 6時間, 光州 各製絲工場」, 『조선중앙일보』, 1935. 11. 21.

> 하얏스나 회사측에서 작업복갑과 시대 3원을 내노으면 나가게하겟스나 못나간다 함으로 그는 할 수 업시 최후수단으로 담을 넘어서 도주하라고 수차나 벨럿스나 낭떠러지가 되어 목적을 못 달하고 잇든 중 지난 5일 오후 9시경에 긔숙사를 사람업는 틈을 타가지고 탈주하야 (…중략…)[32]

이런 상황에서 여공들은 소극적이든, 적극적이든 저항할 수밖에 없는 상황이 되었고 이직, 태업, 사보타주 등에서부터 데모, 파업, 폭동 등으로 저항하였다.[33] 뿐만 아니라 노조를 결성하고자 하는 시도도 있었지만 이것도 막았다.[34]

이들이 저항하는 원인으로 가장 많이 등장하는 것은 역시 임금 문제였다. 1934년 공인의 1일 평균 임금의 최저액과 최고액은 일본인이 1원 80전, 중국인이 1원 2전, 조선인은 83전에 불과했다. 그리고 조선인 남자는 99전이고 조선인 여자는 49전에 불과했다. 이 시기의 노동시간도 1일 평균 10.2시간씩이었으며 방직공업은 11.1시간, 직물업은 12.2시간 노동하는 것으로 드러나고 있다.[35] 대규모 면방직공장인 동양방적 인천공장에서도 12시간 노동에 20전의 임금을 지급하여 물의 를 일으키기도 하

32) 「深夜, 京紡工場에서 妙齡 女工이 脫出, 처음 들어간 때와 딴판이라고 會社 待遇에 不滿 품고」, 『조선중앙일보』, 1935. 11. 8.

33) 「大邱製絲女工盟罷後報, 불상한 어린녀공 공장으로 다시와」, 『동아일보』, 1924. 4. 24.

34) 「女工組合에 든다고 女職工을 監禁, 이십여명 녀공은 결국 맹파, 安州安興染織所의 怪態//品行問題와 물건이 업서질까봐, 安興染織主人談」, 1926. 12. 2.

35) 「工場勞働者들의 平均 賃金 八十三錢 인쇄공업과 기계공업이 최고 女工은 男子의 半額」, 『동아일보』, 1934. 5. 18.

였다.

인천부 만석정에 잇는 동방 인천공장은 현재 근 천명의 남녀직공을 수용하고 대대적으로 종업중이라는데 그 여직공의 임금에 잇어 매일 12시간의 노동으로 겨우 20전을 점심값이라고 지불한다는 바 취직하엿든 소내들 중에 중간에 그만 둔 소녀도 만타하며 식자층에서는 비난성이 자자하다고 한다.[36]

일급 겨우 15~6전의 수입으로 한달동안 꾸준이 일햐야도 네공일(四日曜日)을 빼고 나면 총수입이 불과 4원 내외인데다가 쇠약해져 가는 건강에 불행히도 병마의 침해를 받게 되면 일을 쉬게 되니 수입이 감소되고 치료를 하므로 약값이 들고 해서 안팍으로 손해를 보게 되니 자연이 빚을 지게 됨은 불가피의 사정일 것이며 먹기만 하고 사는 것이 아니요 입어야만 되는 것인 이상 몇가지의 의복을 해 입고나면 몇 달이 못가서 연약한 그들의 몸에는 부채라는 무거운 짐덩어리를 짊어지게 된다는 것이다.[37]

매일 오전 7시에 작업을 시작하야 오후 8시에야 그치게 된다고 한다. 그런데 임금은 초급 15전이라 하며 4,5년 동안 종사한 숙련공이라야 겨우 60전 가량 된다고 한다. 그럼으로 5백명 직공들은 여태해동안 싸혀나오든 불평이 이제 폭발된 것이라는 바 직공들이 공장당국에 요구한 세 가지 조건은 이러하다고 한다. 1. 여공의 대우를 개선할 사, 2. 임금을 인상하여 줄 사, 3. 작업시간을 단축시킬 사[38]

---

36) 「十二時間勞働에 賃金은 二十錢 직공들은 보교졸업생으로 東紡仁川工場의 女工」, 『동아일보』, 1934. 7. 15.
37) 「조선방직의 3천여 아가씨를 찾아」, 『조선중앙일보』, 1936. 7. 2.
38) 「光州道是製絲工場 五百女工 總罷業 매일 함성질르며 대소동 復業햇

서울시의 영등포에 있는 경성방직주식회사 직공 350명은 5월 26일에 동맹파공을 단행하엿는데 그 원인은 회사측에서 로동자의 임금 20%를 감한 까닭이다. 파공로동자들은 17개의 반항적 조건을 회사당국에 제출하였다. ◇요구조건: 1. 임금 내리운 것을 반대함 2. 최저임금을 80전으로 할 일 3. 남녀소녀로동자에게 똑같은 로동에 같은 임금을 내여 줄 것 4. 임금계산을 공개적으로 할 것 5. 부상자에 대한 생활비를 내여줄 것 6. 로동자의 해로를 절대로 반대함 7. 8시 로동제를 실시할 8. 소년로동자에게 6시간로동제를 실시할 것 9. 도급제를 폐지하고 일급제를 실시할 것 10. 긔숙사생의 출립을 자유케 할 것 11. 강제저금을 폐지할 것 12. 감시와 능욕언사를 폐지할 것 13. 휴식시간을 1시간으로 할 것 14. 결사의 자유를 줄 것 등[39]

뿐만 아니라 이 수준의 임금도 모두 지급된 것이 아니라 일부는 보통 1/3 정도는 '의무저금'으로 맡겨놓아야 하는 상황이었다. 그리고 이 저금은 파업이나 탈출 등을 막는 장치로 활용되었다.

(…중략…) 직공들은 일하기 싫으니 의무저금을 주면 고향으로 돌아가겠다고 강경한 태도를 취하야 회사에서는 작업시간까지 일하면 일이 끝나는대로 저금을 돌려보내주겠다고 한바 직공들은 전부 일을 끝내고 사무소에 쇄도한 후 저금을 달라고 하야 40명이 저금을 찾아들고 귀향할 준비를 하므로 회사에서는 지금까지 직공들이 피동적으로 파업한 줄 알엇다가 사태가 그러치 않어 나

---

다가 又復盟罷//十四時間勞 賃金은 十五錢」, 『동아일보』, 1932. 11. 16.

39) 「서울방직공장에 동맹 파공」, 『선봉』, 1931. 7. 16.

머지 40여 명에게는 저금을 주지않고 억류하야 두엇다고 한다. (…중략…)[40]

이런 사정은 대규모 공장들이 지속적으로 설립되었던 1930년대 인천의 경우를 보더라도 동일하게 나타나는데 당시 일급이 20~30전 수준에 불과하였다.[41] 이 시기 평양에서도 철도공장의 일본인은 최고 3원 79전을 받는 데에 비해 서평양메리야스공장 유년 여공의 일당은 15전에 불과했다.[42] 대전에서도 1일 최저 8전의 임금을 30전으로 인상해 달라는 요구를 하다가 결렬되어 총파업이 벌어지기도 했다.[43]

또한 지나친 장시간 노동에 대해서도 노동시간을 줄여줄 것을 요청하기도 하였다.

대구에 잇는 일본인 경영의 조선제사공장에서 동맹파업사건이 일어낫다. 그 공장에서 일하는 조선인 녀직공 사백오십명은 하로에 열세시간이나 일하는 그 어려운 로동에 참고참다가 맛츰내 견대지 못하야 얼마전부터 서로의론을 하다가 필경은 주인에게 시간을 축소하야 달라고 요구하기로 결뎡하고 재작 이십일에 주인에게 교섭하엿스나 주인편에서는 그 요구를 단연히 거절하얏는데

---

40) 「寄宿工까지도 解雇, 工場은 方今休業中 會社側은 方今對策에 腐心, 鐘紡女工 盟罷繼續」, 『동아일보』, 1933. 9. 26.
41) 「大工場의 簇出로 女工의 黃金時代, 그러나 賃金 不過 2,30錢, 躍進仁川의 憂鬱相」, 『조선중앙일보』, 1935. 6. 30.
42) 「工場勞動者 增加, 女工과 幼年工이 優勢, 貿易不振의 平壤에서」, 『조선중앙일보』, 1935. 7. 30.
43) 「大田 郡是製絲工場 六百 職工 總罷業, 二百 女工이 賃金 引上 要求, 全 職工이 이에 合流」, 『조선중앙일보』, 1935. 8. 27.

> 이 거절을 당한 직공중 칠십여명은 그들의 최후의 결심을 단행하기로 하고 동맹파업을 하는 동시에 (…중략…)44)

## Ⅳ. 결 론

근대적인 공장제도는 집안일을 돕고 농사를 지으며 생활하던 10대 후반 소녀들의 삶을 완전하게 뒤바꿔놓았다. 지금까지 살펴본 여공들의 일상생활의 변화를 정리해 보면 다음과 같다.

먼저, 일출과 일몰, 기상에 따라 이루어지던 노동이 공장에서는 기계의 가동시간에 맞추어 새롭게 짜여졌다. 아침 6시와 저녁 6시에 일을 시작하거나 마치게 된 것이다. 그리고 노동강도를 마음대로 조절할 수 있었던 농사일과는 달리 공장에서의 노동은 기계의 속도에 따라 노동강도가 결정되었기 때문에 노동자들은 그저 기계의 부속품에 지나지 않을 정도였다. 또한 자신의 판단에 의해서 이루어지던 노동도 공장에서는 작업지시자의 통제와 감시에 따라 이루어지기 때문에 노동의 자기결정권을 완전하게 상실하게 되었다. 이 과정에서 구타와 폭력에 노출되기도 했다. 그리고 농사일에 종사하는 동안에는 상대적으로 자유로운 휴식과 여가생활이 가능했지만 공장에서는 그 자유가 완전히 박탈되었다. 노동시간 이외에도 기숙사에 갇혀서 다음날의 노동을 준비해야만 했다. 다만 한 달에 2회 정도의 휴일과

---

44) 「女工罷業, 大邱製絲工場」, 『동아일보』, 1924. 4. 22.

쉽지 않은 외출만이 이들의 여가생활이었다.

하지만 이들은 자신의 노동으로 임금을 받고 이를 소비함으로써 근대적인 개인으로 성장하였다. 자본주의의 경제주체인 소비자와 생산자로 등장하기 시작한 것이다. 물론 생존을 위협할 정도의 저임금이었지만 임금소득을 저축하여 미래를 준비할 수도 있었다. 또한 저임금을 비롯한 많은 문제를 제기하고 투쟁하는 과정에서 기계의 부속품에 지나지 않았던 자신들의 상황을 극복해야 한다는 각성을 하며 노동주체로 성장하기도 하였다.

그럼에도 불구하고 초기의 근대적 공장에서 나타났던 어린 나이의 장시간 노동, 열악한 노동 환경, 인권 유린 등은 근대 초기 공장을 어둡고 침울한 공간으로 만들어 버리고 말았다. 이런 상황은 그 공간에서 살아남기 위한 투쟁을 불러왔고 이 투쟁의 짐을 진 노동자들의 힘들고 오랜 투쟁을 거치고 나서야 비로소 최소한의 인간적인 공간으로 변모해 가기 시작하였다.

## <참 고 문 헌>

金鍾奎(2004. 7. 27·29 ; 9. 14·18) · 禹志亨(2002. 3. 19 ; 2004. 5. 8 ; 6. 2 ; 9. 14·18) · 李德基(2004. 5. 10·24 ; 9. 13·18) · 張哲植(2004. 3. 25 ; 5. 6·27 ; 9. 15·18)·陳在洪(2000. 5. 19) 인터뷰

『경성일보』, 『동아일보』, 『매일신보』, 『선봉』, 『시대일보』, 『조선신문』, 『조선중앙일보』, 『삼천리』, 『별건곤』.

강이수, 「1930년대 면방대기업 여성노동자의 상태에 대한 연구」, 이화여자대학교 박사학위논문, 1992.

경성방직, 『京城紡織五十年』, 1969.

김병운, 『면방적』, 을유문화사, 1949.

권태억, 『한국근대면업사연구』, 일조각, 1989.

권혁태, 「日本纖維資本の海外進出と植民地」, 一橋大 博士學位論文, 1997.

대한민국 학술원, 『한국의 학문연구-섬유공업』, 2002.

大韓紡織協會, 『紡織技術者 및 技能者名簿』, 1954.

박순원, 「해방 후 삼척시멘트공장의 재건과정」, 『경제사학』 17집, 경제사학회, 1993.

______, 「日帝下 朝鮮人 熟練勞動者의 形成:오노다(小野田) 시멘트 勝湖里공장의 事例」, 『國史館論叢』, 1994.

서문석, 「일제하 대규모 면방직공장의 고급기술자 연구」, 『경영사학』 30호, 한국경영사학회, 2003a.

______, 「일제하 고급섬유기술자들의 양성과 사회진출에 관한 연구」, 『경제사학』 34호, 경제사학회, 2003b.

______, 「일제하 대규모 면방직공장의 조선인 고급기술자 연구」, 『경영사학』 31호, 한국경영사학회, 2003c.

선재원, 「植民地と雇用制度 : 1920·30年代朝鮮と日本の比較史的考察」, 東京大學, 1996.

______, 『近代朝鮮の雇用システムと日本 : 制度の移植と生成』, 東京大學出版會, 2006.

안연선, 「한국 식민지 자본주의화과정에서 여성노동의 성격에 관한 연구」, 이화여자대학교 석사학위논문, 1988.

정안기, 「戰間期 朝鮮紡織의 事業經營과 金融構造」, 『경제사학』, 경제사학회, 2001.

______, 「전시기 조선경제와 종방콘체른」, 『경제사학』 35호, 경제사학회, 2003.

朝鮮工業協會, 『朝鮮技術家名簿』, 1939.

朝鮮總督府, 『官報』.

朝鮮商工會議所, 『朝鮮人職工に關する考察』, 1936.

曺晟源, 「植民地期朝鮮棉作綿業の展開構造」, 東京大 博士學位論文, 1993.

鐘紡柱式會社社史編纂室, 『鐘紡百年史』, 鐘紡株式會社, 1988.

주익종, 「확장기의 경성방직-재무분석을 중심으로」, 『경제사학』 29권, 경제사학회, 2000.

______, 「後發者와 後後發者-일제하 朝鮮紡織(株)와 京城紡織(株)」, 『경제사학』 32호, 경제사학회, 2002.

허수열, 「식민지기 조선인 자본의 성장」, 『경제사학』 17호, 경제사학회, 1993.

Eckert, Offspring of Empire : The Koch'ang Kims and the Colonial Origins of Korean Capitalism, 1876~1945, Seattle:University of Washingto Press, 1991.
Ho, Colonialism and Development, in Japanese Colonial Empire 1895~1945, Princeton: Princeton University Press, 1984.
Kohly, "Where Do High Growth Political Economies Come From? The Japanese Lineage of Korea's 'Developmental State'," World Development 22(9), 1994.
Suh, Growth and Structural Change in the Korean Economy, 1910~1940, Harvard University EALC, 1978.
Woo, Race to the Swift, New York : Columbia University Press, 1991.
高橋龜吉,『現代朝鮮經濟論』, 東京, 千倉書房, 1935.
堀和生,「朝鮮殖産銀行と植民地産業金融」,『朝鮮史研究會論文集』, 1983.
______,『朝鮮工業化の史的分析』, 東京:有斐閣, 1995.
金子文夫,「1920年代における朝鮮産業政策の形成」,『近代日本の經濟と政治』, 山川出版社, 1986.
小林英夫,「1930年代朝鮮工業化政策の展開過程」,『朝鮮史研究會論文集』, 1967.
________,「近代東アジア史像の再檢討」,『歷史評論』482, 1990.
鈴木武雄,『朝鮮の經濟』, 日本評論社, 1942.
鈴木正文,『朝鮮經濟の現段階』, 帝國地方行政學會 朝鮮本部, 1938.